ናይ ኦርቶዶክስ ተዋህዶ ቤ/ክ መንፈሳዊ መዝሙር

መዝሙር ውዳሴ

1ይ ሕታም
2018

ቤት ትምህርቲ ሰንበት ኣቡነ ተኽለሃይማኖት
ናይ ኤርትራ ኦርቶዶክስ ተዋህዶ ቤተክርስትያን ሲድኒ

መእተዊ

† ብስም ኣብን ወልድን መንፈስ ቅዱስን ሓደ ኣምላኽ ኣሜን †

እዛ መጽሓፍ መዝሙር ንመንፈሳዊ ዕቤትን ንምስጋና እግዚኣብሄር ንምትብባዕን፡ ከምኡ'ውን ንኣገልግሎት ቤት ትምህርቲ ሰንበት ኣድላዪ ኮይኑ ብምርካቡ ክሳብ ሕጂ ዝኸውን ኣብ ናይ ኦርቶዶክስ ተዋህዶ ቤተ ክርስትያን ዝዝመር መንፈሳዊ መዝሙር ኣብ ሓደ ጠርኒፋቶም ትርከብ። ብተወሳኺ'ውን እዛ መጽሓፍ መዝሙር ብትግርኛ ጥራይ ብምጽሓፉ፡ ንነኣሽቱ ደቅናን ኣሕዋትናን ቋንቋኦም ክዕቕቡ ንኽኺእሉ ክትሕግዝ ትኽእል።

ምስጋና

ብመጀመርታ ነዛ መጽሓፍ መዝሙር ንኽነዳሉ ዘነቓቕሓና ከምኡ'ውን ሓይሉ ዝሃበና ንወዲ ሕያው እግዚኣብሄር ኢየሱስ ክርስቶስ ክብርን ምስጋናን ይኹኖ ሎምን ኩሉ ሳዕን። ኣሜን!

ነዛ መጽሓፍ መዝሙር ኣብ ምጽሓፍን ምትዕርራይን ዝተፈለላየ ምኽርታት ብምልጋስን፡ ኣብ መፈጸምታ'ውን ንኽትበጽሕን ዝደኸሙን ዝተሓጋገዙን ዲያቆናትን መዘምራንን ናይ ማሕበር ተኽለ ሃይማኖት ሲድኒን፡ ናይ ማሕበር ኪዳነ ምሕረት መልቦርን፡ ናይ ማሕበር መድሓኔ ዓለም ኣደላይድን ከነመስግን ንፈቱ። ኢየሱስ ክርስቶስ ወዲ ሕያው ኣምላኽ ዓስብኹም ይኸፈልኩም፡ ኣገልግሎትኩም ድማ ይባርኽ።

ናይ ትሕዝቶ ጽሚቕ

ኣርእስቲ መዛሙር	ዝርከበሉ ቁጽሪ ገጽ
ናይ እግዚኣብሄር	**17**
† *ነዋሕቲ ናይ እግዚኣብሔር (ናይ ሰላሴ 2–11)*	*18 - 103*
† *ሓጸርቲ ናይ እግዚኣብሄር (ናይ ሰላሴ 172–183)*	*103 - 109*
ናይ ድንግል ማርያም	**110**
† *ነዋሕቲ ናይ ድንግል ማርያም (ናይ ኪዳነ ምሕረት 242-250)*	*111 - 177*
† *ሓጸርቲ ናይ ድንግል ማርያም (ናይ ኪዳለ ምሕረት 436-443)*	*178 - 183*
ልደታ ለማርያም	**184**
† *ሓጸርቲ ናይ ልደት ማርያም*	*185*
ስደታ ለማርያም	**186**
† *ሓጸርቲ ናይ ስደት ማርያም*	*187 – 188*
† *ነዋሕቲ ናይ ስደት ማርያም*	*188*
ፍልሰታ ለማርያም	**189**
† *ሓጸርቲ ናይ ፍልሰታ*	*190*
† *ነዋሕቲ ናይ ፍልሰታ*	*191*
ናይ ቅዱሳን መላእክት	**192**
† *ነዋሕቲ ናይ ቅዱስ ሚካኤል*	*193 - 205*
† *ሓጸርቲ ናይ ቅዱስ ሚካኤል*	*206 - 207*
† *ነዋሕቲ ናይ ቅዱስ ገብርኤል*	*208 - 209*
† *ሓጸርቲ ናይ ቅዱስ ገብርኤል*	*209 - 210*
† *ሕውስዋስ ናይ ቅዱሳን መላእክት*	*211 - 212*
ናይ ቅዱሳን ሰማእታት ጻድቃን	**213**
† *ነዋሕቲ ናይ ቅዱስ ጊዮርጊስ*	*214 - 215*
† *ሓጸርቲ ናይ ቅዱስ ጊዮርጊስ*	*215*
† *ነዋሕቲ ናይ ኣቡነ ተኽለሃይማኖት*	*216 - 217*
† *ሓጸርቲቲ ናይ ኣቡነ ተኽለሃይማኖት*	*217 - 218*
† *ነዋሕቲ ናይ ኣቡነ ገብረ መንፈስ ቅዱስ*	*218*
† *ሓጸርቲ ናይ ኣቡነ ገብረ መንፈስ ቅዱስ*	*219*
† *ነዋሕቲ ናይ ኣቡነ ኣረጋዊ*	*219 - 220*
† *ሓጸርቲ ናይ ኣቡነ ኣረጋዊ*	*220 - 221*
† *ነዋሕቲ ናይ ኣባ ኣንጦንዮስ*	*221*
† *ሓጸርቲ ናይ ኣባ ኣንጦንዮስ*	*222*
† *ሓጸርቲ ናይ ቅዱስ ዮሓንስ*	*223 - 224*
† *ነዋሕቲ ሕውስዋስ ናይ ቅዱሳን ሰማእታት ጻድቃን*	*225 - 230*
† *ሓጸርቲ ሕውስዋስ ናይ ቅዱሳን ሰማእታት ጻድቃን*	*231 - 233*

3

ናይ ልደት	**234**
† ነዋሕቲ ናይ ልደት	*235 - 238*
† ሓጻርቲ ናይ ልደት	*239 - 240*
ናይ ጥምቀት	**241**
† ነዋሕቲ ናይ ጥምቀት	*242*
† ሓጻርቲ ናይ ጥምቀት	*242 - 244*
ናይ ደብረ ታቦር	**245**
† ሓጻርቲ ናይ ደብረ ታቦር	*246*
ናይ ሆሳዕና	**247**
† ነዋሕቲ ናይ ሆሳዕና	*248*
† ሓጻርቲ ናይ ሆሳዕና	*248 - 249*
ናይ መድሓኔ ዓለምን መስቀልን ስቅለትን	**250**
† ነዋሕቲ ናይ መድሓኔ ዓለም	*251 - 253*
† ሓጻርቲ ናይ መድሓኔ ዓለም	*253 - 254*
† ነዋሕቲ ናይ መስቀል	*254*
† ሓጻርቲ ናይ መስቀል	*254 - 257*
† ሓጻርቲ ናይ ስቅለት	*257*
ናይ ትንሳኤ	**258**
† ነዋሕቲ ናይ ትንሳኤ	*259 - 262*
† ሓጻርቲ ናይ ትንሳኤ	*262 - 263*
ናይ ዕርገት	**264**
† ሓጻርቲ ናይ ዕርገት	*265*
ናይ ቤተ ክርስትያንን ክብረ ታቦትን	**266**
† ነዋሕቲ ናይ ቤተ ክርስትያን	*267*
† ሓጻርቲ ናይ ቤተ ክርስትያንን ክብረ ታቦትን	*267 - 268*
ናይ ጾምን ንስሓን	**269**
† ነዋሕቲ ናይ ጾምን ንስሓን	*270 - 291*
† ሓጻርቲ ናይ ጾምን ንስሓን	*291 - 293*
ምዋይክ (ሕውስዋስ)	**294**
† ነዋሕቲ ምዋይክ (ሕውስዋስ)	*295 - 317*
† ሓጻርቲ ምዋይክ (ሕውስዋስ)	*318 - 319*
ናይ መርዓ	**320**
† ነዋሕቲ ናይ መርዓ	*321 - 330*
† ሓጻርቲ ናይ መርዓ	*330 - 333*

ናይ ትሕዝቶ ዝርዝር

ነዋሕቲ ናይ እግዚኣብሔር	ካብ ገጽ 18

1. ነዚ ጉባኤና
2. ናይ ስላሴ መንበር
3. ስብሃት ለኣብ
4. በስመ ኣብ ወወልድ
5. ቅዱስ እግዚኣብሄር
6. ንስብሆ ለስላሴ
7. ስላሴ ዘከሃ
8. ኣማን በኣማን መንግስተ ስላሴ
9. ንስላሴ ኣመስግኑ
10. ናይ ምስጋና መስዋእቲ
11. ንኣምን በስላሴ
12. ንሱን ለውሃቱን
13. ዝፈትወኒ ጎይታ
14. ፈትዩና'ዩሞ
15. ናይ ልብና ንጉስ
16. ጸጋኻ ይብዛሕ
17. ንእግዚኣብሄር ጸዋዕኩ
18. ሰላምካ ሃበኒ ምሕረትካ
19. ሰላምካ በዚሑ
20. ሰላም ሰፊኑለይ
21. ኣብ ባህ ዝብል ቦታ
22. መኑ ይሓድር
23. ናይ መን ዲና ንሕና
24. ካባኻ እሞ ናበይ
25. ኣምላኽ ኣቦታትና
26. ኣሕዋት ብሓደ ሓቢሮም
27. ብዘይንስኻ መን ኣሎኒ
28. መን ኣለና
29. ንልበይ ዘረስርስ
30. ዕልል በሉ ንስሙ ዘምሩ
31. ዕልል በሉ ብሓድነት
32. ዕልል ንበል
33. ከበሮ ኣልዕሉ
34. ነብሰይ ንኣምላኽ ኣመስግንዮ
35. ነገራት ኩሉ
36. ካባኻ ርሒቐ
37. ኣብ ቀራንዮ ኮይነ
38. ኣብ ሽግረይ ተኻፊሉ
39. ስደት ዋላ ሞት
40. ከምልኽ'የ
41. ሃሌ ሉያ ንእግዚኣብሄር
42. ትንፋስ ዘለዎ
43. ሓድነት ብዝሀብ
44. ነበልባል ሓዊ
45. ኩሉ ጌሩልናዩ'ሞ
46. ክዝምረልካ
47. ተመስገን ተመስገን
48. ተመስገን ኣምላኽ
49. ተመስግን ኣላ ልሳነይ
50. ተመስገን ከመስግነካየ
51. ተመስገን ምስጋናኻ ይብዛሕ
52. ምስጋናኻ ይኹን ኣምልኽዎ
53. ምስጋናኻ ክነግር ኦ ጎይታ
54. እግዚኣብሄር ይመስገን
55. ናይ ምስጋናኡ ቃል
56. እግዚኣብሄር ኣምላኽና ነመስግን
57. ምስጋና ይምላእ
58. ምስጋና'ዩ 'ቲ ስርሐይ
59. ምስጋናይ ንኣምላኽ የቕርበሉ
60. ምስጉን'ዩ ኣዝዩ ዝተመስገነ
61. ወዳሴ ምስጋና ንዓኻ
62. ናይ ሰማይን ናይ ምድርን ጎይታ
63. ሃሌ ሉያ
64. ናብ ደልሃመት ኣትየ
65. ብንእስነተይ
66. ንብዓት ኣይሕዝን
67. ጸፍዒ ክገፍዓኒ
68. ናይ ከንፈረይ ፍረ
69. ሓሊፉ ኩሉ በኣኻ መከራ
70. ረዲኤተይ ኢኻ
71. ናተይ ስኽም ተሰኪሙለይ
72. በጃ ኩሉ
73. ብኽቡር ደሙ
74. ንጹህ ስጋ ክቡር ደም
75. ንዓለም ዘድሓነ
76. ምእንታይ ጎይታ ተሰቒሉ
77. ናይ ኣምላኽ ምድሓን
78. ሓጢኣትና ደምሲሱ
79. ከይፈተኹኻ ዝፈተኻኒ
80. ንዘፍቕረኒ ኣምላኽ
81. ክዝምረሉ ንዓይ ዘፍቅረኒ
82. ፈቃር ኢኻ ጎይታይ
83. ብዘይነዳዲ ፍቕርኻ

5

#		#	
84.	ካብ ፍቅሪ ክርስቶስ መንዮ ዝፈልየኒ	128.	ካባኻ ተፈልየ
85.	ካብ ክርስቶስ ፍቅሪ	129.	ንእግዚኣብሄር ንዘምር
86.	እጽሊ ኣለኹ	130.	ከነመስግኖካ ኢና
87.	ማዕበል በርቲዑ	131.	ጎልጎልታ ክትድይብ
88.	ጎይታየ ለውጠለይ ልበይ	132.	ተዘይ ረዲእካኒ
89.	ኣንቢራና ርህራሄኻ	133.	ብምንታይ ደስ ከብለካ
90.	ሰናይ ጥዑም ኢኻ	134.	ጉንዲ ናይ ወይኒ
91.	ብሰናይ ፍቓዱ	135.	ድንቅታቱ ፉሉይ'የ ውህቡቱ
92.	ኤፍታሐ ኢልካኒ	136.	ፈለጥኩኻ ኣነስ
93.	እንተ ጸኒዕና	137.	ዝፈተወ ይስተይ
94.	ዕጹብ ድንቂ'የ	138.	ናይ ሀይወት ፈልፋሊ
95.	መርከበይ	139.	ኤልሻዳይ ኢኻ
96.	እግዚኣብሄር ጓሳና'የ	140.	ኤልሻዳይ እግዚኣብሄር
97.	እግዚኣብሄር ዋሕስ ህይወተይ	141.	ውዕለትካ
98.	ስለዘይውዳእ ውህበቱ	142.	ውዕለቱ ዘከሪ
99.	ኣብ ልዕሊ ደበና	143.	ውዕለትካ አ ጎይታ
100.	ኩሉ ዝኾነ ንጽቡቅ'የ	144.	ሰብ ብኹሉ ጸዕሪ
101.	ንዘምር ኤሽን ኤዘር ኢልና	145.	ምሕረቱ ንዘለአለም
102.	እሳት ጽርሓ ማይ ጠፈሩ	146.	ምሕረቱ ብዙሕ'የ
103.	ሰማይ'የ ዝፋኑ	147.	ምሕረቱ ንዓይ
104.	እግዚኣብሄር ኣሎ ኣብ ዝፋኑ	148.	ብምሕረተ ንጨርር
105.	ልዑል እግዚኣብሄር	149.	ከዝምሩሉ'የ
106.	ብምንታይ ደስ ከብለካ	150.	ብስምካ ተኣሚነ
107.	ንዑ ብእግዚኣብሄር	151.	ኣነስ ከስዕቦ'የ
108.	እግዚኣብሄር ሓያል'የ	152.	ሓቂ ብሓቂ ሎሚ ረኺበካ
109.	ሓይሊ ብዝሃበኒ	153.	እስመ ውእቱ
110.	በቲ ናቱ ሓይሊ	154.	ሰጊርኖ ብኣኻ
111.	እግዚኣብሄር ሓይለይ'የ	155.	ሳምራዊ ህይወተይ
112.	ሓይለይ ኢኻ	156.	ተስፋይ ኢኻ
113.	ሓያል'የ ኣምላኸይ	157.	ተወለድ ኣብ ልበይ
114.	ሓያል ንዘለኣለም	158.	ኣይገደፍካንን ኣምላኸይ
115.	ግሩም ድንቂ'የ	159.	ኣይስልክየንን ከ
116.	ክቕየር'የ	160.	ኣፍና ብስሓቅ ልሳንና ብዕልልታ
117.	ናብ መሕደሪኡ ኣተየ	161.	ህይወቱ ምሉእ
118.	ናተይ ናርዶስ ናተይ ቤዛ	162.	ብሓድነት ንጸውዓዎ
119.	ጌና ክንዝምር ኢና	163.	ኣማን ብኣማን ኣማኑኤል ተመስገን
120.	ጌርካለይ ኢኻ'ሞ	164.	ኢራብ ንዓይኒ ማያት
121.	ተዛረብ ባርያኻ ክሰምዕየ	165.	የሩብ በዓል (ኣንጾር ሰይጣን)
122.	ሰረገላታትካ	166.	ሓንቲ ቃል
123.	ኣብ ዘባን ኪሩብ	167.	ኣብ ቤትካ ምንባር ይሕሸኒ
124.	ብመንገድኻ ምርሓኒ	168.	ኣብ ቤት መቅደስኻ ዘበኻኒ
125.	ከንቱ'የ	169.	ቃልካ ብርሃን'የ
126.	ኣብ ውሽጠይ ከለኻ	170.	ኣነ'ውን ክዝምርየ
127.	ካባኻ ዝተረኽበት	171.	እዚ ቁርባን ክቡር'የ

	ሓጸርቲ ናይ እግዚኣብሄር ካብ ገጽ 103
172.	ኣማን ብኣማን
173.	እንዘ ይብሉ ይዜምሩ
174.	ሓይልየ ስላሴ
175.	ንእምን በኣብ
176.	በስላሴሁ ሐነጸ ጥቅማ
177.	ኩሉ ይሰግድ
178.	ለኣብ ወወልድ ወመንፈስ ቅዱስ
179.	ስብሃት ለኣብ ለኣሃዜ ኩሉ ዓለም
180.	በስመ ኣብ ወወልድ
181.	እምኩሉ ይሃይስ
182.	ኣምላከነስ ኣምላከ ኣድህኖ
183.	ቅዱስ እግዚኣብሄር
184.	ኪሩቤል ሰረገላቲሁ
185.	በዝማሬ ወበመሰንቆ
186.	ነመስግግ ንእግዚኣብሄር
187.	ንስብሆ/ነመስግኖ
188.	መዝሙር ናይ ዳዊትን
189.	ኣንታ ደስ ኢልኩም'ዶ
190.	ቃልካ ሰሚዐ
191.	በከመ ይቤ ዳዊት
192.	ንዓመታ የጽንሓና ጎይታ
193.	ለኣለም ኣለም ይሄሉ
194.	እግዚኣብሄር ሓላዊና'የ
195.	እግዚኣብሄር ሓላውየ
196.	እግዚኣብሄር ይመስገን
197.	ይትባረክ እግዚኣብሄር
198.	ኢየሱስ ክርስቶስ
199.	እግዚኣብሄር ይትባረክ
200.	ምስጋና ኣሎና
201.	እግዚኣብሄር ፈጣሪና
202.	እትግድፈነ ወኢተመንነነ
203.	በእስመ ዚአከ
204.	እግዚኣብሄር ሰናይ'የ
205.	ሓይል'የ ስላሴ
206.	እንዘ ይብሉ
207.	መዝሙር ናይ ዳዊት
208.	ንቅርበሉ ንእምላኽ ምስጋና
209.	እግዚኣብሄር ይመስገን ነዚኣ
210.	ዘሰማየ ገበረ
211.	ንጎይታይ
212.	ሓይሊ ናይ እግዚኣብሄር
213.	ጽርሃ ጽሆ ወትቤ
214.	ሃበኒ እግዚአ ኣኣይንተ ኣአምሮ

215.	የማኑ ተሐቁፈኒ
216.	ትዌድስ መርዓት
217.	ኣቀድም ኣእኮቶ ለእግዚኣብሄር
218.	ስብሃት ለኣምላክነ
219.	ስብሃት ለእግዚኣብሄር
220.	ኩሉ ዘፈቀደ ገብረ እግዚኣብሄር
221.	ጸውዓኒ ክምልሰልካ
222.	ኢጸውዓለ እግዚእየ
223.	ኖላዊ ትጉህ
224.	በልዖ ለእግዚኣብሄር
225.	ኦ ኣባ ቅዱስ እቀበሙ
226.	ሃበኒ ሰላመከ
227.	ወዘምሩ ለስሙ
228.	እስመ ስትየ ደሙ
229.	አንት ሙሴ ንብሩ
230.	ካብ ኩሉ ኣቐዲምና
231.	ኤርትራ ታበጽህ
232.	ጽውዓ እግዚአ ለኣዳም
233.	ዝንቱ ኩሉ ኮነ በሰማይ በምድር
234.	ዝንቱ ኩሉ ኮነ በደብረ ገነት
235.	ኣቀድም ኣእኮቶቶ
236.	መጽአ መርዓዊ
237.	መጽአ ዘመጽአ እምላእሉ
238.	ሕግ ስብአናሁ ዓቀበ
239.	ባርከኒ ኣባ
240.	ትከበር ነፍሰየ
241.	ኣማኑኤል ስምከ ልዑል

	ነዋሕቲ ናይ ድንግል ማርያም ካብ ገጽ 110
242.	ኪዳን ምሕረት ንኤርትራ
243.	ኪዳን ምሕረት
244.	ኣዴና ኪዳን ምሕረት
245.	ኪዳን ምሕረት ንግስቲ ኩሉ
246.	ነዚ ኹሉ ጸጋ
247.	ኣብ ደገ ኮይን እጽበ
248.	ጸምረ ጌዴዎን
249.	ብወድኺ ማርያም
250.	ኪዳን ምሕረት ናትና መመከሒት
251.	ውዕለትኪ ድንግል
252.	ቅንቅይ ኢኺ ድንግል
253.	ለምንልና
254.	ማርያም ድንግል
255.	ድንግል ማርያም ቤዛዊት
256.	ብጽሒ በሰረገላ
257.	ከም ወርሒ ድምቅቲ

258.	ፍቱው'ዩ ክቡር ልዑል ሽምኪ
259.	ሽምኪ ጸዊዐ
260.	ናይ ልበይ ኩሉ
261.	ጥበብ ናይ ሰሎንዲስ
262.	ብጊዜ ስደተይ
263.	ውዳሴ ማርያም
264.	ተምሳል ገነት ኢኺ
265.	መን ዶሎ'ዩ ዝኾነኖ ጎይታ
266.	ኣደ ናይ ጎይታ ማርያም
267.	ኣንቲ ኣደ ኣምላኽ
268.	ወላዲተ ቃል
269.	ወላዲት ኣምላኽ
270.	ኣደ ኣምላኸይ
271.	ኣደ ናይ ፍቕሪ ናይ ሰላም
272.	ኣንቲ እመ ብርሃን
273.	እመ ብርሃን
274.	ማርያም ብወድኺ
275.	ማርያም ድንግል ንጽህት
276.	ንስኺ'ኺ ናይ ምሕረት ኪዳን
277.	ንብዓታ ክፈስስ ሓሊፉ
278.	መቕረት ህይወት
279.	ከመይ ኢሉ ይምቕር
280.	ደጌታት ጽዮን
281.	ቀንዴል ናይ ጽድቂ
282.	ማርያም ድንግል ርህርህት
283.	ማርያም ድንግል ንዒ ናባና
284.	ንዒ ናባይ ኣደ ጎይታ
285.	ሓምስቱ ሓዘናት
286.	ከም ሰላምታ ቅዱስ ገብርኤል
287.	ኣይሓፍርን'የ ብማርያም
288.	ይኩነኒ በከመ ትቤለኒ
289.	ተሓቲምኪ
290.	ናይ ያሬድ ዜማ
291.	ዮም ፍስሃ ኮነ
292.	ካብ ፍጡርን ኩሉ
293.	ሰላም ለኪ ሰላም ድንግል
294.	ሰላም ለኪ ማርያም
295.	ሰላም ለኪ ለኖህ ሓመሩ
296.	ሰኣሊ ለነ ማርያም እምነ
297.	ሰኣሊ ለነ
298.	ሰኣሊ ለነ ቅድስት
299.	ብወርቂ ቀለም ተጻሒፍኪ
300.	ርውየት ጽምኣት ነፍሰይ
301.	ፍሉይ መኣዛ
302.	ደስ ይበልኪ
303.	ኣብ ቤትኪ ደው ኢለ
304.	ሓረገ ወይን
305.	ድንግል ንጽውዓኪ
306.	ኣንቲ ውእቱ
307.	ንማርያም
308.	ማርያም ተንብሊ
309.	ኣዘከሪ ድንግል
310.	ኣነ'ውን ክውድስ ብምስጋና
311.	ንድንግል ክውድስ
312.	ንምሕጸን በኣኺ
313.	ክብርኺ ተገሊጹ
314.	መዕቆቢተይ ከተማ
315.	ጣዕሚ ተስፉ ህይወተይ
316.	ንድንግል ማርያም ንው ንለምን
317.	ንዒ ባርኺ ሰላም ናይ ህይወትና
318.	ምስጋና ንማርያም
319.	ንማርያም ክንዝምር ኢና
320.	ኣንቀጸ ብርሃን
321.	ልሳን ዓድልኒ
322.	ዓይኒ ማይ ገነት
323.	ቅድስተ ቅዱሳን ይብልዋ
324.	ኣብ ትሕቲ እግርኺ
325.	ቅድሚ ስእልኺ
326.	ኣነስ ብምግባረይ
327.	እስከ ማእዜኑ
328.	ይኩነኒ በከመ ትቤሌኒ
329.	ትምክሕተይ ኢኺ
330.	ድኽመተይ በዚሑ
331.	በገናይ ኣልዒለ ሻንብቆይ ሃርሂረ
332.	ኣፍ ደገ ሰማይ
333.	ንግስቲ ዘኣርያም
334.	እታ ንግስቲ
335.	ግርማ ሞገሰይ
336.	ከማሃ ሃዘን
337.	ንኤልሳቤጥ ዝበጻሕኪ
338.	ልበይ ናፍቑ'ሎ
339.	ልበይ'ውን ገንፊለ
340.	ሩፍታ ልበይ
341.	ኣደይ ማርያም በዓልቲ ጸሎት
342.	መርከብ ናይ ኖህ ኢኹ
343.	ይቤላ ወይቤላ ንዒ
344.	ብልጽቲ ህያብ
345.	ኣንቲ ዘበኣማን ደመና

#		#	
346.	አንቲ ዘበአማን	389.	ሙሴ ዝረአያ
347.	ቃላት ህጻን	390.	ሙሴ ርዕያ
348.	ገብርኤል አብ ሰማይ	391.	ኦ ሩህሩህተ ሕሊና
349.	ንስአ ልብየ	392.	ሃመልማላዊት
350.	ስለ ምርዳእኪ	393.	ሰአሊ ለነ ሃበ ወልድኪ
351.	ክብረ ቅዱሳን	394.	ማርያም ንየዱኪ
352.	መትሕተ ፈጣሪ	395.	ስብሓት ለኪ ማርያም
353.	ማርያም ማርያም ንበል	396.	አንቲ ዘበአማን ደመና
354.	ትርግታ ልበይ	397.	ሓና እምአንስት
355.	ትርጉም ናይ ህይወተይ	398.	ነፍሳት ጻድቃን
356.	ብዘደንቅ ግርማ	399.	መሰበ ወርቅ ዘመና
357.	በቦታት ልመና	400.	መንክር ግርማ ሃይለ ልኡል
358.	ማርያም ናይ ህይወተ ፈደል	401.	እምዔተ ሰማኒ
359.	ድንግል አደየ	402.	ማርያም ይአቲ
360.	ጸርሃ አርያም	403.	ዘረከበኪ ጻድቃን
361.	ንዘምረላ	404.	ናይ ድንግል መመከሒት
362.	ሰገዱሳ'ታ ንማርያም	405.	ተዝካርኪ ለእምነብረ
363.	ንጽህቲ ኢኺ.	406.	እህተ መላእክት
364.	እርግብየ	407.	ልዑል ዝስምራ
365.	ናይ ገነት ደጌ	408.	ሃበ ሆርኩ ሑሪ
366.	ክውድስ ከም ገብርኤል	409.	እምኩሉ እለት
ሓጻርቲ ናይ ድንግል ማርያም ካብ ገጽ 178		410.	በጽሃ ሰናይ
367.	መራሒት መንግስተ ሰማያት	411.	እም ብርሃን ወእም ሕይወት
368.	ምስ ቅዱስ ሚካኤል	412.	ሓመልማል ወርቅ
369.	ማርያም ትዓቢ	413.	ክብሮሙ ለመላእክት
370.	ማርያም ቤዛ ብዙሃን	414.	እግዚእትየ ፍትሕኒ
371.	ማርያም ድንግል ርህርተ ሕሊና	415.	እምድንግል አስተርአይ
372.	መሓርኒ ድንግል	416.	ረህብኪ ጸጋ
373.	ማህደረ መለኮት	417.	አንቲ ውእቱ ተስፋሁ ለአዳም
374.	ሰላም ንዓኺ ማርያም	418.	አንቲ ውእቱ ንጽህት እምንጹሃን
375.	ኩሎም ይብልዎ	419.	ምስራቀ ምስሪቃት
376.	ይውድሰዋ መላእክት ለማርያም	420.	ሞትስ ለመዋቲ
377.	ወረደ ምሕረት	421.	በጽህ ሰናይው
378.	ልብኪ ለዋህ እዩ	422.	ብኹሉ ፈሊጥና
379.	በእንት ፍቅሪ አብ	423.	አእርጊ ልመናና
380.	ሃሌ ሉያ ክንፈ ርጋብ	424.	አእላፍ መላእክት
381.	ምስጋና አሎና	425.	ትርሲተ ወልድ መለኮት
382.	ሰአሊ ለነ ማርያም	426.	በለኒ ማሓርኩክ
383.	ክንፈ ርግብ	427.	ትርሲት ተወለዲ
384.	በሰላም	428.	ንድንግል ማርያም
385.	መሰረት ሕይወት/ቤዛ	429.	በሙ በአምሳለ
386.	መሰረት ሕይወት/ለወልድኪ	430.	ለወንጌላውያን
387.	ቡርክት አንቲ	431.	ክፍልኒ ድንግል
388.	ጽላት ዘሙሴ	432.	ከም ጽጌ ርማነ

433.	ሓይለ ልዑል ጸለለኪ
434.	ጸዮን ኣዴና
435.	ኣድህንኒ ሊተ
436.	ኣማናዊት ኪዳን
437.	ተማልደልናያ ኢያ ማርያም
438.	ሶበሰ ኪዳንኪ
439.	ኪዳንኪ ኮነ
440.	ኪዳንኪ ኮነ ኪዳንኪ
441.	ኪዳንኪ ኮነ ኪዳነ ምህረት
442.	ሰላም ለኪ
443.	ቅንኡ ለእንተ
ሓጸርቲ ናይ ልደታ ለማርያም	**ካብ ገጽ 184**
444.	ኣማን በኣማን ተወልደት
445.	ኣላ በሩካቤ ዘበህግ
446.	ኢያቄም ወልዳ
447.	ኢያቄም ወሃና
448.	ርግብ ጸዕዳ
449.	በእንተ ሐና እምኪ
450.	ለማርያም ዘምሩ
451.	ተፈጸመ ሐና በወለትኪ
452.	ኣዕይንታ ዘርግብ
453.	ዮም ፍስሃ ኮነ
ሓጸ/ነዋሕ. ናይ ስደታ ለማርያም	**ካብ ገጽ 186**
454.	ዮሴፍ ወማርያም
455.	ዮሴፍ ዓረጋዊ
456.	እምነ ንዒ/ኣምላክነ ንዓ
457.	ሰኣሊ ለነ
458.	ጽጌ ሮማን
459.	ኣብርሂ ጽዮን
460.	ማርያም ሃዘነ ልቦና
461.	ገሊለ እትዊ
462.	እንተ በምድር
463.	ንግስተ ሰማያት
464.	ኣክሊለ ጽጌ
465.	ንጽህተ ንጹሃን
466.	እንዘ ትሃቅፍዮ/ንወድኺ ሓቝፍኪ
467.	ረሃበ ወጽምኣ ኣዘክሪ
468.	ገሊላ እተዊ
ሓጸ/ነዋሕትን ናይ ፍልሰታ	**ካብ ገጽ 189**
469.	ጸቃውዕ ይውህዝ
470.	ዕርገታ ውስተ ሰማያት
471.	ማርያም ዓረገት
472.	ሞትስ ለማዊት ይደሉ
473.	መንክር ግርማ
474.	ማህደረ መለኮት
475.	ኩሎሙ ይብልዋ
476.	እምጌተ ሰማኒ ፈለሰት
477.	ሃበ ዘጸውኣ
478.	ትርሲተ ወልድ
479.	ስብሓት ለኪ ማርያም
480.	ማርያም ዓሪጋ
ነዋሕቲ ናይ ቅዱስ ሚካኤል	**ካብ ገጽ 192**
481.	ኦ ሚካኤል
482.	ሚካኤል ሚካኤል ምስካየ
483.	ሚካኤል'ዩ ዋልታ
484.	ሚካኤል ክብሎ
485.	ኣኽናፍካ ይዘርጋሕ
486.	ናይ ሽሙ ትርጓሜ
487.	ሚካኤል ረዳኢ
488.	ኣምላኽ ዝሓረዮ
489.	ንዓ ባርኸና ቅዱስ ሚካኤል
490.	ጎስኣ ልበየ
491.	ሰማይ ሰልፊ ኮይኑ
492.	በሰረገላ
493.	ሰላም ለከ
494.	ሚካኤል እመላክት
495.	መን ከም እግዚኣብሄር
496.	ክረድኣኒ መጺኡ
ሓጸርቲ ናይ ቅዱስ ሚካኤል	**ካብ ገጽ 205**
497.	መኣዛ ሰናየ ሰናየ
498.	ሚካኤል መልኣክ እመላእክት
499.	ዓይኑ ዘርግብ
500.	ሚካኤል ሃመልማል
501.	ውእቱ ሊቆሙ
502.	ልዑል ውእቱ
503.	ውእቱ ሚካኤል
504.	ሃመልማል ወርቅ
505.	ሃመልማል ወርቅ
506.	ሊቀ መላእክት ሚካኤል
507.	ሚካኤል ሊቅ
508.	እንተኑ ሚካኤል
509.	እንተኑ ሚካኤል
510.	ረዳኢ ምንዱባን
511.	ሚካኤል መልኣክ
512.	ሚካኤል መልኣክ
513.	ዘውረድከ መና
514.	ቀዊምየ ቅድመ ስእልከ
515.	ተቀዋምየ ቅድመ ስእል

516.	ተወከፍ ጸሎትነ		557.	ቀዋምያን ለነፍሳት
517.	ተወከፍ ጸሎትነ		558.	መልኣክ ሰላም
518.	ሚካኤል ግሩም		**ነዋሕቲ ናይ ቅዱስ ጊዮርጊስ ካብ ገጽ 213**	
519.	ስፈሆ ክነፈሁ		559.	ክብሩ ዝደመቀ ቅዱስ ጊዮርጊስ
520.	ለዛቲ ነፍስ		560.	ጸዕዳ ክዳኑ እናብርሀ
521.	ሚካኤል መጽአ		561.	እንተ ሰማእት ልዳ
522.	መልኣክ ሰላምነ		**ሓጸርቲ ናይ ቅዱስ ጊዮርጊስ ገጽ 214**	
523.	ስፈሆ ክነፈሁ		562.	ፍጡን ረዳኤት
524.	በአምሳለ ርግብ ወረደ		563.	በበግማድ ስጋሁ መተሩ
525.	ባሕራንኒ		564.	ጊዮርጊስ ሓያል
ነዋሕቲ ናይ ቅዱስ ገብርኤል ካብ ገጽ 207			565.	ደም ወገማይ ወሃሊብ
526.	ገብርኤል አሎ ሓላዊየ		566.	ጸሓይ ጸሓይ ጊዮርጊስ
527.	ዘርግሕ ክንፍኻ		567.	ለጸድቃን ሓረዮሙ
528.	ንዓ ንዓ ቅዱስ ገብርኤል		568.	እወከፍ ጸሎቶሙ
529.	ድሕነት አትልምን		**ነዋሕቲ ናይ አቡን ተኽለ ሃይማኖት ካብ ገጽ 215**	
ሓጸርቲ ናይ ቅዱስ ገብርኤል ካብ ገጽ 208			569.	አባ አባ ተኽለሃይማኖት
530.	አርእዮኒ ገጽካ		570.	ምስ መላእክት ማዕረ ተሰሪዕካ
531.	ገብርኤል መልአኺ		571.	ለተኽለ ሃይማኖት ጸድቅ
532.	እንተኑ ገብርኤል		572.	ናይ ጸጋ ዘአብ
533.	ኣድህነነ ዘድሃንኮሙ		**ሓጸርቲ ናይ አቡን ተክለ ሃይማኖት ካብ ገጽ 216**	
534.	ገብርኤል ምልኣኒ		573.	ተኽለሃይማኖት ጸሓይ
535.	ገብርኤል እግዚእ ኣእምሮ		574.	አባ አቡን
536.	ክንፎ ጸለላ		575.	አማን በአማን
537.	ወእንዝ ትፈትሕ		576.	ይዕጥን መንበሩ
538.	ወእንዝ ትፈትሕ		577.	ጸሃይ ጸሃይ
539.	ገብርኤል መልኣክ መጽአ ወዜነወ		578.	ስምዓ ጽድቂ
540.	ገብርኤል መልኣክ መጸ ወዜነ		579.	ሰላም ለዝክረ ስምኪ
541.	ኖላዊ ትጉህ		580.	ወተቀበልዎ
542.	ስለስቱ ደቂቅ ዘአውጽአም		581.	ሓበ ተሰብረ
543.	ንዓ ንዓ ገብርኤል		582.	ዜና ውዳሴክ ፈጸምኩ
544.	አምልማደ ሳህልክ ለነ ግበር ሳህለ		583.	ከሰት አፉሁ ወልሳኖ
545.	ገብርኤል ስሙ		**ነዋሕቲ ናይ አቡነ ገብረ መንፈስ ቅዱስ ገጽ 217**	
546.	ፈነዎ ለገብርኤል		584.	ተዓዊትካ በልዓ
ሕውስዋስ ናይ ቅዱሳን መላእክት ካብ ገጽ 210			**ሓጸርቲ ናይ አቡን ገብር መንፈስ ቅዱስ ገጽ 218**	
547.	ተወከፍ ጸሎትነ		585.	ገብረ መንፈስ ቅዱስ ግሩም
548.	ሩፋኤል መጽአኒ		586.	ባርኪኒ አባ ጸድቅ ባሕታዊ
549.	ኡራኤል መጽአ		587.	ባርኪኒ አባ ለወልድክ ዝኄ
550.	ራጉኤል እምሰማያት		588.	ጌና አልባሲሁ
551.	ስበሌ ይወርዱ መላእክት		589.	አባ አባ ገብር መንፈስ ቅዱስ
552.	ሰበስ ይወርዱ መላእክት		**ነዋሕቲ ናይ አቡን አረጋዊ ካብ ገጽ 218**	
553.	ሚካኤል ወገብርኤል		590.	አቦና ቅዱስ አረጋዊ
554.	ሚካኤል በክንፉ ገብርኤል በፋና		591.	አረጋዊ ሃይማኖት
555.	ሰላም ይጸት		592.	ብፍጹም ገዶሊ
556.	ሚካኤል ኣርማመ ወገብርኤል		**ሓጸርቲ ናይ አቡን አረጋዊ ካብ ገጽ 219**	

11

593.	ባርኮ ባርኮ		630.	ይከብርዎ ለሰንበት
594.	እነግር ጽድቅከ		631.	ወገዳሙኒ
595.	ተዓጽፈ ዓረጋዊ		632.	በዕንቆ ሰንፔር ወበጸዝዮን
596.	አረጋጊ ሃይማኖት ተዓጽፈ		633.	ሊባኖስ ግሩም
597.	ቅዱስ አቡነ አርጋዊ		634.	ይቤላ ሕጻን ለእሙ
598.	ሲመነ መጋቤ		635.	ኮከብ ብሩህ ቅዱስ ማርቆስ
599.	ዘእምደብረ ደብረ ደናግል		636.	ሕጻን ቂርቆስ
600.	ተዓጽፈ አረጋጊ ሃይማኖት		637.	እስመ ውእቱ ከበሮሙ
601.	በእንተ ውሉድከ ኣረጋዊ ጸሊ.		638.	መሰረተ ዜማ ወጠነ
ነዋሕቲ ናይ ኣባ ኣንጦንዮስ		**ገጽ 220**	639.	የብቡ
602.	ኣባ ኣንጦንዮስ		640.	አርሴማ ቅድስት ሰማዕት
ሓጻርቲ ናይ ኣባ ኣንጦንዮስ		**ገጽ 221**	641.	ኣብርሃም ኣቡነ
603.	በከመ ባርኮ		642.	ኣ ኣባ ቅዱስ
604.	ኣንጦንዮስ ግሩም		643.	ይትፌስሑ ጸድቃን
ሓጻርቲ ናይ ቅዱስ ዮሓንስ		**ካብ ገጽ 222**	644.	ጸድቃንስ ኢሞቱ
605.	ዓውደ ዓመት ለባርኮ ባርኮ		645.	ነፍሳት ጸድቃን
606.	ወኣንተኒ ሕጸን		646.	ብርሃን ኣንትሙ
607.	ወኣንተኒ ሕጸን		647.	ብርሃናት ዓለም
608.	ዮሓንስ ከቡር		**ነዋሕቲ ናይ ልደት**		**ካብ ገጽ 234**
609.	ፈነዎ ለዮሓንስ		648.	እሰይ እሰይ ተወሊዱ
610.	ሰባኬ ወንጌል		649.	ኣብ ቤተልሄም
611.	ዮሃንስ ገዳም		650.	ኣንቲ ኣንቲ ቤተልሄም
612.	መልእከት ዮሃንስ ሃዋርያ		651.	ሃሌ ሃሌ ሉያ
613.	ቀዳሚሁ ቃል		652.	ኣብ ሰማይ ንእዚኣብሄር ምስጋና
614.	ራጉኤል እምሰማያት		653.	ግሩም መከር
ነዋሕቲ ሕውስዋስ ናይ ቅዱሳን ሰማዕታት ጸድቃን		**ካብ ገጽ 224**	654.	ዕጹብ ድንቂ ነገር
615.	ቅዱሳን ኣቦታት		**ሓጻርቲ ናይ ልደት**		**ካብ ገጽ 238**
616.	ንስዓብ ንከተል		655.	ርእይ ናሎት
617.	ለባርኮ ንዒ ለባርኮ		656.	በጊዜ ልደቱ
618.	ብጹእ ውእቱ ዘጻኣ በስመከሙ		657.	ቤዛ ኩሉ ዓለም
619.	ኣባ ኣባ ብጹእ ኣምላክ		658.	ዮም ተወለደ
620.	ተሰባቢሩ'ቲ ሰንሰለት		659.	ኣንፈርጓጹ ሰብኣ ሰገል
621.	ብቃል ኪዳንኪ ተማሕጺነ		660.	ክርስቶስ ተወልደ እሰይ
622.	እንድርያስ ኣቦይ		661.	መድሃኒነ ተወልደ ነዎ
ሓጻርቲ ሕውስዋስ ናይ ቅዱሳን ሰማዕታት ጸድቃን		**ካብ ገጽ 230**	662.	ኣማን በኣማን
623.	ያሬድ ኣበ ዜማ		663.	ሎሚ ልደቱ እዮ
624.	ከአዉ ደሞሙ		664.	ኣ ኢየሱስ ፍቁር ህጻን
625.	ሙሴኒ ርኣያ		665.	በብርሃኑ ንኡ ናንሰዉ
626.	መሰረተ ዜማ		666.	ስብሃት ለእግዚኣብሄር
627.	እከ ንገርኒ		667.	በጎልል እንሰሳ
628.	ሰሉ ሊገ ጸድቅን		668.	ካብ ሰማያት ወሪዱ
629.	ተፈወሱ እምደዊሆሙ		669.	በጎል ሰከበ በኣጽርቅት
			670.	ዮም ሰማያዊ በጎል ሰከበ
			671.	በቤተ ልሔም

#	
672.	እም ርሑቅ መጽኡ
673.	ለዘተወልደ እምቅድስት
ነዋሕቲ ናይ ጥምቀት	**ገጽ 241**
674.	ዮሐንስኒ ያጠምቅ
675.	ፈጺሞ ሕገ
ሓጸርቲ ናይ ጥምቀት	**ካብ ገጽ 241**
676.	ኣማን በኣማን
677.	ሃዲን ተስዓ ወተስዓት ነገደ
678.	መጽአ ቃል እምደመና
679.	ዮሐንስኒ ሃሎ ያጠምቅ
680.	ዮሐንስኒ ሃሎ ያጠምቅ
681.	ሐረ ኢየሱስ
682.	ኢየሱስ ሐረ
683.	ሐረ ኢየሱስ
684.	በማዕ ዮርዳኖስ
685.	ግዜ እረፍታ ለስልያና
686.	በእደ ዮሐንስ ተጠምቀ
687.	ወረደ ወልድ
688.	ክርስቶስ ወለደ
689.	በአምሳለ ርግብ ወረደ
690.	ተጠምቀ ስማያዊ
691.	ክርስቶስ ተጠምቀ እሰይ
692.	በሰላሳ ከረምት
693.	እግዚኡ መርሓ
694.	እንዝ ሕጻን
695.	ውስተ ማህጸነ ድንግል
696.	በመንፈስ ይሃውሩ
697.	ወተመስሉ
698.	እንዝ ስውር እምኔነ ይእዜስ
ሓጸርቲ ናይ ደብረ ታቦር	**ገጽ 245**
699.	ኣማን በኣማን
700.	በስመ ዚኣኩ ይትፌስሑ ዮም
701.	ሰባሕኩክ በደብር
702.	ኣሃዶ ለከ ወኣሃዶ ለሙሴ
703.	መጽአ ቃል እምደመና
704.	ገዳምከ
705.	ኣይዳእነ እስኩ ዘነጸርክ ኩሉ
706.	ወሪዱም እምደብር
707.	ታቦር ወኣርሞኔም
708.	ደብረ ርጉእ
ነዋሕቲ ናይ ሆሳዕና	**ገጽ 247**
709.	ሆሳዕና ኣብ ኣርያም
710.	ህጻናት ኢየሩሳሌም
711.	ንዘምር ሆሳዕና

#	
ሓጸርቲ ናይ ሆሳዕና	**ካብ ገጽ 247**
712.	ሆሳዕና
713.	ሆሳዕና እምርት
714.	ሆሳዕና ኣብ ኣርያም
715.	ሆሳዕና ንወዲ ዳዊት
716.	ይባእ ንጉስ ስብሃት
717.	እም ኣፈ ደቂቅ
718.	ኣርህዉ ሆሓት
719.	ኣርህዉ ሆሓት
720.	ተጽእኖ ይቤ
721.	በትፍስሃት ወበሃሴት
722.	እምርት ዕለት
723.	ብሩክ ዘይመጽእ
ነዋሕቲ ናይ መድሓኔ ዓለም	**ካብ ገጽ 250**
724.	ካብ ሰማይ ሰማያት
725.	ኣብ ጌተ ሰማኒ ጸዒሪ ሞት
726.	ኣብ ጌተ ሰማኒ ኣታኸልቲ
727.	ምእንታና ጎይታ ተሰቀሉ
728.	ናይ ጸልማት ዘመን ተወዲኡ
ሓጸርቲ ናይ መድሓኔ ዓለም	**ካብ ገጽ 252**
729.	መድሓኔ ዓለም ኣድሒኑና
730.	በደሙ ክቡር
731.	መድሓኔ ዓለም ወሃቢ ሰላም
732.	እሳት ጽርሑ ማይ ጠፈሩ
733.	በበእለከ ባርከነ
734.	መድሓኒ ዓለም
735.	ንጉስ ብሓቂ ክርስቶስ
736.	እሰም ውእቱ ክብሮሙ
737.	ኩሉ ከንቱ
738.	መድሓኔ ዓለም ክርስቶስ
739.	ሰላም ለዘከረ ስምክ
740.	ወኣንቲኒ ቀራንዮ
741.	ሰራዊት መላእክቲሁ
742.	ልበይ ኣልዒሉ
ነዋሕቲ ናይ መስቀል	**ገጽ 253**
743.	ንተሓጎስ ዕለል ንበል
ሓጸርቲ ናይ መስቀል	**ካብ ገጽ 253**
744.	ጸጋ ነሳእነ
745.	ከመ ትባርክ በመስቀልክ
746.	ወገበረ ሰላም
747.	ኣይ ይእቲ ደብረ ክርቤ
748.	ክቡር መስቀል
749.	መስቀል ሃይልነ
750.	መስቀል ኣብርሀ

#	
751.	መስቀል ብርሃን
752.	መስቀል ብርሃን
753.	ንዜኑ ለመስቀል አበዩ
754.	ጽልኢ ብመስቀልከ ዘወርቅ
755.	ጽልኢ በመስቀሉ ቀቲሉ
756.	ሃሌ ሉያ መርሕ በፍኖት
757.	በመስቀልከ ርድኣን
758.	በመስቀልከ ርድኣን ወበሃይልከ
759.	መስቀልካ ይኩነኒ ቤዛ
760.	መድሃኒት እጻ ህይወት
761.	ቃል መስቀል
762.	ዝጸልመተት ዓለም ተወሊዓ
763.	ወሪደ እመስቀሉ
764.	በመስቀሉ ወበቃሉ
765.	ሓይልኒ ወጸወንኒ
766.	ይቤሎሙ ኢየሱስ
767.	እሌኒ ንግስት
768.	ዮምስ ለእሊአይ
769.	በደሙ ክቡር
770.	ከመ ትርአዩ
771.	ሆየ ሆየ
772.	ፍቅር ሰሓበ
773.	እፎ ሰቀሉከ
774.	መድሃኒት ዘነ
775.	ሓይሊ ናይ እግዚአብሄር
776.	ብመስቀሉ ዝአመንኩም
777.	ብወንጌሉ ዝአመንና

ሓጸርቲ ናይ ስቅለት	ገጽ 256
778.	አ ጎይታ መን አሎ ከማኻ
779.	ፍቅር ሰሃቦ ለወልድ
780.	እፎ ሰቀሉከ
781.	ዮሴፍ ወነቀዲሞስ

ነዋሕቲ ናይ ትንሳኤ	ካብ ገጽ 258
782.	ጎይታየ ንስኻስ ሓያል
783.	ጸጋ ነሳእነ
784.	ሓያል'የ ንሱ
785.	አምላኽና ተንሲኡ
786.	ዕልል በሉ
787.	ብንጹህ ደሙ

ሓጸርቲ ናይ ትንሳኤ	ካብ ገጽ 261
788.	ክርስቶስ ተንስአ እሙታን
789.	ትንሳኤክ ለእለ አመኑ
790.	አማን በአማን
791.	ክርስቶስ ተንስአ እሙታን
792.	አንስት አንከራ
793.	ክርስቶስ ተንስአ እሙታን
794.	በትፍስሕት ወበሃሴት
795.	ሰበካ ትንሳኤ
796.	እም እቶን እሳት
797.	በደሙ ክቡር
798.	ወምድርኒ ትገብር ፋሲካ
799.	ወእምዝ ዳግም
800.	ፋሲካ ፋሲካ
801.	ዮም ፍስሃ ኮነ
802.	ሃሌ ሉያ
803.	ጸጋ ነሳእነ/ጸጋ ምሕዝና

ሓጸርቲ ናይ ዕርገት	ገጽ 264
804.	አማን በአማን መንክር
805.	አማን በአማን ዘቀደሰ
806.	ዓሪጉ ብምስጋና
807.	መንፈስ ቅዱስ ወረደ
808.	ይቤሎሙ ኢየሱስ ለአርዳኢሁ
809.	ይቤሎሙ ኢየሱስ
810.	ዘምሩ ለአምላክነ
811.	ወረደ ምህረት
812.	ዓቃቤ ለኩሉ
813.	ባህራንኒ ይቤ ዘነገደ ባሕር
814.	ውእቱ ሊቆም

ናይ ቤተ ክርስትያንን ክበረ ታቦትን ካብ ገጽ 266	
815.	ሰለማዊት ቤተይ
816.	ሰላም ኢለኪ ቅ. ቤተ ክርስትያን
817.	ጸላት ዘሙሴ
818.	ታቦት በውስቴታ
819.	ውስቴታ ታቦት
820.	ታቦት ሁ
821.	አፍቀርክዋ ለቤተ ክርስትያን
822.	ቤተ ክርስትያንና
823.	ሃሌሉያ ወረድየ ብሔረ ሮሜ
824.	ተቀደሲ ውንስኢ

ነዋሕቲ ናይ ጾምን ንስሓን	ካብ ገጽ 269
825.	ከመ ብዝሒ ሳህልኻ
826.	አልቦ ዘከማየ
827.	እግዚአ መሓረና
828.	እግዚአ አምላኽና
829.	ናባኻ መጸኢኩ ይቅረ ከትብለለይ
830.	ኮብሊለ ነበርኩ
831.	ከኸፈል ዘይክእል
832.	እግዚአብሄር ጥዑም'የ

833.	ኣነ መንየ ኢልና
834.	ጻድቕ እንከሎ
835.	የፍቅረካ'የ
836.	ኣምላኽ ፍቀደለይ
837.	ኣማን በኣማን
838.	ኣጆኻ ኢልካኒ
839.	ሕጂ'ዶ ተመሊሰ
840.	ብመንግስትኻ ዘከረኒ ጐይታ
841.	ዘለኣለማዊት ነፍሰይ
842.	ብሳኻ ምንባር
843.	ጎይታየ ዘከረኒ
844.	ጸጋኻ ሃበኒ
845.	ሃበኒ ኣምላኸይ
846.	ኦ ጎይታ ውዕለትካ
847.	ኦ ጎይታ ውዕለትካ
848.	ራህርሃለይ
849.	ነፍሰይ ንእግዚኣብሄር ኣመ.
850.	ቐራንዮ ምድረ ጎልጎታ
851.	ተግባረይ ከፊኡ
852.	መኑ ይቀውም
853.	ንሞተይ ምይትካለይ
854.	ከም ብዝሒ በደለይ
855.	ጎይታየ ምጽኣትካ ግዲ ቀሪቡ
856.	'ቲ ምሕረቱ ዘይነጽፍ
857.	ከም ምሕረትካ
858.	ተማሪኽ'የ
859.	ካብ ጌተ ሰማኒ
860.	ብሰሪ ጉንዲ ዓይነይ
861.	ሰራዊት ጸላኢ
862.	ወዲ ዳዊት መሓረኒ
863.	ወዲ ዳዊት ሰማያዊ ጎይታ
864.	ደንግጸለይ
865.	ግብርታቱ
866.	ተመለስ ኢልካኒ
ሓጸርቲ ናይ ጾምን ንስሓን	**ካብ ገጽ 290**
867.	ንኽንሳሕ መንፈስ ቅዱስ ኣይ.
868.	ኣነ መንየ ኢልና
869.	ብበደልና ብብዝሒ ሓጢኣትና
870.	ብጾም ወበጸሎት
871.	ጾምናን ጸሎትናን ተቐበለልና
872.	ጾም ጸሎትና ተቐበለልና
873.	ኢትግደፈኒ
874.	እስመ ለነ
875.	ሃድፈኒ ኣድሕነኒ

876.	ኣይትግደፈና ኣይትመንነና
877.	ኩላትና ንጸሊ
878.	ኦ እግዚኣብሄር ኣብ ኣሃዜ ኩሉ
879.	ዛቲ ጾም
880.	ቀድሱ ጾመ
881.	ተመጠወ ሙሴ
882.	ጽንዑ በተዋህዶ
883.	ተወከፍ ጸሎቶሙ
884.	እግዚኣብሔር ሃበነ
885.	ኢየሱስ ቅዱስ ፍጹም
886.	ንጹም ጾመ
887.	ናሁ ሰናይ
ነዋሕቲ ሞዛይክ (ሕውስዋስ)	**ካብ ገጽ 294**
888.	ኣሰይ ጸሎተይ ሰመረ
889.	ኩሉ ዝኾነ ንጽቡቕ'ዩ
890.	እመኑ ብኡ
891.	በገናይ የልዕል ኣሎኹ
892.	ሰፈረ መንፈስ ቅዱስ
893.	ኣንታ ቢንያማዊ ማርዶካይ
894.	እግዚኣብሄር ይሓልወና
895.	እምነት ምስ ግብሪ
896.	ሕያወይቲ ኣደ
897.	ነዛ ሎመዓልቲ
898.	ዘኬዎስ
899.	ናይ ዓለም ማዕበል ፈተና
900.	ንፍቕሪ ንምለሳ
901.	ንዘመን ኣሕሊፍካ
902.	ወሓዚ ጸጋ
903.	ኣለና ኣይጠፋእናን
904.	ዓለም ጠላም
905.	እቲ ንምክሖ
906.	ዘመን ዘይቁጸረሉ
907.	ካብ ዳግማይ ሞት
908.	ምረጹ
909.	የማነ ጸጋም ኣይነብሎ
910.	እንሆት እታ እንባ
911.	ናይ ምድሓንካ ጥበብ
912.	ኣብ ሰማይ ይሃሉ ልብና
913.	ተዋህዶ ንጽህት እምነት
914.	ተዋህዶ'ኺ ትምክሕተይ
915.	ተዋህዶ ሃይማኖተይ
916.	ተዋህዶ መሰረት ጽድቂ
917.	ኣይትናወጽን'ያ ተዋህዶ
918.	ጾዳል ምድሪ ሎዛ

#	
919.	መቅደስ ንስርሓሉ

ሓጸርቲ ሞዛይክ (ሕውስዋስ) ካብ ገጽ 317	
920.	ሰላም ሰላም
921.	ሰላም ይጸጉ ለነገስት
922.	ንዑ ህጻናት ንንይታ ንዘምር
923.	ኢየሩሳሌም
924.	ይከብርዋ ለሰንበት
925.	ናሁ ሰናይ
926.	ወተመሰሉ ሰባእል
927.	በከመ ይቤ ዳዊት በመዝሙር
928.	ኣርዒ ገዳምኑ
929.	የዕብዮ ለዝንቱ ህጻን
930.	ኣውዲኣመት ለባርክ
931.	ልዑል ሰምራ
932.	ኦ ኣንትሙ
933.	ደቂቅ ሰላም

ነዋሕቲ ናይ መርዓ ካብ ገጽ 320	
934.	ርሑስ ጋማ ይግበርልኩም
935.	ክልቲኦም ሓደ ኮይኖም ሎሚ
936.	ብማእሰር ፍቅሪ ተጠሚርኩም
937.	'ቲ ናይ ቃና ሓለስ
938.	ደሚቁ ኣብሪሁልና
939.	መርዓት ብጎይታ
940.	እልል እልል ንበል
941.	መርዓውትና
942.	ናይ ቃና ደስታ
943.	ኣብ ቃና ገሊላ
944.	በከመ ባርክዮ
945.	ደሚቁ ኣብሪሁልና
946.	ይሃብኩም ዮም
947.	ንዘምር ከም ዳዊት
948.	ነዚ ዝገበረ ሃሌ ሉያ በሉ
949.	ዮም ፍስሃ ኮነ
950.	ሎሚ ኣብ ሓጎስና
951.	ናይ ተኽሊል ቅዱስ መርዓና
952.	መርዓውን መርዓትን
953.	ድንግለይ ባርኸልና
954.	ይትባረክ ከም ኣብርሃም
955.	እንቋዕ ደስ በለኩም
956.	እሰም ለዓለም
957.	እዝ ሰውር እምነነ

ሓጻርቲ ናይ መርዓ ካብ ገጽ 329	
958.	ቃል ኪዳን ከቡር'የ
959.	ሃሌሉያ ለክርስቶስ

960.	ወትቤሎ ይኩነኒ
961.	እንሰይ ተዓሲልኩም
962.	ከም ዘርአያ
963.	ትዌድስ መርዓት
964.	ኣማእኩኪ
965.	ቃላኒ መሰንቆ
966.	መርዓዊ ሰናይ
967.	በቃና ዘገሊላ
968.	ይትባረክ
969.	ከብካብ ኮነ ወኮነ እሙነ
970.	ኣኽሊለ ኣኽሊላት
971.	ለባርኮ ቃለ ኪዳን
972.	ማህፋደ ለነበልባል
973.	ኣምሃልኩክን በሓይሉ
974.	በመከመ ይቤ ዳዊት
975.	መልእክተ ዮሓንስ ሃዋርያ
976.	ለባርኮ ንዒ
977.	መጽአ መርዓዊ
978.	ኣሃዱ ኣሃል መርዓቱ
979.	መርዓት ኣንቲ
980.	ኣፈ ንህብ ማቱሳላ
981.	ዘኣስተጻረ/ሓደ ዝገበረ
982.	ዘኣስተጻረ ክልኤሆሙ
983.	ድንቂ'የ ዕጹብ
984.	ወኣንቲኒ መርዓት
985.	ናሁ ሰናይ ወናሁ
986.	እርህው ፎሃተ ለመርዓዋ
987.	ትበርሂ
988.	ኣከሊል ተቀጺላ
989.	ዘድንግል መናስግተ ኢያሪኣ
990.	ጼነው ጼና ፍቅርኪ
991.	ክንደይ ተዓዲልኩም
992.	ኣርሀዉ ሆሃተ ለመርዓዊ
993.	ይሃበን ሰላም
994.	ኣንሰእዮ ከመ ሰብኣ
995.	ሰላምክ ሃበነ
996.	በከመ ይቤ
997.	ኣርኣዮ ለመርኣዊ
998.	ቃለ ወንጌል ፈጸምክ
999.	ከቡብዋ
1000.	ውርዲያ ብሐር ሮሜ
1001.	በትስፍሃት ወበሓሴት
1002.	ጸጋ ጎይታና

ረይ እግዚኣብሄር

ነዋሕቲ ናይ እግዚአብሔር
ናይ ስላሴ - ካብ መዝ. 2 - 11

1. ነዚ ጉባኤና

ነዚ ጉባኤና ባርኮ ጎይታና (2)
ሰላም ሂብካ ፍቕሪ ሂብካ (2) ሎሚ ንኹላትና

ሰላም ናይ ኣብ ናይ ወልድ
ናይ መንፈስ ቅዱስ (2)

ይሕደረልና ብመስቀሉ ናይ ክርስቶስ ፍቕሪ
ይሕደረልና ብመስቀሉ ናይ ማርያም ፍቕሪ

ናባኻ ኽንጽሊ ብሓባር ኩላትና (2)
ኦ ጎይታና ስደደልና'ቲ መንፈስ ቅዱስካ (2)

2. ናይ ስላሴ መንበር

ናይ ስላሴ መንበር ቅዱሳን ከቢቦም
ቺሩቤል በደመና ንዙፋት ሒዞም
ንድንግል ኣብ ማእከል ንሚካኤል ቅድሚት
ኣእላፍ መላእክት ከሰግዱ ብፍርሃት
ንዑ ርኣዩ ናይ'ቲ ሰማይ ድምቀት
ንዑ ርኣዩ ነቦ ናይ ሰማያት

ናይ ስላሴ መንበር ቅዱሳን ከቢቦም
እና ኣሸባሽቡ ናይ ሰማይ መላእክት
ካህናት ናይ ሰማይ ስሉስ ቅዱስ ክብሉ
ነዚ ዓቢ ክብሪ ክርእዩ ተዓደሉ
በቲ ድንቂ ስርሖም ኣብ ምድሪ ከለው (2)

ናይ ቅዱሳን ሕብረት ናይ ቅዱሳን ሃገር
ክቅደስ ይነብር ናይ ስላሴ ወንበር
ጽድቅን ለውሃትን ዝተመልአ ሰማይ
ኣምላኽ ይሃበና ብትንሳኤ ምርኣይ (3)

3. <u>ስብሃት ለኣብ</u>

ስብሃት ለኣብ ስብሃት ለወልድ
ወስብሃት ለመንፈስ ቅዱስ (2)

ኣብ ዝባነ ኪሩብ እናተወጥሐ
ንዝምስገን ዘሎ ወግሐ ጸብሐ
ኣነ ውን ብጊደይ ኣልዒለ ከበሮ
ንቅዱስ ስላሴ ካብ ልበይ ከኽብሮ
ምስጋና ይብጻሕካ ናብ መንበረ ስብሓት
ከም ኪሩብ ሱራፌ ከም ኩሎም መላእክት

ከም ዕስራን ኣርባዕተን ካህናት ሰማይ
ከዕርግ መስዋዕቲ ከቕርብ ምስጋናይ
ቅድሚ ድምጺ ኣዕዋፍ ምስምዑ የእዛነይ
ቤተ መቕደስ ኮይነ ከምቶም ኣቦታተይ
ስሉስ ቅዱስ ክብል ኣእዳወይ ዘርጊሐ
ብዘለኒ ቃና ንድምጻይ ኣጕሊሐ

ከም ነቢይ ኢሳያስ ክብርኻ ኣርእየኒ
ከናፍረይ ኣንጺህካ ተለኣኽ በለኒ
ከም ኣብረሃም ኣቦይ ሓሪኻ ብጽሓኒ
ናብ ቤተይ እቶ'ም ስሉስ ባርኽኒ
ከምቲ ንህጽቅኤል ንጉስ ዝኾንካዮ
ንርኹስ ኣዕይንተይ ስላሴኻ ኣርእዮ

4. በስመ ኣብ ወወልድ ወመንፈስ ቅዱስ

በስመ ኣብ ወወልድ ወመንፈስ ቅዱስ (2)
ምስጋና ይኹኖ ንመድሓኒ ክርስቶስ (2)

ብስም ቅዱስ ስምካ ብንጹህ ሕልና (2)
ኣብ ዙርያ መቕደስካ ንርከብ ኣሎና (2)
ልደት ቤተ ልሔም ጥምቀት ዮርዳኖስ (2)
ሃይማኖት ተዋህዶ ድሕነት ስጋ ነፍስ (2)

በጃ ኩሉ ዓለም መስዋእቲ ድሕነትና (2)
ክርስቶስ ቃል ኣምላኽ በጊዕ ፋሲካና (2)
ጎይታ ጎይቶት ልዑል ክርስቶስ ፈጣሪ (2)
ምስጋና ይኹኖ ብሰማይ ብምድሪ (2)

እምነትና ንምጽናዕ ባዕልኻ ርድኣና (2)
መንፈስካ ብምልኣኽ ባርኽ ጉባኤና (2)
ወሃቢ ህይወት ጸጋ ዝህብ ጸጋ (2)
ኣሜን ሃሌሉያ ኣልፋ ወኦሜጋ (2)

5. ቅዱስ እግዚኣብሄር

ቅዱስ (3) ንእግዚኣብሄር ከመስግኖ'የ
ብሰለስትነቶም ወይም በስላሴ
እና ተማህጸንኩ ይጅምር ውዳሴ
ኣበሳይ በዚሑ ንሱ ምሒሩኒ
ፍሉይ እግዚኣብሄር ናብዚ ዘብቅዓኒ

ግርምኡ ዘፍርህ ክዳኑ ከም ሓዊ
ሰብ ዝኾነ ኣምላኽ ኢየሱስ ናዝራዊ
ማዕበላት ኩላቶም ይእዘዙሉ እዮም
ኣዕዋፍ እንስሳታት ድምጹ ይሰምዑ'ዮም

ኣይምርመርን'ዩ ግብሩ ረቂቕ'ዩ
ኣብ ሰማያት ኩሉ ኣብ ዓለም ምሉእ'ዩ
ኣብ ዝፋን ኪሩቤል ዝቕመጥ ንሱ'ዩ
ብባሕሪ ዝጉዓዝ ማይ ኣይትንክፎን'ዩ

ብግብሪ ሰለስተ ብፍቓድ ሓደ እዩ
ዓሚቕ'ዩ ምስጢሩ ልዕሊ ኣእምሮ'ዩ
ቅዱስ ሓያል ጐይታ ወልደ ማርያም
ብኽልተ ልደትካ ንሕና ንኣምን

6. ንሴብሆ ለስላሴ

ንሴብሆ ለስላሴ (4)
ክበር ተመስገን ኣምላከ ሙሴ (2)

ድንግል ኣዴና ማርያም (2)
ንዒ ናባና ብሰላም (2)

ንዓ ናባና ሚካኤል (2)
መልኣከ ምኽሩ ንልዑል
ኣብ እግርኻ ይውደቕ ሳጥናኤል (2)

ንዓ ናባና ገብርኤል (2)
ካብ ሓዊ ተውጽእ ካብ ነበልባል
ብጽላል ኣኽናፍካ ተጽልል (2)

ንዓ ናባና ኡራኤል (2)
ከም ቅዱስ እዝራ ስቱኤል
ጥበብ ሃበና ምስትውዓል (2)

ንዓ ናባና ብፈረስ (2)
ጾሓይ ዘልዳ ጊዮርጊስ
ገድልኻ ንስማዕ ክንፍወስ (2)

ተኸለ ሃይማኖት ቅረበና (2)
ብጸሎትካ ሓልወና
ምእንታን ክንጸንዕ ብሃይማኖትና (2)

7. ስላሴ ዘከሃ

ስላሴ ዘከሃ ስላሴ ዘዙየ (2)
ኩሉ ግዜ ክብል'የ ኣምላክ ኣምላክየ (2)

ዓይነይ ናብ መቕደስካ የልዕል ኣለኹ
ጸግዒ ናይ ህይወተይ ስላሴ ክብል'የ
እምባይ መጸግዕየይ ብኣኻ ኣይሓፍርን
ናይ ምድሓናካ ጥበብ ፍጹም ኣይሓድገንን

ፍለጻ ናይ ሰይጣን ሰይሩ ኣድሒኑኒ
መን ከም ስላሴ ሓላዊ ኮይኑኒ
ኣፍቂሩ ኣድሒኑኒ እግዚኣብሔር ክብረይ'ዩ
ሓልዩኒ እዩ'ሞ ኣነ ከምልኾየ

ዃሳየይ እግዚኣብሔር ንዓይ ሓሊዩኒ
ናብቲ ልሙዕ ሻኻ ወትሩ ይመርሓኒ
ካብ መንጣሊ ተኹላ ንዓይ ሰዊሩኒ
ንስሙ ከመስገን ኣምላኽ ጸዊዑኒ

ንስኻ ጎይታየ መጸግዕየይ ኢኻ
ካብ ጸዕርን ጭንቀትን ሓልወኒ ኢኻ
ከመይ'ዩ ዘፍቅረና ስላሴ ዝብልዎ
ንስሙ ብሓባር ልዕል ኣብልዎ

8. አማን በአማን መንግስተ ስላሴ

ኣማን በኣማን (4)
መንግስተ ስላሴ ዘለኣለም (2)

ንግበር ሰብኣ ኢሎም ኣማን በኣማን
ፈጠሩ ንኣዳም ኣማን በኣማን

ብፍቕሪ ብለውሃት ብርህራሄ ኩሉ
ንፍጥረታት ዘበለ ኣብ ኢዱ ኣግዝኣሉ

ናይቲ ጻድቅ ኣቦ ኣማን በኣማን
ናይ ኣብርሃም ገዛ ኣማን በኣማን

ዝባረኽ ኩሉ ባሪኹ ንዓና
ዋልታ ናይ ገዛና መሰተት ኩላትና

ኣብ ጊዜ መከራ ኣማን በኣማን
ተውጽኡ ካብ ጭንቂ ኣማን በኣማን

ንስምኩም ተመስግን እዛ ነፍሰይ ብሓቂ
ኣምላኽ ብዓል ሙሴ ናይ ኣብርሃም ስላሴ

ናይ ፍቕሪ ናይ ሓጎስ ኣማን በኣማን
ኣቦ በረኸት ኣማን በኣማን

መንግስቱ ዘለኣለም ዘይብሉ ሕልፈት
ወትሩ ዝምስገን'ዩ ብኣፍ መላእክት

9. ንስላሴ ኣመስግኑ

ንስላሴ ኣመስግኑ (2)
ናይ ምድሪ ፍጥረታት ዘመሩ ዕልል በሉ

በስመ ኣብ ወወልድ ወመንፈስ ቅዱስ
ምስጋና ይግባእ ንስሉስ ቅዱስ
ንዓለማት ኩሉ ዝፈጠረ ጐይታ
ምስጋና ይኹኖ ክሳብ መወዳእታ

ኪሩቤል ሱራፌል ንዘመስግንዎ
መላእክት ኣብ ሰማይ ንዝዝምሩሉ
ንሕና ደቂ ኣዳም ክንዝምረሉ ኢና
ብሰማይ ብምድሪ ክንጽውዖ ኢና

እንተ ጠመኹ'ውን ብስላሴ እጸግብ
እንተ ጸማእኩ'ውን ብስላሴ እረዊ
ስላሴ እምባይ'ዮም ክቕርብ ምስጋና
ንዓይ ይመርሑኒ ብጽድቂ ጐደና

10. ናይ ምስጋና መስዋእቲ

ናይ ምስጋና መስዋእት ማህሌት ውዳሴ
ይግባእ ንኽብሩ ንቕዱስ ስላሴ (2)

ንሰብ ዝፈጠረ ብኣምሳሉ ጌሩ
ስጋ ዘዳለወ ኣዕጽምቲ ስኹዑ
ንዝፈጠረና ብካህልነቱ
ክንዝምር ኢና ስለ ጐይትነቱ (2)

ንሰማይ ዝሰረሐ ብዓቢ ጥበቡ
ምድሪ ዝዘርግሐ ብቅዱስ ሓሳቡ
ክምለኽ ይነብር ንሱ ብፍጥረቱ
ሰላም ዝመልእ'ዩ ዘልኣለም መንግስቱ (2)

የዒንቲ ኩሩቤል ዝመልአ መንበሩ
መና ሒዞም ኣለዉ ሱራፌኤል ንኽብሩ
ቤቱ እንክዕጠን መፍርሕ ሕልፍኘኡ
መላእኽቲ ዘመሩ ቅኔ እናቃነዩ (2)

ሓዊ ኣዳራሹ ማይ እዩ ጠፈሩ
ምድሪ መርገጽ እግሩ ሰማይ'ዩ መንበሩ
ክቕደስ ይነብር ኣብ ሰማይ መንበሩ
ውዳሴን ዝማሬን ይግባእ ንኽብሩ (2)

፲፡ ንኣምን በስላሴ

ንኣምን በስላሴ ወንትኣመን በስላሴ
ስላሴ'ዮም ዓለም ዝፈጠሩ
ስላሴ'ዮም ከቢሮም ዝነብሩ
ስላሴ'ዮም ምስጢር ናይ እምነትና
ስላሴ'ዮም ትርጉም ህላዌና

ስላሴ ኣብ ድዋታት መምሬ እንከሎ ኣብርሃም
ስላሴ ክብሪ ናይ ጐይታኡ ርእዩ ብምግራም
ስላሴ ከገልግሎም ኢሉ ናብኦም ምስ ቀረበ
ስላሴ ምስጢር ሰለስትነት ኣብ ቤቱ ረኸበ

ስላሴ ምስጢር ንኽዕዘብ ጠመትኩ ናብ ሰማይ
ስላሴ ንኹሉ ኽትምግብ ረኣኹዋ ጸሓይ
ስላሴ ምሉእ ኣካል ብርሃን ሙቐት'ውን ኣለዋ
ስላሴ ጸሓይ እምበር መዓስ ጸሓያት ይብልዋ

ስላሴ ካብ ደመና ሰማይ ድምጺ ኣንጐድጐደ
ስላሴ ብኣምሳለ ርግብ መንፈስ ቅዱስ ወረደ
ስላሴ እቲ ዝፈትዎ ወደይ ኢሉ ኣብ መስከረ
ስላሴ ኣብ ሩባ ዮርዳኖስ ክርስቶስ ከበረ

ስላሴ ምስጢር ናይ ስላሴ ከመይ'ዩ ዘይትብሉ
ስላሴ ከመይ ጌርኩም ኢኹም ኣካሎም ተግዱሉ
ስላሴ መለኮቶም ሓደ ኣካሎም ሰለስተ
ስላሴ ኣይንብልን ኢና ክልተ ወይ ኣርባዕተ

12. ንሱን ለውሃቱን

ንሱን ለውሃቱን እዚ ኣምላኽና
ክንደይ ይጥዕም
ፍቕሩ ኣብ ሂወትና ይዓዪ'ሎ
ከም ዝናብ ሰማይ የንጀርብበና'ሎ

ኣህዛብ ብጭንቕት ይናወጹ
ፍትሒ ስኢኖም ይራገጹ
ብጥበብ ዓለም ዘይግለጽ ምስጢር
ንዓና ግን ገሊጹልና ይነብር (2)

ሓሚምና ተስፋ ኣይቖረጽናን
ሓዚንና ጽንዓት ኣይሰኣንናን
ካብ ዕለት ዕለት ዝሕልወና
ለዋህ መድሓኒ ክርስቶስ ኣሎና (2)

ክብሪ ሰማያት ባና ገነት
ነጸብራቕ ምድሓን ቦታ ሂወት
ስፍራ ቕዱሳን ዘልኣለማዊት
ቃል ኣትዩልና'ዩ ክህበና ኣምላኽ (2)

13. ዝፈትወኒ ጎይታይ

ዝፈትወኒ ጎይታይ እንታይ ጌረሉ'የ
ዝብሎ የብለይን ክዝምረሉ'የ
ካብ ውድቀት ድኻመይ ንዓይ ኣልዒልካኒ
ነቲ ሰባር ድልድል ኣልጊብካ ኣሳጊርካኒ

ኣብ መንገዲ ያሪኮ ክልምን ኮፍ ኢለ
ንብርሃን ናፊቐ ካብ ሰብይ ተፈልየ
ናይ ብርሃን ኣምላኽይ መጺኡ ናባይ
ብኢዱ ዳህሲሱ ዓይነይ ኣብርሃለይ

ንብዙሕ ዘመናት ኣብ ዓራት ደቂሰ
ሰባት ጸሊኦምኒ ረዳኢ ስኢነ
ናተይ ጎይታይ ኣምላኽይ መጺኡ ፈዊሱኒ
ዓራትካ ተሰከም ንዓ ኪድ በለኒ

ን12 ዓመት ደም እንዳ ፈሰሰኒ
ብጥፍጣፍ ጡፍ ኢሎም እንዳ ነዓቑኒ
ናይ ጎይታ ክዳን ነቲ ጫፍ ተንኪፈ
ሓይሊ ካብኡ ወጸ ደመይ ጠጠው በለ

ሰራቒ ዘማዊ ሰኽራም ዝነበርኩ
መራሒ ዓመጽቲ ናይ ሰብ ደም ዘፍሰስኩ
ሎሚ ግን ሂወተይ ኣምላኽ ቀይርዎ
ሓያል እግዚኣብሄር ክብሪ ይግብኦ

14. ፈትዩና'ዩሞ

ፈትዩና'ዩሞ ደጊም ኣይጸለኣናን
ርእዩና'ዩሞ ኮቶ ኣይረሰዓናን
የለን ዝመስሎ እሙን ቅዱስ ጐይታ
ምሳና'ዩሞ ክሳብ መወዳእታ

ኣብ ውሽጢ ዓለም ኣብቲ ጸልማት ስፍራ
እና ጸውዐ ካብቲ ብርሃን ጨራ
ህዝቡ ዘይኮንና ኣቦ ዝኾነና
እስራኤል ዘነፍስ ምሕረት ረኺብና ኢና

ጥበበኛታት ንኽሕፍር ኢሉ
ስጋ ለቢሱ ንዓና መሲሉ
ብሞት ኣምላኽና ህይወት ለቢስና'ና
ዕልል ንበል ናጽነት ረኺብና

ክጠሚ መግበይ ምስ ዝጸምእ መስተይ
ክዓርቕ ልብሰይ ክሽገር ምርኩሰይ
ሓይለይ ብርተዐይ መጽነዒየይ ንሱ
ቅልጽም ጸላእተይ ሰቢርዎ ንሱ

ቀስቱ ኣልዒሉ ጸላኢ እንተ መጸ
ከጥፍኣና ኢሉ ምኽሩ እንተ ሃነጸ
ዳዊት ክዕወት ንጐልያድ ዘሕፈሮ
ኣምላኽ ያሬድ ኣብ ሞንጎ ኣሎ

15. ናይ ልብና ንጉስ

ናይ ልብና ንጉስ ናይ ህይወትና መሪሕ
ከም ኣምላኽና የለን ብጽድቂ ዝመርሕ (2)

ለዋህ እዩ መሓሪ ቀልጢፉ ዘይኩሪ
ኤልሻዳይ ፈዋሲ በዓል ብዙሕ ፍቕሪ
ሕያዋይ ጓሳ ኣብ ሰማይ ኣብ ምድሪ
ፈልፋሊ ማይ ህይወት ካብ ጐኑ ይዛሪ (2)

ንባሕሪ ከፊሉ ንህዝቡ ዘሳገር
ሓጢኣትና ደምሲሱ ደቂ ንዝገበረ
ኣብ ጉድጓድ ዝተደርበዩ መሳልል ዝፈጠረ
ኣፍ ኣናብስ ዓጽዩ በረኸት ዘፈልፍል (2)

ማዕበል ባሕሪ ኣህዲኡ ንዓይ ጸዊዑኑ
ንጸልማት ህይወተይ ብርሃን ኣርእዩኒ
ሕያዋይ ሳምራዊ ሕያዋይ እዩ ጓሳ
ናይ ልብና ንጉስ ሓዳጊ ኣበሳ (2)

ደጊም ናይ ህይወተይ ሰረት'ዩ መጽንዒ
ከይወድቕ ሒዙኒ ጸሎተይ ሰማዒ
ሰላማዊ ንጉስ ምሳይ እንከለኻ
ምኢዙ ምድሓነይ ኣምላኸይ ብሞትካ

16. ጸጋኻ ይብዛሕ

ጸጋኻ ይብዛሕ ይቕረብ ምሕረትካ
ኣማኑኤል ድንቂ ስራሕካ
ተመስገን ክብል ክውድሰካ
ደው ኢለ ኣለኹ ብረዲኤትካ

ስለ ምሕረትካ ክዝምረልካ'የ
ብቃል ምስጋና ስምካ ክጽውዕ'የ
ኣሎኒ ቃላት ኣሎኒ ሽሕ ቋንቋ
ንዓለም ምሉእ መግለጺ ክብርኻ

እቲ ዝበልካዮ'ቲ ዝሓሰብካለይ
ሓሳባት ልበይ እንሆ ፈጺምካለይ
ምስቶም ሓያላት ማዕረ ሰሪዕካኒ
ኣቤት ስራሕካ ንዓይ ገሪሙኒ

ኣብ ለምለም ሸኻ ንዓይ ኣሕዲርካኒ
ኣብቲ ጸበባይ ጼርካ ኣስጊርካኒ
ንግሆን ምሸትን ከመስግነካ'የ
ጐይታይ ክብለካ መቒርዎ ኣፈይ

እንተወደቕኩ ወላ እንተተሳእኩ
ብረድኤትካ ክሳብ ሎሚ ኣሎኹ
መርበበይ ሒዘ ክጽበየካ'የ
ከም ትምልኣለይ ተስፋ እገብር'የ

17. ንእግዚኣብሄር ጸዋዕኩ

ንእግዚኣብሄር ጸዋዕኩ ብሓዘነይ ግዜ
ንእግዚኣብሄር ጸዋዕኩ ብጭንቀተይ ግዜ
ኣውጺኡኒ ካብ ጭንቀት ካብ ሓዘን ትካዜ/2

ድምጺ ልመናይ'ውን ኣምላኽ ሰሚዕለይ
ኣእዛኑ ውን ናባይ ገጹ ኣድኒኑለይ
ብኹሉ ዘመነይ ክጽውዖ ይነብር
ምንም ተደኽምኩ ምስጋና የቕርብ

ከም ቃልካ ምስጓም ስኢነ ምጉዓዝ
ናብ ኣምላኸይ ክምለስ ካብ ሎምስ እጥዓስ
ኣምላኸስ ህያው ከውጽኣኒ ካብ መዓት
ልመናይ ሰሚዑ ምጺኡኒ ብምሕረት/2

ከምቲ ግዜ ናይ ኖህ ንዓና'ውን ኣድሕን
ክንወጽእ ካብ ጥፍኣት ንኣምላኽ ነመስግን
ብበትርኻን ምርኩስካን ንጸናናዕ
ምሳና ካብ ኮንካስ ንፈርሆ የብልናን

ብብዝሒ ምሕረቱ ገዲፉ ሓጥያትና
ብፍቕሪ ሪኡና ፍጹም ኣይጠፋእናን
ክምሕረና ፈትዩ ገጹ ኣብሪሃልና
ኣምላኽ ምሳና'ዩ መን ይቃወመና

18. ሰላምካ ሃበኒ ምሕረትካ

ሰላምካ ሃበኒ ምሕረትካ
ክዝምር ነቲ ክቡር ስምካ

ኣበሳይ በዚሑ ሸግር ከቢቡኒ
ምኽኣሉ ስኢነ ኩሉ በርቲዑኒ
ኣቦ ሰላም ኢኻ ሰላምካ ሃበኒ
ከም ብዝሒ ምሕረትካ ኣምላኽ ምሓረኒ

ንጥሙያት ቀለብ ንጽሙኣት ርውየት
ንዕሩቓን ልብሲ ንሓጥኣን ህይወት
ኩሉ ኣብ ኢድካ እዩ ዘለኣለም ትነብር
ክበር ተመስገን እግዚኣብሄር

ንዳዊት ልቦና ንሰለሙን ፍልጠት
ንያሬድ ማህሌት ንነብያት ትንቢት
ዝሃብካዮም ጐይታ በዓል ብዙሕ ውዕለት
ንዓይ'ውን ሃበኒ ኣሰንቕኒ ጽንዓት

በደለይ ሓዲጉ ሓጢኣተይ ደምሲሱ
ኣቦ ዝኾነኒ ዘለኣለም ነጊሱ
ካብ ሰማይ ወሪዱ ንደሙ ኣፍሲሱ
ህይወት ዝሃበኒ ኣምላኸይ'ዩ ንሱ

19. ሰላምካ በዚሑ

ሰላምካ በዚሑ ከም ሩባ ፈሲሱ (2)
በረኻ ህይወተይ እንሆ ርሒሱ (2)

ንምዉት ክብረይ ጌረ ዘሕለፍክዎ ህይወት
ለዊጥካዮ ጐይታይ በቲ ናትካ ምሕረት
ኣዒንተይ ጠሚተን ንፈውስኻ ርእየን
ካብ መንገዲ ጥፍኣት ብጸጋኻ ወጺአ (2)

ምርኩሰይ ድጋፈይ ንስኻ ኢኻ ጐይታይ
ተመስገን'የ ዝብል ከገልጽ ሓጐሰይ
ንዓኻ ሒዘ እምበር ጸቢቑ ዕድለይ
ይፈልጥ'የ ኣነስ ንሕሉፍ ታሪኸይ (2)

ከምቶም ኣቦታተይ ናይ እምነት ቅዱሳን
ንዓይ ጸዊዕካኒ ክኸውን ንምድሓን
ክቓንየልካ'የ ክነግር ስራሕካ
ብጽድቂ ትምርሕ ሕድገት ሓጢኣት ጌርካ(2)

ገና'ውን ኣሎኒ ካልእ ዓቢ ተስፋ
ኣብ ሰማያዊ ቤት ዘለዎ ሓለፋ
ምስቶም ቅዱሳን ኣብ ቤቱ ክድመር
ይናፍቕ ኣለኹ ዘለኣለም ክነብር (2)

20. ሰላም ሰፊኑለይ

ሰላም ሰፊኑለይ ቀሲኑ ልበይ
ኣብ ጐነይ ምስ ቆምካ ለዋህ ኣምላኸይ (2)
ውዳሴ ምስጋና ኮይኑ ዕላማይ
ውሽጠይ መሊኡ'ሎ ፍቕርኻ ጐይታይ (2)

የኣክል ምስ በልካ ኩሉ የቛርጽ
'ቲ ናይ ጥፍኣት ማዕበል ምንጬ ይነቅጽ
ጭንቀተይ ርሒቑ ብብዝሒ ምሕረትካ
ኣስተማቕሪየ'ዮ ምሉእ ሰላምካ

ነፍሰይ ከጻናንዕ ዋላ እንተ ጸዓርኩ
ሓይልኻ ዘንጊዐ ኮለል እንተበልኩ
ሕጅስ ፈሊጠዮ'ቲ ኹሉ ሸግረይ
ምሳኻ እዩ ዘሎ ምስጢር ናይ ሰላመይ

ምሳይ እንተለኻ ይዝሕል'ቲ ንፋስ
ሓፍኮፍ ዝብል ማዕበል የለን ዝንቀሳቀስ
ኣንታ ቅዱስ ጐይታ ናይ ሰላም ንጉስ
ሓዘነይ ኣብቂዑ ብከሃልነትካ

ንሞት ምስ ሰዓርካ ብዓቢ ሓይልኻ
ጸልማት ተቐንጢጡ ደሚቑ ብርሃንካ
ወዲቖም ረገፉ እቶም ዝጻረሩኻ
ኤልሻዳይ እግዚኣብሄር ግሩም'ዩ ስራሕካ

21. ኣብ ባህ ዝብል ቦታ

ኣብ ባህ ዝብል ቦታ ዕጫ በጺሑኒ
ዝጸበቐ ርስቲ ጐይታይ ዓዲሉኒ
ብኢደይ ደጊፉስ ታተ ኣቢሉኒ (2)
ደኺመን በርቲዐን ምሳኻ ይሕሸኒ

ካብ ዓራት ኣተንሲእካ ፍጹም ተባራብር
ካብ ጐድፍ ኣሪኻስ ኣብ ርሻን ተስፍር
ሰብ ዝነዓቐ ንስኻ ተኽብር
ኣነስ ገሪሙኒ ናይ ለውሃትካ ምስጢር

ፍሉይ እዩ ባህሪኻ መን ኣሎ ከማኻ
ኣብ ድኹም ኣብ ሓጥእ ትገልጽ ሓይልኻ
ልበይ መሲጥካዮ ብምኡዝ ፍቕርኻ
መቀረት ህይወተይ ንስኻ ኣሎኻ

ምእንታይ ክትብል ወሪድካ ካብ ሰማይ
ብፍቕሪ ፈዊስካ ንኹሉ ሕማመይ (2)
ዝጠበቐኒ ሓጢኣት ብደም ሓጺብካለይ
ኣይፍለይን ካባኻ ንምሉእ ዘመነይ

22. መኑ ይሓድር

መኑ ይሓድር ውስተ ጽላሎትከ (2)
ወመኑ ያጸልል ውስተ ደብረ መቕደስከ (2)

ዘየነውር በንጹህ ወይገብር ጽድቀ (2)
ወዘይነብብ (2) ጽድቀ በልቡ (2)

ወዘይገብር እኩይ ዲበ ኣብያቲሁ (2)
ወዘይጋይነወ በልሳኑ (2)

ዘይምህል ለቢቱ ወዘይሁ (2)
ወዘይመኑን (2) በቅድሜሁ እከይ (2)

ወዘይነስኣ ይልያነ በላእለ ንጹህ (2)
ወዘይለቅሃ (2) ወርቅ ዘብሩር (2)

ዘይገብር ኣብ ከምዝ ወቃል እግዚኣብሄር (2)
ውእቱ ይነብር (2) ውስተ ደብረ መቕደሱ

23. ናይ መን ዲና ንሕና

ናይ መን ዲና ንሕና ናይ መን (2)
ናይ ጳውሎስ ዲና ናይ ኣጰሎስ
ወይስ ናይ ኬፋ ኢና ናይ ክርስቶስ

ብወገን ዓሌት ዘመድ ፍጹም ከይንእሰር
ብመልክዕ ኣምላኽና ዝተፈጥረ ፍጡር
ነኽብሮ ነልዕሎ መንዩ ብዘይገድስ
ንኹሉ ፍጡር ኣምላኽ ስርሓት ክርስቶስ

ሰብ ክልተ ልቢ ኣይንኹን ሓደ ልቢ ንሓዝ
እንታይ ኮን ሒዙና ልብና ዘደንዝዝ
ንሽይንፋቐር ዝፈሊ ነእምሮ ዝገዝእ
ንጠምት ናይ ቀራንዮ ሕሊናና ንግታእ

ምፍልላይ ምብትታን ዘይርከቦ ረብሓ
ኣብ ሽግር ዘውድቕ ዘይገድፍ ብደሓን
ዕላማና ሓደ ከነሱ ምትፍናን ኮይኑ
ብሻራ ጽልኢ ባእሲ ኣካልና ማሲኑ

ንሕና መን ሙኺንና ንፍለጥ መጀመርታ
ናይ ክርስቶስ ኢና ናይቲ ለዋህ ጐይታ
ናይ መን ደኣ ክንክውን ንደሊ ኣሎና
ሎሚ ነስተውዕሎ'ምበር ናይ መን ኢና ንሕና

በሉ ዋና ኣሎና ዘፍሰሰልና ደሙ
ሕማምና ፈዊሱ ንሱ ብሕማሙ
ኣምላኽና ፍቕሪ'ዩ ኮቶ ኣይንፈላለ
ንገስግስ ብሓድነት ናብቲ ዘለኣለም

24. ካባኻ እሞ ናበይ

ካባኻ እሞ ናበይ ጐይታይ ካብ ጽኑዕ ፍቕርኻ
ፈልፊሊ ዛራ ህይወተይ ዕረፍቲ ነፍሰይ ኢኻ
ሃልየ ምሳኻ ምሳኻ'ውን ሞተይ
መጸናንዕየይ ካባኻ እሞ ናበይ

ካብ ጉድጓድ ናይ ጥፍኣት ዘስጥም ታኼላ
ብጥበብ ተውጺኣኒ ካብቲ ጽዩፍ ናብራ
ኣምላኸይ ጸጋኻ ንዓይ ዓቢይ እዩ
ክገልጾ ዘይክእል ተኣምር ስራሕ እዩ

ጐይታይ ካብ መንፈስካ ናበይ እየ ክሃድም
ካብቲ ብርሃን ገጽካ ክኸወል ኣይክእልን
ንመዓሙቕ ልበይ ባዕልኻ ትምርምሮ
ቃል ከይተንባህኩ ሓሳበይ ትፈልጦ

ሰማይ እንተ ደየብኩ ኣብኡ ትጸንሓኒ
ኣብ መንጸፍ ናይ ሲኦል ኢድካ ትረኽበኒ
ካባኻ ፈጺመ ክኸወል ኣይክእልን
ምሳኻ መሪጸ ህይወት ከስተማቕር

ንዓኻ ስዒብ ፈጺመ ኣይሓፍርን
ህይወተይ ካባኻ ክፈልያ ኣይክእልን
ኢድካ ትጓስየኒ በጊዕ እየ ኣነ
ኣብ ደምበ ጉስነትካ ማሚቐ ሓዲረ

ተስፋይ ኢኻ ንዓይ ጉልበተይ ብርትዐይ
ሓይሊ ትህበኒ ልዕል ዘብል ከውሓይ
ብርሃን ንመንገደይ መብራህቲ ንእግረይ
ኣምላኸይ ንስኻ ደራዚ ንብዓተይ

25. ኣምላኽ ኣቦታትና

ኣምላኽ ኣቦታትና እግዚኣብሄር ስሙ ይመስገን
ኣምላኽ ኣቦታትና ኣይሓደገናን ስሙ ይመስገን

ከምታ ትናወጽ መርከብ ኣይኮንናን
ኣሕሊፉ ዝህብ ውን ኣምላኽ የብልናን
ብቅድሚት ድሕሪት እና ተሓለና
ክንዝምር ኢና ገና ገና ኣሎና ገና
ንውዲት ሰይጣን እንዳ ሰዓርና
ንክብሪ ስሙ ደው ኢልና ኣሎና
ምሳና ከሎ ሓያል ቅልጽሙ
ከልካሊ መን እዩ ከይጽዋዕ ስሙ

ድኻታት ክንመስል ዘይቁጸር ሃብትና
ጥሙያት ክንመስል ድማ ብእኡ ዝጸገብና
ዕሩቓት ክንመስል ብኣምላኽ ዝሞኽና
ሕዙናት ክንመስል ድማ ካዕበት ዝሓጎስና
ብጥምየት ጽምኢ ብብዙሕ ስደት
ተተበተና ኣብ ልዕሊ መሬት
እቲ ጓሳና መዓስ ይታኽስ
ንዘንት እለት ስሙ ይወደስ

ረበሻ ጸላእቲ እንተ በርትዐ
ክሕደት ዓለውቲ ድማ እንተ ተሰምዐ
ኣብ ጽኑዕ ከውሒ ካብ ተሰረትና
ናይ መን ሓይሊ ደኣ'ዩ ዘናውጸና
ካብ ኣጽለለና የማናይ ኢዱ
ካብ ኣውረሰና ሰማያት ዓዱ
ናይ ምንታይ ምርኮ ናይ ምንታይ ስቓታ
ንሓያል ጎይታ ይኹን ዕልልታ

ከምቲ ዝበለና ብቕዱስ ቃሉ
ሰረገላ ሓዊ ድማ ብዙርያና ኩሉ
ንድንግል ኣብ ማእከል ንሚካኤል ቅድሚት
እና ተኸበብና ከኣ ብእላፍ መላእኽት
ከነባጽሓ ክሳብ ጻት ዓለም
ተዋህዶ እምነትና ትንበር ዘልኣለም
መከራ ስቓይ ተወዲኡላ
ጸሓይ ምስጋናኣ ኣብሪቁላ

26. ኣሕዋት ብሓደ ሓቢርም

ኣሕዋት ብሓደ ሓቢርም ክነብሩ
ነቲ ልዑል ኣምላኽ ስሙ እናዘከሩ
ሰናይ እዩ ጥዑም ኢሉ ብመዝሙሩ
ልበ ኣምላኽ ዳዊት ብበገና ጌሩ

ምእካብና ኩሉ ብስም እቲ እሙን
ተግባራትና ኮነ ከም ፍቓዱ ይኹን
ሰናይን ጥዑምን ክኾነልና ሓጐስ
ብመንገዱ ንንበር ሓሳብና ንሓድስ

ኣብ ረብሓ ነውዕሎ ወርቃዊ ጊዜና
ካብቲ ከቢድ ድቃስ ንተንስእ ኩልና
ሓቢርና ክንነብር ኣምላኽ እንዳ ኣመስገንና
ኣይርከብን'ዩ ምስ ተፈላለና

ፍቕሪ ዝመልኣ ጒይታ'ውን ዝፈትዋ
ዓቢይ ምስ ንእሽቶይ ኩሉ ይሕልዋ
ሕብረት'ያ ኣደ ቅሳነት ዘለዋ
ንግሆ ኮነ ምሸት ትዕንግል'ያ ራህዋ

ምእካብ ብዙሕ'ዩ ሓደራ ነስተብህል
ብጓይላ ብባእሲ ብዘጸይፍ ዕላል
ዳሕራይዩ ዝኸፍእ ሰላምካ ዘርሕቕ
ስለዚ ንፍለጦ ኣኼባ ዘጽድቕ

27. ብዘይ ንስኻ መን ኣሎኒ

ብዘይ ንስኻ መን ኣሎኒ
ጎይታይ ፍቕርኻ መቂሩኒ
ሕግኻ ንዓይ ይመርሓኒ
ፍጹም ዘይልወጥ ጎይታ ኣለኒ (2)

ክብረይ ክብለካ ስልማተይ
ቤተይ ናካ'ዩ ሰብነተይ
ብርሃን ጌርካዮ ንመንገደይ
ይመርሓኒ ኣሎ ንሂወተይ

ኣጣዒሱኒ እቲ ሂወት
ብዘይ ምፍላጠይ እቲ መቐረት
ምሳኻ ምንባር ይሕሸኒ
ብዘይ ንስኻ መን ኣሎኒ

ኣገሪሙኒ እቲ ለውሃትካ
በዲሉኒ'ዩ ዘይምባልካ
ጽላል ኮይኑኒ እቲ ምሕረትካ
ክነብር ኣነስ ኣብቲ ቤትካ

ንጸላኢና ስዒርካዮ
ጭንቀት ልብና ኣርሒቕካዮ
ኩሉ ኣብ ኢድካ'ዩ ፍጥረት ዓለም
ክንዝምር ኢና ንዘልኣለም

28. መን ኣለና

መን ኣለና ጎይታየ ብዘይብኣኻ /2
ብሰማይ ኮነ ኣብ ኩላ ምድሪ
መን ኣለና ብዘይብኣኻ

ሎሚ ፈትዩ ጽባሕ ዝጸልእ
ሎሚ ሂቡ ጽባሕ ዝኸልእ
ናይ ሰብ ህይወት ኣይእመንን'ዩ
ባህርኻ ግን ኣይልወጥን'ዩ

መልክዕ ህይወትና ተቐይሩ
መንገድና ናይ ጥፍኣት ኮይኑ
ጸላኢ 'ውን ከሳድደና
ኤልሻዳይ ግ'ነ ተዋጊእካልና

ናብራ ዓለም ኣሰኒፉና
ሓይሊ ሲኦል ኣናዊጹና
ማእሰር ሓጢኣት ክፍትሓልና
ኣጸብቐ መወዳእታና

ከይተለመንካ እትህብ ጎይታ
ኣይተሕፍርን ንወገናትካ
ሓሳብ ልብና ስሚዑልና
ብሩህ ኮይኑ ተስፋ ህይወትና

29. ንልበይ ዘረስርስ

ንልበይ ዘረስርስ ንዓኻ ዘገልግል
ዉሉድ እንዶ ሃበኒ ሓዘነይ ዘግልል
ማህጸነይ ክፈቶ በጃኻ ስምዓኒ
ብዘይካኻ ኣምላኸ መን'ሞ ኣሎኒ

ክሓዝን ክትክዝ ንብዓተይ ከፍስስ
ዓመታት ኣቑጺረ ዘውትር እንክትክዝ
ትፍረ ናይ ከርሰይ በዓይነይ ክርእዮ
ኣምላኽ ንሕማመይ ባዕልኻ ኣጥዕዮ

ንምንታይ ጓለየ ትፍጽሚ ነውሪ
ብሰኸራን መጺኺ ኣብዚ ተዕገርግሪ
ቤት እግዚኣብሄር ኣምላኽ ምኺኑ ዘክሪ

ኣይትበዱሉኒ ከምኡ ኣይኮነን ኣቦይ
ንቃላተይ ስምዑ ክትፈልጡ ንውሽጠይ
መታን ክረድኣኒ ሓዘነይ ክርሕቕ
መርቑኒ ኣቦይ ውርደተይ ክጽንቀቅ

ኣምላኽ እስራኤል ይስማዕኪ
ድሌት ናይ ልብኺ ፍጻሜ የርኢኺ
ጓለየ እግዚኣብሄር ኢዱ የንብረልኪ

ከምቲ ዝበልኩሞ ከምኡ ይኹነለይ
ደጊም ተሓጕሰ ሃዲኡ መንፈሰይ
ፍጻሜ ኣለዎ'ቲ ናይ ተስፋ ቃላት
ክብሪ ንእግዚኣብሄር ኣብ ምድሪ ኣብ ሰማያት

እግዚኣብሄር በጺሑኒ
ውርደት ጸበባይ ርእዩ ንዓይ ደቢሱኒ
እሙን እዩ ኣምላኽና ለዋህ ተለማኒ
ሳሙኤል ክብሎ እየ ስለ ዝሰምዓኒ

30. ዕልል በሉ ንስሙ ዘምሩ

ዕልል በሉ ንስሙ ዘምሩ
ኣመስግኑ ዕቤቱ ንገሩ
እግዚኣብሄር ጻድቕዩ ብግብሩ
እናበልኩም ወትሩ ኣበስሩ

ዕልል በሉ ሰላም ብምርካብና
ዕልል በሉ ሎሚ ተኻሒሰና
ዕልል በሉ ብርሃን'ውን ረኣና
ዕልል በሉ ብሓያል ኣምላኽና

ዕልል በሉ ከም ሓፍቱ ንሙሴ
ዕልል በሉ ንጀምር ውዳሴ
ዕልል በሉ ብማህሌት ቅዳሴ
ዕልል በሉ ነመስግን ስላሴ

ዕልል በሉ ንልዑል ኣምላኽና
ዕልል በሉ ሰላም ዘንገሰልና
ዕልል በሉ ኣርሒቑ ጥፍኣትና
ዕልል በሉ ምሕረት ዘልበሰና

ዕልል በሉ ብጓሳ ነፍስና
ዕልል በሉ ደጊም ሓራ ኢና
ዕልል በሉ ብደሙ ነጺህና
ዕልል በሉ ብሞቱ ድሒንና

ዕልል በሉ ንኹሉ ዝመልኽ
ዕልል በሉ እግዚኣብሄር ይባረኽ
ዕልል በሉ ሓይሉ ይተኣመን
ዕልል በሉ ንዘለዓለም ኣሜን

31. ዕልል በሉ ብሓድነት

ዕልል በሉ ብሓድነት ዘምሩ
ኣመስግኑ ንኽብሩ ዘምሩሉ
ከም እግዚኣብሄር ማንም የለን በሉ

ኣብ ሓጥያት ባርነት ክንነብር ከለና
ካብ ቤቱ ርሒቕና ትእዛዙ ጥሒስና
ጸላእቱ እንከለና ንዘይ ጭክነልና
ውዕለቱ ግሩም ነመስግን ኩልና (2)

ንሱ ትሕት ኢሉ ንዓና ኣኽቢሩና
ንስግኡን ደሙን ክንቅበል ሂቡና
ሕያዋይ ጓሳ ኢዩ የለን ዝስኣና
ንመድሓኔ ዓለም ምስጋና ይኹና (2)

ህይወቱ ዘሕለፈ መን ኣሎ ከም ኣምላኽና
ኣብ መስቀል ውዒሉ ኩሉ ዝከኣሎ
ስርሑ ብዙሕ እዩ ሓቂ እዩ መንገዱ
ምሳናውን ኮነ ካብ ሰማይ ወሪዱ (2)

ስርሑ ዘደንቅ ኢዩ ከም ዘፍቅረና
ካብ ዘይውዳእ ፍቕሩ በረኸት ሂቡና
ኣይ ውዳእን እዩ ኣምላኽና ውዕለትካ
ውዳሴ ነቕርብ ንዘምር ብዕልልታ (2)

32. ዕልል ንበል

ዕልል ንበል ደስ ይበለና
ሰናይ ተግባር'ዩ ኣምላኽ ፈጺሙልና
ከነመስግኖ (4) እንታይ ኣሎ ኣምላኽ
ዝሰኣኖ

ኣብ ገምገም ባሕሪ ንጥፍኣት ቀሪብና
ሰራዊት ናይ ፈርዖን ንሞት ከቢቡና
በቲ ማእከል ባሕሪ ብንቑጽ ሰጊርና
ከነመስግኖ (4) እንታይ ኣሎ ኣምላኽ
ዝሰኣኖ

ህይወትና ካብ ጥፍኣት ዝተበጀወና
ብሳህሉን ምሕረቱን ዝተዓገሰና
ግብርታቱ ሰናይ ርህሩህ'ዩ ኣምላኽና
ከነመስግኖ (4) እንታይ ኣሎ ኣምላኽ
ዝሰኣኖ

ከም ብዝሒ ሓጢኣትና ኣይፈደየናን'ዩ
ከምቲ ኣበሳና ኣይቀየመናን እዩ
ንኹራ ደንጓዪ ብሳህሉ ምሉእ'ዩ
ከነመስግኖ (4) እንታይ ኣሎ ኣምላኽ
ዝሰኣኖ

ኪሩቤል ሱራፌል ኣብ ሰማይ ዘለኹም
ቅዱሳን መላእኽት ኣምላኽ ዘኽበረኩም
ንኣምላኽ ወድሱ ቅዱስ እንዳ በልኩም
ከነመስግኖ (4) እንታይ ኣሎ ኣምላኽ
ዝሰኣኖ

33. ከበሮ ኣልዕሉ

ከበሮ ኣልዕሉ ዕልል በሉ
ንጐይታ ክብሪ ኣመስግኑ
ኩልኺ ምድሪ ተገዝእዮ
ንኣምላኽ ምድሓን ፍለጥዮ (2)

ኣዳም ዘለለ ብሓጐስ ደስታ
ሄዋን ዓለለት ድሙቕ ዕልልታ
ነብሳት ዘለሉ ኣብ ማእከል ገነት
ስለ ዘብቀዐ ሕሱም ባርነት

ናይ ጥንቲ ገበል ጸረ ድሕነትና
ተሳዒሩ'ዩ ብደም ጐይታና
ኮይኑልና ኣሎ ፍስሃ ሓጐስ
ብምድሓን ኣምላክ ጐይታ ክርስቶስ

ሞት ምስ መቓብር ዓስቢ ሓጢኣት
ርሒቑልና'ዩ ብናይ ጐይታ ሞት
ውህበት ኣምላኽኪ ናይ ቀራንዮ
ነብሰይ ብጸጋ ተቐበልዮ

34. ንብሰይ ንኣምላኸ ኣመስግንዮ

ንውርደተይ ዝዘከርካ
ንንብዓተይ ዝደረዝካ
ኣምላኸ ምንጋፈይ ከመስግነካ (2)

ኢየሱስ ይሓልፍ ኣሎ ምስ ሰማዕኩ
ክፍውሰኒ ዓው ኢለ ጨደርኩ
ሰባት ተንሲኦም ክገንሑኒ
ንከይፍወስ ስቕ በል ክብሉኒ

ግን ጸዊዕካ ኢየሱስ ናዝራዊ
ፈዊስካኒ ዓይነይ ክርኢ
ከም ሰብ ዘይኮነ'ቲ ባህሪኻ
ኣምላኸ ምንጋፈይ ኣመስግነካ

ነብሰይ ንኣምላኸ ኣመስግንዮ
ዝተገብረልኪ ኣይትረስዕዮ
ሰናይ'ዩ ሰናይ ሰናይ ብሓቂ
እሙን ኣምላኸ'ዩ 'ቲ ዘፍቅረኪ (2)

ኩላቶም ንሞት ፈሪዶሙኺ
ብዳርባ እምኒ ኣልዒሎም ክቕትሉኺ
ኢየሱስ ግና ክንዳኺ ደው ኢሉ
ኣናገፈኪ ዕዳኺ ከፊሉ

ኣምላኽ ሰማይ ዓቢይ ነገር ኮይኑልኪ
ነብሰይ ብጐይታ ኣዝዩ ባህ ይበለኪ
እቲ ሓያል ዓቢ ነገር ገይሩልኪ
ኣመስግንዮ በገናኺ ኣልዒልኪ (2)

ነብሰይ ንኣምላኸ ኣመስግንዮ
ዝተገብረልኪ ኣይትረስዕዮ
ሰናይ'ዩ ሰናይ ሰናይ ብሓቂ
እሙን ኣምላኸ'ዩ 'ቲ ዘፍቅረኪ (2)

ኣብ ምድረበዳ ህያው ጽላልኪ
ዓይኒ ማይ ከፊቱ ዘተርከሰልኪ
ኣብ ዝኾነ እዋን ዘይተፈልየ
ይመርሓኪ'ሎ እናታተየ

እቲ ሓያል ዓቢ ነገር ገይሩልኪ
ነብሰይ ብጐይታ ኣዝዩ ባህ ይበልኪ
ክብረይ ተንስኢ ኣመስግንዮ
ፍቕሩ እንዳ ዘከርኪ ወጋሕታ ኣንቕሕዮ

ነብሰይ ንኣምላኸ ኣመስግንዮ
ዝተገብረልኪ ኣይትረስዕዮ
ሰናይ'ዩ ሰናይ ሰናይ ብሓቂ
እሙን ኣምላኸ'ዩ 'ቲ ዘፍቅረኪ (2)

35. ነገራት ኩሉ

ነገራት ኩሉ ኩሉ ግዜ ብጥበብ ሰሪሑ (2)
ናይ ኣምላኽ ሓሳብ ተግባር ኣእዳዉ ዘደንቕ'ዩ

ኣብ ላዕላይ ሰማያት ኣብ ታሕቲ ኣብ ምድሪ
ከቢሩ ዘጽንዖ ብዘይ ኣማኻሪ
ኩሉ ብግዚኡ መዲቡ ከፊሉ
ጥበቡ ረቂቕ'ዩ ግሩም'ዩ ሓሳቡ

ብዘሎ ፍጥረታት ኩሉ ብኡ ኮነ
ስውሩን ግህዱን ብእኡ ተፈጥረ
ግርማ ዝለበሰ ኣብ ሰማይ ዝነብር
ብሳህልን ምሕረትን ፍጥረቱ ዘፍቅር

ፍጥርቱ ዘገርም'ዩ ኩሉ
ንመንግስቱ ዘመን ፍጻሜ የብሉን
ብኣእዳዉ ተሰሪሑ ኣዳም ተፈጢሩ
ካብ መሬት ተንሲኡ ደው ኢሉ ብእግሩ

ብግርማ ብርሃኑ ንሱ ክግለጽ'ዩ
ኣብ ሰማይ ኣኪቡ ህዝቡ ክዛረብ'ዩ
ብተኣምራቱ ርኢና ሰሚዕና
ብምሕረቱን ፍቕሩን ክግለጽ ምድሓና

መገዲ ዝጠፍአ መገዲ ዝመርሐ
ክቡር ልዑል ኣማላኽ ርእዩ ዝርሕርሒ
ብሓቂ ዝፈርድ ከይተደናገረ
ብምንታይ ይግለጽ እቲ ናቱ ወሬ

36. ካባኻ ርሒቀ

ካባኻ ርሒቐ ከይርከብ ኣብ ውድቀት
ነብሰይ ከይትጠፍእ ተኣሲራ ኣብ ሓጢኣት
ፍርደይ'ውን ከይከውን ናይ ዘለኣለም ሞት
ጎይታይ ጠምተኒ ከምቲ ናትካ ምሕረት

መሓረኒ ጐይታይ ደንግጸለይ ኢኻ (2)
ምሕረትካ ሃበኒ ከነብር ምሳኻ

ብሳህልን ምሕረትን ጎይታይ ምሉእ ኢኻ
መንከ ጠጠው ክብል ቆይሙ ኣብ ቅድሜኻ
ናትካ ኢና ጎይታይ ኣይትመንነና
ኣባጊዕካ ኢና ባዕልኻ ጓስየና

ተመስገን ክብለካ ስለቲ ምሕረትካ
እንትርፎ ምስጋና የልቦን ዘቕርበልካ
ናይ መዓሙቕ ልበይ ምስጋናን ውዳሴን
ተቐበል ኦ ጎይታይ ሃሌ ሉያ ኣሜን

37. ኣብ ቀራንዮ ኮይነ

ኣብ ቀራንዮ ኮይነ መስቀሉ ክምልከት
ናይ ኢየሱስ ፍቕሪ ተረዳእኩ
ዝተወግኦ ጎድኑ ኢዱ እግሩ ረኣኹ
ናይ ኢየሱሰይ መስቀል ምስ ጠመትኩ

ይመስለኒ ኔሩ መስቀል ዕሽነት
ግን ፍቕሩ ኣብ መስቀል ተረዳእኩ
ናይ ኢየሱሰይ ፍቕሪ ብግልጺ ረኣኹ
ናይ ቀራንዮ መስቀል ምስ ጠመትኩ

ናይ ኢየሱሰይ ፍቕሪ ካብ ሞት ዘውጸኣኒ
ናይ ኣምላኽይ ገጹ ዘርኣየኒ
በብእዋናቱ ንዕኡ ዘምልኾ
ናይ ኢየሱሰይ ፍቕሪ ደሪኹኒ

ናይ ቀራንዮ መስቀል ናይ ዓወተይ ቦታ
ኢየሱሰይ ሞተለይ ንሓጢኣተይ
ተፈጸመ ኢሉ ኢየሱስ ምስ ጨርሐ
ሓጢኣተይ ብፍቕሩ ተደምሲሱ

38. ኣብ ሽግረይ ተኻፋሊ

ኣብ ሽግረይ ተኻፋሊ ዝኾንካ
ኣቦይ ኢየሱስ ተምስገን ክብለካ

ኣብ ግዜ ሽግረይ ተጸናንዓኒ
ኽጭነቕ ከለኹ ኣጆኻ ትብለኒ
ሽግረይ ኣርሒቕካ ሰላምካ ሂብካኒ
ተመስገን ኣቦየ ሰላምካ ሂብካኒ

ኣብ መስቀል ገበነይ ጸዊርካ
ከም ሓደ ሰራቒ ኣብ መስቀል ወዓልካ
ሽግረይ ጭንቀተይ ሽው ደምሰስካለይ
ንነብሰይ ኣርሒቕካ ካብ ኽፉእ በደለይ

ብሃልሃልታ ሓዊ እንተ ሓለፍካ
ምሳኻ ኣለኹ ኣይትሰንብድ ኢኻ
ዓይነኻ ቛሕ ኣብል ኣለኹ ምሳኻ
ብቕድሜኻ እምበር ኣይኮንኩን ድሕሬኻ

ካብ ሰማይ ወሪድካ ካብ ክቡር ኣቦኻ
ከም ሰብ ተቐጺርካ መስቀል ተሸኪምካ
ምእንቲ ሓጢኣተይ ክትብል ኢኻ
ነጊርካኒ ኔርካ በቲ ቅዱስ ቃላትካ

39. ስደት ወላ ሞት

ስደት ወላ ሞት ጭንቂ መከራ
እንተ መጸ'ካ ከቶ ኣይፈርሕን
ካብ ኢየሱሰይ መን'ዩ ዝፈልየኒ
ኣብ መስቀል ኮይኑ ፍቕሩ ኣርእዩኒ

ቅልጽም ትምክሕተይ ናተይ 'ውን ዋልታ
ዘጸናንዓኒ መታን ከይርታዕ
ካብ ኣፍ ሞት መንጢሉ ዘድሓነኒ
ካብ ፍቕሪ ክርስቶስ መን'ዩ ዝፈልየኒ

ካብ ዑንቀኡ ዝበልጽ ክብሪ ስልማት
ካብ ኩሎም ዝበልጽ ካብ ኩሎም ኣዝማድ
ካብ'ቲ ጽኑዕ ዓርከይ መን'ዩ ዝፈልየኒ
ብዓቢ ክብሪ ንዓይ ሓርዩኒ

ብዙሕ ምቅዋም እንተ መጸኒ
ናይ መከራ ግመ እንተ ኸወለኒ
ካብ ኩሉ መከራ ዘጸናንዓኒ
ካብ ጎይታ ክርስቶስ መን'ዩ ዝፈልየኒ

ሓደስቲ ፍጥረት ምስ መላእኽቲ
ምስኦም ሓቢሮም ነገስታት ምድሪ
ንዕኡ ክኽሕድ እንተ ገደዱኒ
ካብቲ ጽኑዕ ዓርከይ ከቶ ኣይፈልዩንን

40. ከምልኾ'የ

ከምልኾ'የ ነቲ ዓቢ ጎይታ
ከምልኾ'የ ብፍጹም ዘይርታዕ
ከምልኾ'የ ነደቕቲ ዝነዓቕዎ
ከምልኾ'የ ነቲ ርእሲ መኣዝን

ሓቀኛ ኣማላኺ ናይ ጥበብ ጎይታ
ዝኾነ ይኹን ፍጹም ዘይርሳዕ
ብሰብ ኣእምሮ ኣይግመትን'ዩ
ውርዱን ስፍሓቱን ኣይብጻሕን'ዩ

ንፍቕሩ ርእየ ጥዒመ ኣለኹ
ንዕኡ ክስዕብ መዲበ ኣለኹ
ኣብቲ መከራይ ባዕሉ እናመጸ
ይማጎተለይ መታን ከይቁጸ

ጉድለተይ ኩሉ እናረኣየ
ይምልከተኒ እና ጎሃየ
ብፍቕሩ እዩ ዝማርኸኒ
ኣብ መስቀል ሞይቱ ህይወት ሂቡኒ

ብዘይካ ንሱ ዓርኪ የብልይን
ከምኡ ዘፍቕሮ ከቶ ኣይርከብን
ናይ ልበይ ሽግር ኩሉ ይፈልጦ
ዝኸበደኒ ባዕሉ ይቕንጥጦ

41. ሃሌ ሉያ ንእግዚኣብሄር

ሃሌ ሉያ ንእግዚኣብሄር ኣመስግንዎ (2)
ንኣምላኽ እስራኤል ንእግዚኣብሄር
ኣመስግንዎ

ንሓያል ኣምላኽና ኣመስግንዎ
ኣብ ቅዱስ መቕደሱ ኣመስግንዎ
ንግብርታት ሓይሉ ኣመስግንዎ
ንልዑል ዕቤቱ ኣመስግንዎ

ብድምጺ መለኸት ኣመስግንዎ
ብጥዑም በገና ኣመስግንዎ
ብደሃይ እምብልታ ኣመስግንዎ
ብጥዑም መሰንቆ ኣመስግንዎ

ብናይ ቃና ኣውታር ኣመስግንዎ
ብጥዑም ጸናጽል ኣመስግንዎ
ብድሙቕ ከበሮ ኣመስግንዎ
ብግሩም ሸብሸቦ ኣመስግንዎ

ብድርሰት ናይ ያሬድ ኣመስግንዎ
ብናይ ቃና ድምጺ ኣመስግንዎ
ዜማ ጾመ ድጓ ኣመስግንዎ
ብኣርያም ምድጓ ኣመስግንዎ

ብጥዑም ማህሌት ኣመስግንዎ
ብግሩም ዝማሬ ኣመስግንዎ
ብጥዑም መረድኢ ኣመስግንዎ
ብዝማሬ ቅኔ ኣመስግንዎ

ህያው ዘበለ ፍጥረት ንእግዚኣብሄር
የመስግን ሃሌ ሉያ (4፣)

42. ትንፋስ ዘለዎ

ትንፋስ ዘለዎ ንእግዚኣብሔር የመስግን (2)
ከበሮ ኣልዕሉ ብሕብረት ነመስግን (2)
ምስጋና ይኹን መዝሙር ሰውእሉ
ከም እግዚኣብሔር ከቶ የለን በሉ

ብሓያል ቅልጽሙ ብተኣምራቱ
ካብ ግብጺ ዘውጽኣና ዘይውዳእ ምሕረቱ
ናይ ዘልኣለም ፍቕሪ ኣበይ ኣሎ ከም ናቱ
ከም ኣምላኽና'ስ የለን ፍሉይ'ዩ ውዕለቱ
ከም ጐይታና'ስ የለን ፍሉይ'ዩ ውዕለቱ (2)

ኣብ ሰማይ ኣብ ምድሪ ዘለኹም ፍጥረታት
ሃሌ ሉያ በሉ ነቲ ጐይታ ጐይቶት
ንምስጋና ንቐም ብውዳሴ ማሕሌት
ንሜልኮል ኣይንምሰል ንዳዊት ዝስሓቐት(2)

ከምቶም ቅዱሳኑ ሕሩያት ኩላቶም
ኣብ ሰማይ ተኾነ ኣብ መሬት ውን ኮይኖም
ከም ዘመስግንዎ ቅዱስ ቅዱስ ኢሎም
ብሓደ ነመስግን ሓቢርና ምስኣቶም (2)

ከምቲ ዝመስከሮ ሓዋርያ ጳውሎስ
ሕይወቱ ምኳኑ ጐይታና ክርስቶስ
የመስግኖ ኩሉ እቲ ዘለዎ ትንፋስ
ብዘይክኡ የለን ናይ ዘልዓለም ንጉስ (2)

43. <u>ሓድነት ብዝህብ</u>

ሓድነት ብዝህብ ስጋኡን ደሙን
ብምሕረቱ እግዚኣብሔር
ሓደ ክገብረና ንለምን (2)

ምብኣስ ምፍልላይ
ካብ ማእከልና ብምእላይ
ፍቕሩ ክሰድድ ናባና
ንማሕጸኖ ኩላትና

ንልምን ኣሎና ንልምን
ንልምን ኣሎና ንልምን
ንልምን ኣሎና ንልምን
ንልምን ኣሎና ንልምን

ብሓደ ልቢ ብምስማር
ንቕድስና ብምጽዓር
ናብ ናይ ቅዱሳን ሰፈር
ክንኣቱ ንበል ሃረር

ንልምን ኣሎና ንጽውዕ
ንምህለል ኣሎና ንጠርዕ
ንጽሊ ኣሎና ንምሕጸን
ንልምን ኣሎና ንልምን

ሓንቲ መኣዲ ንሳተፍ
ንቕድስና ንሰለፍ
ሓንቲ ጽዋእ'ውን ንካፈል
ክንረክብ ኣብ ሰማይ ኣኽሊል

ንምህለል ኣሎና ምህለላ
ንልምን ኣሎና ልመና
ነብጽሕ ኣሎና ጸሎትና
ናብቲ ለዋህ ፈቃር ኣምላኽና

ሕብረት ክርስትያን እያ'ሞ
ሓድነታ ንሰለሞ
ንንበር ኣብ ውሽጣ ብጽድቂ
ቤተ ክርስትያን ቤት ሓቂ

ንዝምር ኣሎና ብሕብረት
ንጽሊ ኣሎና ብስምረት
ጸሎትና ስምዓና ስምዓና
ኣብ ቅድሜኻ ይብጻሕ ኣውያትና

44. ነበልባል ሓዊ

ነበልባል ሓዊ ካብ እግሩ ይወጽእ
ጨረርታ ኢዱ ኩሉ ይበጽሕ
ካብ ዝፋን ክብሩ ንዓ ውረድ ዝብሎ
መን ኣሎ ኣብ ቦትኡ ንዕኡ ዝትክእ

ብቓሉ ፈጢሩ ሰማይን ምድርን
ብስራሕ ኢዱ ጎይታ ይኽበር
ኩሉ ሰናይ ግብሩ ውዳሴ ኣብጽሐ
ንዘለኣለም ይጽናዕ መንግስቱ

ሰማይ ክኽፈት መቕደስ ተራእየ
ናይ ምሕረት ልብሱ ዝፋኑ መልአ
ክብሪ ናይ ታቦት ኣነ ረኣኹ
ምጽናዕ ኣብ ጎይታ ውን ወሰንኩ

ሸውዓተ ብርሃን ቅድሚኡ ይበርህ
ዓቐን የብሉን ንጎይትነቱ
ቅድሚኡ ይቖሙ ኩሎም
ዝተፈርሐ'ዩ ብሓይሊ ክብሩ

ክብሪ ምስጋና ውዳሴ ምስ ግርማ
ንዘልኣለም ነብጽሕ ኩልና
ሰፈሩ ሓዊ ማይ ጠፊኡ
ዝመስሎ የለን ብኹሉ ክብሩ

ቁጽሪ የብሉን ዘመን ዕድሚኡ
ኣይስፈርን'ዩ ክብሩ ዓቀኑ
ቁመቱ ሰማይ ባሕሪ ጥልቀቱ
ኣይርከብን'ዩ ምሳሌነቱ

45. ኩሉ ጌሩልና'ዩ'ሞ

ኩሉ ጌሩልና'ዩ'ሞ ርህሩህ ኣምላኽና
ንዑ ነመስግኖ ዕልል እናበልና
ለኣለም ኣለም ኣማኑኤል
ክግዝኣካ'የ መድሃኒ ኣለም

ጸልሚቱኒ ቀትሪ ዘርያይ ገደል ኮይኑ
ብሽግር ብሓዘን ገጸይ ተሸፊኑ
ሓጋዚ ስኢነ ተስፋ ምስ ቆረጽኩ
ብሰማይ መጸኒ ዘይውዳእ ምሕረት

ኣምላኽ ሓይለይ ኢኻ ናተይ መመክሒ
ዋልታ ናይ ህይወተይ ዓቢ እምባ ከውሒ
ከምዘይ ትገድፈኒ ኣነ ይፈልጥ'የ
ከሳብ መወዳእታ ክኽተለካ'የ

ቁሩብ ከይለመና መግቢ ትህበና
ነቕርቦ የብልናን እንትርፎ ምስጋና
ንለይቲ ከም ቀትሪ ብርሃንካ ትዝርግሕ
ማዕበል ተህድእ ግሩም ናትካ ስራሕ

ምስጋና ይግባእ ንዓኻ ኣምላኽና
ሓጋዚ ድኹማት ጸግዒ ናይ ኩላትና
ሎሚ ንሓጢኣትና ኩሉ ደምሰስልና
ንሰይጣን ኣሲርካ ጽድቂ ኣስርሓና

46. ክዝምረልካ

ክዝምረልካ ክቃንየልካ
ኣነ ባርያኻ ክኽብረካ
ናብ ቤትካ ክኣቱ ናብ መቕደስካ
ኣማኑኤለይ ተመስገን ክብለካ

ልሳነይ ንዓኻ ክዝምረልካ'ዩ
ኣፈይ ብዕልልታ ክቓንየልካ'ዩ
ዘወትር ብቅዳሴ ከገልግለካ'ዩ
ኣንታ ፈጣርየይ ክበር ክብለካ'ዩ

ኣምላኽ ንውዕለትካ ብምንታይ ክፈድዮ
ከይተገብኣኒ ንዓይ ዓዲልካዮ
ካብ ዓመጻ ስሕተት ባሊህካ ኣኽቢርካኒ
ታሪኽይ ለዊጥካ ልዕል ኣቢልካኒ

ኩሉ ሳዕ ከነቅሕ ንሸምካ ክውድስ
ኣእጋረይ ኣቅኒዐ ናብ ቤተካ ክግስግስ
ኣብ ዓምደ ምሕረትካ ደው ኢለ ክዝምር
ናትካ ድንቂ ስራሕ ብኣፈይ ክምስክር

47. <u>ተመስገን ተመስገን</u>

ተመስገን (2) ተመስገን ጎይታየ (2)
ምኽኣሉ ስኢነ በዚሑ ገበነይ
ብኣኻ ኣምላኸይ ተሸፊኑ ጉደይ

ናብራ መሪሩኒ ፈተና እንተኾነ
ሂወት ከቢዱኒ ምኽኣሉ ስኢነ
ኩሉ ግን ጎይታየ ንጽቡቕ ጌርካዮ
ኣምላኽ ንውዕለትካ'ስ እንታይ'ለ ከውርዮ

ከም'ቲ ናተይ ሓሳብ እንተ ዘይሰለጠ
ተመስገን'የ ዝብል ውህበትካ ፈሊጠ
ጸዊዐ ኣይሓፍርን ይኣምን'የ ጎይታይ
ኩሉ ብኣኻ'ዩ ተቐበል ምስጋናይ

ኣብ ሓዘን ኣብ ራህዋ ኣብ ሽግር ኣብ ሓጎስ
ኤልሻዳይ እግዚኣብሄር ዘለኣለም ይወደስ
ምስጢር ውሽጢ ቤተይ ንሱ'ዩ ዝፈልጦ
ገበነይ ሸፊኑ ህይወተይ ዝልውጦ

48. <u>ተመስገን ኣምላኽ</u>

ተመስገን ኣምላኽ ኣንታ ልዑል
ተመስገን ኣማላኽ ፍጥረት ትምሕር
ተመስገን ኣማላኽ መስፍን ሰላም
ተመስገን ኣማላኽ ኣቦ ዘለኣለም

ጸሓይ እናብረቐ ዝናማት እናዝነመ
ንፍጥረቱ ዝምግብ ኣማላኽ
ብበረኸቱ ኣብዚሑ ፍረ
ጓሳ ኣባጊዕ ኣማላኽ እስራኤል
ብሰማይ ብምድሪ ዝኸበረ

ፈውሲ ናይ ሕሙማት መግቢ ናይ ድኻታት
ምዕራፍ ኢኻ ነቶም ዝጽዕሩ
ኣርዑትና ጸይሮም ብሰላም ክነብሩ
ኣንታ ርህሩህ ሰላማዊ ኣምላኽ
ብግብሪ ኣእዳውካ ክበር ተባረኽ

ንምድሪ እተጽንዓ ብሓይሊ ከሃልነት
ከይዘራእካ ትዓጽድ ኣምላኽ
ከይበተንካ ትእክብ ጎይታ
ኩሉ ትገብር ከም ፍቓድካ
ንዓኻ እንታይ ይሰኣነካ

49. ተመስግን ኣላ ልሳነይ

ተመስግን ኣላ ልሳነይ ንዓኻ መድሃኔ ኣለም (2)
ኣይበቅዕንየ ስለቲ ውዕለትካ
ኣይበቅዕንየ ከመስግን ንዓኻ (2)

ሰማይ ብዘይ ዓንዲ ዝዘርጋሕካ ኣምላኽ ኩሉ ዝካኣለካ
መሰረት ዘይብሉ ምድሪ ዝሃነጽካ
ንቐትሪ ብጸሓይ ንለይቲ ብወርሒ ብርሃን ዝዓደልካ
ንኹሉ ፍጥረታት ዝፈጠርካ ኣምላኽ ዘደንቕ ጥበብካ
ኮቶ ኣይርከብን ዝመሳሰለካ
ዝመኸረካ የለን ዝምርምር ንዓኻ ኣእምሮ ዝህበካ

ኣብ ግዜ ጭንቀተን ማርያምን ማርታን ንዓኻ ጸውዓ
ካብ ሕማም ዲሒኑ ሓወን ንኽርእያ
ብእምነት ለኣኻ መታን ንኽትመጸን ከረኽባ ጺጋኻ
ኣልኣዛር ተንሰአ ካብ መቓብር ወጸ ሰሚዑ ድምጽኻ
ቀረቦኦም ኢኻ ንዝደለዩኻ
ናይ ኣብርሃም ኣምላኽ ናይ ኢሳቕ ናይ ያቆብ ምስጋና ይብጻሕካ

ሽግር ከገጥመኒ ኣብ ግዜ ጸበባኣይ ንዓኻ ጸውዓኩ
ማዕበል ምስ መጸኒ ናባኻ ኲሕኲሕኩ
ናብ ባሕሪ ከይጥሕል ኣብ መርከብ ከጸንዕ ብኣኻ ከኣልኩ
ብነደቅቲ ንዑቕ ኣንታ ርእሰ ማእዝን ናተይ መመከሒ
ኩሉ ትገብረለይ ሕያዋይ መራሒ
ንዓይ ሓይለይ ኢኻ ከማኻ ኣይረከብን ዓቢ እምባ ከውሒ

ኣብ ገሊላ ባሕሪ ጥብርያዶስ ምስ ሃዋርያት ኮይንካ
ነቲ ብዙሕ ህዝቢ ሪኢኻ ደንገጽካ
ንኽልተ ዓሳን ሓሙሽተ ሕብስትን ባሪኽካ መገብካ
ሎሚ'ውን ንዓና ቁሩብ ከይለመና መግቢ ትህበና
ኣብ ጸገምና ኩሉ ተጸናንዓና
ስለቲ ውዕለትካ ነቕርቦ የብልናን እንትርፎ ምስጋና

50. ተመስገን ከመስግነካ'የ

ተመስገን ከመስግነካ'የ
ንሳህሊ ምሕረትካ ንፍቕርኻ ርእየ
ተመስገን ሳዓበኒ ኢልካኒ
ብቕኑዕ ጐደና መሪሕካኒ

ፈሊኻ ጸዊዕካኒ ንስምካ ከልዕል ንስንደቕ ዕላማይ
ኣሰሊፍካኒ እሙን ክኸውን ዝተግህ ዓቒታይ
ኣጽዋረይ ሒዘ ኣንጊሀ ክወፍር
ዝተቐደሰት መንግስትኻ ከኽብር
ኣብ ጸግዒ ቤትካ ኣብ ጽላል ክሓድር
እሙን ባርያኻ ተሰምየ ክነብር

ንድሕሪተይ ከይጥምት ኣእጋረይ ሓሉ ካብ በሊሕ መላጸ
ኣይትሕደገኒ ከገልግለካ ሓንሳብ እየ ቆሪጸ
ምስ ክልተ ጐይቶት ሓንኪሰ ከይነብር
ሕማቕ ከይከውን ሰነፍ ወተሃደር
ዕርፈይ ኣጽኒዐ ንድሕሪት ከይጥምት
ኣሰንየኒ ክሳብ እታ ዕለት

ብስምካ ኲዋናጭፍ ዘንደልህጽ ኲናት ናይ ምድሓንካ ቀስቲ
ኣብ የማነይ እልፊ ኣብ ጥቓይ'ውን ሽሕ ክወድቁ ጸላእተይ
በጃ ባሮቱ ነፍሱ ዝሀብ ንጉስ
ኣብ ምድሪ የለን ዘደንቕ'ዩ ናትካስ
ንሕና ንስመ ከም ኣገልገልትኻ
ተገልገልናዮ ይበዝሕ ካባኻ

51. ተመስገን ምስጋናኻ ይብዛሕ

ተመስገን ምስጋናኻ ይብዛሕ (2)
ተመስገን ከም ዛራ ማይ ይውሓዝ
ተመስገን ክበር ንዘለኣለም
ተመስገን ይብሉ ኩሎም ፍጥረት ዓለም

ደረቕ ምድረበዳ ዓይኒ ማይ ጌርካለይ
ካዕበት ሽሻይ ኮይኑ ሰላም ምድሪ ቤተይ
ጸገመይ ኩሉ ቀሊሉ'ዩ ኣብ ቅድሜኻ
እንሆ እንዶ ሎሚ ቀይርካዮ ራህዋ

ነቲ ምስኪን ድኻ ክብሪ ኣልቢስካዮ
ነቲ ሕሙም ውዱቕ ካብ ምድሪ ኣልዒልካዮ
ልበይ ኣይከኣለን ክሰግር ብስቕታ
ኣመስግን ይብለኒ'ሎ ዘምር ብዓውታ

መን ይኽልክለኒ ክነግር ክብርኻ
ውሽጠይ እና ገንፊለ ሰናይ ምስጋናኻ
ኣነስ ከቢረ'የ ብኣኻ ኣማኑኤል
ይዝምር ኣሎኹ እና በልኩ ዕልል

ኣቤት 'ቲ ፍቕርኻ ጐይታ 'ቲ ውዕለትካ
ደረት ኣልቦ ምሕረት መን'ዩ ዝመስለካ
ቃላት ኣይረኽብኩን ከዘንቱ ክብርኻ
ገና ክዝምር'የ ዘለኣለም ኣብ ቤትካ

52. ምስጋና ይኹን ኣምልኽዎ

ምስጋና ይኹን ኣምልኽዎ
ተገዝኡ ነገስታት ናይ ምድሪ
ስገድሉ ፍርሑ ንፈጣሪ

ሓይሉ ረቂቕ'ዩ ብመንፈስ ዝዓዪ
ከይተዋግአ ጸላእቱ ዘጉዪ
በዓል ግርማ'ዩ ትርኢቱ ዘንደልህጽ
ትእእዛዝ ቃላቱ ንምድሪ ዘንቀጥቅጥ (2)

ህዝቡ ዝሓሊ ዘማሓድር ንጉስ
ትጉህ ጓሳ'ዩ ፈጺሙ ዘይታኽስ
ብሓንቲ ዓይኒ ዝመዝን ዳኛ'ዩ
ፍትሒ ዘውጽእ ቅኑዕ ፈራዲ'ዩ (2)

ባርያ ዝመስል ንኽብሪ ባሮቱ
ምሕረት ዘዕዝዝ ሓዳግ ንጸላእቱ
ብፍቕሩ ዝረትዕ ዝመልኽ ኣምላኽ
ተግባራቱስ ድንቂ ተኣምራት (2)

53. ምስጋናኻ ክነግር እ ጐይታ

ምስጋናኻ ክነግር እ ጐይታ
ንውዕለትካ ከስተንትን እ ጐይታ
ከናፍረይ ክፈት ንልበይ ኣንጽህ
ንቕዱስ መንፈስካ ኣብ ውሽጠይ ኣስፍሕ

ናይ ቀራንዮ ውዕለት ከይሃስስ ካብ ልበይ
ክደግሞ እናሻዕ ንሱ'ዩ ሰላመይ
ንሞተይ ደምሲሱ ዘሀድእ መንፈሰይ
ካብ ጸልማት ባርነት ባሊሁ ንነፍሰይ

ንነዊሕ ዘመናት ካባኻ ርሒቐ
ከቅለሉ ብመንፈስ ኣብ ሰልሚ ወዲቐ
ኣባኻ ከዕቁብ እኔኹ ይናፍቅ
ብላዛ ቃላትካ ዘልኣለም ክሕንቅቕ

መስተንክር ኮይኑኒ ህያው'ዩ ፍቕርኻ
ቃላት ይሓጽረኒ ክገልጾ ሰናይካ
ብስቕታ ፈቲነ ግን ኣይከኣልኩን
ክዝምር'የ በቃ ውዕለትካ ከዘንቱ

ናይ ህይወተይ ዕያግ ኣብዚ ንኽብቅዕ
ሞይቱለይ'ዩ ኣምላኽ ሰላመይ ክደንፍዕ
ኣርማይ ከልዕሎ'የ መስቀል'ዩ ሰንደቐይ
ክነግር ክምስክር ንዘሕለፎ ስለይ

54. እግዚኣብሄር ይመስገን

እግዚኣብሄር ይመስገን ናብዚ ዘብጽሓና
ካብቲ ጸቢብ ህይወት ሓራ ዘውጽኣና
ጸልማት ተጐልቢቡ ክንደልህጽ ልብና
ንሱ ግና ጋሊሁ ብርሃን ኣርእዩና

ናይ ግብጺ ከተማ'ቲ ዘደንቕ ባና
ናትና ኣይኮነን እሞ ገዲፍናዮ ኬድና
በዲህናዮ ኢና ስደት ዓዲ ጓና
ብቕልጽምና ኣይኮነን ብሓይሊ ኣምላኽና

ከቶ ዘይትቕደም ዋላ እንተደንጐኻ
ንዝለምነካ ኣይተሕፍሮን ኢኻ
ቃላትካ ክንሰምዕ ኣዚና ንረብሕ
ካብ ኩፉእ ንርሕቕ ብኣኻ ንምካሕ

ጠፊእና እናበልና ኣብ መሬት ክንዝርጋሕ
ታሪኽና መዚንና ክንሰግድ ክንፈርህ
ኣምላኽና መሓሪ ኣሎኹ ኢልካና
ናይ ዘለኣለም ህይወት ብስራት ሰሚዕና

ኣኽሊል ናይ ሽመትና ማዕርግና'ውን ኢኻ
ህይወት ዓዲልካና ብድሕነት መስቀልካ
መከራ ስቃይካ ነበረ ስሌና
ኣድሒንካና'ኻ ሞ ይብጻሕካ ምስጋና

55. ናይ ምስጋንኡ ቃል

ናይ ምስጋንኡ ቃል ካብኡ ይወጽእ (2)
ብውዳሴ ምንጪ ካብኡ ይወጽእ
ኩሉ ብኡኡ ካብኡን ንዑኡን
ኣቤት ስብሃት ይኹኖ ንውዳሴኡ (2)

ኣምላኽ ቅዱሳን ኣሎ ምሳና
ነቲ ዝሃበና ናይ ጥበቡ ዜና
ምስጋንኡ ነቕርብ ካብ ውሽጢ ልብና
መንክር ሓያል ኣምላኽ'ዩ ትጉህ ዓሳይና

ኩሉ ዝመልኽ ብባህሪኡ
ኣይርከብን ፍጹም ክብሩ
በረኸት ሂቡና ምሉእ ጸግኡ
ክብሪ ንዘለኣለም ነቕርብ ንዕኡ

ናብ ጽርሃ ኣርያም ንዑ ገስግሱ
ሃሌሉያ ንበል ኣብ ቅዱስ መቕደሱ
ኣብ ጠፈር ስልጣኑ ንሱ ነጊሱ
ጎይታ ክህበና ምሉእ መንሱ

56.እግዚኣብሔር ኣምላኽና ነመስግን

እግዚኣብሔር ኣምላኽና ነመስግን ኩሉና
ቅዱስ (3) ዘለኣለም እናበልና
ምሕረቱ ዘይውዳእ ብኹሉ ምሉእ'ዩ
ክብሪ ምስ ምስጋና ይግባእ ንዕኡ

ሱራፌል ኪሩቤል ኣእላፋት መላእክቲ
ንዘመስግኑኻ ለይቲ ምስ መዓልቲ
ዘለኣለም ንሳቶም እና ኣመስገኑኻ
ናይ ነገስታት ንጉስ ሓያል'ዩ ይብሉኻ

ሰማይ ዝፋኑ ምድሪ መርገጽ እግሩ
ዘለኣለም ዝነብርዩ ቲ'ምስጋናኡ
ንሓጥኣን ልመና ዝቕበል ለዋህ ጐይታ
ክውደስ ይነብር ብማህሌት ምስጋና

ጸጋን በረኸትን ስለዝሃበና
ምሳና ይነብር ከይተፈለየና
ስለቲ ውዕለቱ ስለቲ ጽቡቕ ስራሕ
ኣህዛብ ንትኣከብ ንወድስ ኣምላኽና

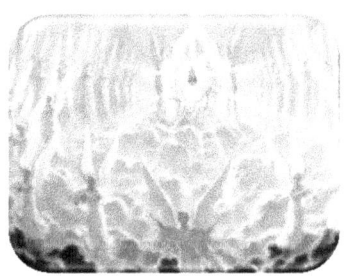

57. ምስጋና ይምላእ

ምስጋና ይምላእ ኣብ ጉባኤ
ስሙ ድንቂ'ዩ ኣዶናይ'የ
በገና ሒዝኩም ቃንዩሉ
ንመድሃኔ ኣለም ዕልል በሉ

መንዩ ከም ኣምላኽ በዓል ዝና
ዙፋኑ ዝርጉሕ ኣብ ደመና
ኣብ ማእከል እሳት ዝመላለስ
ንድምጺ ማዕበል ዘረጋግእ

ርእሲ ጠቢባን ጥበበኛ
ፍትሒ ዘውጽእ ቅኑዕ ዳኛ
በዓል ጸጋ'ዩ ዝተፈርሐ
ምስጢር መዓሙቕ ዝሰፍሐ

ሓይሊ ቅልጽሙ ተደጊፍና
ስሙ ጸዊዕና ድሒንና ኢና
መንዩ ዝቃወም ዘፍርሓና
ትብዓት ዘስንቕ ኣቦ ኣለና

ሓያላን ብፍርሒ ኣንደልሂጾም
ነፍሳት ዘለሉ ካብ ሞት ወጺኦም
መጽንዒና'ዩ ትምክሕትና
ዝፋኑ ይብጸሕ ምስጋናና

58. ምስጋና'ዩ 'ቲ ስርሐይ

ምስጋና'ዩ 'ቲ ስርሐይ ኣብ ዘመነይ ኣብ -
ዕድመይ
ዝገበሮ ውዕለታ እንታይ ከህቦ ንጐይታ

ትትማሊ ኣብ ጉድጓድ ከሎ መንበርየይ
ናይ ምድሓኑ ጊዚኡ በጽሐ ናይ ኣምላኸይ
ንዕርቃነይ ሸፊንዎ'ዩ ብብርሃኑ
መዓልታዊ ስሙ ምምስጋን መግበይ ኮይኑ

ኣይጠመኹን ኣይጸማእኩን'ውን ኣብ ዘመነይ
መግቢ ስጋ መግቢ ነፍሲ'ዩ ጐይታ ንዓይ
ተበቲኹ 'ቲ እሳት ገመድ ሰንሰለት
ኣይርሳዕን 'ቲ ናቱ ውዕለት ዘድሓነለይ

መን የፍቅር ንሰብ ብሞት ሂወት ከፊሉ
መን የድሕን ነቲ ስልጣኑ ንሞት ሂቡ
ኣማኑኤል ብጸዳል ፍቕሩ ከሊሉኒ
ሰብ ገይሩኒ ባሪኹኒ'ዩ ኣልዒሉኒ

ከመይ ጌረ ክዛረብ እየ ናቱ ፍቕሪ
ፍቕሩ ሂቡ ኣብጺሑኒ'ዩ ናብዚ ኽብሪ
በቲ ቁስሉ ነብሰይ ወጺኣ'ላ ካብ መከራ
ብዝማሬ ስሙ ክኸብር ብምስጋና

59. ምስጋናይ ንኣምላኸ የቕርበሉ

ምስጋናይ ንኣምላኸ የቅርበሉ
ኣብ መቕደሱ ብፍርሃት ኣትየ ይሰግደሉ
ኤልሻዳይ ኩሉ እትኽእል
ከም ትህበኒ ይኣምን ናይ ልበይ ጉዳየይ

ቆጽሊ ሲና ሒዘ ከምቶም ህጻናት
ከመስግኖ እየ ሰጊደ ብፊት
ባዶ እኳ እንተኾንኩ ህውከት በዚሑኒ
ንስሙ ክዝምር ጸጋ ክመልኣኒ (2)

ንዓኻ ዝበቅዕ ቃላት የብለይን
ቋንቋይ'ሲ መዝሙር'ዩ ንዓኻ ከመስግን
ብዳዊት ልመና ኣብ ቅድሚ ታቦትካ
ክብርኻ ክገልጽ ክጽውዕ ንስምካ (2)

ናይ ህይወተይ ትርጉም ንስኻ ኢኻ ጐይታይ
ንዓኻ ከገልግል ግቡኣይ'ዩ ስርሐይ
ንዝኣመኑኻ ምስክር ክኾኑ
ጸገም ተለዊጡ ንበረኸት ኮይኑ (2)

ደጋፍየይ ኢኻ ናይ ህይወተይ ክብሪ
መዕረፍየይ ኢኻ ናይ ቤተይ ገባሪ
ኣብ እምባታት ጽዮን ኣብ ትግለጸሉ
ጻዕዳ ኣልብሰኒ ንክዝምረሉ (2)

60. ምስጉን'ዩ ኣዝዩ ዝተመስገነ

ምስጉን'ዩ ኣዝዩ ዝተመስገነ
ንባርይኡ ንዓይ ዝመሓረ
ይመስገን ይመስገነለይ
ኣምላኸይ መልአ ንቤተይ

ይፈልጦ እየ ኣነ ምሉእ ኢድ ምኧንካ
ጎደሎይ መሊኡ ምስጋናይ ይብጻሕካ
መሊእካዮ እቲ ዝጎደለ
ኩሉ ድማ ንሰናይ ኮነ (2)

ጸገመይ ቀንጢጡ ሓጎስ ዘስነቐኒ
ጎደሎይ መሊኡ ኩሉ ዝሃበኒ
እግዚኣብሔር ወሃብን ከላእን'ዩ
ግደ ናይ ሰብ ምኩሕኳሕ ማዕጾ'ዩ (2)

ይግፋዑኒ እምበር ኣነስ ኣይጭነቐን
መሰረተይ ኢኻ ፍጹም ኣይናወጽን
እቲ ዝርአ ስለ ዝሃብካኒ
ናይ ዘልኣለም'ውን ኣይትኸልኣኒ (2)

ክህብ ዘይውድኦ ለጋስ ክቡር ጎይታ
ኩሉ ፈጺሙለይ ብፍሉይ ክእለቱ
መሊኡልና ድኻታት ከሎና
ንእግዚኣብሔር ነቕርብ ምስጋና (2)

61. ውዳሴ ምስጋና ንዓኻ

ውዳሴ ምስጋና ንዓኻ ንእግዚኣብሄር ኣምላኽና (2)

ካብ መዓሙቕ ልበይ ዝወጽእ ምስጋና
ንኣምላኸይ'ዩ ገና እረ ገና
ብፍቓደይ ንልበይ ቀዲደ መዓስ ተገዲደ(2)

ካብ መዓር ዝጥዕም ክብሉኻ ሰሚዐ
ከም ኣቦታተይ ኮይነ ተረቲዐ
ብፍቓደይ ንልበይ ቀዲደ መዓስ ተገዲደ(2)

እና ኣንቃዕደኹ ንዓኻ ዘመስግን
ንስምካ ክባረኽ ካብ ዘመን ንዘመን
ብፍቓደይ ንልበይ ቀዲደ መዓስ ተገዲደ(2)

ንዓኻ ዘመስግን ወትሩ ተሓዲሰ
ንኽብርኻ ዝህብ ንብዓተይ ኣፍሲሰ
ብፍቓደይ ንልበይ ቀዲደ መዓስ ተገዲደ(2)

ቅዱስ (3) ወርትግ ዝብለካ
ንራኢኻ ሪእየ ጢዒመ ፍቕርኻ
ብፍቓደይ ንልበይ ቀዲደ መዓስ ተገዲደ(2)

62. ናይ ሰማይን ናይ ምድርን ጐይታ

ናይ ሰማይን ናይ ምድርን ጐይታ
ነመስግኖ ብዓቢይ ዓውታ
ርህራሄኻ ብዝሒ ምሕረትካ (2)
ረዲኡናʼቲ ክቡር ስምካ

በቲ ጽኑዕ ቅዱስ ኣእዳውካ
ተደጊፍና በቲ ምሕረትካ
ኣቦ ፍቕሪ ናይ ህዝቡ ጽላል
ንኽብርኻ ተመስገን ንብል

ተመጊብና ንጹህ ስጋኻ
ተፈዊስና ብኽቡር ደምካ
ኣጽኒዑናʼቲ ቅዱስ ቃልካ
ሓብሒቡና ሕያውነትካ

ዝሰኣነ ምስ ለመነካ
ንምስጢሩ ምስ ነገረካ
ከምቲ ኣደ ተፍቅር ደቃ
ክርስቶስ'ዩ ናትና ሓለቓ

ናይ ኣናብስ ኣፍ ዝዓጸወ
ማዕጾ ገነት ብሞት ዘርሓወ
ከመስግኖ ዓጢቐ ኣለኹ
ንኣምላኸይ የኽብሮ ኣለኹ

63. ሃሌ ሉያ

ሃሌ ሉያ (3)
ምስጋና ብሰማይ ብምድሪ ንስብ ዝፈጠረ
እግዚኣብሄር
ምስጋና ብሰማይ ብምድሪ ንዓና ዘፍቀረ
እግዚኣብሄር

በዚ ፍሉይ ፍቕሩ ኣዒንቱ ከፈቱ
ደቀይ ኢሉና'ሎ ንዓና ጠሚቱ
ህይወትና ኣኽቢሩ ንወዱ ሂቡና
ሓቢርና ነመስግን ኣእዳውና ኣልዒልና

ብስጋ ተንሲኡ ርኢናዮ ንሕና
ኣብ መስቀል ውዒሉ ከኸውን በጃና
ርኢናዮ ንወልድ ኣሚንና ብስሙ
ህይወት'ውን ሃበና ብስጋ ወደሙ

ካብ ልሳን ኩልና ኣበሳ ዘውጽአ
ብኣና ክዛረብ መንፈስ ቅዱስ መጸ
ብብዙሕ ጸግኡ መቕደሱ ዘኽበረ
ድኻምና ቀንጢጡ ጸግኡ ኣግበረ

ኣምላኽ ብስልጣኑ ዘለኣለም ዝነብር
ኣይፈቅድን ንሱ ኣብ ሲኦል ክንነብር
ንዓና ዘሕልፎ ኣሎ ፍሉይ ፍቕሪ
እግዚኣብሄር ኣምላኽ ዘለኣለም ነባሪ

ግርማ መለኮቱ ዕጹብ እንተኾነ
ብኹሎም ቅዱሳን እንተ ተለመነ
ምስጋና ኣብ ኣፍና ጐዲሉ ኣይፈልጥን
እግዚኣብሄር ይመስገን ኣብ ሰማይ ኣብ
ምድሪ

64. ናብ ደልሃመት ኣትየ

ብዕሽነት ሓሳብ ብህርፋን ንስልጣን
ናብ ደልሃመት ኣትየ
ብጥበብ ናይ ሰይጣን
ኣይተረደኣንን ከም ዘምለኽኩ ንመን
እዚ ኹሉ ውርደት ኣባይ ኣይምበጽሐን

ክሓስብ ኔሩኒ ኣርሒቐ ክጥምት
ርዒሙ ግን ልበይ ብናይ ሄዋን ቃላት
ፍጹም ሲኢነሉ ንምንባር መቕረት
ዝባነይ ምስ ሃብኩ ነታ ምውቕቲ ቤት

ከወግድ ኔሩኒ ካብ ብልዒ ንበለስ
ስንብራት መርሓቕኩ ፈጺሙ ዘይድምሰስ
ተለመን ኣምላኺይ ንዓይ ንኽትፍውስ
ብንጹህ የእዳውካ ኣቑሳለይ ክትሕብስ

ከዋናጨፍ እሳት ከም ሙብረቕ በራሪ
ኩልንትናይ የንቀጥቅጥ ንብዓት'ውን ይዛሪ
ንኣምላኽ ዘኪረ ከም ሙኺኑ ፍቕሪ
ንስሓ ኣቶኹ ኣበሳይ ከስተስሪ

ለሚነ እየ ኣነ ፈጺመ ብልበይ
ምድሓን ክመጸኒ ካብቲ ላዕላይ ሰማይ
ይክኣሎ እዩ ታኦስ ከሎ ኹሉ ክገብረለይ
ክዘልል ክዝምር ከም ተፈትሐት ብተይ

65. ብንእስነተይ

ብንእስነተይ ናብ ቤትካ ዘእተኻ
ካብ ሓላፊ ነገር ባርያኻ ዝኸወልካ
ኣምላኽ እስራኤል ከመስግነካ
ምስጋና ውዳሴ ይኹን ንዓኻ

ንዓኻ ሒዘ ምስ ሓያል ገጢመ
ስምካ እናጸዋዕኩ ንጐልያድ ኣውዲቐ
ከም ልበይ ኢልካኒ መንፈስካ ሰኒቐ
ብበገናይ ንስምካ ዘሚረ ኣድኒቐ

ጌና ንዓለም ከይተላለኽዎ
ኣምላኽ መን ሙኧኑ እንከይ ፈለጥክዎ
ብደመና ሰማይ ቃል ኣምላኽ መጸኒ
ሓረይኩኻ እም ከርሰ እምከ በለኒ

ዕሽል ልሳነይ ፊደል ከይቆጸረ
ልበይ ብንእሱ ኣባኻ ከበረ
ኣብ መቕደስ ክብርኻ ዘለኣለም ደው ክብል
ሳሙኤል'ዩ ኔሩ ጻውዒትካ ክዝክር

ሰዊርካኒ ኢኻ ካብ ጓይላን ዓለምን
ናይ ንእስነት ዕብዳን የሕሊፍካ ኣይሃብካንን
ኣብ ቤትካ ኣስፊርካኒ ንዓኻ ከመስግን
ቅዱስ ኢኻ ዝወዳደረካ'ውን የለን

66. ንብዓት ኣይሕዝን

ንብዓት ኣይሕዝን ኣበእዳወይ
ናይ ክብሪ ዜማ ከዚም ኣፈይ
ከስተምህሮ እሞ ንኣእዳወይ
ከመስግናኻ ከናፍረይ

ቀራንዮ ኬድካ ባሕሪ ኣሳጊርካ
ካብ ቴደር ነቒሉ ኣእጋረይ ክስዕበካ
ከም ኣብ ልሙዑ ሸኻ ኣይኮነን ናፍቖተይ
ከም ኣብ ምድሪ በዳ ንስኻ ጽምኣተይ

ታሪኸይ ቀያሪ ውህበት መንነተይ
ጸዊዕካኒ ጐይታይ ንስኻ ዕረፍተይ (2)

ኣብ ማዕበል ናይ ባሕሪ ነብሰይ ክትናወጽ
ጭንቀተይ ዘወገድካ ካብ ኩሉ ትምረጽ
መዓስ ኣጽኒሑኒ መንኮብ ናይ ወዲ ሰብ
ብየማናይ ኢድካ ካብ ኩሉ ይእርነብ

ታሪኸይ ቀያሪ ውህበት መንነተይ
ጸዊዕካኒ ጐይታይ ንስኻ ዕረፍተይ (2)

መን ተረዲኡኒ መንከ ረዲኡኒ
ካብ ምዝራብ ሓሊፉ እንታይ ከይህበኒ
እቲ ዝኣመንክዎ ፍጹም ደርብዩኒ
ካብ መንጋጋ ሰይጣን ብደም ገዚእካኒ

ታሪኸይ ቀያሪ ውህበት መንነተይ
ጸዊዕካኒ ጐይታይ ንስኻ ዕረፍተይ (2)

ንናይ ኦፍኒን ድንኳን ተጸየፈት ነብሰይ
ናባኻ ይጠርዕ ምስ ዘይዓርፍ ውሽጠይ
ካብ ሰደት መሊስካ ዘልበስካኒ ጺጋ
ልበይ ንክትብርትዕ ኣባኻ ይጽጋዕ

ታሪኸይ ቀያሪ ውህበት መንነተይ
ጸዊዕካኒ ጐይታይ ንስኻ ዕረፍተይ (2)

67. ጸፍዒ ክገፍዓኒ

ጸፍዒ ክገፍዓኒ ማዕበሉ
መን ከድሕኖ'ዩ ኩሎም ክብሉ
ብሰላም ሓሊፈ ብጸጋታ
ኩሉ ይከኣል'ዩ ብኣኻ ጎይታ (2)

ብናትካ ቁስሊ ተፈዊሰ
ጎይታይ ብፍቕርኻ ተማሪኸ
ሞተይ ሲዒርካዮ ብናትካ ሞት
እንሆ ኣቑምካኒ ብሂወት (2)

ኣብ ቤትካ ኮይነ ክልምን
መዓስ ጨኪኑ'ት ልብኻ
ከምቲ በዓል ቀረጽ ምስ ተንበርከኽኩ
ምሕረት ጸጋኻ ዝለበስኩ (2)

ወትሩ ብዕልልታ ዝዝምር
ስለ ዝተረዳእኩ ት ፍቅርኻ
ጎይታይ ንስምካ ዝጽውዕ
ለዊጥካለይ'ኻ ታሪኸይ (2)

ኣዒንተይ ኣይርእያን ብጀካኻ
እትፍቶ እትፍቀር
ዘመድ ወገነይ ኬንካኒ ኢኻ
ንዓይ ዝኽእለኒ ኣበይ ይርከብ (2)

68. ናይ ከንፈረይ ፍረ

ናይ ከንፈረይ ፍረ ብጥዑም ዝማሬ
ክዝምር ንጐይታ በገናይ ኣልዒለ
ክውድስ ንስሙ ውዕለቱ ዘኪረ
ቃላት ይሓጽረኒ እምበር ኣይደክምን ኣነ

መስከሪ ጌርጌሴኖን ዝረኣኽዮ ውዕለት
መዓስ ከ ስዱኒ ሰባት ብሰንሰለት
ሌጌዎን ገሲጽካ ጐይታይ ፈዊስካኒ
ክነግር ግብርኻ ቤተይ ሊእኽካኒ

ከም ምውት ተደርብየ ኣካለይ ቆሲሉ
ደንጋጺ ስኢነ ዝወስደኒ ኣልዒሉ
ሕያዋይ ሳምራዊ ሸግረይ ጾርካዮ
ዘይንገር ውዕለትካ ፍቕርኻ ሪኤዮ

ኣደ ከም ዘይብሉ ህጻን ኣይትሕደገኒ
ዘመድ ከም ዘይብሉ ጓና ኣይትግበረኒ
ከም ፍቁር ወድኻ ኣለኹ በለኒ
ኣብ ኩሉ መንገደይ ባዕልኻ ምርሓኒ

ተስፋ ምድሓን እምበር ክፉእ ዘይርከቦ
ርውየቱ ድሕነትና ፍቕርና ዝስሕቦ
ንዑ ከተዕርፉ ጾር ዝኸበደኩም
ይድንግጽዩ እግዚኣብሄር ይሪኢ ድኻምኩም

69. ሓሊፉ ኩሉ ብኣኻ መከራ

ሓሊፉ ኩሉ ብኣኻ መከራ
የዒንተይ ብኽያት ንብዓት ክቆጽራ
ወጺአ'የ ካብቲ ጸልማት
በጺሐ ኣለኹ ክሳዕ'ዚ ሰዓት

ብዕርቃንካ ኣልቢስካኒ
ብውድቀትካ ኣልዒልካኒ
ውሰድ ተቀበል ናይ ልበይ ምባእ
ካባይ ወድኻ ንዓኻ ዘይበቅዕ

ተሰዲደ ተወጺኹ
ብመከራ ተደኺምኩ
ኣንስ ብኣምላኽ ድሒነ'ለኹ
ናይ ጭንቂ ዕለት ሓሊፈለኹ

ተደዊኑ ብጓሂ ገጸይ
ወርዜለኹ ኣብ'ዛ መዓልተይ
ገና'ሎ ብዙሕ ዝሰምር ሕልሚ
ከብቅዕ እየ ከረዊ ጽምኢ

ናይ ዘለኣለም ኣቦ ኢኻ
ንሓለዋይ ዝነቓሕካ
ስለ ዘፍቀረ ጎይታ ኣልዒሉኒ
ጸላኢ ሓፊሩ ዝባን ሂቡኒ

ቅረብ ኢሉ ንሱ ናባይ
ራህሪሁለይ ኮነ ብጎነይ
ረጋጊጸዮ ተመን ኣራዊት
ስሙ ምሳይ'ዩ ናይ ወዲ ዳዊት

------

70. ረዲኤተይ ኢኻ

ረዲኤተይ ኢኻ እምባ ናይ ህይወተይ
ጸግዐይ ኢኻ ምርኩስ ኣብ ድኻመይ
ፍኖትካ ክኸተል ከይስሕት መኣዝነይ
ይጽውዕ ኣሎኹ ንዓኻ መድሕነይ

ካብ ባሕሪ ወጺአ ምስ ቆምኩ ኣብ ደንደስ
ንቃልካ ረኺበ ሶኺዕ እስትንፋስ
ክዳውንተይ ጭቅዩ ክብል ጐሰስ ጐሰስ
ጽንዓትካ ሃበኒ ንድሕሪት ከይምለይ

ማዕበላት ብሓባር እንክብሉ ጨርባሕባሕ
ኣእምሮይ ክናወጽ ክነብዕ ዝርንዛሕ
ንኣውያተይ ኣቕልብ ናይ ህይወተይ መሪሕ
የእዳውካ ሃበኒ ውሉድካ ከይፈርህ

ታኼላታት ደንደስ ኣእጋረይ ሓሊኾም
እንከየስጥሙኒ ናብ ውሻጤ ቤቶም
ጐይታይ ስሓበኒ ክእለ ካብ ገምገም
ኣብ ጥጡሕ ክረግጽ ክእለ ናብ ሰላም

71. ናተይ ሰኸም ተሰኪሙለይ

ናተይ ሰኸም ተሰኪሙለይ
ጾረይ ብኹሉ ኣልዒሉለይ
ከመስጉኖ'የ ኣብ ዘመነይ
ንጎይታ ጎይቶት ንኣምላኸይ

ኣነ ከምልኾ ጸዊዑኒ
ብጽኑዕ ፍቕሩ ፈዊሱኒ
ኣብ ቤተይ ኣትዩ ኣብሪሁለይ
ኣመቂሩኒ ኣብ ህይወተይ
ኣነ ዝህቦ እንታይ ኣሎኒ
ስለ'ቲ ኹሉ ዝገበረለይ
እሾኽ ኣብ ርእሱ ተሸኪሙ
መርገም ካብ ነብሰይ ኣልዒሉለይ

ደሙ'ዩ ኣፍሲሱ ኣፍቒሩኒ
መስቐል ሓዚሉ ደኺሙለይ
ጥፍጣፍ ናይ ሰባት ተቐቢሉ
ንመግረፍተይ ተገሪፉለይ
ንዓይ ዝግባእ መከራ ሞት
ተቐቢሉለይ ጎይታ ጎይቶት
ከይቀረብኩዎ ቀሪቡኒ
ናብ ብርሃን ህይወት ስሒቡኒ

ተታሒዞ'የ ተኣሲረ
ብለውሃት ፍቕሩ ተሰቢረ
ቀይርዎ'ዩ ንታሪኸይ
ምሉእ ሰብ ጌሩኒ ኣምላኸይ
ኣፈይ ዝማሬ መሊእዎ
መንፈሳዊነት ኣምሂሩኒ
ኣቦ ናይ ጥበብ ናይ ትሕትና
ምስኡ ምንባር ይሕሸኒ

72. በጃ ኩሉ

በጃ ኩሉ ናይ ኩሉ በጃ (2)
ዓዲግካና ብኩቡር ደምካ
ኣማኑኤል ህይወት ከፊልካ

ቀራንዮ ብድኻም በጽሐ
ኣፍቂሩና ደሙ እንዳፈሰሰ
ተረዲኤ ናይ ፍቅሩ ትርጉም
ምስ ሞተለይ መድሃኔ ኣለም

ዋጋ ሂቡ ነፍሱ ኣሕሲሩ
ፈቲሑና ንሰይጣን ኣሲሩ
ካሕሳ ኮይኑ ከፊሉ ዕዳ
ኣይገደፈናን ኣብ ምድረበዳ

ነዚ ፍቕሩ ኸይትርስዑ
ዕለት ዕለት ስሙ ቀድሱ
ኪዳኑ'ዩ ዘናብረኩም
ትም ከይብል እቲ ልሳንኩም

ብመከራ ተበጂዉና
ዳግም ሕጅስ ደቁ ገይሩና
ኣይገዝኣናን መቃብር ሞት
ኣውሪሱና ሓድሽ ህይወት

73. ብኽቡር ደሙ

ብኽቡር ደሙ ዝገዝኣና
ንጹህ ደሙ ዘፍሰሰልና
ኢየሱስ'ዩ መድሓኒና

ገንሸል ፋሲካና ምንጪ ናይ ሓጉስና
ካብ ጸልማት ባርነት ዝተበጀወልና
ቆሲሉ ደኣምበር ኣቑሲሉ ኣይኮነን
ማሪኹ ልብና ዝበለና ንኣምን

ንሱ'ዩ ኣምላኽና ምድሓን ናይ ህይወትና
ዝተወሃሃደ ለቢሱ ስጋና
ፍጡር'ዩ ኣይንብልን ከምቶም ዝዓሸዉ
ኣብ ዕንደራ ሰይጣን ፍጹም ዝዓለዉ

ነስተውዕል ኩልና ዝተኸፍለ ዋጋ
ፈንቂሉ ዘውጽኣና ካብ ሰይጣን መንጋጋ
ተፈዊስና ኢና ቁስልና ሃሲሱ
ብመከራ ጐይታ ፍጹም ተደቢሱ

ኣማላዲ ኣይኮነን ኣምላኽ'ዩ ዘለኣለም
ንርእሱ ዘትሓተ ክህበና ሰላም
ልቦና ግበሩ ኣይትጠራጠሩ
ኣብ ቅኑዕ ጐዶና ብጥበብ ንበሩ

74. ንጹህ ስጋ ክቡር ደም

ንጹህ ስጋ ክቡር ደም ተኸፍለ ንዓለም (2)
ኩሉ ናጻ ወጺኡ ተፈዊሱ ብመድሃኔ ኣለም (2)

ናይ ኦሪት መሥዋዕቲ ናይ እንስሳ ደም
ክህብ ኣይከኣለን ህይወት ንኣዳም
ኢየሱስ ክርስቶስ ካብ ሰማይ ወሪዱ
ዝፈሰሰ ደሙ ንሞት ኣወጊዱ

ብዘይ ደም ክርስቶስ ስለ ዘይንድሕን
ሰብ ኮነ ኣምላኽና ብዘደንቕ ምስጢር
ካብ ማርያም ብምውሳድ ንጹህ ስጋን ደምን
ዕዳና ደምሰሶ ንዘለኣለም

ኣብርሃም ክስውዕ ነቲ ሓደ ወዱ
ከእዘዝ ወሲኑ ክፍጽም ፍቓዱ
ኸቋርጽ ተነግሮ መስዋዕቱ ከይቅጽል
ብይስሓቕ ኣይኮነን ምድሓን ናይዛ ዓለም

ናይ ነቢያቱ ሞት ናይ ጻድቃኑ ጽድቂ
ከንጽፎ ኣይከኣለን ነቲ ናይ ሞት ምንጪ
ሊቀ ካህናት ባዕሉ መስዋዕቲ ኮይኑና
በቲ ክቡር ደሙ ካብ ሞት ኣድሒኑና

75. ንዓለም ዘድሓነ

ንዓለም ዘድሓነ በቲ ፍጹም ፍቕሩ
ክብሩ ከይበለጾ ገዲፉ መንበሩ
መን ኮን ቀሚስዎ ፍቕሩ ኣስተማቒሩ

ቀንጢቡ እጸ በለስ ኣእዳዉ ሰዲዱ
ናይ ኣምላኹ ትእዛዝ እምቢ ኢሉ ሓንጊዱ
ኣዳም ምስ በደለ ጸግኡ ተወሲዱ
ክብሩ ንምምላስ ጐይታ ተወሊዱ (2)

ፍጹም ዘሰደምም'ዩ እቲ ዓቢ ፈጣሪ
ከም ድኻ ዝውለድ ኣብ ከፍቲ መሕደሪ
ቤት ንጉስ ቢላ ዝዓደለ ዝሃበ
ከመይ ተወሊዱ ኣብ እንስሳ ደምበ (2)

መሪጹ ቀዲሱ ንማህጸን ድንግል
ክትወልዶ ሓርይዋ ንድሕነትና ክብል
ብስጋ ብነፍስን ንጽህናኣ ፈቲዩ
ክወሃድ ወሲኑ ናብ ህይወታ ኣትዩ (2)

ኣንታ ክንደይ ድዩ መጠን ልክዕ ፍቕሪ
ንእግዚኣብሄር ዝኣክል ዘውረዶ ንምድሪ
ኣብ ሰብ ጸቢብ ደረት ብንእሽቶ ቁመት
ክውስን ዘሕሰቦ ምእንታና ድሕነት (2)

76. ምእንታይ ጐይታ ተሰቒሉ

ምእንታይ ጐይታ ተሰቒሉ
ኣቦ ምሕረት ኣብ መስቀል ውዒሉ
ርህሩህ ኣምላኽ ኣብ መስቀል ውዒሉ
ጐይታ ሰንበት ፍርዲ ተቐቢሉ

ካብ ሰማይ ወሪድካ ክትደሊ ንዓና
ጸጋና ክትመልስ ለቢስካ ስጋና
ኣብ መስቀል ዝሞትካ ምእንቲ ሰብ ኢልካ
ኣምላኽ ክንስኻ ብዙሕ ተገሪፍካ

ሰማይ ዝዝፋኑ ምድሪ መርገጽ እግሩ
ሓቀኛ ኣምላኽ እዩ ናይ ዘለኣለም ክብሩ
ሱራፌል ኪሩቤል ኩሎም ዘይቀርብዎ
ፈሪሳውያን ኣይሁድ ኣሕሊፎም ሃብዎ

ግብሩ ዘደንቕ እዩ ከምቲ ዘፍቀረና
ካብ ዘይውዳእ ፍቕሩ ምሕረቱ ሂቡና
ሕያዋይ ጓሳ እዩ የለን ዝሰኣኖ
ንመድሃኔ ኣለም ምስጋና ይኹኖ

77. ናይ ኣምላኽ ምድሓን

ናይ ኣምላኽ ምድሓን ሪአ ለኹ
ድንቂ ፍቕሩ'ውን ጢዒመ ለኹ
ምኽንያት የለን ልሳነይ ዝኣስር
ንውዳሴኡ ውዒለ ሓድር (2)

ተጻሒፉሎ ፍቕሩ ኣብ ልበይ
ብደስታ ምሉእ ቃሉ ምንባበይ
ብሰላም ከይደ ሰላም ክምለስ
ይሕልወኒ ክርስቶስ እየሱስ

ጉንአ ቃላትካ ካብ ዘምቢል ልበይ
ዝወሰዶ የለን ኩሉ ግዜ ምሳይ
መብራህቲ እግሪ ብርሃን መንገዲ
ኮይኑ መርሓኒ ብለይቲ ቀትሪ

ዕረፍቲ ነብሲ ብወልድ ምእማን
ብስሙ ይስዕር ንሓይሊ ሰይጣን
ስጋዊ ትምኒት ብጾም ብጸሎት
ኣምሊጠ ኣለኹ ካብ ዝርጋን ዝሙት

78. ሓጢኣትና ደምሲሱ

ሓጢኣትና ደምሲሱ ዕዳና ወጊዱ
ንፍቕሪ ሰብ ኢሉ ኣብ መስቀል ውዒሉ
ንሞት ኣሸኒፉ ኣምላኽ ተላዒሉ
እሰይ ደስ ኢሉና ሰባት ዕልል በሉ

ብዘይገለ በደል ብዘይምንም ሓጢኣት
ንፍርዲ ቀሪቡ ኣብ ጲላጦስ ግንቢት
ዘደንቕ ፍቕሪ'ዩ ዘደንቕ ምሕረት
ንዝሰቐልዎ ኮንዎም መድሓኒት

ምስክር ፍቕሪ መግዳላዊት ማርያም
ናይ ኢየሱስ ክርስቶስ ናይ መድሓኒ ዓለም
ትእዛዝ ናይ ወትሃደር ፍጹም ከይፈራህኪ
ብንግሆ ገስጊስኪ ኣምላኽ ዝደለኺ

ኣብ ዝተዓጽወ ገዛ መእተዊ ኣብ ዘይብሉ
ደቂ መዛሙርቱ ኣብ ዝተኣከቡሉ
ብተዋህዶ ምስጢር ኣብ ማእከሎም ኮይኑ
ሰላሙ ኣዊጁ ኣርእዩዎም ጐድኑ

ብናይ ደሙ ማህተም ስጋና ቀዲሱ
ተንሲኡ ጐይታ ንጽልኢ ደምሲሱ
ከፊቱልና በሪ ናይ መንግስተ ሰማይ
ተቐመጠ ኣብ ክብሪ ኣብ መንበሩ ላዕላይ

79. ከይፈተኹኻ ዝፈተኻኒ

ከይፈተኹኻ ዝፈተኻኒ
ከይደለኹኻ ዝደለኻኒ
ንዓይ (3) ከተናዲ
ኣብ መስቀል ውዒልካ ብደም ዓዲግካኒ

ሳዶር ኮይነ'ዶ ወጊኤያ ኢድካ
ብናይ ሓጢኣት ኲናት ዝወግአ ጐንኻ
ኣብ ሓጢኣት ዝነብር ኣርሲሒ ንስጋይ
ግብረይ ዝደልዮ ብዙሕ'ዩ ኣበሳይ

ካብ ኩሉ ዓለም ፍጡርካ
ዝጸውዓካኒ ናብ ቤትካ
ከይፈተኹኻ ዝፈተኻኒ
ሰማያዊ ቤት ተውርሰኒ

ንዝሰጎኩኻ ጐይታ መሪጽካኒ
ጸላኢኻ እንድየ መዓስ ፈዲኻኒ
ሽምካ ንኽጽውዕ ኣብ ቅድሚ ኣህዛብ
ግርማ ተኸዲነ ናተይ ድባብ

ሃዋርያ ጌርካ ሸይምካኒ
ኣብ ቤትካ ደው ክብል ሓሪኻኒ
'ቲ ክቡር ስምካ ክውድስ
በረኸት ብምልኣት ክፈስስ

ቃልካ ንከይሰምዖ ርሒቐ ካባኻ
ክኹብልል ኣብ ዓለም ረሲዐ ንቃልካ
ጐይታ ሰማይ ምድሪ ኣብ ኩሉ ምልኣትካ
ፍጡርካ ትገዝእ ብፍቕሪ ኣሲርካ

ካባይ በሊጹ'ቲ ዓሳ
ቃልካ ክእዘዝ እንስሳ
ሰለስተ ለይቲ ዓቂቡኒ
ክንሳሕ ናባኻ ሚሂሩኒ

80. ንዘፍቀረኒ ኣምላኽ

ንዘፍቀረኒ ኣምላኽ ወትሩ ክዝምርየ
ናይ ምድሓኑ ጥበብ ብዓይነይ ርእየ'የ
ናተይ ናይ ቤተይ ርስቲ እግዚኣብሄር
ኮይኑለይ
ነዛ ሚስኪን ገዛይ በረኸት ሂብዋ

እንታይ ርኢኻ ኢኻ ንዓይ ፈቲኻኒ
ንሞተይ ሞትካለይ ንኽብሪ ዘብቃዕካኒ
ንመስኪን ኣልዒልካ ሓያልኻ ሂብካኒ
ምስጋና ይኹንካ ልዕል ዘበልካኒ

ናይ ሕይወት ማይ ንዓይ ኣስቲኻኒ ኢኻ
ምሕረትካ ኣብ ልዕለይ ኣፍሲስካዮ ኢኻ
ካብ ኣብ ዓለም ጥፍኣት ንስኻ ኣውጺእካኒ
ተመስገን ኣምላኸይ ቤትካ ዘርኣኻኒ

ነቲ ጨናቕ ልበይ ብስራት መሊእካዮ
ናይ ሕይወተይ ንጉስ ብምንታይ ከመስግኖ
ካብ ዓለም ፈልዩ ንዓይ ጸዊዑ
ዝረደኣኒ ኣምላኽ ናብ ቤቱ ከኣቱ

ጸሎተይ ሰሚዕካ ዲሕና ሒይወተይ
ሰላምካ ኣጽኒዕዋ ነዛ ንእሽቶ ቤተይ
ሎምስ ተማሂረ'የ ከም ዘይገድፍ ጎይታይ
ክስውኣሉ ክነብር ዝማሬን ዕልልታን

81. ክዝምረሉ ንዓይ ዘፍቀረኒ

ክዝምረሉ ንዓይ ዘፍቀረኒ
ሓጢኣተይ ገዲፉ ሂወት ሂቡኒ
እንተ ዘይከኣልኩ ክመልስ ውሬታ
ክመስጉኖ'የ ይኽበር ናተይ ጎይታ

ፍቕረይ ሰሓቦ ካብ ላዕላይ ሰማይ
ናብ ምድሪ መጸ ኣምላኽ ኣዶናይ
ዕርቃኑ ኾነ ጸጋ ከልብሰኒ
ስለይ ተሰቕለ ሂወት ክህበኒ /2

በጃ ኾይኑኒ ብኽቡር ደሙ
ለጌዎን የለን ከይዱ ሃዲሙ
ኣርውተይ ኣሙሊቑዎ ካብ ክሳደይ
ኣዊጁ ጎይታ ናተይ ናጽነተይ /2

ንቅዱስ ቃሉ ጽሒፉ ኣብ ልበይ
ሓዲሽ ኪዳኑ ሂቡኒ ጎይታይ
ተቐዲዱ እቲ ዕጹው መጋረጃ
ጎይታ ኾይኑኒ ናይ ዘለኣለም በጃ /2

ስሙ ኢየሱስ ናይ ዓለም መድሕን
ውዒሉ ኣብ መስቐል ሞተይ ክኸድን
ኣብ ውድቐተይ ኣልዒሉኒ ብኢዱ
ሒዘዮ ኣለኹ ናይ ሂወት መንገዱ /2

82. ፈቃር ኢኻ ጐይታይ

ፈቃር ኢኻ ጐይታይ ንዘለኣለም
ከማኻ ዝበለ ሓደ እኳ የለን

ምስጉንዩ ዘለኣለም ዘሎ ኣብ መቕደሱ
ነበልባል እሳይ ብርሃን'ዩ ንሱ
ዘይስዓር'ዩ ፍጹም ዘይድፈር
ኩሉ ከሓልፍ ንሱ ዝነብር

ብነጎድጓድ ሰማይ ጸልሚቱ
ሓያላን ፈርሁ ድምጹ ምስ ሰምዑ

ጐይታ ክትንስእ ካብ መቓብሩ
ማዕጾታት ሲኦል ተሰባበሩ

ለዋህ ምኽንካ ከም ዘይትጭክን
ፍጥረት ብምሉኡ ብኣኻ ይኣምን
ሓጢኣተኛ ኢልካ ከይነዓቅካኒ
ንዘለኣለም ናትካ ጌርካኒ

ኣብ ዕጹው ገዛ ምስ ተገለጽካ
ሰባት ኣመኑ ብተኣምራትካ
መግለጺ የብሉን ምንጪ ሓጐስና
ብቕዱስ ቕብኢ በሪሁ ገጽና

83. ብዘይ ነዳዲ ፍቕርኻ

ብዘይ ነዳዲ ፍቕርኻ ኣቃጺሉኒ
ብዘይ ግዴታ ውዕለትካ ማሪኹኒ
ፍቕርኻ ንዓይ ከመስግነካ ኣገዲዱኒ
ስንሰለተይ ኣውዲቑ ፈዊሱኒ (2)

ተማሪኸ ንኽብሪ ምሓርነት
ተቓጺለ ብፍቕሪ ብናትካ ውዕለት
ከናፍረይ ምስጋናኻ ኽነግራ
ኣብ ደጌኻ ኽነብር ፍቐደለይ ሓደራ

ርኹስ መንፈስ ኣርሒቅካለይ ሓዱለ
እምነት ፍቕሪ ተስፋ ውህበት ተቐቢለ
ብየማንካ ተንዝሒዘ ተደጊፈ
ናይ'ዛ ዓለም መከራ መፈንጠራ ሓሊፈ

ባዶ ኔረ ፍረ ዘይብሉ ገረብ
ዘየስተውዕል ጭንቂ መከራ ዝቕለብ
ንሞት ጸልማት ሕጹይ ኔረ ንጥፍኣት
ፍቕርኻ ኣርኢኻኒ ናጻ ወጺአ ካብ ጸልማት

84. ካብ ፍቕሪ ክርስቶስ መን'ዩ ዝፈልየኒ

ካብ ፍቕሪ ክርስቶስ መን'ዩ ዝፈልየኒ
ፈተና ኮነ መከራ እንተ ኸበበኒ
መሊሰ ይጸንዕ በቲ ሓይሊ ዝሃበኒ
ውሽጠይ'ውን ይሕጐስ ፍስሃ ይዓስለኒ

ተንኮል ናይ ዲያብሎስ ክዝንቢ ኣብ ልዕለይ
ሰላመይ ጠፊኡ ክበዝሕ ሓዘነይ
ጐይታ ጸውዓኒ ብምሕረቱ
ፈጺመ ከይጠፍእ ኣብ ደልሃመት ከይኣቱ

ካብታ ማሙቕ ቤተይ ተወጺኤ ብስደት
ረዳኢ ስኢነ እንተ በልኩ ከርተት
ኣሎኹ ኢልካኒ በዓል ብዙሕ ምሕረት
ኣይፍለይን ካባኻ ክሳብ ዘንትእለት

ስሌና ክትብል ካብ ሰማይ ወሪድካ
ፍቕርኻ ክትገልጽ ኣብ መስቀል ውዒልካ
ረዲእካና ኢኻ'ሞ ውልድነት ሂብካና
ካብ ፍቕርኻስ የለን (2) ዝፈልየና

85. ካብ ክርስቶስ ፍቕሪ

ካብ ክርስቶስ ፍቕሪ ዝፈልየኒ መን'ዩ (2)
መከራ ሽግር ስቓይ ወይከኣ ጥሜት'ድዩ (2)

ኣይንፈርህን ኣይንሰግእን ኣይንጠራጠርን(2)
እግዚኣብሄር ምሳና ይነብር ንዘለዓለም (2)

ገስጊስና ተንሲእና ንእቶ ብሰዓት (2)
ብደሙ መስሪቱ ካብ ሰረሓልና ቤት (2)

ድማ ኣበይ ይርከብ ከምዚ ዝበለ ቤት (2)
ሕንጻ ማይ ዮርዳኖስ እምነት መሰረት (2)

ንጽድቂ ንስዓባ ንነሳሕ ብሓቂ (2)
ፈጺምና ክንረክብ ምስ ኣምላኽና ዕርቂ (2)

ስግኡ ዘይበልዕ ደሙ'ውን ዘይስቲ (2)
ሕይወት ኣይረክብን ንዘለኣለም ጥንቲ (2)

ስግኡ ዝበልዕ ደሙ'ውን ዝሰቲ (2)
ሕይወት ክረክብ'ዩ ንዘለኣለም ጥንቲ (2)

ንእግዚኣብሄር ነፍቅሮ ብንጹህ ልብና (2)
ምስጋና ይኹኖ ናብዚ ዘብጽሓና (2)

86. እጽሊ ኣለኹ

እጽሊ ኣለኹ ኣብ ቅድሜኻ
ንኽነጽህ ብሓይልኻ
መንገድኻ ክትመርሓኒ
ድሌተይ'ዩ ክትረድኣኒ

ኦ ኣምላኽ ስማዕ ጸሎተይ
ከተንጽሃ ንህይወተይ
ካብ ማእሰርቲ ክትፈትሓኒ
ካብ ሽግር'ውን ከተውጸኒ

ክኽተሎ መንገድኻ
ደግፈኒ ብጸጋኻ
ናይ ህይወት ማይ ከትፍስስ
ንሓጢኣተይ ንኽትድምስስ

ኣጽዋር ናይ ሰይጣን ተዓጢቐ
ክኽተለካ ገስጊሰ
መስቀል ሒዘ ክስዕበካ
ሰፈር ክረክብ ኣብ ቤትካ

መዲበዮ ብዓንተቦ
'ቲ ኣሰርካ ክስዕቦ
ስለዚ'ውን ሓግዘኒ
ብመንፈስካ ኣትበዓኒ

87. ማዕበል በርቲዑ

ማዕበል በርቲዑ ከፍርሓኒ
መን ከድሕኖ'ዩ ኩሉ ኢልኒ
ብሰላም ሓሊፈዮ ብጸጥታ
ኩሉ ክኢለዮ ብኣኻ ጎይታ (2)

ብናትካ ፍቕሪ ተፈዊሰ
ጎይታ ናባኻ ተመሊሰ
ሂወት ሂብካኒ ብናትካ ሞት
እንሆ ይነብር ብሂወት (2)

ክምሕጸነካ ኣብ ደገኻ
መዓስ ጨኪኑ ትልብኻ
ምሕረት ጌርካለይ ንወድኻ
ዓወት ረኺበ ብፍቕርኻ (2)

ዕልል ዝብል ዝዝምር
ተረዲኡኒ ናትካ ፍቕሪ
ስምካ ምስ ጸዋዕኩ ኢለ ጎይታይ
ለዊጥካዮ ኢኻ ንታሪኸይ (2)

ዓይነይ ኣይርእን ብጀካኻ
ተማሪኾም'ዮም ብፍቕርኻ
ዘመድ ወገነይ ኮይንካኒ ኢኻ
ዘፍቕሮ የለን ብጀካኻ (2)

88. ኅይታየ ለውጠለይ ልበይ

ካብ ሰማይ ወሪደ ከደሊ ንዓኹም
ክብረይ ገብረክዎ ለበስኩ ስጋኹም
ሰማይ'ውን ዝፋነይ ምድሪ መርገጽ እግረይ
ከውሒ መሕደሪየይ ናዝሬት ኮይኑ ዓደይ

ኅይታየ ለውጠለይ ልበይ (2) ሓደረኻ

ላዕሊ ታሕቲ ኢለ እግረይ ተዓንቀፍኩ
ጥሜት ጽምኣት ቁሪ ብትዕግስቲ ጾርኩ
ንዓኹም ከደሊ ህይወት ክህበኩም
ወዲ ኣምላኽ ከለኹ መሰልኩ ንዓኹም

ኅይታየ ክርዳእ ፍቕርኻ (2) ሓግዘኒ

ጌተሰማኒ ከይደ ክጽሊ ክንዳኹም
ከም ነጥቢ ደም ረሃጽኩ ዘኪረ ውርደትኩም
መስቀል ተሸኪመ ቀራንዮ'ውን ከድኩ
ኩሉ ተኣዚዘ ፈጺመ ጨራሕኩ

ኣምላኸይ ምስጋና ይብጻሕካ (2) ሃሌ ሉያ

ሕጂ'ውን ንዑ ኣነ ከዕርፈኩም
ፈጺመ ኣይዝክርን እቲ ኣበሳኹም
የዒ'ነተይ ይጥምታ ብፍቕሪ ናባኹም
ህይወት ምስ ተረፈኩም ባዕለይ ክህበኩም

ከመስግኖ ነዚ ፈቃር መድሕነይ (2) ተዓዊተ

89. ኣንቢሩና ርህራሄኻ

ኣንቢሩና ርህራሄኻ
ዘይልካዕ'ዩ እቲ ለውሃትካ
ከማኻ'ሞ ኣበይ ረኺብና
ኩሉ ነገር ትገዝ ኢሉና (2)

እታ መድሓኒት ፈዋሲት ኢድካ ሎሚ ንዓይ ተዘርጊሓ
ካብ ሓጢኣት ርሒቐ ክነብር ኣሲርካኒ ብውዕለካ
ደጊምሲ ህይወት እዩ ምርጫይ ካባኻ ናበይ ክኸይድ
ኣምላኸይ ፍቕርኻ ጐይታይ ፍቕርኻ ዓለም'ዩ ዘኽሕድ

ሞይተ ኔረ ተቐቢረ እንተዘይትመጸኒ ጐይታይ
ንስኻ ንሞተይ እንተዘይትመውት እንታይ ምኾነ መወዳእታይ
ከንቱ ኔሩ መንነተይ ተገዛኢ ናይዛ ዓለም
ግንከ ዝሓዝካዮ ጐይታይ ዝሓዝካዮ ይነብር ዘለኣለም

ቤት መቕደስካ ተጸጊዐ ይርኢ ኣሎኹ ብዙሕ ነገር
ውሽጢ ልበይ እና ኣቀመጥኩ ከም ዋዛ ንሰብ ዘይንገር
እቲ ዝኾነ ንሰናይ ኮይኑ የለን ሎሚ ዘይዕረፈ
ናይ መከራ እሳት ናይ ፈተና እሳት ብኣኻ እና ሓለፈ

ኣይሃስስን ፍሽኽታኻ ናተይ ኢልካ ዘርኣኻኒ
ዓመጸኛ ድኹም ኢልካ ኣብ መንኩብካ ኣንቢርካኒ
ከምዚ ዓይነት ፈቃር ኣሎ እናጸልእዎ ዘፍቅር ስሙ ኢየሱስ

90. ሰናይ ጥዑም ኢኻ

ሰናይ ጥዑም ኢኻ ኣለኹ ምስክር
ዘደንቕ ባህሪኻ ዕጹብ'ዩ መንክር (2)

እንታይ ይጎድለኒ ካብ ትህቦ ጸጋ
በጃ ነፍሰይ ኰንካ ከፈልካለይ ዋጋ
በርዑት ሓጢኣት ዳግማይ ከይቁረን
ዘይትታኸስ ጓሳ ኣለኻኒ መድሕን
ጀማሪ እምነተይ ባዕልኻ ደምዳሚ
ዘከረኒ ኣብ ቤትካ ክኸውን ፈጻሚ

መጠን በደለይ እንተ ትጸባጸብ
ባርያኻ ከትቀጽዕ ፍርድኻ እንተ ትህብ
ሚዛን በደለይ እምብዛ ረዚኑ
ሲኦል መውረደኒ ሰናየይ ስኢኑ
እንተ ምሕረትካ ግን መጠን ኣልቦ ሕድገት
ገበነይ ሸፊኑ የንብረኒ ብህይወት

ብእልፊ ኣእላፋት ቅዱሳን መላእክት
ትውደስ ትቅደስ ብምስጋና ማህሌት
ጸሎት ሓጥኣን ኢልካ ዘይትንዕቅ
ንፍሉይ ውህበትካ እንታይ ኢለ'የ ከድንቅ
ብርሃንካ ለቢሰ ጸሓየይ በሪቃ
ጸሎተይ በጺሑ ህይወተይ ደሚቃ

91. ብሰናይ ፍቓዱ

ብሰናይ ፍቓዱ ኩሉ ብኡኡ ኮነ (2)
ኩሉ ነገር ብኡኡ ተፈጸመ (2)

ሰማይ ኮነ ምድሪ ግብሩ ኣዘንተዉ
ክብሩ ግለጹሉ ንዕኡ ዓልሉ
ብኹሉ ፍጥረቱ ዝተኣምነ ንሱ
እግዚኣብሄር ይመስገን ንዕኡ ወድሱ

ፍጹም ኣይርከብን ንሱ ዘይፈጠሮ
ኣብ ሰማይ ኣብ ምድሪ ንዑ ንመርምሮ
ፍቓዱ እዩ'ሞ ኩሉ ጽቡቕ ነገር
ፈጢሩ ሃበና ብሓይሉ እግዚኣብሄር

ሓጋይ ምስ ክረምቲ ለይቲ ይኹን ቀትሪ
ንዓና ሃበና ኣምላኽና መሓሪ
ዝገበሮ ኩሉ ጐዶሎ ዘይብሉ
ንቅዱስ ኣቦና ምሳሌ የብሉን

ንሕዙን ዝናዝዝ ናብ ልቡ ዝመልስ
ንሓጥእ ኣፍቂሩ ህይወት ዝሕድስ
ብሰናይ ፍቓዱ ፍቕሩ ንዘንግስ
ስለ ኩሉ ግብሩ ሓቢርና ንወድስ

92. ኤፍታሔ ኢልካኒ

ኤፍታሔ ኢልካኒ ኣምላኽ መን ይዓጽወኒ
ኤፍታሔ ኢልካኒ ጐይታ መን ይኣስረኒ
ንስኻ ትምሕረኒ ንስኻ ይቐረ ትብለኒ
ንስኻ ትረድኣኒ ባዕልኻ ትድግፈኒ /2/

ኣብ መንገዲ ኢያሪኮ ዘይገደፍካኒ
ዑረት ልበይ ርኢኻ ዝረዳእካኒ
ኤልሻዳይ ጐይታ ንዓይ ኤፍታሔ ኢልካኒ
ብርሃን ቅድስናኻ ቤትካ ኣርእዩኒ

ቁመተይ ሓጺሩኒ ኣብ ሳግላ ኮይነ
ነቲ ግሩም መልክዕካ ምርኣይ ስኢነ
ድሌተይ ፈሊጥካዮ ቤተይ ኣቲኻ
ባሪኽዎ ንቤተይ ቅዱስ መንፈስካ

ሰኸመይ ተሰኪምካ ቅንዕ ከይበልካ
ከሳብ ቀራንዮ ጐይታ ሓጢኣተይ ጴርካ
ምእንታይ ተገሪፍካ በጃይ ዝሞትካ
ከም ግብረይ ከይፈረድካ ሰላመይ ኣዊጅካ

ድኹም ሓጥእ'ዩ ኢልካ ዘይነዓቕካኒ
ብናይ ምሕረት ዓይንኻ ዝጠመትካኒ
ብምንታይ ኢየ ዝመልሶ ናትካ ውሬታ
ልበይ ሓጎስ መሊኡ ልሳነይ ዕልልታ

93. እንተ ጸኒዕና

እንተ ጸኒዕና ኣብ ጽውዓኻ
መንዩ'ሞ ዝፈልየና ካብ ጽኑዕ ፍቕርኻ
ስደት'ድዩ ጥሜት መከራ ዓለም
ከፈልየና ኣይከእልን ከቶ ንዘልኣለም

ጸላኢ እንተ ነደረ እንተ'ጓዘመ
ሃነፍነፍ እንተበለ እንተ ኣዕዘምዘመ
ከውሒ ምድሓነይ ሒዘስ ገለ ኣይከውንን
ኣባኻ ተጸጊዐስ ኣይምንጥለንን

ምሳኻ ምንባር ይሕሸኒ ምሳኻ ምንባር
ምሳኻ ምንባር ይሕሸኒ ኣባኻ ተስፋ ኣሎኒ

ምሳኻ ምንባር ይሕሸና ምሳኻ ምንባር
ምሳኻ ምንባር ይሕሸና ኣብ ሰማይ'ዩ ተስፋና/2

ሓላፊት ጥሪት ዓለም ወርቅን ብሩርን
ብልዒ ንኽብዲ እምበር ሂወት የብሉን
ንዓይ ግን ኣጥሪኻኒ ብኽቡር ደምካ
ኣነ'ውን ፈትየ'ለኹ ደጊም ምሳኻ

ጉስነትካ ከይመንዎ ከይስልኪ ኣነ
ብመንፈሰይ ከይወድቕ ልበይ ከይዕበ
ደው ኢለ እናበልኩ ከይስእኖ ጺጋይ
ሓልወኒ ከይሓድግ ኣገልግሎተይ

94. ዕጹብ ድንቂ'ዩ

ዕጹብ ድንቂ'ዩ ቲ ውዕለቱ
ኣምላኽ ንዓና ዝገበሮ
ከቶ ኣይጸልኣናን ንዘልኣለም
ከም እግዚኣብሄር ማንም የልቦን

ወዲቕና ኔርና ኣተንሲኡ
ባሕሪ ከፊሉ ኣስጊሩና
ናይ እምነት መርከብ እና ኣንሳፈፈ
ሩባ ድነ ሞት እና ኣሕለፈ

ዝጠፍኣት በጊዕ እንዳ ደለየ
ንገዛእ ርእሱ እናዋረደ
መስቀል ሓቝፉ ወዲቑ ኣብ ዓለም
ኣፍቂሩና ኢዩ ንዘልኣለም

የሕሊፉ ዘይህብ ኣቦ ኣለና
ንጸላእትና ዘሕፈረልና
ኣብ ሓዘን ሽግር ተኻፋሊ
ለዋህ ኣምላኽ'ዩ ተለማኒ

ዳግማይ ክንቀውም ብህይወት
ብፍጹም ፍቕሩ ከሳዕ ሞት
ደጊም ብኣምላኽ ክንጸንዕ ኢና
የሕሊፉ ዘይህብ ኣቦ ኣሎና

95. መርከበይ

መርከበይ እተጽልለኒ
ማዕበላት ተሳግረኒ
ጸታ ሰላም ሂብካኒ
ካብ ሕጂ መን የፍርሃኒ

ክናወጽ እቲ ዓቢ ቀላይ
ክንሳፍፍ ቀሪቡ ሞተይ
መርከበይ'ዩ ሓያል ኣምላኽና
መድሃኒት መሳገሪና (2)

ርግቢት ትሰብኽ ኣላ
ጥፍኣትና ደው ኢሉ ኢላ
ካብ ቴማን መጺኣ ናባና
በረኸት ሰላም ኮይኑልና (2)

ኣብ ሲና ሕጊ ሰሪዕካ
ብጽድቂ ህዝቢ መሪሕካ
ናይ ሰላም ናይ ምሕረት ጐይታ
ናይ ነፍሰይ መዕረፊት ቦታ

ክሽገር ናይ ነብሰይ ገዛ
ንስኻ ኮይንካያ ቤዛ
ብማእከል ሞት እንተኸድኩ
ብሓያል ኢድካ ድሓንኩ (2)

96. እግዚአብሄር ጓሳናዩ

እግዚአብሄር ጓሳና'ዩ ዝጎድለና የለን
ንጸላእቲ ስዒሩልና'ዩ ኣሕሊፉ ኣይሃበናን
ንህይወትና በረኸት ጺጋ ዝዓደለና
ኣማኑኤል ይኽበር ይመስገን ዝሓለወና

ጸላኢ ሰናያት እንክዋግኣኒ
ሰይፍ ኲናት ጌሩ ክቖራርጸኒ
ሱቕ ኢልካ ኣይረኣኻን ኣደንጊጸካ'የ
ንኽብሪ በቑዐ ብኣኻ ኣቦየ

እንሆ ይጓዝም ከም ኣንበሳ ሸደን
ሕጂ'ውን እንተኾነ ሰይጣን ኣይዓረፈን
ብዝርጉሕ ቕልጽምካ ሕጂ'ውን ተገለጽ
ብመስቀል ክትሓዝ ብሸምካ ክግሰጽ

ብሓሶት ብዝሙት ብስርቂ ብሓሜት
በቲ ረቂቕ ሜላ ብመናፍቕነት
ዓለም ተታሒዛ ምርኮ ሰይጣን ኮይና
ተለመና ጎይታይ ክትርኢ ምድሓንና

ናይ ምድሓን ምኽንያት መንገዲ ኣሎካ
ብኺዳን ቅዱሳን ብድንግል ኣዴኻ
ኣብ ብዙሕ ሹመና ብውሑድ ኣሚንካ
ኣብ ብዙሕ ሹመና ብውሑድ ኣሚንካ

97.እግዚኣብሄር ዋሕስ ሂወተይ ኢኻ'ሞ

እግዚኣብሄር ዋሕስ ሂወተይ ኢኻ'ሞ
ደንግጸለይ ጎይታየ ሕሰመይ ዛዝሞ
ኣብ ዓዲ ጓና ካብ ቤትካ ቤተይ ርሒቐ
ሰጊረዮ ንኹሉ ጸጋኻ ሰኒቐ

ንጉስ ሓረየኒ ኣብ ቤቱ ከገልግል
ጣዕሚ ብልዕን መስተን ምቕት ከስተማቕር
ኣነ ግን ፈራሕኩ ሓጥያት ንኸይ እክብ
ሓረኹ መረጽኩ ጥረ ማይ ክምገብ
ጎይታየ ጸጋኻ ሃብካኒ በቓዕኩ ንጉስ ሞጎሰኒ

ሕልኽላኽ ጽውጽዋይ ራኢ ሕልሚ ለይቲ
ነገሩ ደንጸዎም ቀበጹ ጠንቀልቲ
ገላጺ ምስጢራት ምንጪ መዝገብ ፍልጠት
ፍቓድካ ኮነለይ ምስጢር ንክኽሰት
ቅናት ጸጋኻ ተቀኒተ ጎይታየ ብኣኻ ከቢረ

ቅንኢ ዘኸተሎ ምህዞ ተንኮል ክፉኣት
ክሲ ቀረበለይ ክሲ ፍርዲ ንሞት
ክንዲ ንምስጋና ኣብ ቤትካ ዝቐምኩ
ንጉድጓድ ኣናብስ ሻቡ ተፈረድኩ
ድንቂ'ዩ ትዝገበርካዮ ጸጋኻ ንኣፎም ዓጸዎ
ድንቂ'ዩ ትዝገበርካለይ መልኣኽካ ኣፎም ዓጸወለይ

ባዕዲ ሃገር ግዝኣት ቃልካ ዘይንገሮ
ብራኬ ካህናት ከቶ ዘይርከቦ
ንዝለመነካ ጸጋኻ ኣሚኑ
ኣለኻ ጎይታየ ዋሕስ ክንዲ ኹሉ
ጎይታየ ጸጋኻ ኣብዝሓለይ
ድኹም'የ ኣይትርአ በደለይ

98.ስለ ዘይውዳእ ውህበቱ

ስለ ዘይውዳእ ውህበቱ እግዚኣብሄር ይመስገን
ስቕ ኢሉ ኣይረኣየን ኣምላኽና ክወስደና ማዕበል
ስለ ዘይውዳእ ውህበቱ እግዚኣብሄር ይመስገን

ናይ ሂወት እስትንፋስ ዘርኣልና ህያውያን ክንከውን
እዚ ዝገበረ ኣምላኽና ይኽበር'ውን ይመስገን
ስለ ዘይውዳእ ውህበቱ እግዚኣብሄር ይመስገን

ንንፋስ ገሲጹ ንማዕበል ደው ኣቢሉ ዘሳግር
ናይ ዓለም ፈተና እንተ በዝሐ ጸኒዕና ንለምን
ስለ ዘይውዳእ ውህበቱ እግዚኣብሄር ይመስገን

ዳግማይ ከይንመውት ብሞቱ ንሞት ዝሳዓረ
እንምከሓሉ ትንሳኤ ሰላም ዘበሰረ
ስለ ዘይውዳእ ውህበቱ እግዚኣብሄር ይመስገን

ካብ ሲኦል ማእሰርቲ ፈቲሑ ነጻ ዘውጸኣና
ሂወት ዝሃበ ኣምላኽና ክንዝምረሉ ኢና
ስለ ዘይውዳእ ውህበቱ እግዚኣብሄር ይመስገን

---

99. ኣብ ልዕሊ ደበና

ኣብ ልዕሊ ደበና ኮይኑ ዝመላለስ
ናይ ሓዊ ማዕበል ቅድሚኡ ዝፈስስ
ስሙ መን ይብሃል ኣበዩ ሃገሩ
ኣብ ሰማያት ዘሎ ኣርያም መንበሩ

ስሙ እግዚኣብሔር ጐይታ ጸባኦት
ዝግዝእሉውን ኣእላፍ ስልጣናት
ኣሮን መልከጼድቕ ጴጥሮስ ካህናቱ
ዘኽብርዎ ንጉስ ቅሩብ ንፍጥረቱ

ከም ህቦቡላ'ዩ ናይ ድምጹ መጎድ
ካብ ኣፉ ሰፍ ዝወጽእ እሳት ዝነድድ
ብሰማይ ደበና ንሱ ዝመላለስ
ብዓቢ ንእሽቶ ወትሩ ዝውደስ

ኣብ ላዕሊ ዝፋኑ ጽርሐ ኣርያም
ፍጥረቱ ዝገዝእ ንዘለኣለም
ናይ ምድሪ ነገስታት ዘውድኹም ኣልዕሉ
'ንቕድስት ሰላሴ ዕልል ዕልል በሉ

ዓቕን ውን የብሉን ኣምላኽ ኣዶናይ
ምሉእ እዩ ብምድሪ ከምኡውን ብሰማይ
ወሰን ዘይብሉ ንሃገር ግዝኣቱ
ክውደስ ይነብር ብኽብሪ መንግስቱ

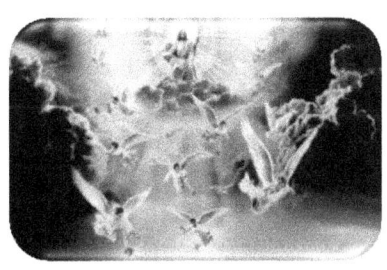

100. ኩሉ ዝኾነ ንጽቡቕ'ዩ

ኩሉ ዝኾነ ንጽቡቕ'ዩ
ኩሉ ዝኾነ ንሰናይ'ዩ
ኣብ ሰማይ ምድሪ ዝበልካዮ
ናትካ ስራሕሲ ትኽክል'ዩ

ሓጎስ ሓዘነይ ብኽያት ስሓቕ
ንግሆ ምሸት ትፈራርቕ
እቲ ናትካ ስራሕ ድስ ኢሉና
ኣሜን ደስ ይበልኩም ይበለና

ማይ እንተ መልአት እታ መርከብና
እንተተዓጽወ ጎደናና
ሓያል ጸላኢ እንተ መጸና
ጎይታ ብኣኻስ ክንድሕን ኢና

መግዛእቲ ሰይጣን በርቲዑና
ኣጨኒቑና ደርቢዩና
ፍጹም ንመውት መሲሉና
ጎይታ ብኣኻስ ክንድሕን ኢና

ምስ ተሰደድና ብጉልበትና
ካብቲ ሃገርና ምስ ወጻእና
ኣብ ማእከል ስደት ኣለና ምስ የሕዋትና

101. ንዘምር ኤሸን ኤዘር ኢልና

ንዘምር ኤሸን ኤዘር ኢልና (2)
ንጸውዕ ጎይታና
ዘምሩ ኤሸን ኤዘር ኢልኩም (2)
ጸውዑ ጎይታኹም

ጠሚትካኒ ኢኻ'ሞ ብውሽጣዊ ሰበይ
መዚንካኒ ኢኻ'ሞ ብኹሉ ተግባረይ
ሓጥእን በደለኛን ኮይነ ተረኺበ
ብሕሰም ናብራ ዓለም ፍጹም ዝረብረበ(2)
ኮይነ

ሎሚ ግና ጎይታየ ረዲእካኒ
ካብ ዓዘቕቲ ሓጥያት ኣውጺእካኒ
ጸዊዕካኒ ሰሚዐ ጸዊዕትካ
መጺለኹ ክርኢ ምድሓንካ
ረዲእካኒ ብሓቂ ረዲእካኒ (4)

መዓልቲ ንመዓልቲ ክትክኣ ኣይድንጉን
ዓመታዊ ይውስኽ ይሓጽር ዕድመይ ውን
ትሕዝቶ ናይ ዓለም እና ሓደረ ይጎድል
ኣነ ግን ኣይ ንቃሕኩን ተገዚአ ይነብር(2)ኔረ

ብዕብዳን ስኽራን ጓይላ ኣሕሊፈ ዘመነይ
ባህታ ልበይ ኢለዮ ስጋዊ ትምኒተይ
ኣብ መንበር መላገጽቲ ደፊረ ዝቐመጥ
ብምኽሪ ናይ ረሲኣን ሓሳበይ ዝልወጥ(2)ኔረ

102. እሳት ጽርሑ ማይ ጠፈሩ

እሳት ጽርሑ ማይ ጠፈሩ (2)
ደመና መንኮራኩሩ ለመድሃኔ ኣለም (2)

ካብ ፍቕሪ ክርስቶስ ዝፈልየና መንዩ (2)
መከራ ጸበባ ስደት ወይስ ጥሜት'ዩ (2)

ኣይንፍራህ ኣይንስጋእ ዋላ ኣይንጠራጠር(2)
እግዚኣብሔር ምሳና'ዩ ዝነብር ንዘለኣለም(2)

ከይወግሐ ንሰጉም ብጊሓት ክንኣቱ (2)
ናብቲ ዝሰረሓልና ቤት ብደሙ መስረቱ (2)

ከቶ ኣበይ ይርከብ ቤት እዚ ዝዓይነቱ (2)
ብማይ ዝተነድቐ ደም'ዩ መስረቱ (2)

እንሆ ኣብዚ ኣሎ ናይ ኣማኑኤል ቤቱ (2)
ዝተቐደሰ ቤት መስቀል ምልክቱ (2)

103. ሰማይ'ዩ ዙፋኑ

ሰማይ'ዩ ዙፋኑ ምድሪ መርገጽ እግሩ
ይምስገን ንዘለኣለም ልዑል ኣብ መንበሩ(2)

ካህናት ናይ ሰማይ ኩሎም ብሓድነት
ይዓጥኑ ኣለዉ መንበር ጸባኦት
ኣኽሊሎም ኣውሪዶም ሰጊዶም ብፍርሃት

ቅዱስ ቅዱስ ቅዱስ ክብሉ ኣብ ኣርያም
ንገንሸል ፋሲካ ዝተዋሕሰ ብደም
ቅዱሳን መላእክት ኣኽናፎም ዘርጊሖም

ከም ደሃይ ብዙሕ ማያት
ከም ብርቱዕ ነጎድጓድ
ህጻናት ቤተልሄም ኮይኖም ሓደ ነገድ
የቐርቡ ኣለዉ ማህሌት ብመረግድ

ሰረገላ እሳት እዩ መንኮርኮሩ
ይሕንበብ ኣብ ንፋሳት ኣብ ማያት ጠፈሩ
መንክር'ዩ ኣምላኽና ዕጹብ'ዩ ነገሩ

ንመንግስቱ ሕልፈት ዘይብሉ ዘለኣለም
ስገዱ ብፍርሃት ዘለኹም ኣብ ዓለም
ንኤልሻዳይ ኣምላኽ ቅዱስ እናበልኩም

104. እግዚኣብሄር ኣሎ ኣብ ዝፋኑ

ኣብቲ ከውታ ለይቲ ዝሰፈኖ ጸጥታ
ንልበይ ዝፈትሖ ሰሚዐ ኣውያታ
ወደይ ወደይ ክትብል ብኽያታ ሰሚዐ
ምስኣ'ውን ሓዘንኩ ድቃሰይ ገዲፈ

ንጉስ ትጽናዕ መንግስትኻ
ጽልኢ የለን ኣብ ሞንጎና
ሓቐኛ እየ ተበዳሊት ናትካ ሕጊ የንብረኒ

እግዚኣብሄር ኣሎ ኣብ ዙፋኑ
ንጉስ ኣሎ ኣብ ዙፋኑ
ፈራዲ እዩ ኣይፈርድን ኣይትበሉ (2)

ወዳ ሞይቱ እዩ ብህይወት'ውን የለን
እዚ እዩ እቲ ሓቂ ምስኣ'ውን ነይረ እየ
ምናልባት እቲ ህጻን እንተመሰለ ናታ
ንጉስ ኣይትእመና ሓሳዊት እያ ንሳ

ወደይ እዩ ወደይ ወደይ
ህያብ ጐይታ ፍረ ከርሰይ
ፍረደለይ ኣይሕሱን እየ
ዘይዉሉድኪ ኣይጠቕመክን እዩ

እዚ'ውን ጽቡቕ እዩ ቅኑዕ እቲ ፍርዲ
እቲ ህጻን ይመተር ኣብ ክልተ'ውን ይኹን
ንሓንቲና ኣይኹን ልበይ ኣምሪሩ'ዩ
ወዲ መን ሞይቱ'ሞ ወዲ መን ክነብር

ንጉስ በጃኻ ኣይትጨክን ወደይ'ዩ ኣይትቕተሎ
ካብ ዝመዉት ብዘይ ገበኑ
ምሳኻ ይኹን ብህይወቱ
ካብ ዝመዉት ብዘይገበኑ

105. ልዑል እግዚኣብሄር

ልዑል እግዚኣብሄር ዝፋንካ ጸብኦት
መላእክት ዘብጽሑልካ ስብሃት ኮነ ጸሎት
ተለመን ኣምላኸይ ናይ ድሕነት ጐይታ
ኣነ በዓል ኣበሳ ዝረኸበሉ ጸጋ

ብግብረይ ክጽዋዕ ክነብር ከቢረ
ፍርሃት ለኣኸለይ ከመስግን ቀዲመ
መስፍን ሰላም ክብል ዓቢ ስም ክጠቕስ
ሳላ ውዕለትካ ሓጢኣተይ ክነክስ

ንስደት ክራማት ጉዕዞይ ከይጸልመተ
ጸላኢ ሰናያት ናባይ ከይጨመተ
ኣውጽኣኒ ልዑል ካብ ናይ ጥፍኣት ሰልሚ
ጽዋእ ህይወት ሰትየ መንፈሰይ ከርዊ

ከም ትኪ ከይከውን ኣብ ላዕሊ ሰፈሩ
ከም ጓህሪ'ባ ኣብ ታሕቲ ምስፋር ዝኣመሉ
ናይ ሰማይ ሓዲገ ከይሓስብ ምድራዊ
ምሕረትካ ጠሚተ ሕያዋይ ሳምራዊ

ብፍጡን ሳህልኻ ዘይሓለፈት
ናብራ ዘበት እዩ ክርህዋ
መስፍን ሰላም ኢኻ ቀላሲ ናይ ፍጥረት
ህይወተይ ዓቅባ ከይትሰግሮ ደረት

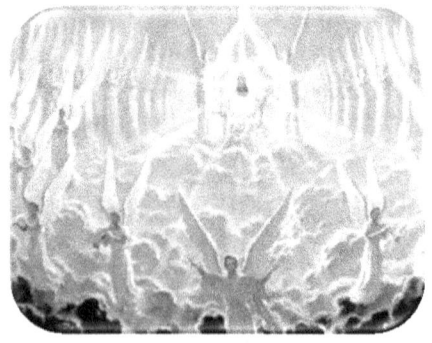

106. ብምንታይ ደስ ከብለካ

ብምንታይ ደስ ከብለካ ጐይታየ
ብምንታይ ደስ ከብለካ ኣምላኸይ
ዓለማት ኩሉ ኣብ ኢድካ'ዶ ኣይኮነን
ዝፈጠርካዮ ኣምላኽ ኣብ ኢድካ'ዶ ኣይኮነን

ኪሩቤል ሱራፌል ቅዱስ እናበሉ
መላእክት ራማ ኩሎም የመስግኑ
ድንቂ መካር ሓያል ኤልሻዳይ ኢኻ'ሞ
ንጽኑዕ ፍቕርኻ ኣብ ውሽጠይ ሕተም (2)

ንጹህ መስዋእቲ'ዩ ዝፈቱ ኣምላኸይ
እንታይ ሒዘ ክቐርብ ኣብቲ ልዑል ጐይታይ
ኣብ ላዕላይ ሰማያት ኣብ መሬት ኣብ ታሕቲ
ኣምላኽ ዘይርከቦ የለን ዋላ ሓንቲ (2)

ብኪዳን ብጸሎት ቅዳሴ ሰዓታት
ሳህልኻ ሃበና ሓይሊ መንፈስ ቅዱስ
ናባኻ ክንምለስ ኣምላኽ ደግፈና
ምሳኻ'ዩ ዘሎ መጻኢ ህይወትና (2)

ሃብተይ ምስ ንብረተይ ጉልበተይ እንታይ'ዩ
ጥዕና ዝሃበኒ ብዘይካኻ መን'ዩ
ክጩንቀኒ ከሎ ኣብ ኩሉ ዘመነይ
ንዓኻ'የ ዝሕዝ ከውሕሳ ህይወተይ (2)

107. ንዑ ብእግዚኣብሄር

ንዑ ብእግዚኣብሄር ደስ ይበለና (2)
ናብዚ ዓቢ ክብሪ ናብዚ ዘብጽሓና
ካብ ሞት ውን ናብ ህይወት ዘሰጋገረና
ንዑ ብእግዚኣብሄር ንዑ ብድንግል ደስ ይበለና

ንመንግስተ ሰማይ ርስቲ ዝሃበና
ካብ ጸልማት ኣውጺኡ ብርሃን ዘርኣየና
ነቲ ግሩም ግብሩ ምስጋና ውሑድ'ዩ
ብኡኡ ንተሓጐስ ክብሪ ይግብኦ'ዩ

ካብ ከውሒ ዝነቐዐ ማይ ሰቲና ኢና
ሰማያዊ መና ኣምላኽ መጊቡና
ፍቕርኻ ብዙሕ'ዩ እንታይ ክንከፍለካ
ካብ ንግሆ ክሳብ ምሸት ነመስግን ንስምካ

ካብ በረኻ ቃዴስ ገለውን ዘይብሉ
ኣብ ባሕሪ ኤርትራ ጭንቂ ዝኾነሉ
ኩሉ መንገዱ እዩ እንታይ ይሰኣኖ
ልብኹም ኣይፍራህ ብፍጹም ንእመኖ

ኣብቲ ትሕቲ መግዛእቲ ከለና ኣብ ዓለም
ብርሃንና ረኺብና ብድንግል ማርያም
ዝሰኣንናዮ ሰላም ሕጂ'ና ረኺብና
ብዙሕ ንተሓጐስ ብማርያም ኣዴና

ፍረ ናይ እምነቶም ናይ እያቄም ናይ ሃና
ብፍቓድ እግዚኣብሄር ተወሊዳትልና
መብጽዓ ናይ እያቄም ናይ ሃና እምነት
ለምንልና ሎሚ ኪዳነ ምህረት

108. እግዚኣብሄር ሓያል'ዩ

እግዚኣብሄር ሓያል'ዩ ዝሰኣኖ የሎን
ኣብ ዝፋኑ ቀይሙ ይነብር ዘለኣለም
ማዕበል ባሕሪ ከፊቱ ንህዝቡ የስግር
ዝሰኣኖ የሎን ኩሉ'ዩ ዝገብር (2)

ምድሓንን ጥበብ'ን ሓይሊ ኣብ ኢዱ'ዩ
ማንም ዘይከእሎስ ንዑኡ ቀሊል'ዩ
ቀልጢፉ ዝረድእ ነቲ ምስኪን ድኻ
ኣብ ሰማይ ዝነብር መን ኣሎ ከማኻ

ንዕቡይ ኣድሒኑ ንትሑት ዝሸሞ
ንዝተዋረደ ክብሪ ዝሸልሞ
ነቶም ዝደሓሩ ንቅድሚት ኣሕሊፉ
ንጸሓይ ዘብርህ ንጸልማት ገፊፉ

ናብራ እንተኸበደ ናይ ህይወት ፈተና
ዘጸናንዓና እግዚኣብሄር ኣሎና
መከራ ቀንጢጡ ሰላም ዝዘርገሐ
ኮቶ ኣይሓፍርን'ዩ ብኡ ዝተመከሐ

109. ሓይሊ ብዝህበኒ

ሓይሊ ብዝህበኒ ብክርስቶስ ኩሉ ክኽእሎ'የ /2
መከራ እንተ መጸ ንጽቡቕ'ዩ ክሓልፎ'የ
ፈተና እንተ መጸ ንጽቡቕ'ዩ ክሓልፎ'የ

ብሰንሰለት ሒዞም እንተ ደርበዩኒ
መከራ ኣብዚሖም እንተ ጨነቑኒ
ንጽቡቕ እዩ'ሞ ተስፋ ክገብር'የ
ይኹን ዝበልካዮ ኩሉ ክቕበል'የ

ትማልን ሎሚ'ውን ኩል ግዜ ንስኻ
ፍቕርኻ ኣይቅየርን ፍልልይ ዘይብልካ
'ንስምካ ምጽዋዕ ሞገስ'ውን ኮ'ነኒ
ጸላእተይ ፈኪሮም ኣበይ ከይስዕሩኒ

መከራይ ጸኒዑ ጉልበተይ ደኺመ
ሓዘን ከቢቡኒ ተስፋይ ተጸለመ
ነገር ይኹን ኣይኹን ክነብር ምሳኻ
ዓድለኒ ፍቕሪ ጎይታየ ጸጋኻ

ካብ ሃገር ወጺአ ኣብዚ ምስዳደይ
ኣብ ዘይፈልጦ ሃገር ኣርሒቐ ምኻደይ
ንጽቡቕ'ዩ'ሞ ኣበይ ከይከፍኣኒ
ፈጺመ ከይጠፍእ ጎይታይ ሓግዘኒ

110. በቲ ናቱ ሓይሊ

በቲ ናቱ ሓይሊ ብክርስቶስ ኩሉ ክኽእሎ'የ
መከራ እንተመጸ ንጽቡቐይ'ዩ ክብሎ'የ
ፈተና እንተመጸ ንጽቡቐይ'ዩ ክብሎ'የ

ብገመድ ኣሲሮም ባሕሪ እንተ ኣጥለቑኒ
መከራ ኣብዚሖም እንተ ኣጨነቑኒ
ንጽቡቐይ'ዩ ኢለ ተስፋ ክገብር'የ
ዘበልካዮ ይኹን ክግዝኣካ'የ

ኣልፋ ወኦሜጋ ህያው ኢኻ ጎይታ
ፍቕርኻ ምሉእ'ዩ የብሉን ውሬታ
መጎስ ኮይኑኒ ኣሎ ሽምካ ምጽውዐይ
ካብ ዝጋዝም ሰይጣን ድሒና ህይወተይ

ብብዝሒ መከራ ጉልበተይ ደኺሙ
ሓዘን ከቢዱኒ ተስፋይ 'ውን ጸሊሙ
ዝኾነ ተኾነ ንዓኻ ክኽብር
ጸጋኻ ሃበኒ ከመስግን ክዝምር

ሃገረይ ገዲፈ በረኻ ምኻደይ
ናብ ሃገረ ባዕዲ ርሑቕ ምስዳደይ
ንጽቡቐይ ኢዩ'ሞ እንታይ ከፈኡኒ
ከይጠፍእ ከይወድቕ ሓይልኻ ኣሎኒ

111. እግዚኣብሔር ሓይለይ'ዩ

እግዚኣብሔር ሓይለይ'ዩ መድሓንየይ
መጸግዕየይ
ናይ ዘለኣለም ኣማላኺ ሓላውየይ
ብዝማሬ ብእልልታ ከመስግኖ (2)

ናይ ዓመጻ ማዕበል ተኸበበኒ
ናይ ሰይጣን ሸበራ ተመጸኒ
ኣብ መቕደሱ ኮይኑ ቃሉ የስምዓኒ
ብርቱዕ ሓይሉ ጌሩ የድሕነኒ (2)

ኣብቲ ጎቦ ጽዮን ክብ ዝበለ
ብሰላምን ፍቕርን ዝተኸበ
ኣብ ቤተ መቕደሱ ቤቱ የሕድረኒ
ዕረፍቲ ኮይኑኒ ንዕኡ ክዝምር'የ (2)

ተግሳጽካን ምኽርኻን የንቅሓኒ
ምጽንናዕካ'ውን ደስ ይብለኒ
ሓይለይ ንስኻ ኢኻ'ሞ ክብርትዕ'የ
ክፉእ 'ውን ብኣኻ ክሓልፎ'የ (2)

ንዝደኸሙ ሰባት ዋልትኦም'ዩ
ናይ ጎይታ ትስነት ፍሉይ እዩ
ኣነ'ውን ብጎይታይ ብእኡ ይኣምን'የ
እግዚኣብሔር ክብረይ ሞገሰይ'ዩ (2)

112. ሓይለይ ኢኻ

ሓይለይ ኢኻ ናተይ እምባ መጸገዒ
ኣብ ጊዜ ሓዘነይ ረድኢ መጸናናዒ
ካብ ውድቀተይ ኣተንሲእካ ጸዊዕካኒ
ሰላመይ መሊስካ ተስፋ ኣልቢስካኒ

ፋና ናይ ህይወተይ ናይ ነብሰይ ረዳኢ
ነዒንተይ ኣብሪህካለይ ኣርሒቕ ክርኢ
ምኽንያት ናይ ህላወይ ኣምላኽይ ንስኻ
ጸዊዕካኒ ንዓይ ክስዕብ ኣሰርካ

ዲያብሎስ ብተንኮሉ ክፈልየኒ ካባኻ
ሓጥእ እንዳ በለ ከርሕቐኒ ካብ ቤትካ
ውዕለትካ ዘኪረ ተስፋይ'ውን መልአ
ብንብዓት ንስሓ ናባኻ መጺአ

ከመስግነካ እየ ንስምካ ጸዊዐ
ምሕረትካ ኣብዚሕካለይ ከይነብር ጠፊአ
ኣብ ሰማያዊት ቤትካ ቆፎይ ንኽመልእ
ቃልካ ለግሰለይ ብጽድቂ ክነብር

መንገደይ ክጸርግ ብእምነት ጸኒዐ
ክሓልፎ እየ ኩሉ ብጸጋኻ ደልዲለ
ብፍቕሪ ብለውሃት ብንጹህ ልመና
ወዲቐ ኣይተርፍን ክትንስእ እየ ጌና

113. ሓያል'ዩ ኣምላኽይ

ሓያል'ዩ ኣምላኽይ ዋልታይ ክብረተይ እዩ
መን ኣሎ ሓያል ዝቃወመኒ
ኣምላኽይ ከሎ ዘሐይለኒ
ኣምላኽይ ከሎ ወትሩ ዘበርተዓኒ (2)

ፈርዖን እንተ ዝዓርድ ግብጺ ክመልሰኒ
በእላፍ ሰራዊቱ እንተ ኸበበኒ
ሓያል'ዩ ኣምላኽይ ንባሕሪ ዝመቅል
ንዓይ ምስ ኣሕለፈ ንፈርዖን ዘጥሕል

ኣስራዚ ክዳኑ እንተ ተመኪሐ
ንህዝቢ ናይ ኣምላኽ እንተ ፈራረሐ
ብናይ ሩባ ጸጸር ግንባሩ ከንህሎ
ኣምላኽ ሂቡኒ'ዩ ኩሉ ዝከኣሎ

ንስሙ ምምስጋን ስለ ክብሩ ምስጋድ
በደል እንተ ኾይኑ ዘደርቢ ናብ ጉድጓድ
በቲ ግሩም ሓይሊ በቲ ዝርጉሕ ቅልጽም
ኣፍ ኣናብስ ዓጽዩ ተደነቒ ዓለም

ብፈተና ዓለም እንተወደቕኩ ኣብ ጸልማት
ትንሳኤ'ዩ ተስፋይ ኣይፈርህን ንሞት
ንሞተይ ብሞቱ ደምሲሱ ዘጥፍኦ
ኤልሻዳይ'ዩ ንሱ ክብሪ ዝግብኦ

114. ሓያል ንዘለኣለም

ሓያል ንዘለኣለም ጸኒዑ ዝነብር
ኣብ ሰማያት ዘሎ ቅዱስ እግዚኣብሄር
ተመስገን ተወደስ ብኣይ ብባርያኻ
ንሽምካ ንጽውዕ ነመስግን ንዓኻ (2)

ኢሳይያስ ርኢዎ ጽርሃ ኣርያም ዝፋንካ
መግለጺ ዘይብሉ ግርማዊ ክብርኻ
መሓሪ ኢኻ'ሞ ኣፍ ዳህሲስካ'ዮ
ህዝብኻ ክጽውዕ ቅብኣ ቀቢእካዮ

ንስምካ ክጽውዕ ኣብ ክቡር መቕደስካ
ክዝምር ክውድስ ደው ክብል ቅድሜኻ
መልኣኽካ ልኢኽካ ልበይ ዳህሲስኒ
ሓጢኣተይ ኣጽሪኻስ ምሳኻ ኣንብረኒ

ጸውዓኒ ጐይታ ኣብ ናይ ጽዮን እምባ
ጸዕዳ ከደነኒ ናይ ንጽህና ካባ
ክውድስ ንስምካ ምስቶም ቅዱሳንካ
ሓይልኻ ሃበኒ ክገልጽ ክብርኻ

115. ግሩም ድንቂ'ዩ

ግሩም ድንቂ'ዩ ኣምላኸይ ግሩም ድንቂ'ዩ
ግሩም ድንቂ'ዩ ጐይታየይ ግሩም ድንቂ'ዩ
ሰብ ዝደርበዮ ኣብ ምድሪ የልዕሎ'ዩ
ዝተረስዐ ኣምላኸይ ይዝክር እዩ

ኣብ ቤት ሳይዳ ዘለኣለም ኣብ ዓራት ዘሎ
መጺኡ ሎሚ ክረድእ ወገን ዘይብሉ
እንዳ ሓጥእ ገዛ ይኣቱ ድራር ክበልዕ
ፈቓር ኣምላኽ'ዩ ዘለኣለም ሰላም ዘይከልእ
ከም ኣምላኽና'ሲ ማንም የለን (2)
ከም እግዚኣብሄር ማንም የለን (2)
ከም ፈጣሪ ማንም የለን (2)
ከም ኣማኑኤል ማንም የለን (2)

ንዝበደለ ዘይድርቢ ጐይታ ንዒቑ
ፍጹም ርህሩህ ብሓቂ ጐይታ ንደቁ
ምስቲ ሳምራዊ ይውዕል ከም ዓርኩ ክይኑ
ኩሉ ብፍቕሪ ዝሓስብ እሙን ንሱ'ዩ
ከም ኣምላኽና'ሲ ማንም የለን (2)
ከም እግዚኣብሄር ማንም የለን (2)
ከም ፈጣሪ ማንም የለን (2)
ከም ኣማኑኤል ማንም የለን (2)

ዝተደርበየ ኣልዒሉ ሸይሙ የኽብሮ
ምሕረት የፍስስ ደምሲሱ ንዘገበሮ
ኣኽሊል የልብስ ኣቕኒዑ ንዝደነነ
ጸግዒ ይኸውን ኣምላኸይ ንዘሰኣነ
ከም ኣምላኽና'ሲ ማንም የለን (2)
ከም እግዚኣብሄር ማንም የለን (2)
ከም ፈጣሪ ማንም የለን (2)
ከም ኣማኑኤል ማንም የለን (2)

የጸናንዖ ንሕዙን ፍቕሩ ለጊሱ
ጭንቂ ዘርሕቕ'ዩ ኣምላኸይ ኣኽራን ኣፍሪሱ
ካብ ሕጂ የሎን ቅድሚኡ ገዛኢ መስቀል
ንዕኡ ኣሚኑ ዝቐመ ኣብ እግሪ መስቀል
ከም ኣምላኽና'ሲ ማንም የለን (2)
ከም እግዚኣብሄር ማንም የለን (2)
ከም ፈጣሪ ማንም የለን (2)
ከም ኣማኑኤል ማንም የለን (2)

116. ክቕየር'ዩ

ክቕየር'ዩ ብሓይሊ እግዚኣብሄር
ንተዓገስ ክሓልፍ'ዩ እቲ ምረት እቲ ሽግር

ቀያሪ'ዩ ታኦስ ቀያሪ ንኹሉ
ዓቕልና ኣይነጽብብ ኣይንጨነቐሉ
ህድእ እሞ ንበል ቃላቱ ንሓሉ
ቀያሪ'ዩ ቀያሪ እቲ ጐይታ ኹሉ

ኣብነት ንግበሮ ነቦና ኢዮብ
ኣብ ጊዜ ሽግሩ ምስጋና ዘቕርብ
ደበስ ደበሰ ዝበለጸ ዕድል
ትዕግስቱን ጽንዓቱን ዘልበሶ ኣኽሊል

ነቲ ምፍልላይ ምርካብ ዝገብር
ንሓዘን ንጓሂ ናብ ሓጐስ ዝቕይር
ጐይታ'ዩ ዝፍጽም ንኹሉ ዘስምር
ካብ ሞት ኣተንሲኡ ብህይወት ዘንብር

ዝያዳ ሓሳብና ኩሉ ድሌታትና
ሰላምና ዝደሊ ዝከናኸነና
ብፍቕሪ ዝጓሲ ኣሎ እንዶ ኣቦና
ኣማኑኤል ስሙ ኩርዓትና ሓበንና

117. ናብ መሕደሪኡ ኣትየ

ናብ መሕደሪኡ ኣትየ
ክሰግድ ንእግዚኣብሄር
ምስጋና ክብጽሕ ስለ ስሙ ክብሪ

ገይሩለይ እዩ'ሞ ከመስግኖ'የ
ኣብ ቤት መቕደሱ ክሰግደሉ'የ
ኣብ ቅድሚኡ ፈትየ ክነቅሕ'የ (2)

ኣብ ጊዜ መከራ ዝኾነኒ ዋልታ
ኣብ ቤቱ ኣትየ ብሓጐስ ብደስታ
ናይ ከንፈረይ ፍረ ከውጽእ ዕልልታ (2)

ብዓሰርተ ኣውታር ዘለዎ በገና
ኣብ ቅድሚ መላእኽት ንምቕራብ ምስጋና
ኣፍና ዝለመኖ ስለ ዘሰምዓና (2)

ንስሙ ክንብርከኽ ንዕኡ ክግዛእ
መብጽዓይ ክፍጽም ክቕርበሉ ሞባእ
ንቤት መቕደሱ ክብሪ'ዩ ዝግባእ (2)

ክዝምረሉ'የ ንድምጻይ ኣጉሊሐ
ኣብ ቤት መቕደሱ ብለይቲ ነቒሐ
ከምቶም ኣቦታተይ ኣእዳወይ ዘርጊሐ (2)

118. ናተይ ናርዶስ ናተይ ቤዛ

ናተይ ናርዶስ ናተይ ቤዛ
ምስ በቕሉ ክቡር መኣዛ
ተመልኪተ ሸንካር ኢዱ
ስዒበዮ ንመንገዱ

ድቃስ የለን ኣብ ዓራተይ
ተሓጺበ ብንብዓተይ
ብሞት ናቱ ነጺሀ'የ
ፍቕረይ ኢለ መጺአ'የ

ነቲ ሳሮን ጽገሬዳ
ረኺበዮ ኣብ ምድረበዳ
በቲ ፍቕሩ ይቀንእ'የ
ብመስቀሉ ድሒነ'የ

እምባታቱ ዝዝሓለ
ኣድማሳቱ ዝኸለለ
ኣብቲ እዋን ዕራርቦ
ጸዊዑኒ ፍቕሪ ኣቦ

ዘርእስ ኣብ ጺጋሙ
ሓቒፉኒ ኣብ የማኑ
ጐይታ ናተይ ኣነ ናቱ
ኣይፍለይን ካብቲ ቤቱ

119. ጌና ክንዝምር ኢና

ጌና ክንዝምር ኢና (4)
ከም ናይ መላእኽቱ ብርሃን ለቢስና
ጌና ክንዝምር ኢና

ንኣምላከ ዳዊት ቅድሜና ሰሪዕና
ብያሬድ ዝማሬ ብዳዊት በገና
ከም ናይ መላእክቱ ብርሃኑ ለቢስና
ንኽብሪ ስላሴ ነቕርብ ምስጋና
ጌና ክንዝምር ኢና

ናይ ምስጋና ዜማ ጐይታ ሂቡና'ሎ
ከም ናይ መላእክቱ ንዑ ነመስግኖ
ዘይተሰምዐ ዜማ ካብ ስብ ውን ዘይኮነ
ይዘምር ይወድስ ብኡ ዝኣመነ
ጌና ክንዝምር ኢና

ሰላም ዝሰፈኖ ዝመልኦ ትሕትና
ንኽብሪ ክርስቶስ ንገልጽ ፍቕርና
ስራሕና'ውን ይኹን ንኣምላኽ ምስጋና
ስለ ዝኸፈለ ህይወቱ በጃና
ጌና ክንዝምር ኢና

ዳዊት ተመሲጡ ከቕርብ ምስጋና
ሜልኮል ስሓቕቶ ስኢና ልቦና
ኣምላኽ ግን ኣኽበሮ ሓረዮ ንዳዊት
ከቕርብ ዓደሎ ናይ ምስጋና መሰዋእቲ
ጌና ክንዝምር ኢና

120. ጌርካለይ ኢኻ'ሞ

ጌርካለይ ኢኻ'ሞ ጎይታይ ብለውሃትካ
ኣመስግነካ ኣለኹ እልል እልል
ለኣለም ኣለም ኣማኑኤል
ክግዝኣካ'የ መድሃኒ ኣለም

ጸልሚቱኒ ቀትሪ ዙርያይ ገደል ኮይኑ
ብሽግር ብሓዘን ገጸይ ተሸፊኑ
ሓጋዚ ስኢነ ተስፋ ምስ ቆረጽኩ
ብሰማይ መጸኒ ዘይውዳእ ምሕረቱ

ኣምላኽ ሓይለይ ኢኻ ናተይ መመከሒ
ዋልታ ናይ ህይወተይ ዓቢ እምባ ከውሒ
ከም ዘይትገድፈኒ ኣነ ይፈልጥ'የ
ክሳብ መወዳእታ ክኽተለካ'የ

ቁሩብ ከይለመንና መግቢ ትህበና
ነቕርቦ የብልናን እንትርፎ ምስጋና
ንለይቲ ከም ቀትሪ ብርሃንካ ትዝርግሕ
ማዕበል'ውን ተህድእ ግሩም ናትካ ስራሕ

ምስጋና ይግባእ ንዓኻ ኣምላኽና
ሓጋዚ ድኹማት ጸግዒ ናይ ኩላትና
ሎሚ ንሓጢኣትና ኩሉ ደምስሰልና
ንሰይጣን ኣሲርካ ጽድቂ ኣስርሓና

121. ተዛረብ ባርያኻ ከሰምዕዩ

ተዛረብ ባርያኻ ከሰምዕዩ
ሳሙኤል በለኒ ድምጽኻ ግሩም'ዩ
ህጻን እየ ዘይበርታዕኩ
እስከ ተዛረብ እሰምዓካ ኣለኹ (2)

ኣብቲ ዘፍርህ ኣብ መቕደስካ
ኣንብረኒ ብመንፈስካ
ድኹም'የ ህጻን ጌና
ብኣኻ ክጸንዕ ክብርትዕ
ከየሳድደኒ ጸላኢ ከይወጽእ ካባኻ
ክፈተለይ ክኣቱ ኣብቲ ሕቑፍኻ

ብገዛእ ፍቓድካ ጸዊዕካኒ
እቲ ምሕረትካ ኣቀኒሙኒ
ፍቕርኻ ዓቒቡ የንብረኒ
ፈቲኻ'ኻ መሪጽካኒ
ሰላመይ በዚሑ'ዩ ብኣኻ ዃሳይየይ
ፈጺመ ኣይጠፍእን ብሞት ከለካ ጐይታይ

ኦፍኒን ፊንሃስ እቶም ኣሕዋተይ
የሕዚኖሙ'ኺ ኦ ጐይታይ
ቀስቂስካኒ ካብ ድቃሰይ
ኣብ እስራኤል ንኽብርትዕ
ከመይ ጌረ ክኽእሎ እዚ ኹሉ ሰ'ከም
ናይ ታሪኽ በሰላ እዩ ክሳዕ ዘለኣለም

ኣብ መቕደሱ ኣብ መሕደሪኡ
ክእውጅ'የ እቲ ክብሩ
ቅድስና ይብዝሓለይ
ኣብ መንግስትኻ ዘክረኒ
ካብ ዳን ክሳብ ቤርሳቤህ ስምካ ከቕንዕ
ናይ እስራኤል ንጉስ ንሱ ልዑል'ዩ ክብል

122. ሰረገላታትካ

ሰረገላታትካ ነበልባል'ዮም
ጭፍራታት ሌጌዎን ዘይክልክልዎም
ደጌታት ናይ ሲኦል ዘይዓግትዎም
ንስኻ በይንኻ ሓያል ጐይታ
ክትምስገን ትነብር ብዕልልታ (2)

ብነበልባል ሓዊ ሕጹር'ዩ ደምበና
ገሓዚ ኣይትፍራህ ኣሎ ፈጣሪና
ድፋዕ ጸላእትና ብቃሉ ይፈርስ
እቲ ምሳና ዘሎ ካባኹም ይበልጽ

ካብ ኣኽራን ናይ ቴማን ካብ ካራን ክወርድ
ጸላኢ ይጭነቕ ድምጺ'ውን የስምዕ
ሳምሶም ብጸላእቱ ፍጹም ምስ ተታሕዘ
ብመንጋጋ ኣድጊ ሽሕ ሰብኣይ ቀተለ

ዓሚቕ መሰረቱ ብነፍስ እሱርዩ
ኣብ ልዕሊ ሰማያት ዝፋኑ ዝርጉሕ'ዩ
ልምሉም ስየ ሒዝኩም ንው ናብ መቕደሱ
በቲ ቅዱስ ቃሉ መታን ክትቅደሱ

ቁጽሪ ጸላእትና ኣእላፍ እንተኾነ
ሰይፊ ኣይነልዕልን ንኽንፈዲ ሕነ
ብኣምላኽ ንክንሕጎስ እንጌራ መጊቡና
ነፋንዎም ኢና ቂም በቀል ገዲፍና

123. ኣብ ዘባነ ኪሩብ

ኣብ ዘባነ ኪሩብ ዝቕመጥ ንሱ'ዩ
ብእሳት ነበልባል ዝተሓጽረ ቀጽሩ
ዘምሩ ንእግዚኣብሄር ንጐይታ ዘምሩ
ዝኸበረ እዩ ኣብ ሰማይ ኣብ ምድሩ

ኢሳይያስ ርእዩ ብጣዕሚ ፈርሐ
እኮቴት ስብሓት ንጐይታ ኣብጽሐ
ፍጥረታት ሰማይ ኩሎም ይርዕዱ
ንምስጋንኡ ኣብ ቅድሚኡ ይሰግዱ

ከም ብርቱዕ መብረቕ ስሙ ከጥቀስ
ሰይጣን ይርዕድ መንፈሱ ይርበሽ
ፍቕርኻ እዩ በል ፍቀደልና
ቤትካ ክንኣቱ ንምስጋናኻ

ኣብ ላዕላይ ሰማይ ኣብቲ መንበርካ
ኩሎም ይሰግዱ የመስግኑኻ
የመስግኑኻ ደስ እንዳበሎም
ይዝምሩልካ ሓያል ኢኻ ኢሎም

ቅኔ ውዳሴ ናይ ያሬድ ካህን
ኣብ ላዕላይ ሰማይ ካብ መላእክት
ይዝምሩሉ ንወልደ ማርያም
ቅዱስ ኢኻ ኢሎም ንዘለኣለም

124. ብመንገድኻ ምርሓኒ

ብመንገድኻ ምርሓኒ እግዚኣብሔር
ብመንገድኻ ምርሓኒ
ካብ ኣእላፍ ወርቅን ብሩርን'ሲ
ቃል ልሳንካ ይሕሸኒ
ካብ ኣእላፍ ወርቅን ብሩርን'ሲ
ሕጊ ኣፍካ ይሕሸኒ

ንገንዘብ ዘፍቀሩ ሃናንያን ሰጲራን
ብዘይ መንገድኻ ከቕሙ ኣይከኣሉን
እምነቶም ኣጉዲሎም ቅድስና ኣጥፊኦም
ብኣፍ ቅዱሳንካ ቃልካ ስዒርዎም
እምነቶም ኣጉዲሎም ቅድስና ኣጥፊኦም
ብኣፍ ቅዱሳንካ ቃልካ ቀዚፍዎም

ብመንገድኻ ምርሓኒ እግዚኣብሔር (2)

ከንቱነት እዛ ምድሪ ኣብርሃም ረኣየ
ጣኦታት ናትራን ሰይሩ'ውን ደርበየ
ፈጣሪ እዛ ጸሓይ ተገለጽ ምስ በለ
መንገድኻ ሒዙ ጸጋ ተዓደለ (2)

ብመንገድኻ ምርሓኒ እግዚኣብሔር (2)

ውቅያኖስ ሰንጢቕ ምድሪ እንተኾለልኩ
ካብ ሰብ ተሰዊረ ሰማይ እንተበረርኩ
ኣብ ዝሃለኹዎ ንስኻ ኣብኡ ኣለኻ
ሓልወኒ ጎይታይ ከይርሕቕ ካባኻ (2)

ብመንገድኻ ምርሓኒ እግዚኣብሔር (2)

ቃልካ ንመንገደይ ብርሃኑ ካብ ኮነ
ከይርሕቕ ካባኻ ጋሪዱኒ ድነ
ቀንዴልካ ኣብርሃለይ ኣንፈተይ ቀልሶ
ባዕልኻ ምርሓኒ ንቤትካ ክወርሶ (2)

ብመንገድኻ ምርሓኒ እግዚኣብሔር (2)

125. ከንቱ'የ

ከንቱ'የ ናይ ከንቱ ከንቱ'የ
ዋሕስን ጠበቓን ኣምላኽ ተዘይጌረ
ተስፋ ዝኾነኒ ህይወት ዝህበኒ
እግዚኣብሄር ጥራሕ'ዩ ዘጸናንዓኒ
ኣምላኽይ ጥራይ'ዩ ዘጸናንዓኒ

ኣነ ንጉስ ኔረ ብክብሪ ዘጌጽኩ
ኩሉ ኣብዛ ምድሪ ብጥበብ ፈተንኩ
ናይዛ ዓለም ደስታ ተራእየኒ
መዓልተይ ኣኺሉ ሞት ግን ወሰደኒ (2)

ኣብ ትሕቲ'ዛ ጸሓይ ሓድሽ ነገር የለን
ሰባት ግን ይደኽሙ ክሳብ ዘለኣለም
ብዙሕ'ውን ደኺምኩ ክረኽባ ንጥበብ
ኩሉ ከንቱ ኮይኑ ተሪፉ ኣብ መቓብር (2)

ቅድመይ ዝነበሩ ፈለጣት ናይ ዓለም
ሓመድ ተደፊኖም ኣለው ኣብ መቓብር
ፍልጠትን ዕብዳንን ኩለን ፈቲነየን
ክሳራ ጥራይ'ዩ የብሉን ቁምነገር (2)

ብልበይ ዝሓስቦ ተስፋ ዘንበርኩሉ
ክሕዞ ኣይከኣልኩን ይጭነቕ ኣለኹ
ፍልጠት ብምብዝሒይ እንሆ ተኪ.ዘ
ኣነስ ኣብዛ ዓለም ዘይጠቅም ፍጥረት እየ(2)

ብብዙሕ ታሕጓስ ልበይ ፈቲነዮ
ናይዛ ዓለም ለውጢ ኣስተማቒረዮ
ስሓቕ'ውን ኣብ ውሽጠይ ይሰራስር ኔሩ
ኣብ ሓመድ ተሪፉ ኩሉ ከንቱ ኮይኑ (2)

126. ኣብ ውሽጠይ ከለኻ

ኣብ ውሽጠይ ከለኻ ደለኹኻ ኣብ ደገ
ጽምኣይ ዘርውየሉ ፍቕርኻ ብሂገ
ኤሎሄ እናበልኩ ልበይ ኣገሪሀ
ምርካብካ ተሃንጥየ ክደልየካ ኣንጊሀ

ከመይ'ሉ ኾነለይ ክትጸንሕ ኣብ ውሽጠይ ኣብ ልበይ ዘላሊ
ክትኲሕኲሖ ቤተይ ጎተና ርእሰኻ እንዳነጠቦ ኣውሊ
ትጸንሕ'ዶ ኢለካ መትንታት ኣካለይ ብፍቕሪ ክትነዝዖ
ለካስ ኔርካ'ስኻ ዘመናት እህታይ ሃዲእካ ክትሰምዖ

ዘይሃሪፈካ'የ ኣብ መንገዲ ኮይነ ሰልኪየ ከየሕለሉ
ውሽጠይ ከይፈተሽኩ ደገ ዘቋመትኩ ኣመል እንደኣሉ
መን'ሞ ይጸልኣለይ ደገ ተነቐልኩ ምርካብካ ተሃንጥየ
ብጽምኢ ከይሕለል ፍቕርኻ ዝብህግ ድኹም ፍጥረት እንድየ

ክንደይ ከይኸእሎ ናይ ውሽጠይ ገሊጸ ብኸምቲ ትደልዮ
ቃለይ ከይውሕደካ ልበይ ግን እነሀልካ ይድህ ስምዓዮ
ደሃይ ድኻ ልበይ ንዝኽሪ ዘይገድፍ 'ቲ ናብራ ቀደሙ
መን'ሞ ኣለዎ'ዩ ብምሕረት ጠሚቱ ዘንጽሆ ብደሙ

ኣንታ ኣምላኸ ፍቕሪ ለካስ ጥበብካ'ባ መንክር'ዩ መስደምም
ኣብ ልበይ ጸኒሕካ ኣነን ክደልየካ ኣብዛ ጸልማት ዓለም
ብደረት ኣእምሮይ ዘይግመት ኮይኑኒ ፍቕርኻ በሪኹ
ገጽካ ዘይክወሎ ፍጡር እንቋዕ ኮንኩ ንስኻ ኣምላኹ

127. ካባኻ ዝተረኽበት

ካባኻ ዝተረኽበት መዓልቲ ሓጎስ ዕለት ደስታ (2)
ክንውድሰካ ኢና ክንዝምረልካ መልሲ ውዕለታትካ (2)

እቲ ብጸዕሪ ብንብዓት ዝሓርስ
ኣርዕቱ ሒዙ ብዕልልታ ይምለስ
ኣነ'ውን ጐይታየ ንምርኩስካ ጼረ
ብዓቢ ሓጎስ ኣብ ቤትካ ከቢረ

እንታይ ውሬታ (3) ክንምልሰልካ ኢና ጐይታ
እንታይ ውሬታ (3) እሞ እንታይ ውሬታ (2)

ብዝርጉሕ ቅልጽም እንተ ዘይሃነጽካ
ድኻም'ዩ ጻዕሪ ክንቱ'ዩ ባርያኻ
ንዝፈርሁኻ ጥበብካ ትምህሮም
ኣብ ማእከል ኣህዛብ ብጸጋ ተኽብሮም

እንታይ ውሬታ (3) ክንምልሰልካ ኢና ጐይታ
እንታይ ውሬታ (3) እሞ እንታይ ውሬታ (2)

ተመጣጢረ ብፍቓድ ናይ ርእሰይ
ዓወት ሲኢነ ተቖሪጹ ተስፋይ
ንስኻ ግን ንተስፋይ ቀጺልካ
ድሕሪ ደጊምሲ ይኹን ከም ፍቓድካ

እንታይ ውሬታ (3) ክንምልሰልካ ኢና ጐይታ
እንታይ ውሬታ (3) እሞ እንታይ ውሬታ (2)

128. ካባኻ ተፈልየ

ካባኻ ተፈልየ ናብራ ኣይከእሎን በይነይ
ብዘይ ንስኻ ጐይታይ ትሩፍ'ዩ ዓቕመይ

ኣብ ዓራት ደቂሰ ንዓመታት ሓይሊ ስኢነ
ተስፋይ ቅሂሙ በቃ ኢለ ሞተይ ለሚነ
ሓይለይ ንኽሕደስ ቆምካ ጐይታይ መጺእካ ኣብ ጐነይ
ተመስገን ከበረለይ ኣምላኽ መላሲ ልበይ

ኣብ ኣጻምእ ከም ዘሎ ፍጡር ንዓይኒ ማያት
ዝናፍቕ ንኽሰቲ ካብኡ ንስለ ርውየት
ይናፍቕ ኣሎኹ ኣነ ኣምላኽ ዛራ ቃላትካ
ምስ ሰተኻዮ ዘይጸምእ ዘሎ ኣብ ቤትካ

ካብ ቤትካ ወጺአ ኣብ ዙርያ ዓለም ምስ በልኩ ኾለል
ሕልናይ ዓሪቡኒ ኣነስ ኮይነ ሰንፈላል
ክጠፍእ ኣይፈቀድካን ጐይታ ፍጹም ክርሕቕ
ንኣንፈተይ ኣቕንዓዮ ሎሚ ፍጹም ከጸድቕ

ሩፍታ ተሰሚዑኒ ሎሚ ኮይነ ምሳኻ
ጾረይ ምስ ኣራገፍኩ ኩሉ ጐይታ ቅድሜኻ
ሓጐስ ይሰፍን ኣሎ ኣብ ልበይ ዘይብሉ ደረት
ብነጻ ተዓዲለዮ'ለኹ ብዋጋ ዘይግመት

129. ንእግዚኣብሔር ንዘምር

ንእዚኣብሔር ንዘምር ሓድሽ መዝሙር
ምስጋናኡ ይምላእ ኣብ ጉባኤ
ናይ ዓለም ፈጣሪ ባህ ይበሎ
ብምሉእ ልብና ነመስግኖ

ህያው ኢየሱስ ናይ ሰራዊት ጎይታ
ክነመስግነካ ብኣውታር እንብልታ
ብሓጎስ ዕልልታ ብምስጋና
ድኻምናን ሓጢኣትናን ሃየ ደምስስ

ብሓጎስ ንዘምር ንልዑል ኣምላኽና
ዕልል ንበለሉ ንከውሒ ምድሓና
ኣብ ቅድሚኡ ንብጻሕ ብምስጋና
ብዓሰርተ ኣውታር እንደገና
ምስጋና ነቕርብ እንደገና

መላእኽቲ ጻድቃናት ኣብ ሰማይ ኩላቶም
ወርሒ ምስ ከዋኽብቲ ምስ ብርሃኖም
ክብርኻ ይገልጹ ብተፈጥሮኦም
ኣኽራን ጎቦታት ብምልኦም
ኣራዊት እንስሳ ዝፈጠሮም

130. ክነመስግነካ ኢና

ክነመስግነካ ኢና (2)
ኸምቶም ኣቦታትና ብማህሌት ክንጽውዓካ
ከምቶም ቅዱሳን 'ውን ክንዝምር ስለ ክብርኻ

ምስጋና ውዳሴ ኣማላኻዊ ክብሪ
ይግባእ ንዓኻ ብለይቲ ብቐትሪ
ዝማሬ ኣቦታት ቅኔ ክንመልሰልካ
ክነመስግነካ ኣብ ቤተ መቕደስካ

ኣብ ምድሪ ክስማዕ ክብሪ ናይ ሰማያት
ብጥበብ ናይ ኣምላክ ብልሳን ኣቦታት
ንኽብሩ ዘምሩ ኣብ ዓቢ መቕደሱ
በጥዑመ ዜና ፈጣሪ ወድሱ

ኣዕጽምቲ ዘጥልል ኣብቲ ቅዱስ ከረን
መሰንቆ በገና ናይ ያሬድ ጸናጽን
ናይ ጽዮን ደናግል ንመዝሙር ተንስኡ
ሥሉስ ቅዱስ በሉ ጥዑም ቃል ኣውስኡ

ብማህሌት ሰዓታት ብመዝሙር ብቔመት
ሓቢሮም ከነብሩ ቅዱሳን መላእኽት
ነፍስና'ውን ከምኡ ፍጹም ተመሲጣ
ስሌኻ ትዝምር ክብርኻ ፈሊጣ

131. ጎልጎልታ ክትድይብ

ጎልጎልታ ክትድይብ እናተገረፍካ
እናበደሉኻ ምእንታይ ጸሊኻ
ኣኽሊል እሾኽ ጌርካ ስቓይ ተቐቢልካ
ፍቕሪ ገዲዱካ ምእንታና ሞይትካ

ኣዝ. ይዝከረኒ ኣሎ ትኹሉ ስቓይካ
ኣብቲ ዓዲ ጓና ስለ ዝተሰዋእካ

ማይ ጸሚአ ኢልካ ጎይታይ ምስ ጨራሕካ
ኣብ ሰፍነግ መሊኦም መጺጽ ኣስተዩኻ
ኣይርስዖን ኣነስ 'ቲ ኩሉ ስቓይ
ኣይሁድ ከወግኡኻ ብኺናት ጎድንኻ

ንዓይ ክተድሕን ብዙሕ ተሳቐኻ
ከም ሰራቂ ኮንኻ ኣብ መስቀል ወዓልካ
ፍቕሪ ገዲዱካ ህይወትካ ኣሕሊፍካ
ንሓጢኣት መሕጸቢ ደምካ'ውን ዘፍሰስካ

ነዚ ኩሉ ጭንቂ መታን ክዝክሮ
ንቅዱስ መንፈስ ኣብ ልበይ ከሕድሮ
እዚ ኩሉ ረሲዐ ድቃስ ከይወስደኒ
ንሰይጣን እሰሮ ጎይታይ ሓልወኒ

132. <u>ተዘይ ረዲእካኒ</u>

ተዘይ ረዲእካኒ ንበይነይ'የ ኣማኑኤል ጎይታይ (2)
እልምነካ ኣለኹ ኣይትርአ ድኽመተይ (2)

ጎይታይ ኩሉ ግዜ ናባኻ ኣእውየ ኣነ
ብብዝሒ ሓጢኣተይ ዕረፍቲ ስኢነ
ኣቦታት ለሚኖም መዓስ ኣሕፊርካዮም
ስለ ዝኣመኑኻ ካብ ሞት ኣድሒናካዮም

የሸካዕልሉ ኣለዉ ኩሎም ዝርእዩኒ
ዘድሕነካ ኣምላኽ ኣበይ ኣሎ ይብሉኒ
ንኡስየ ይፈልጥየ ሓሰኻ ናይ ምድሪ
ብብርቱዕ ቅልጽምካ ጎይታ ኣድሕነኒ

ኣማኑኤል ኣምላኸይ ጸሎተይ ስምዓኒ
ንኣውያተይ'ውን ጽን በል ቀልጢፍካ ርድኣኒ
ንዝተጸገዑኻ መጸገዒኦም ኢኻ
ነቶም ሸጉራት'ውን ትበጽሖም ባዕልኻ

ኣብ ግዜ ጸገመይ ረዳኢየይ ኢኻ
ተርከበለይ ኢኻ ጸሎተይ ሰሚዕካ
ወትሩ ከዛረብ'የ መድሓኒ ምኺንካ
ክዝምረልካ'የ ኣብ ማእከል ህዝብኻ

---

133. <u>ብምንታይ ደስ ከብለካ</u>

ብምንታይ ደስ ከብለካ ጐይታየ
ብምንታይ ደስ ከብለካ ኣምላኸይ
ዓለማት ብኹሉ ኣብ ኢድካ'ዶ ኣይኮነን
ዝፈጠርካዮ ኣምላኽ ኣብ ኢድካ'ዶ ኣይኮነን

ኪሩቤል ሱራፌል ቅዱስ እንዳበሉ
መላእኽተ ሰማይ ኩሎም የመስግኑ
ድንቅ መካር ሓያል ኤልሻዳይ ኢኻ'ሞ
ብጽኑዕ ፍቕርኻስ ንውሽጠይ ሕተሞ (2)

ንጹህ መስዋእቲ'ዩ ዝፈቱ ኣምላኸይ
እንታይ ሒዘ ክቐርብ ናብቲ ልዑል ጐይታይ

ኣብ ላዕላይ ሰማያት ኣብ መሬት ኣብ ታሕቲ
ኣምላኽ ዘይርከቦስ የለን ዋላሓንቲ (2)

ብኪዳን ብጸሎት ቅዳሴ ሰዓታት
ባዕልኻ ሃበና ሓይሊ መንፈስ ቅዱስ
ናባኻ ክንመጽእ ኣምላኽ ደግፈና
ምሳኻ'ዩ ዘሎ መጻኢ ህይወትና (2)

ሃብተይ ንብረተይ ጉልበተይ እንታይ'ዩ
ጥዕና ዝበኒ ብዘይካኻ መን'ዩ
ክጨንቀኒ ከሎ ኣብ ኩሉ ዘበነይ
ናዓኻ'የ ዝሕዝ ከውሕሳ ህይወተይ (2)

134. ጉንዲ ናይ ወይኒ

ጉንዲ ናይ ወይኒ መስተ ናይ ህይወት
መንገዲ ሓቂ ጐይታ ናይ ጐይቶት
ሕያዋይ ጓሳ ኤልሻዳይ ኢኻ
ክዝምርየ ኣነስ ንዓኻ

ስግኡ ዝበልዕ የብሉን ጥሜት
ደሙ ዝሰቲ የብሉን ጽምኣት
ኣባኻ ምንባር መድሃኒ ኣለም
ብስጋ ብነብሲ ኣለዎ ሰላም (2)

ንስኻ ዋናይ ኣይናወጽን
ቶኽላ እንተ መጸ ኣይፈርህን
ስለ ዝፈልጥ ከም ተፍቕረኒ
ኣይፈርህን'የ ከይትገድፈኒ (2)

ጽልግልግ ይኹን ይበርትዕ ጸልማት
ባሕሪ ይናወጽ ይንደድ እቲ እሳት
ካብ መን ክፍርህ ኣይሰግእን
ወላዲ ናተይ ኣይታኽስን (2)

ብጾር ናይ ዓለም እተሳቀዩ
ንዑ ኣዕርፉ ቃሉ ስተዩ
ጾርኩም ሃብዎ ክሽከመልኩም
ኣይትጨነቁ ምስኡ ይሕሸኩም

135. ድንቅታቱ ፉሉይ'ዩ ውህበቱ

ድንቅታቱ ፉሉይ'ዩ ውህበቱ
ጐይታ ናተይ ናይ ሊባኖስ ሽቶ
ዝተናዕቀ ትሕትናይ ኣልዒሉ
ጸዊዑኒ ብፍቕሩ ከሊሉ (2)

መልክዕ ዝረኣየት ዓለም ጓና ንዓይ
ብጐደሎ ፍርዳ ፈልያትኒ ንዓይ
ጐይታይ ግን ኣኽቢሩ መሊኡ ብጥበብ
ሸይሙኒ ብጸጋ ጌሩኒ በዓል ማዓርግ
ኣማን ብኣማን ተገሊጹ ሎሚ
ኣማን ብኣማን ተወሊዑ ሓቂ
ኣማን ብኣማን ንጉሰይ ፈሪዱ
ኣማን ብኣማን ዓለም ተደነቒ

ምንቅጥቃጥ ናይ ከንፈር ወልደፍደፍ ምባሉ
ወይኒ ስትዩ እዩ ኢሎም እንተ በሉ
ናይ ልበይ ረዳኢ ኣልቢሱ ምስጋና
ሓጐስ መሊኡኒ ርኣዩ ፍናና
ኣማን ብኣማን ዕብየቱ ላዕሊ'ዩ
ኣማን ብኣማን ዝመስሎ'ውን የለን
ኣማን ብኣማን ተቐቢሉ ድኻ
ኣማን ብኣማን ወሊዳ'ውን መኻን

ፈሪሳዊ ግደፍ ንላዕሊ ኣይትድነን
ሱር ጨቢጥካ እዩ ጽገሬዳ ሙኺን
ጸጋ ናይ ትሕትና ዕቤት መንፈስ ቅዱስ
ኣብ ርእሲ ነዳይ እዩ መሊኡ ዝፈስስ
ኣማን ብኣማን ኣልዒልዎ እዩ
ኣማን ብኣማን ንድኻ ካብ ሓመድ
ኣማን ብኣማን ልዑል እግዚኣብሄር
ኣማን ብኣማን ናይ ግፉዓት ዘመድ

ሕርየት ካብ ላዕሊ እዩ ደቂ ቐረ ስምዑ
ዝተናዕቀ እምኒ ርእሲ ማእዝን ኮይኑ
ምስጋና ጥራይ እዩ ዘረባና ኹሉ
ንድንቂ ስርሑ ዕልል ዕልል በሉ
ኣማን ብኣማን ኣይውዳእን ከቶ
ኣማን ብኣማን ብዙሕ'ዩ ነገሩ
ኣማን ብኣማን ተመስገን ንበሎ
ኣማን ብኣማን ኣድንቐና ንግብሩ

136. ፈለጥኩኻ ኣነስ

ፈለጥኩኻ ኣነስ ፈለጥኩኻ
ንዓይ ጠሚትካኒ ብዓይኒ ምሕረትካ
ተገሊጽካለይ መድሃኔ ኣለም
ተመስገን ተመስገን ንዘለዓለም

ንዘይሰምዕ ኣምላኽ ፍጹም ንዘይርኢ
እዚ ኢዩ ኣምላኽ ኣምልኮ በሉኒ
ፈጣሪ ናይ ጸሓይ በጃኻ ርድኣኒ
ኢለ ምስ ለመንኩ ኣለኹ ኢልካኒ

ኣጽዋረይ ኣልዒለ ስንቀይ'ውን ቋጺረ
ንኣኻ ከጥፍእ ኢለ ተላዒለ
ንጌጋ መንገደይ ብቕኑዕ ለዊጥካ
ብርሃን ኣርኢኻኒ ነቲ ብሩህ ገጽካ

ኣህዛብ ክምስክሩ ሕሙማት ዕዉራት
ኲሎም ከምልኹኻ ክሰምዑ ብስራት
ቀኍመት ሓጺሩኒ ኣብ ሳግላ ሓኺረ
ሎሚስ ረኺበካ ብዙሕ ተማሂረ

ኣበይ ኣሎ ኣምላኽካ ኣበይ'ዩ ዝርከብ
ኣብ ደገ ሰላሙ ኣብቲ ናቱ መቕደስ
ስግኡ ቆሪሱ ክቡር ደሙ ኣፍሲሱ
ወትሩ ይዕድል'ዩ ንዑ ተቐደሱ

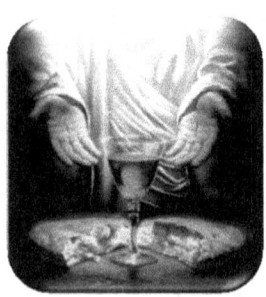

137. ዝፈተወ ይስተይ

ዝፈተወ ይስተይ ካብቲ ናይ ህይወት ማይ
ይጽውዕ'ዩ ዘሎ ንጉስ ሰላም ኣዶናይ (2)

ኣፈልፊሉ እንድዩ ካብ ከውሒ ማይ ኣንቲዑ
ጽምእና ከጥልል ብሙሴ ጸዊዑ
ንምትካል ንዓና ኣብቲ ጉንዲ ወይኑ
ድሌትና'ዩ ወሳኒ ንውህበት ጸግኡ

ሂብካና ኢኻ'ም ናጻ ድሌት ምርጫ
ኣይኮነን ህይወትና ዝጉዓዝ ብዕጫ

ጽዋእ ናይ ነብስኻ ጕዶሎና ትምልእ
ሓጢኣተኛ ኢልካ ሓጥእ ዘይትጸልእ
ቤትካ ኣርሒኻሉ ነቲ ጥፉእ ወዲ
ዕድሜኻ'ዩ ኢልካዮ ክቕረብ መኣዲ

ሂብካና ኢኻ'ም ናጻ ድሌት ምርጫ
ኣይኮነን ህይወትና ዝጉዓዝ ብዕጫ

ዝነቐጸ ህይወት ራሕሲ ጽድቂ መሊኡ
እቲ ድሩቕ ጐሮሮ ብኣኻ ጠሊሉ
ከምቲ ንእስራኤል መና ኣብ በረኻ
ሕጂ'ውን መግቢ ኢኻ ንነብሲ ንስጋ

ሂብካና ኢኻ'ም ናጻ ድሌት ምርጫ
ኣይኮነን ህይወትና ዝጉዓዝ ብዕጫ

ይኹሕኩሕ ልብና ጠሚቱና ብለውሃት
ሰላም ንኸሰፍኖ ውሽጥና ብምልኣት
ሓሳብ ኣእምሮና የቕልብ ንጐይታ
ኣኺሉ'ዩ እቲ ጊዜ እዋን መፈጸምታ

ሂብካና ኢኻ'ም ናጻ ድሌት ምርጫ
ኣይኮነን ህይወትና ዝጉዓዝ ብዕጫ

138. ናይ ህይወት ፈልፋሊ

ናይ ህይወት ፈልፋሊ ካባኻ'ዩ ጐይታና
ብብርሃንካ ብርሃን ንርኢ ኣሎና

ዓለማት ዓለም ክብሪ ናይ የእዳውካ
ምስክር ጐይትነትካ ናይ ኣምላኽነትካ
መን'ዶ ኣሎ እዩ ንዓኻ ዝመስለካ
ብርሃናዊ ኣምላኽ ፍጹም ልዑል ኢኻ (2)

ሓደ ኔረ ነደይ ነብሰይ'ውን ምስ ወጸት
ተንስእ ጐበዝ ኢልካ ትንፋስይ ተመልሰት
እታ መበለት ኣደይ ኣመስጊና ንዓኻ
ህይወት ተቐቢላ ከም ህያብ ካባኻ (2)

ብኣኻ በሪሁ እቲ ጸልማት ዘመን
ደጊም ደቅኻ ኢና ደቂ እመ ብርሃን
ንዓኻ ሒዝና ኢና ዘፍርሀ የብልናን
እግዚኣብሄር ክበር ተመስገን (2)

ኣንፈት ናይ መንገደይ ጐይታ ሓብረኒ
መድሕን ናይ ህይወተይ ቃልካ መግበኒ
ኣብ ቤትካ ክነብር ምስቶም ቅዱሳንካ
ኣይፈለየኒ ጥበብ ምስትውዓልካ (2)

139. ኤልሻዳይ ኢኻ

ኤልሻዳይ ኢኻ ኩሉ ትገብር
የለን ዝሰኣን ንዓኻ
ካብ ባሕሪ ኀቲትካ ኣውጺእኻኒ
ንዓኻ ዝኸፍሎ ኀይታይ እንታይ ኣሎኒ (2)

ተዘሪጉ ኹሉ ቅሳነት ሰላመይ
መሬት ብብርሃኑ ጸልሚቱኒ ንዓይ
ብጥቓይ ክትሓልፍ ወረኻ ሰሚዐ
ወዲ ዳዊት መሓረኒ ኢለ'ውን ጨዲረ
ዝሰኣንኩዎ ብርሃን ካብ ፈላጣት ዓለም
ረኺበ'የ ረኺበ'የ ካባኻ ረኺበ ክበር 'ንዘልኣለም

ንቑጽ መሲሉኒ ኣብ ጥልቂ ማይ ኣቲየ
ከባቢየይ ጠሚተ ርድኡኒ'ውን ኢለ
ሰባት ዝሰኣኖም ቀሊል'ዩ ንዓኻ
ኦ ኣምላኸይ ኣውጽኣኒ ኢለ ለሚነካ
ከይሰጥም ብሰልሚ ሰዲድካለይ ጸጋ
ኣውጺእኻኒ (2) ብማዕበል ከይጥሕል ኀቲትካ ኣውጺእኻኒ

ዘብለጭልጭ ናይ ዓለም ጽባቐ መልክዓ
ስሒቡኒ ንዓይ ርሒቐ ካባኻ
ኩሎም ከልከሉኒ መታን ከይቀርበካ
በዲለ'የ ምሓረኒ ክልምን ንዓኻ
ብጽባቐ ደገ ፍጹም ዘይትጥበር
ጸዊዕካኒ (2) ሓጢያተይ ገዲፍካ ተማሒርካ ኢልካኒ

140. ኤልሻዳይ እግዚአብሄር

ኤልሻዳይ እግዚአብሄር
ከኣሊ ኢኻ እግዚአብሄር

ቀድሰኒ ከኣሊ ኢኻ
ኣንጽሃኒ ብምሕረትካ
ናትካ ክኸውን ንዘለኣለም
ባርኽ ህይወተይ መድሃኔ ኣለም (2)

ብፍኖትካ ንክኸተል
ኣብ ሕቑፎኻ ንክጽልል
ሓይሊ ሳጥናኤል ንኽምክቶ
ቅዱስ መንፈስካ ኣብ ውሽጠይ ይእቶ (2)

ፍቕርኻ'ዩ ሰረገላይ
ዘብጽሓኒ ናብ ዕላማይ
ንብዓተይ ተመልከት መግለጺ ጣዕሳይ
ጐይታይ ደምስሶ ኩሉ ኣበሳይ (2)

ናተይ ኢኻ ዝብል ቃልካ
ንኽሰምዕ ኣብ ምጽኣትካ
ፍቓድ ኣምላኸይ ንኽወርስ ገነት
ግርማኻ ኽለብስ ኣብ ሰማይ ህይወት (2)

141. ውዕለታካ

ውዕለታካ ከቢዱኒ
ልዕሊ ዓቕመይ ምስ ኮነኒ
ኣነስ ቆይመ ንምስጋና
ብጸናጽል ብበገና (2)

ኣብ ቀራንዮ ዕጸ መስቀል
ምስ ኣመንኩ ናተይ በደል
ብምሕረትካ ኣቕሪብካኒ
ምስ ቅዱሳን ደሚርካኒ (2)

መድሓኒተይ'ዩ ስምካ ንዓይ
ግርማ ሞጐስ ዝኾነለይ
በቲ ደምካ ተቐዲሰ
ካብ ሕማመይ ተፈዊሰ (2)

ህያው ኮይነ ብናትካ ሞት
በንጢስካለይ'ቲ ሰንሰለት
ኣይስሕበንን ፍቕሪ ዓለም
ናትካ እየ ንዘለኣለም (2)

ከም ስርሐይ መዓስ ኬድካ
ኣቕሪብካኒ ብፍቕርኻ
ናተይ ቤዛ ኣማኑኤል
ንኽብርኻ ዕልል ክብል (2)

142. ውዕለቱ ዘክሪ

ውዕለቱ ዘክሪ ነብሰይ ውዕለቱ ዘክሪ
ብምስጋና ቅኔ መዝሙር ንዕኡ ሃቢ ክብሪ
ንመድሓኒ ዓለም ንኽብሩ ዘምሪ (2)

እቲ ናይ ሰባት ፍርዲ ሞት'ዩ ኔሩ ንዓይ
ኣምላከ ቅዱሳን እንተ ዘይርህርሃለይ
ንቃሉ ጽሒፉ ሃደሙ ከሰስተይ
ኣጸናኒዑኒ ኣቕኒዑ መንገደይ (2)

ብሸውዓተ ኣጋንንቲ ስጋይ እናተመርሐት
ናይ ነብሰይ መቓብር ንዘመናት ኮነት
ንናይ ጐይታይ ኣእጋር ሓጺበ ብንብዓት
እንሆ ኣብቂዑኒ ንመንገዲ ህይወት (2)

ሰብ ኣይነብረንን ንዓይ ዝረድኣኒ
ናብቲ ቅዱስ ማዩ ሒዙ ዘውርደኒ
ብናይ ህይወት ቃሉ ጐይታ ፈዊሱኒ
ጸዋሪት ዓራተይ ምጻር ኣብቂዑኒ (2)

ዘይውዳእ ውዕለት ነፍሰይ ዘክርዮ
ከግረፍ ክስቀል ኣብ ጐቦ ቀራንዮ
ዝዳረጐ የለን ዝበቅዖ ውሬታ
ምስጋና ሃቢዮ ናይ ዘለኣለም ጐይታ (2)

143. ውዕለትካ እ ጐይታ

ውዕለትካ እ ጐይታ ስማያዊ (2)
ፍቕርኻ እ ኣምላኽ ዘለኣለማዊ
ከዘንቱ ንውዕለትካ ብመዝሙር (2)
ዓው ብዝበለ ድምጺ ከዝምር

ኣካላተይ ክቕንዞ ብመከራ
ኤሊፋዝ ምስ ብጾቱ ቆይሙ ሻራ
ኣነ ግን ኣይዓሸኹን ኣመስጊነ
ብስምካ እግዚኣብሄር ተማሒጺነ
ናብራይ ተመሊሱኒ (3) ሰላም ሰፊነ

ሃማን ተንኮል ፍሒሱ ከሳቕየኒ
መስቀሉ ኣዋዲዱ ከስቕለኒ
ኣምላኽይ ስቕ ኣይበልካን ገኒሕካዮ
ኣባይ ዘለካ ፍቕሪ ኣርኢኻዮ
ኣብ ዘዳልዎ (3) መስቀል ሸንኪርካዮ

ንስለይ ዝሰተኻ ምቁር ዕረ
ኣብ ቀረንቀራ ቦታ ሞት ስዒረ
እዚ ግን ብሳላኻ'ዩ ብደምካ
ዓወት ንኽጐናጸፍ ህይወት ሂብካ
ተዓዊተ ክብል (3) ክረግጽ ክድልድል

እዚ'ለ ኣይትንትኖን ፍቕርኻ ኣብ ልዕለይ
ገሊጸ ኣይውድኦን ዝወዓልካለይ
ብዘለኒ ዓቕመይ ግን ክዝምር እየ
ኣብ ኣደባባይ ዓለም ክምስክር'የ
ኣምላኽይ ንውዕለትካ(3)እዚ'ኳ ይውሒደካ

144. ሰብ ብኹሉ ጻዕሩ

ሰብ ብኹሉ ጻዕሩ ጽቡቕካ ብምርካቡ
ባርያኻ'ውን ጎይታይ ሰናይካ ብምርካቡ
እዚ'ውን ውህበትካ'ዩ ንጉሰይ
ኣሰይ ተሓጒሰ ኣመስጊና ነብሰይ (2)

ኣብቲ ሓያል ርብርብ ቃልሲ ንምንባር
ውዕሎ ትማል ዘኪረ ብኾፈይ ክሓድር
ሰረት ናይ ትማል ጻዕረይ ብደስታ ክድምደም
በረኸትካስ ሰሲኑ ኣምላኽ ናይ ዘለኣለም(2)

ደርማስ ሓይሊ መስቀልካ ምስ ኮነ ምርኩሰይ
ኣብ ድኻመይ ይብርትዕ ይጸንዕ መንፈሰይ
እቲ ብድኻም ዝፋርስ ኢዱ ምስ መልኣሉ
ለካስ ኣይሓፍርን በልኩ ስምካ ተወኪሉ(2)

ኣዒንተይ ክድረራ ሸሻይ ብርኩት ዓውዲ
ሰናይ ልግስኻ ርእየ እንክደፍእ ዘውዲ
ብዑምቐት ተምሳጥ ልበይ ኣውዒለካ ምሳይ
ብቕዱስ ኢድካ ክቐረስ ሕብስቲ ሓጎሰይ(2)

ምዕራፍ ጉዕዞ ህይወተይ ከፊትካለይ በሪ
ተግባር ኢድካ ከመስግን ካብ ወሰኽኩ ዕምሪ
ፍቓድካ እንዶ ይኹነለይ ብጽድቂ ኽድምድም
ድርብ'ዛ ዓወት ሎሚ ኣብ ቤትካ ክደግም/2

145. ምሕረቱ ንዘለኣለም

ምሕረቱ ንዘለኣለም እዩ'ሞ
እግዚኣብሄር ይመስገን (2)

ምሕረቱ ኣዒንተይ ካብ ንብዓት ካብ ሓዘን ኣልዒሉ
ምሕረቱ ኣጸናኒዑኒ ኣብ ዘመነይ ኩሉ
ምሕረቱ ካብ ቁጽሪ በዚሑ ልዕሊ ኣእምሮ'ዩ
ምሕረቱ ጊዜ ዘይቅይሮ ዘለኣለማዊ'ዩ

ምሕረቱ ካብ ባዕዲ ነገስታት ግደይ መቒሉኒ
ምሕረቱ ካብ ዝተደርበኽዎ ንዓይ ኣልዒሉኒ
ምሕረቱ ንእሽቶይ ጸሎተይ ከም ትግሃት ቆጺሩ
ምሕረቱ ኣብ ናይ ሰላም ሃገር ከንኣን ኣብጺሑ

ምሕረቱ ተስፋ ዝውህበቱ ካብ ሞት ዘድሕን'ዩ
ምሕረቱ ሞት ንዝኸበቦም ህይወት ዘበስር'ዩ
ምሕረቱ ንናይ ሓጢኣት መዓት ካባና ኣልዒሉ
ምሕረቱ ሓጐስ ዝህበና ንሓዘን ኣልዩ

ምሕረቱ ኣብ ውዲት ጸላኢ መዓስ ገዲፉና
ምሕረቱ ደቂ'ዩ ገይሩና ደምሲሱ ኣበሳና
ምሕረቱ ኣብ ኩሉ ጉዕዞና ንሱ ይሕልወና
ምሕረቱ ንሱ ይርድኣና ኣብ ዘመን ህይወትና

146. ምሕረቱ ብዙሕ'ዩ

ምሕረቱ ብዙሕ'ዩ እቲ ዘፍቀረና
ካብ ሰማይ ሰማያት ወሪዱ ናባና
ተመስገን እግዚኣብሄር ተቐበል ምስጋና

ምሳኻ ትነብር ህይወት ዓድለና (2)
ስምኦን ንዒቑ እንከናሽወኒ
ክርስቶስ ብፍቕሩ ናብኡ ጸውዑኒ
ብንብዓተይ ኄረ ክሓጽቦ የእጋሩ
መድሕነይ ኣባይሲ ብዙሕ'ዩ ፍቕሩ

መገዲ ያሪኮ ከመይ ተባረኺ
መድሓኒ ንዓለም ሒዝክለይ መጺኺ
ኣብቲ ጸልማት ዓለም ከለኹ ንበይነይ
ብወዲ ዳዊት ግን ረኺበ ብርሃነይ

ሓጢኣተይ በዚሑ ግፍዒ ዘውረድክዎ
ኣብ ፍርዲ ከለኹ ጐይታይ ረኺብክዎ
መሓሪ ንኹሉ ንሞት ዝሰዓረ
ገነት ኣውሪሱኒ ግብረይ ከይዘከረ

147. ምሕረቱ ንዓይ

ምሕረቱ ንዓይ ዝገበረ
ሞቱይ ናብ ሂወት ዝቐየረ
ይመስገን ክርስቶስ ንሞት ዝሰዓረ

ምሕረቱ ንዓይ ሓጥያት ካብ ርእሰይ
ምሕረቱ ንዓይ ቀልበይ ወሪስዎ
ምሕረቱ ንዓይ ኣምላኽ ንዓይ ሞይቱ
ምሕረቱ ንዓይ ካባይ ኣልጊስዎ
ምሕረቱ ንዓይ ዘይውዳእ ምሕረቱ
ምሕረቱ ንዓይ መዘና የብሉን
ምሕረቱ ንዓይ ደቂ ኣዳም ኲልና
ምሕረቱ ንዓይ ክንብሎ ተመስገን

ምሕረቱ ንዓይ መግዛእቲ ባርነት
ምሕረቱ ንዓይ ንዘመን ከቢዱኒ
ምሕረቱ ንዓይ ዝበጽሐ በደለይ
ምሕረቱ ንዓይ ካባኻ ፈልዩኒ
ምሕረቱ ንዓይ ባርያኻ እንከለኹ
ምሕረቱ ንዓይ ክራኽስ ብሓጥያት
ምሕረቱ ንዓይ ብፍቅሪ ጸዊዕካ
ምሕረቱ ንዓይ ኣድሒንካኒ ካብ ሞት

ምሕረቱ ንዓይ ንዓኻ ጸዊዕና
ምሕረቱ ንዓይ ካብ ክፉእ ድሒንና
ምሕረቱ ንዓይ ስምካ ሓለዋና
ምሕረቱ ንዓይ ሎሚ ኣብ ዙርያና
ምሕረቱ ንዓይ ዝተናዕቀ ምኽባር
ምሕረቱ ንዓይ ዝወደቀ ምእላይ
ምሕረቱ ንዓይ ምሕብሓብ ትፈልጥ
ምሕረቱ ንዓይ ንደቅኻ ምእላይ

ምሕረቱ ንዓይ ብጸዕዳ ኢዱ
ምሕረቱ ንዓይ ጎይታ ዝፈጠረኩም
ምሕረቱ ንዓይ ብዘይ ውዳእ ፍቕሩ
ምሕረቱ ንዓይ ንሱ ዝማረኽኩም
ምሕረቱ ንዓይ ሰባት ዘምርሉ
ምሕረቱ ንዓይ ንብርሃን ጎይታ
ምሕረቱ ንዓይ ንርህሩህ ኣምላኽና
ምሕረቱ ንዓይ ኣስምዑ ዕልልታ

148. ብምሕረቱ ንጨድር

ብምሕረቱ ንጨድር ንዘምር ብዓውታ
እግዚኣብሄር ይመስገን ጸማ ልዑል ጐይታ
ካብ ትማል ናብ ሎሚ ዝሃበና ፍጹም ደስታ(2)

ጸሓይ ሓጐስ ሰማይ መሊኣ በሪቓ
ብርሃን ወሊዱልና ሓሊፉ ንጣቓ
በረኸት ዓዚዙ'ቲ ቅዱስ ምርቓ

ብጹኣን ጻድቃናት ዕልል እንዳ በሉ
ትምህርቲ እግዚኣብሄር እንዳ ጐስዐ ገንፊሉ
ታ'መዓልቲ መጺኣ ንሰብ ንቓንየሉ (2)

ይደሰቕ ከበሮ ኣውታራት ቅኒት
ጸናጽል ይላዓል ንጉስ ክነግስ
መቆምያ ይጋደም ማእገር ክትርኣስ (2)

ስብሓት ይብጽሓዮ ድርሳናት ናይ ሎሚ
ኤርትራ ሃገርና ብጸጋ ክትዓቢ
ኣምላኽ ብመንፈሱ ከሰርግዋ ዘይዲ (2)

149. ክዝምረሉ'የ

ክዝምረሉ'የ ብዓውታ ዝማሬ
ነቲ ፈጣርየይ ምስ ሰበይ ሓቢረ
ንሱ'ዩ 'ቲ ኣምላኽ ሓቀኛ ጐይታ
ብርሃነይ መድሕነይ እቲ ጽኑዕ ዋልታ (2)

ሸተት እንከይብል ኣብ ዓዘቕቲ ሓጢኣት
ብፍጹም ከይጥሕል ኣብ ዘለኣለም ጥፍኣት
ርድኣኒ ጐይታይ ንቑስለይ ፈውሶ
ኣህድኣዮ ልበይ ሓዘነይ ደብሶ

ብሓቂ ክገድፎ'ቲ ሕማቕ ኣመለይ
መዋእለይ ኩሉ ፍቕሪ ክኾነለይ
ብርሃንካ ኣብርሃለይ ከይዕንቀፍ ከይወድቕ
ደግፈኒ ጐይታይ ብፍቕሪ ከማሙቕ

ፍረ ንኽፈሪ መርኣያ እምነተይ
ኩሉ ንክሓድጐ ሕሱም ምግባራተይ
ንስሓ ክኣቱ ኣብቲ ንኡስ ዕድመይ
ኣብ ሕቑፎኻ ክነብር ምስቶም ኣቦታተይ

ውዕለትካ ክገልጾ ኣይከኣለንን
ግብርታትካ ግሩም ብኹሉ ትእመን
መንገዩ ዝመስለካ መስፍን ዘለኣለም
ደስታ ሓጐስ ልበይ ክበር መድሃኔ ኣለም

150. ብስምካ ተኣሚነ

ብስምካ ተኣሚነ ኣይትግደፈኒ
ንጸላኢየይ ሰይጣን ኣይትሃበኒ
ሰላመይ ኢኻ ጎይታ ሓጎስ ዕረፍተይ
መንገደይ ኣቕኒዓለይ ንበር ኣብ ጎነይ

ወላ ምድሪ ተብቆለት ፍረ ዘይብሉ
መከራ እንተ በዚሐ ሞተይ ኣኺሉ
ሰይጣን እንተ ጓዘመ ዝበልዖ ደሊዩ
ሰብ እንተጽልኣኒ ካባይ ተፈሊዩ
ንስኻ ኣለኻኒ ጎይታይ ሊዕሊ ኹሉ

ካብ ፈተና ተውጽእ መድሓኒ ኢኻ
ንጸልማት እተስግር ብርሃን ንስኻ
ክጸናናዕ እነብር ንኹሉ ዘመን
ኣብ ምርኮ እንከለኹ ኣብ ምድሪ ኣትማን
ከይመትኩ እነብር ብኣኻ ይእመን

ምሕረትን ቸርነትን ሰራዊትካ'ዮም
ይቕሬታን በረኸትን ህዝብኻ ኢዮም
ተበጃውየይ ገንሸል ኣምላኽ እስራኤል
ሰላምካ ኣውርደለይ ተመስገን ክብል
ዘላለም ክነብር ኣብ ኢዮርሳሌም

ይቕሬታ ንኽመሃር ኣባይ ዘየለ
ልበይ ንኽጸናናዕ ብዝሓየለ
ብጽድቂ ናይ በረከት ኣብ ቤትካ ዘሎ
ሂወተይ'ውን ንጉሰይ ብኡ ከልሎ
ሰይጣን ከይስዕረኒ ብመስቀል ከልክሎ

151. ኣነስ ክስዕቦ'የ

ዓስቢ ክቡር ሞተይ ዉሉደይ እንዲኻ
ኣርዑተይ ቀሊል'ዩ ከም መጠን ዓቕምኻ
ንጾርካ ኣራጊፈ ኣነ ከዕርፈካ
ንዓ ሰዓበኒ ካብ በለኒ ጎይታ
ኣነስ ክስዕቦ'የ ክሳብ መወዳእታ

ብምስሊ መልክዑ ኣኽቢሩ ፈጢሩ
ገነት ኤዶም ሂቡ በቲ ዓቢ ፍቕሩ
ትምኒተይ ክፍጽም ትእዛዙ ጥሒሰ
ኣነ ግን ሓጢአ እምብዛ ኣቢሰ (2)

ብፍጹም ርሕራሔ ሓዘነይ ክድብስ
ተስፋ ምሕረት ሂቡ ክብረተይ ክመልስ
ዘመን ምስ ኣኸለ ንኽገሃድ ተስፋይ
ካብ ሰማይ ወሪዱ ለቢሱ ንስጋይ (2)

ፍዳይ እንክነሱ ሕማማተ መስቀል
ንሱ ግን ቆሰለ ኣነ ንኸይቆስል
ሃዳናይ ዘማቲ ንነፍሰይ ከይብሕታ
ንሲኦል ዘሚቱ ኣድሒኑኒ ጎይታ (2)

እሞ እንታይ'የ ክብል ኣምሳያ ውዕለቱ
ቃላት የብለይን ንፍቕሩ ዘዘንቱ
እንተ ምስጋና'ም ዓቕመይ ብገ[ኾ]ነ
ኣነስ ክስዕቦ'የ ወዲሰ ኣመስጊነ (2)

152. ሓቂ በሓቂ ሎሚ ረኺበካ

ሓቂ በሓቂ ሎሚ ረኺበካ
ከምቲ ድጉል ሓዊ ኣብ ውሽጠይ ሰፊርካ
ሰላምካ'ዩ መግበይ ደጊም ድሕሪ ሎሚ
ኣስተማቒረየ ነቲ ናትካ ጣዕሚ

ንስኻ ዘይብሉ ኩሉ ከንቱ እዩ
ናይ ህይወት መቐረት ኣባኻ እንድዩ
ልበይ ዘንጊዑካ ንኻልእ ኣናድዩ
ከለኻ ኣብ ውሽጠይ ካልእ ጎይታ ፈትየ (2)

ዘይውዳእ ዒላ'ዩ እቲ ናትካ ምስጢር
ፍጹም ዝጠዓመ ካብ ኩሉ ዝምቅር
ነዚ ክምርምሮ ኣነ ኣይከኣልኩን
ካባኻ ርሒቐ ፍጹም ኣየዕረፍኩን (2)

ረቒቕ'ዩ ባህሪኻ ብስጋ ዘይድህሰስ
ኣብ ኩሉ ሰፊርካ ናይ ዘለኣለም ንጉስ
ነቲ ጭኑቕ ልበይ መዕረፊ ዝኾንካ
ናይ ኣብርሃም ኣምላኽ ድንቂ'ዩ ስራሕካ (2)

ጠፊኤ ካባኻ ኣጥፊአ ንብረተይ
ኣነ ረኺበካ ንስኻ'ውን ነዓይ
ደጊመ ከይጠፍእ ጐይታ ሓልወኒ
ንዓኻ ነኽብር ጸጋኻ ሃበኒ (2)

153. እስመ ውእቱ

ወብሃ ንሎቱ ይህድግ ሓጢኣተ
በሊ በምድር (2)
እስመ ውእቱ ወልዱ ወቃሉ
ለእግዚኣብሄር (2) እህ

በርቴመዎስ በለ
ድሌተይ'ሲ ኦ ጐይታይ
ብርሃን ክርኢ በኣዒንተይ
ንሱ ምኽኑ ብምእማኑ
ብምራቕ ኣፉን በጸብዑን ንዕዉራን ዘብርሀ

ሓለቓ ሚእቲ በለ
በቓልካ ኣዝዝ ኦ ጐይታይ
ንኽሓዊ እቲ ሕሙም ውላደይ
ንሱ ምኽኑ ብምእማኑ
ብትእዛዝ ቃሉ ዝፍውሶም ንሕሙማን

ከንኣናዊት በለት
መሓረኒ ኦ ጐይታይ
ደንግጸላ ነዛ ውላደይ
ንሱ ምኽኑ ብምእማና
ብትእዛዝ ቃሉ ዝግስጾም ንሓይሊ ኣጋንንቲ

ፍያታዊ በለ
ዘክረኒ ኦ ጐይታይ
ምስ ትመጽእ ብመንግስትኻ
ንሱ ምኽኑ ብምእማኑ
መንገድን ሓቅን ቅድስናን ናይ ዘለኣለም
ህይወትን

እታ ሰበይቲ በለት
ክትንኪ ዘፈር ክዳኑ
ንኽነጽህ ካብ ምፍሳስ ደመይ
ንሱ ምኽኑ ብምእማና
ብጽላሎቱን ብኽዳኑን ንሕሙማን ዘሕዊ

እቲ ለምጻም በለ
እንተ ትፈቱስ ኦ ጐይታይ
ትኽእል ኢኻ ንምንጽህይ
ንሱ ምኽኑ ብምእማኑ
ብምንባር ኢዱን ብፍቓዱ ንለምጻማት ዘንጽህ

ኢያኢሮስ በለ
ኢድካ ኣንብረላ ነዛ ውላደይ
ንኽትሓዊ ካብ ሕማማ
ንሱ ምኽኑ ብምእማኑ
ብምንባር ኣእዳዉ ዝፍውሶም ንድዉያን

154. ሰጊርናዮ ብኣኻ

ሰጊርናዮ ብኣኻ እቲ ምድረ በዳ
ሓሊፍና ብስምካ'ቲ ናይ ባሕሪ ዕዳ
ተመስገን ከነመስግን ኢና (2)

ረዳኢ ዘይብላ ዝተሰደት ኣጋር
ንብዓታ ኣውሒዛ ጭንቃ ንኽትነግር
ብጽምኢ ነቒጹ ዝህጻን እንክግዕር
ማይ ኣፈልፊልካላ ኣብቲ ምድረበዳ
ኣመስጊና ኣጋር ብርውየት ናይ ወዳ

ናይ ስጋ መከራ ስደት ወሪዱና
ወገን የለን ዘመድ ዘጸናንዓና
ንስኻ ግን ጎይታ ኣቦ ኣለኻና
ጸዊዕና ኣይሓፈርናን ዘይከምቲ ግብርና
ቃልካ ረዲኡና ድምጽኻ ሰሚዕና

ኣምላኽ ምሕረት ኣጋር ጎይታ ኩሉ ፍጥረት
ቃልካ መጊብካና ኣብቲ ምድሪ ጓኖት
ጸጋ ዘብዛሕካልና መንፈሳዊ ህይወት
ንኽፍሎ የብልናን ነዚ ዓቢ ውዕለት
ተመስገን ኤልሻዳይ ኣምላከ ኣማልክት

ንባሕሪ ኤርትራ ብበትሪ ናይ ሙሴ
ሎሚ ከም ናይ ጥንቲ በስመ ስላሴ
ሃዲኡ ረጊኡ ማዕበላት ፈተነ
የለን ዝሓፈረ ብኣኻ ዝኣመነ
የለን ዝወደቐ ንዓኻ ዝኣመነ

155. ሳምራዊ ህይወተይ

ዋልታ ክብረይ ኢኻ ሳምራዊ ህይወተይ
ሓያል ተበጃዊ ኣምላኽ ረዲኤተይ
ንዓኻ ከመስግን ሰቒለ ሕልናይ
እንሆ ክልተ ኣእዳወይ ዘርጊሐ ናብ ሰማይ

ኣብ ሕሱም ደልሃመት ብግፍዒ ወዲቐ
በይነይ እናቕባሕባሕኩ ረዳኢ ናፊቐ
ድሙቕ ብርሃን መስቀልካ ምስ በርሀ ኣብ ልዕለይ
ፍጹም'የ ተለዊጠ ተዘኒኑ ኩሉ ቁስለይ

ኤልሻዳይ ኣምላኽ በዓል ርህሩህ ልቢ
ከም ሕያዋይ ጓሳ ንነፍሰይ ክትናቢ
መዓስ'ከ ተታኺስካ ሓለዋይ ምስ ነቓሕካ
እንሆ'ንዶ ቲ'ለውሃትካ የንብረኒ ኣብ ሕቑፎኻ

ነፍሰይ ምስ ረኸበት ህይወት ምስ ተረፋ
ስምካ ጥራይ ኮይኑ መውጽኢ ቃል ኣፋ
በቃ ትድሰት ትዝምር ዘይከም ብልዙብ ወይኒ
ከምዛ ፍትሕቲ ብተይ ብሓጉስካ ተዝልለኒ

ልዕሊ ሞት ነጊሰ ሰዊደ ክብርትዕ
ድኹም ሓያን ኮይነ ብቓልካ ከረትዕ
ኩሉ ብስምካ ክሰግሮ ዓቕብን ገደልን
ምልክኻ የዕቲርካኒ ምልኪ ሰጣን ንኸብንን

ናይ ሰንሰለት ምቕሕ ጾሮይ ካብ ተራግፍ
ሕልፊ ሞት ፍቕርኻ ልበይ ካብ ዝትንክፍ
ሰለም ኣይከብልን ኢየ ኣካለይ ንኽዛነ
ክንብርከኸልካ'የ ጎይታይ ብፍቕርኻ ትኣሚነ

156. <u>ተስፋይ ኢኻ</u>

ተስፋይ ኢኻ ዕላማ ህይወተይ
ከደኽመኒ ንስኻ ኢኻ ሓይለይ ንስኻ ምርኩሰይ
ቅድመይ ሕለፍ ደግፈኒ ኣብ መንገደይ
ንዓኻ ኣሚነ ጀሚረ ንኹሉ ጉዕዞይ

ሓንሳእ መዲበ'የ ክስዕበካ
ንዓኻ ከመስግን ከገልግለካ
መታን ከይብሃል ሰነፍ ዘይረብሕ
ኣጽዋረይ ኣልዒለ እኔኹ እግስግስ
ሓይለይ ጉልበተይ ንስኻ ኢኻ፡ ጎይታይ ሃበኒ 'ቲ ጸጋኻ
ሓይለይ ትምክሕተይ ንስኻ ኢኻ፡ ጎይታይ ሃበኒ 'ቲ ጸጋኻ

ብኣኻ ኣሚነ እጽውዕ ስምካ
ፍቕርኻ ጥዒመ እነኹ ምሳኻ
ኣይትሕደገኒ ኢኻ ኣብ ኢድ ጸላኢ
መታን ከይናወጽ ሰላም ሃበኒ
ሓይለይ ጉልበተይ ንስኻ ኢኻ፡ ጎይታይ ሃበኒ 'ቲ ጸጋኻ
ሓይለይ ትምክሕተይ ንስኻ ኢኻ፡ ጎይታይ ሃበኒ 'ቲ ጸጋኻ

ንዓኻ ከመስግን ብሓድሽ መዝሙር
ፍቕርኻ ክገልጾ ሃበኒ ምስጢር
ብሓላፊ ነገር ወርቅን ብሩርን
ኣይኮነን ህይወተይ ብደምካ ክቡር'ዩ
ሓይለይ ጉልበተይ ንስኻ ኢኻ፡ ጎይታይ ሃበኒ 'ቲ ጸጋኻ
ሓይለይ ትምክሕተይ ንስኻ ኢኻ፡ ጎይታይ ሃበኒ 'ቲ ጸጋኻ

ከመይ'ሉ ኾነለይ ምኺነይ ናትካ
ናይ ሕልና ሰላም ዕረፍቲ ኢኻ
ዝብላዕ ከይስእን እንጌራ ህይወት
መታን ከይጸምኣኒ ዓይኒ ማይ ገነት
ሓይለይ ጉልበተይ ንስኻ ኢኻ፡ ጎይታይ ሃበኒ 'ቲ ጸጋኻ
ሓይለይ ትምክሕተይ ንስኻ ኢኻ፡ ጎይታይ ሃበኒ 'ቲ ጸጋኻ

157. ተወለድ ኣብ ልበይ

ወሃብ ኢኻ ለጋስ ምሉእ ኢዱ
ሃብታም ሓላይ ድኻ ሸጉር ዝዘመዱ
ፍቕርኻ'ዩ በል ስእነት ውሽጢ ቤተይ
ሰማያዊ ንጉስ ተወለድ ኣብ ልበይ

ክንደይ ከይጸንሓካ ልበይ ብጽፉፉ ዕላምኡ ተሰፍዩ
ጠቐር መሊኡዎ ኣብኡ'ሎ ተደርቢዩ
ክንደይ ከይጸንሓካ ኩስትር ምድሪ ቤቱ ስቲ ተነስነሶ
ምኡዝ ቅዱይ ቅብኢ ሽቶ ዝፈሰሶ
መን ኣለኒ'ዩ እሞ ገጹ ዝመልሰለይ ብጊዜ ጸበባ
ነብሰይ ዝቐበላ ከላ ምስ ሰበባ
መን ኣለኒ'ዩ እሞ ንጉስ እንክነሱ በዓል ዓቢ ግርማ
ክውለድ ኣብኣ ኢሉ ልበይ ዝስልማ

ክደምቕ ብርሃነይ ከምቲ ከኾብ ጽባሕ
ስሉም ግርማ ሰማይ
ወርትግ ብስራቱ ቀደድ ብራቕ ጸሓይ
ክደምቕ ብርሃነይ ከምታ ጸሓይ ብራቕ ዘይልወጥ ትርኢታ
ኣይድብዝዝ ኣይሃስስ ኣየ'ወ ምልኣታ
ተወለድ ኣብ ልበይ ክኸውን ባርያኻ እምነት ዝጸገዎ
ልበይ ከይሰልከየ ቃልካ ክረርዎ
ተወለድ ኣብ ልበይ ቃልካ ትመድሓኒ ክኸውን መዝሙረይ
ፍቕሪ ምስ ተስፉኣ ከመልኦ ንልበይ

ምኽንካ እፈልጥ'የ ዝደነነት ልቢ ንስኻ ተቐንዓ
ዝተሰደት ነፍሲ ምኽንካ ዑቕባኣ
ምኽንካ እፈልጥ'የ ህያው ብዘለዎ ጺጋኻ የጽግቦ
ሸጉር ብዙርያኡ ምሕረትካ ይኸቦ
ከመይ'ለ ትም ክብል መናድቓይ ከሎ ብኾረት ተኺንዩ
ሓሳበይ ዘበለ ብኽፉእ ተነንዩ
ከመይ'ለ ትም ክብል ከም ብዝሒ ምሕረትካ ስምዓኒ ጸሎተይ
መብልዕ ማል ይኹንካ ተወለድ ኣብ ልበይ

158. ኣይገደፍካንን ኣምላኺይ

ኣይገፍካንን ኣምላኽይ ገጽካ ኣይከወልካን
ምሳይ ኢኻ ኣብኩሉ ካባይ ኣይረሓቕካን ኣብ ሂወተይ

ነቲ መን ኣለዎ እዝጊ'ዩ ዘለዎ ክበሃል ሰሚዐ
ምሳይ ከምዘለኻ ብቓላት ዘይኮነስ ብዓይነይ ርእየ
ብተምሳል ግብርኻ ምስልኻ ኣብ ዙርያይ ከቢቡኒ ይነብር
መንፈስካን ሓይልኻን ብእምነት ሰኒቐ ማዕበል ባሕሪ ይሰግር

ኣብቲ ጉዕዞ ሂወት ስቕታ ከም ጽላሎት ደድሕረይ ክመጽእ
ሰላም ርሒቑኒ ተደሚሙ ልበይ ምፍጣረይ ክጸልእ
ብሃንደበት መጽዩ ድምጸይ ከይሰምዐ ማዕጾኡ መን ኣርሒዩ
ደበስ ኮይኑ ቃሉ ተስፉይ ዘሐደሰ ድሕነተይ ተመንዩ

ነፍሰይ ነይሰኣነት ኣብ ሕቖፉ ዘሙቓ ዝሓልየላ ኣብሊጹ
ባዲመ ከይተርፍ ካብ ምልኣቱ ጸጋ ኣብ ውሽጠይ ኣስሪጹ
ኣምላኽይ መድሕነይ ኣይገድፈንን በይነይ ምሳይ ኣሎ ኣብ ኩሉ
ካብ በላዒ ብልዒ ካብቲ ሓያል ጥዑም ዘውጽእ እንድዩ ሓይሉ

መርዛም ቀስቲ ሰባት ቃላት ተጠሚሁ ሕልናይ ከቑስል
ክብረት ከምዘይብሉ በቃ ዕዙም ኮይነ በይኑ ዘስተማስል
ሕያዋይ ሳምራዊ ገጽ ሰባት ክጥምት ኣይፈቐደን ልቡ
ምሒር ካብ ምፍቃሩስ ክብረት ከንግስለይ ወዱ በጃ ሂቡ

ቤተይ ካብ መጸእካ ዘፈርፈር ክዳንካ ልበይ ክትንክዮ
ውሉድካ ክኸውን ካብ ሃብካኒ መሰል ብምስጢር ቀራንዮ
ንዘይገደፍካኒ ናይ ሰላም መንፈስካ ካባይ ንኽእለ ቃለይ
ቃል ልሳነይ ቃንየ ኣለኹ ጎይታይ ንምስጋናኻ ኢለ

159. ኣይስልክየንን ከቶ

ኣይስልክየንን ከቶ ውዳሴ መዝሙር ቅኔ
ብዙሕ ዝገበረለይ እግዚኣብሔር ኣብ ዘመነይ (2)

ምሕረቱን ዓቢ ፍቕሩን ሎሚ'ውን ኣይሓደገን
ናብ ልሙዕ ሸኻ ለምለም ነባጊው ዝመርሐን
ሓያል'ዩ ናተይ ንጉስ ንዘልኣለም ዝሰርሕ
መጽሓፍ ዕዳ ቀንጢጡስ ማሕተም ሽግር ዝፈትሐ

ምእንታይ ተደፊኡ ፍጹም ምሕረት ሂቡኒ
ምእንታይ ተሰቒሉ ብሂወት ኣንቢሩኒ
ብዙሕ'ዩ ውዕለት ኣምላኽ ተዘርዚሩ ኣይውዳእን
ንውዕለቱ ዝገልጽ ቃላት'ዉን ኣይርከብን

ንስኻስ ሓያል ኢኻ ዝመስለካ ውን የለን
ኣብ ዝፋንካ ትነብር ጸኒዕካ ንዘልኣለም
ንተስፋኻ ኣሚነ ናባኻ መጺአ ኣለኹ
ተመስገን ግበረለይ ንገሰለይ እንዳበልኩ

ፈሊኻ ጸዊዕካኒ ጸጋኻ ኣብዚሕክለይ
ወትሩ ንግሆን ምሸትን ከመስግነካ ጎይታይ
ኣምላኸይ ፈታውየይ ኢለ ክጽውዓካ
ኢየሱስ ወዲ ኣምላኽ ለዊጡኒ ፍቕርኻ

160. ኣፍና ብሳሓቕ ልሳና ብዕልልታ

ኣፍና ብሳሓቕ ልሳና ብዕልልታ (2)
መሊእካዮ ኦ እግዝኣብሄር ናይ ስራዊት ጎይታ
ምስጋና ተቐበል ናይ ኣፍና ውሬታ
መዝሙርና ይብጻሕካ ምስናይ ዕልልታ

ምስ ውሓዘ ዘየቋርጽ ፈለግ ህይወት ትዘይነቅጽ
ንዝሰትዮ ጠምጠም ኢሉ ኣይጸምእን ከመይ ኢሉ
ወይኒ መዝሙርካ ኣስትየና ኣይረወናን ንምስጋና (2)

ካብ ንፈልጦ ወይንን ብርዝን ካብ ምብዝሑ ኣይተረኽበን
ካብይ ድኣ ንዝብለና ምንጪ ደስታ ናይ ልብና
ዘምር ዘምር ዘብለና ካባኻ'ዩ ካብ ጎይታና (2)

ውርውር ቅልጽም ንኽበሮ ድኻም የለን ምስ ጀምሮ
ወስ ምስ በልና ንጸናጽል ኣይንስልክን ንኽንቅጽል
ዝምር ውዒልና ተመስየ ዝማሬኻስ ነይጽገብ'የ (2)

ዕድሎትና ናትካ ደስታ ገሊጽናዮ ብቕምስታ
ገጽና በሪሁ ብምስጋና ባሪኽካና ተቐዲስና
ተመስገንካ ምስጉን ጎይታ ዘሚርናልካ ብዘይስቕታ (2)

161.ህይወቱ ምሉእ

ህይወቱ ምሉእ ኣብ እግዚኣብሄር ተወኪሉ
ንእግዚኣብሄር ኣሚኑ ስሙ ጸዊዑ ተሓዲጉ
መልሲ ሲኢኑ ዝብል ዛንታ'ዶ ሰሚዕኩም ትፈልጡ እስኪ ንገሩ
በዘን የዒንትና ኣይረኣናን
በእዛና ኣይሰማዕናን
ኣይተጻሕፈን ኣየንበብናን
ኣቦታትና'ውን ካብ ቀደም
ካብ ጥንቲ ኣይነገሩናን

ተስፋ ቆሪጹ እቲ ድኹም ልብና ኳኺ ከድፍእ
ኩሉ ክጸምም ጸገምና ከይሰምዖ
ኣይሓደገናን ኣይመነነናን (2)
ከምዚ'ኻ ከምቲ ከይበለ ኮይኑና'ዩ መድሕን

ዑረት ኣዕይንተይ ብወገን ዘመደይ ከም መርገም ክቖጸር
ስመይ ምግዱር ኮይኑ ብሰባት ክምረር
ጸልማት ህይወተይ ብኣኻ በሪሁ (2)
ኣብ ውሽጠይ የንጀርብብ ኣሎ ሕሰመይ ጋሊሁ

ዓለም መሪራ ብነብሲ ብስጋ ጾራ ክኸብደኒ
እሾኽ ኣሜከላ ዙርያይ ክኸበኒ
ሽኽመይ ኣቕሊልካ ኣናጊፍካኒ (2)
ንዓኻ ዝህቦ ጐይታይ ኣነ እንታይ ኣሎኒ

ጉድጓድ ኣናብስ ክወርድ ክስንዶ ብምኽሪ ረሲኣን
ዳኒኤል ሞይቱ እዩ ክውረ ባቢሎን
ንግደ ኣስናኖም ኣይወፈየንን (2)
ብዓይነይ ርእየዮ ኣሎኹ ናይ ኣምላኸይ ምድሓን

162. ብሓድነት ንጸውዓዮ

ብሓድነት ንጸውዓዮ እግዚአ ንበል ኮታ
ትርግታ ልብታትና ሓደ ይኹን ሓደ ረምታ
ውህደት ሕብርታትና እዩ'ኮ ናይ ገጹ መልክዕ
ኣብ ፍቕሪ እንድዩ ጐይታ ፍጹም ልቡ ዝርታዕ

ስልማት ሰማይ ወርሕን ከዋኽብትን
ግርማ ትርኢቶም ክነቦም ዝፍትን
ነጸብራቕ ብርሃኖም ዘመና'ውን ጥበብ
ምስጢር ሓድነቶም ሰማያዊ ድባብ

ኦ ደቂ ብርሃን ኦ ደቂ ወንጌል
ስኒት'ዩ መልክዕና በረኸት ዘገንፍል (2)

ለውሃት መንፈሶም ማዕረ ዝዕያሮም
ጥሙራት ልቦም ንቡር እንተዘይገብሩ
ሕብረ ብዙሓን ኣርድእቲ ቅዱሳን
ከመይ ኢሎም ምስ ጸንዑ ኣብ ሓደ ልሳን

ኦ ደቂ ብርሃን ኦ ደቂ ወንጌል
ኣልቦ ፍቕሪ ጉያ ውህበት የለን ኣኽሊል (2)

ኣካል ገረቦም ተፈጢርና ደቂ
ፈልሲ እምነትና ከጕላዕልዕ ጸዲቑ
ኣብ ጉንዲ ወይኑ ጨናፍር ንተኸል
የለን ዝስልዓና ንፋስ ኮነ ማዕበል

ኦ ደቂ ብርሃን ኦ ደቂ ወንጌል
ቃሉ እንድዩ ስታይና ማይ ህይወት ዘፈልፍል (2)

ንጉስ ነገስታት ምስ ከፈተ በሪ
ኮንቱ'ዶ ኣይበልናን ሕይወት ብዘይ ፍቕሪ
ቀንዴል ጽድቅና እንተመልአ ትሩፋት
ሓልዮት'ዩ ብርሃኑ ዓንቀጹ ዝኸፍት

ኦ ደቂ ብርሃን ኦ ደቂ ወንጌል
ሕድገት'ዩ ምስልና ናይ ሓድነት መትከል (2)

163. <u>ኣማን በኣማን ኣማኑኤል ተመስገን</u>

ኣማን በኣማን (2)
ኣማኑኤል ተመስገን መድሃኔ ኣለም ተመስገን (2)

ስጋዊ ትምኒት እናፈጸምኩ
ካብ ሕጊ ኣምላኽ ፍጹም ረሓቕኩ
ሓጢኣተይ ርእዩ ከይንዓቐኒ
ንኽንሳሕ ዕድመ ሂቡኒ

ኣማኑኤል ተመስገን መድሃኔ ኣለም ተመስገን (2)

ሕደጊ ዓለም ኣይተታልልኒ
ካብ ሕጂ ንንየው ሕደግኒ ኢኺ
ብንእስነተይ ናብ እግዚኣብሔር
ምቕራብ መረጽኩ ብኹሉ ነገር

ኣማኑኤል ተመስገን መድሃኔ ኣለም ተመስገን (2)

ኣብ ሓጢኣት ዓለም ዝተጸመድኩም
ብርሃን ዕድሜኹም ዝጸልመተኩም
ነውሪ ሓጢኣት ዓለም ኣብኡ ገዲፍኩም
ንዑ ኣገልግሉ ኣብ ሃይማኖትኩም

ኣማኑኤል ተመስገን መድሃኔ ኣለም ተመስገን (2)

164. ኢ.ራብ ንዓይኒ ማያት

ኢ.ራብ ንዓይኒ ማያት ከምቲ ብህጕ
መሬት ንዘናብ ሰማይ ከም ትጸምኦ
ናባኻ'ዩ ልበይ ሃረርትኡ
ስምካ ንዘለኣለም መግበይ ኮይኑ
እግዚኣብሄር

እግዚኣብሄር ስምካ
ሕብስተ ሂወት'ዩ ንዘበልዖ
ጽዋእ መድሃኒት ንዘሰትዮ

እግዚኣብሄር ስምካ
ስንቂ ኮይኑኒ ኣሎ ንመንገደይ
ኣመቓቒርዎ ንሂወተይ

እግዚኣብሄር ስምካ
ካብ መዓር ካብ ወርቂ ዝሕረዩ
ንውሽጢ ነብሰይ'ውን ሰላም'ዩ

ኢ.ራብ ንዓይኒ ማያት ከምቲ ብህጕ
መሬት ንዘናብ ሰማይ ከም ትጸምኦ
ናባኻ'ዩ ልበይ ሃረርትኡ
ስምካ ንዘለኣለም መግበይ ኮይኑ
እግዚኣብሄር

እግዚኣብሄር ስምካ
ካብ ነገስታት ምድሪ እዛ ዓለም
ዝመሳሰሎ'ውን ኮቶ የለን

እግዚኣብሄር ስምካ
ነናሻዕ ከጽውዕ ይጥዕመኒ
ከምኡ ዝበለ'ሞ መን ኣለኒ

እግዚኣብሄር ስምካ
ኣነስ ከጽውዖ ንዘለኣለም
ጸግበይ ከውለይ እምባይ ኣብዛ ዓለም

ኢ.ራብ ንዓይኒ ማያት ከምቲ ብህጕ
መሬት ንዘናብ ሰማይ ከም ትጸምኦ
ናባኻ'ዩ ልበይ ሃረርትኡ
ስምካ ንዘለኣለም መግበይ ኮይኑ
እግዚኣብሄር

እግዚኣብሄር ስምካ
ንፋስ ማዕበል ባሕሪ ዘህድእ'ዩ
ጽኑዕ ገንቢ'ዩ ንድሕነሉ

እግዚኣብሄር ስምካ
ስምካ ካብ ተሰምየ ኣብ ልዕሌና
መን'ዩ ዝቃወሞ ዘፍርሃና

እግዚኣብሄር ስምካ
ምስ መሰጉም ስምካ ተሞርኪስና
ዕንቅፋት የብልናን ኣብ ቅድሜና

ኢ.ራብ ንዓይኒ ማያት ከምቲ ብህጕ
መሬት ንዘናብ ሰማይ ከም ትጸምኦ
ናባኻ'ዩ ልበይ ሃረርትኡ
ስምካ ንዘለኣለም መግበይ ኮይኑ
እግዚኣብሄር

ኦ እግዚኣብሄር ስምካ ኦ እግዚኣብሄር (2)

165. የሩብ በዓል (ኣንጻር ሰይጣን)

የሩብ በዓል ኮይኑ ስመይ (2)
ቀይርዎ ታሪኸይ ኣንጻር ሰይጣን'ዩ ዕላማይ(2)

ዝነኣስኩ ካብ ቤት ኣቦይ
ኣምላኽ መሪጹኒ
ዝሓመቕኩ ካብ ነገደይ
ኣምላኽ ኣኽቢሩኒ
ንጸላእተይ ከሰንፎም
ጉልበተይ ኮይኑኒ
ብፍቓዱ ብስልጣኑ
የሩብ በዓል ገይርዎ ስመይ

ድምጹ ፍቕሩ ሰሚዐዮ ኣጸናኒዑኒ
ከም ዘይመውት ብቓላቱ መጺኡ ነጊሩኒ
ናይ ኣምልኾ ናይ መሰዋእቲ
ንፍቕሩ ምስጋና
እግዚኣብሄር ሰላመይ'ዩ
የሩብ በዓል ገይርዎ ስመይ

ናይ ጸላእተይ ቁጽሪ ይብዛሕ
ብዘይ መጠን
ናተይ ጉልበተይ ኣምላኽይ'ዩ
ፍጹም ኣይፈርህን
ሓዘን ይኹን ክሕጐስ'የ
ስሙ ጥራይ ምእማን
ብኣምላኸይ ብእግዚኣብሄር
የሩብ በዓል ገይርዎ ስመይ

ሚድያናውያን ይፍከሩ ንሞት ንጥፍኣተይ
ናተይ ኣምላኽ ዝረድእ'ዩ
መጺኡ ኣብ ጭንቀተይ
ኣይፈርህን ኣይሰግእን
ኣነ ካብ ጸላእተይ
ክብሪ ይኹን ንኣምላኸይ
የሩብ በዓል ገይርዎ ስመይ

166. ሓንቲ ቃል

ሓንቲ ቃል ተዛረብ ጐይታ (2)
ይኣምን'የ ኩሉ ከም ዝኾነለይ (2)

ቃንዛ ስጋን ነፍስን ኣመና በርቲዑ
ዓቕለይ ጸቢቡኒ እምብዛ ጸኒዑ
ንድኅነት ዓለይ ሓንቲ ቃል ሃበኒ
ጐይታይ ተዛረብ ድምጽኻ ኣሰምዓኒ
ብዘይ ንስኻ ኣነ መን ኣሎኒ

ዘይከድክዎ የለን መድሃኒት ከናዲ
ምሁራት ረብሪቦም ፈላጣት ናይ ዓዲ
ብዘይ ፍቓድካ ከንቱ ኮይኑ ጉዕዞይ
ተሓሊለ'የ ቃልካ'ዩ ድሌተይ
ተዛረብ ደኣ ጐይታ ንድኅነተይ

ከም ቃል ፍጹም እምነት ' ቲ ሓለቓ ሚእቲ
እጽበ ኣለኹ ምሕረትካ ክሰቲ
ንስኻ እንተኢልካ ዘይኮነልና የለን
ሰማይን ምድርን ብቓልካ ዶ ኣይቆመን
ቃልካ ሃበኒ ጐይታየ ተለመን

ለካ ርህሩህ ኢኻ በዓል ብዙሕ ምሕረት
ንዘለመኑኻ ሳህልኻ ተበርክት
ዓለይ ድሒና ድምጽኻ ሰሚዓ
ልበይ ብሓጐስ ፍጹም ተመሊኣ
ክትውድሰካ እንሆ በቒዓ

167. ኣብ ቤትካ ምንባር ይሕሸና

ኣብ ቤትካ ምንባር ይሕሸና
ቅዱስ መቕደስካ እንዳ ሓሎና
ሳህልኻ ጎይታ ክንጽበ ኢና
ብዘይካኻ'ሞ መን ኣሎና

መና ሰማያት መጊቡና'ዩ
ከውሒ ጨዲዱ ማይ ሂቡና'ዩ
ስለቲ መንክር ሰናይ ግብሩ
ኣብ ቤቱ ንንበር ንሓዋሩ

ንው ብኣምላኽ ደስ ይበለና
ዘይጸባጸብ በደል ሓጢኣትና
ንኹራ ደንጓዪ ርህሩህ'ዩ ፍጹም
ስሙ ይመስገን ኣብ ላዕሊ ኣርያም

መከራ ስቓይ እንተ በዝሓና
ኣብ ቤትካ ጎይታ ክንእከብ ኢና
ንቕዱስ ስምካ ክንውድስ ኢና
ስለዝኾነ ስንቂ ህይወትና

ንጉስ ነገስታት ልዑል ፈጣሪ
ጥዑም ዜማታት ልብና ይዛሪ
ዕልል ንብለልካ ኣብ ሰማይ ኣብ ምድሪ
ኣምላኽ ኣማልኽት ንበር ብኽብሪ

168. ኣቤት መቕደስካ ዘዕበኻኒ

ኣቤት መቕደስካ ዘዕበኻኒ
ንልቦናይ ጥበብ ዝሃብካኒ
ናይ ንእስነተይ ኣምላኽ ኣበይ ኣለኻ
ኣይትግደፈኒ ሓደራኻ

ኣብ ሑጻ ዝቖመ ኮይኑ ቤተይ
ተናቓኒቑ መሰረተይ
እቲ ክፋእ ግብረይ እና ዘከርኩ
ሎሚ ንበይነይ ኮይነ ኣሎኹ

ነግራም እምበር ኮይነ ዓመጸኛ
ሓጢኣት ዘይፈርህ ጉዳመኛ
ነብሰይ ብመከራ ተዋሪዳ
መን ይራኸባ ምስ ኣምላኻ

ወሃቢ ሰላም መድሃኒተይ
ፍቕርን ስኒትን ኣውሪዱለይ
ዓለም ከይትወስደኒ ከምዛ ዋዛ
ደግፈኒ እባ ሓደራኻ

እቶም በደለኛናታት ኩሎም መጹ
ምሕረት ፍቕርኻ እናሓሰቡ
ኣእዳውካ ዘርጊሕካ ሓቑፍካዮም
ሎሚ ብኣኻ ተፈዊሶም

169. ቃልካ ብርሃነ'ዩ

ቃልካ ብርሃነ'ዩ ጐይታ ንእግረይ
ይመርሓኒ'ሎ ንዓይ ኣብ ህይወተይ
ሕግኻ ኣብ ውሽጠይ ተተኺሉ'ሎ
ምሉእ ዘመነይ ይመርሓኒ'ሎ

ክዳን ኮይኑኒ ናይ ሂወት ቃልካ
ኣይቆርርን እየ ምሳይ ከለኻ
መልክዐይ ኢኻ ናይ ውሽጠይ ድምቀት
ግርማ ኮይኑኒ ናትካ በረኸት (2)

ዕርደይ ኩነለይ ክብረይ ስልጣነይ
ናይ ቃልካ ቅኔ ይምላእ ሞሰበይ
ጥዑም ድምጽኻ ኣረስሪሱኒ
ናብ ቤትካ ኣምጺኡ ሂወት ሂቡኒ (2)

ነቲ ማይ ሂወት ዋጋ ኣይከፈሉን
ንኹቡር ቃልካ ዲናር ኣይሃብኩን
ዝጸምአ እንተሎ ይምጻእ ናብ ቤቱ
ምሕረት ክረክብ ብበረኸቱ (2)

ተተኺሉ'ሎ ሕግኻ ኣብ ውሽጠይ
ይመርሓኒ'ሎ ምሉእ ሂወተይ
ቅዱስ ቃልካ'ዩ ግርማይ ሞጎሰይ
ክኽተሎ'የ ንቃልካ ጎይታይ (2)

170. አነ'ውን ክዝምር'የ

ኣነ'ውን ክዝምር'የ ናይ ምስጋና ቅኔ
ናይ ኣምላኺይ ምድሓን ሪአዮ ብዓይነይ
ኣብቲ ላዕላይ ሰማይ ንጽሓይ ዘቘመ
ሎሚ'ውን በጺሑኒ እንዳ ደጋገመ (2)

ኣርዑት'ውን ተሰይሩ ኣነ'ውን ኣምሊጠ
ካብ ሓጢኣት ፍለጻ ካብ ሞት'ውን ወጺአ
ናይ ኣናብስት ኣፍ ዝዓጸወ ብሓይሉ
ናይ ዳኒኤል ኣምላኽ ይነብር ምስ ኲሉ

ናይ ዳዊት ምስጋና ናይ ያሬድ ዝማሬ
ምስ ቅዱሳን ኮይነ ክዝምር ሓቢረ
ንዕኡ ከመስግን ሜልኮል እንተ ሰሓቐት
ንጎይታና ክብሪ ክዝምር ይነብር

ዘፍርሕ ነበልባል በሓይሊ ክነድድ
ነገስታት ኣወጁ ንጣኦት ክሰግድ
ኲሉ ክገድፈኒ ክትጸልኣኒ ዓለም
ጽላል ይኾነኒ ጎይታ መድሃኔ ኣለም

171. እዚ ቁርባን ክቡር'ዩ

እዚ ቁርባን ክቡር'ዩ ፍጹም ሰማያዊ (2)
ከይመስለና ተራ ኣይኮነን ምድራዊ (2)

ኦ ከመይ ዚበለ ኣፍ እዩ ዚቐበሎ
ኦ ከመይ ዚበለ ስኒ'ኸ ዝሓይኮ
ኦ ከመይ ዝበለ ከርሲ እዩ ዚጾሮ
ነበልባል እሳት ፍጹም ዘቃጽል'ዩ
ብንጽህና ኾይኑ ንዘይተቐበሎ
ሰንከልከል ዘብል ዝጎድእ ውን'ዩ

ኣምላኽና ርህሩህ ሓዳግን መሓርን
ብብዝሒ ምሕረትካ ሓጢኣትና ኣይትርኣይ (2)
ኣሜን ኣሜን ኢልና ተቐቢልና ኣለና
ብድፍረት ዘይኮነ ብፍርሓት ቀሪብና (2)

ከነኽብሮ'ሎና ብንጽህና ኮይና
ፍጹም ኣይነቕልሎ ከየቃጺለና (2)

ከምዚ ትርኢዎ እዚ ቁርባን ስርዓቱ
ከም ካልእ ኣይኮነን ዚተቐደሰ'ዩ (2)

ሱራፌል ኪሩቤል ጾወርቲ መንበሩ
ምትሓዝ ኣይከኣሉን ፈሪሖም ንኽብሩ (2)
ንሕናስ ተመጊብና ሂወት'ውን ረኺብና
ብነብስን ብስጋን ሂወት'ውን ኮነልና (2)

ሓጸርቲ ናይ እግዚኣብሄር
ናይ ስላሴ ካብ 148-161

172. ኣማን በኣማን

ኣማን በኣማን (2)
መንግስተ ስላሴ ዘለዓለም (2)

173. እንዘ ይብሉ ይዜምሩ

እንዘ ይብሉ ይዜምሩ በልሳን
ዘኢያረምም(2)
መንግስተ ስላሴ ዘለዓለም (2)

174. ሓይልየ ስላሴ

ሓይልየ ስላሴ ወጸወንየ ስላሴ (2)
በስመ ስላሴ (2) እቀጠቅጥ ከይሴ (2)

175. ንኣምን በኣብ

ንኣምን በኣብ ወንኣምን በወልድ (2)
ወንኣምን (4) ንኣምን በመንፈስ ቅዱስ

176. በስላሴሁ ሓነጸ ጥቅማ

በስላሴሁ (3) ሓነጸ ጥቅማ (2)
ቤተ ማርያም ሰመየ ስማ
በስላሴሁ ሓነጸ ጥቅማ (2)

177. ኩሉ ይሰግድ

ኩሉ ይሰግድ ለስላሴ (2) ኩሉ ይሰግድ (2)
ወይትቀነይ ኩሉ ለመንግስተ ስላሴ
ለስላሴ ኩሉ ይሰግድ (2)

178. ለኣብ ወወልድ ወመንፈስ ቅዱስ

ለኣብ ወወልድ ወመንፈስ ቅዱስ ስብሃት(2)
ለዘኣብጽሃነ (3) እስከ ዛቲ ሰዓት

179. ስብሃት ለኣብ ለኣሃዜ ኩሉ ዓለም

ስብሃት ለኣብ ለኣሃዜ ኩሉ ዓለም
ስብሃት ለወልድ ለገባሬ ኩሉ ፍጥረት
ስብሃት ለመንፈስ ቅዱስ ለዘያርሁ ክረምተ
በበዓመት

180. በስመ ኣብ ወወልድ

በስመ ኣብ ወወልድ ወመንፈስ ቅዱስ (2)
ሃይለ መስቀሉ እትመረጎዝ (2)

181. እምኩሉ ይሃይስ

እምኩሉ ይሃይስ በስላሴከ ተኣምኖ (2)
ወላዲትከ (2) ወበወላዲትከ ተማህጸኖ (2)

182. ኣምላክነስ ኣምላከ ኣድህኖ

ይረድኣነ ኣምላክነ ኣምላክነ ወመድሃኒነ (2)
ኣምላክነስ ኣምላከ ኣድህኖ ስብሓት ለኣብ
ስብሓት ለወልድ (2)
ስብሓት ለመንፈስ ቅዱስ

ይረድኣናዩ ኣምላኽና ኣምላኽናን መድሓኒናን (2)
ኣምላኽናሲ ኣምላኽ ምድሓንዩ ክብሪ ንኣቦ
ክብሪ ንወዲ (2)
ክብሪ'ውን ንመንፈስ ቅዱስ (2)

183. ቅዱስ እግዚኣብሔር

ቅዱስ (3) እግዚኣብሔር
ጸባኦት ፍጹም ምሉእ ሰማያት ወምድረ (2)
ቅድሳተ ስብሃቲከ

184. ኪሩቤል ሰረገላቲሁ

ኪሩቤል ሰረገላቲሁ (2)
ለእግዚኣብሄር (4) ሰቡህ ሰረገላቲሁ (2)

185. በዝማሬ ወበመሰንቆ

በዝማሬ ወበመሰንቆ ግነዩ ለእግዚኣብሄር(2)
እስመ ባሕቱ ኣልዓለነ በብዝሀ ምህረቱ (2)
ኣምላክነ ኣምላከ ክብር (2)

186. ነመስግኖ ንእግዚኣብሔር

ነመስግኖ ንእግዚኣብሔር ኣምላኽና (2)
ንሱ'ዩ ዝደሊ ካባና (2) እህ

187. ንሴብሖ / ነመስግኖ

ንሴብሖ (2) ለአግዚኣብሔር
ስቡሃ ዘተሰብሃ (2)

ነመስግኖ (2) ንእግዚኣብሔር
ምስጉንዩ ዝተመስገነ (2)

188. መዝሙር ናይ ዳዊትን

መዝሙር ናይ ዳዊትን ቅኔ ናይ ያሬድን
ቅዱስ ቅዳሴ መላእኽትን
ዝተቐበልካ ኣምላኽ ናትና'ውን መዝሙር
ተቐበል (2)
ጸሎትና ተቐበል (2)

189. ኣንታ ደስ ኢልኩም'ዶ

ኣንታ ደስ ኢልኩም'ዶ (2) ኣሰይ ደስ ኢሉና
እግዚኣብሄር ይመስገን (2) ነዚ ዘርኣየና

190. ቃልካ ሰሚዐ

ቃልካ ሰሚዐ ህይወት ንኽረክብ (2)
ምስትውዓልካ ሃበኒ ጥበብካ (2)

191. በከመ ይቤ ዳዊት

በከመ ይቤ ዳዊት በመዝሙር (2)
ኣንተ ካህኑ ለኣለም (2)

192. ንዓመታ የጽንሓና ጎይታ

ንዓመታ የጽንሓና ጎይታ ኣሜን (2)
ከምዚ ንዓመታ (2) የጽንሓና ጎይታ

ያጽንሃነ ኣመ ከመ ዮም ኣሜን (2)
ኣመ ከመዮም እግዚኣብሔር

193. ለኣለም ኣለም ይሄሉ

ለኣለም ኣለም ይሄሉ ምስሌሁ (2)

194. እግዚኣብሔር ሓላዊናዩ

እግዚኣብሔር ሓላዊናዩ ጓሳየናዩ
ኣብ በረኻ ኣብ ስደት (2) ኣብ ዝኾነ ቦታ

195. እግዚኣብሔር ሓላውየይ

እግዚኣብሔር ሓላውየይ ይመርሓኒ (2)
ኣብ ጽምዋ ኣብ ዕረፍቲ ንዓይ ይመርሓኒ(2)

196. እግዚኣብሔር ይመስገን

እግዚኣብሔር ይመስገን (4)
ኣብዚ ዘብጽሓና (2) ይመስገን ጐይታና

197. ይትባረክ እግዚኣብሄር

ይትባረክ (2) እግዚኣብሄር
ዘብጽሓና ናብዚ ዓመት ናብዚ ወርሒ
ናብዚ ዕለት

198. ኢየሱስ ክርስቶስ

ኢየሱስ ክርስቶስ መጽአ ወስተ ዓለም (2)
በብርሃኑ ንዑ ናንሶሱ

199. እግዚኣብሄር ይትባረክ

እግዚኣብሄር ይትባረክ (2)
ወይትኣኮት ስሙ (2)
ቤዛ ዓለሙ ቤዛ (2) ዘፈጠረ ለቤዛ ዓለሙ(2)

200. ምስጋና ኣሎና

ምስጋና ኣሎና ንዓኻ ኣምላኽና (2)
ገና ደጋጊምና እንደገና(2)ስለ ዘድሓንካና(2)

ውዳሴ ኣሎና ንዓኺ ኣዴና (2)
ገና ደጋጊምና እንደገና (2) ጎይታ
ወሊድክልና(2)

201. እግዚኣብሄር ፈጣሪና

እግዚኣብሄር ፈጣሪና ጐይታ ሰማይ ጐይታ
ምድሪ (2)
ንመንግስትኻ (2) ፍጹም ወሰን የብሉን (2)

202. ኢትግድፈኒ ወኢተመንነኒ

ኢትግድፈኒ (2) ወኢተመንነኒ
ኣምላከ ሰላም ተራድኣኒ (2)

እግዝእትነ (2) ነጽሪ ሃቤነ
ሰላመ ወልድኪ ይሃሉ ምስሌነ (2)

203. በእስመ ዚኣከ

በእስመ ዚኣከ ይትፈስሑ ዮም (2)
ታቦር ወኣርሞንኤም (2)

204. እግዚአብሔር ሰናይ'ዩ

እግዚአብሔር ሰናይ'ዩ ኣብ ግዜ ጸበባ
ጸግዐይ'ዩ (2)
ብልቦም ንዝጽውዕዎስ ቀረባኦም'ዩ (2)

205. ሓይልየ ስላሴ

ሓይልየ ስላሴ ወጸወንየ ስላሴ
ብስመ ስላሴ (2) እቀጠቅጥ ከይሴ (2) እህ

206. እንዘ ይብሉ

እንዘ ይብሉ ይዘምሩ በልሳን ዘኢያርምም (2)
መንግስተ ስላሴ ዘለኣለም (2)

207. መዝሙር ናይ ዳዊት

መዝሙር ናይ ዳዊት ቅኔ ናይ ያሬድ ቅዳሴ
መላእክት
ዝተቀበልካ ኣምላኽ (2)
ናትና'ውን መዝሙርና ተቀበል

208. ነቕርበሉ ንኣምላኽ ምስጋና

ነቕርበሉ ንኣምላኽ ምስጋና
ንኣምላኽ ምስጋና (2)
ነቕርበሉ ንኣምላኽ ምስጋና

209. እግዚአብሔር ይመስገን ነዚኣ

እግዚአብሔር ይመስገን ነዚኣ መዓልቲ
ቀዲሱ ዝሃበና
ካብ ዝነበርናዮ ኣኪቡ (2)
ናብዚ ዘብቀዓና (2)

210. ዘሰማየ ገብረ

ዘሰማየ ገብረ ሰማየ ገብረ ወምድር ሳረረ (2)
ኣልቦ ዘይምስልል ለኣምላክነ (2)

211. ንኹይታይ

ንኹይታይ እግዚኣብሄር ስለ ዝሃበኒ እንታይ
ከህቦ'የ
ምስጋና'ዩ እምበር ካልእ እንታይ ከህቦ'የ

212. ሓይሊ ናይ እግዚአብሔር

ሓይሊ ናይ እግዚአብሔር ምድሓን ናይ
እግዚአብሔር ጥበብ ናይ እግዚአብሔር (2)
ኣይንምካሕን ብሓይሊ ጥበብና
እግዚአብሔር እዩ'ቲ መመኪሒና (2)

213. ጽርሃ ጽሆ ወትቤ

ጽርሃ ጽሆ ወትቤ (2)
ኣምላኽ ሰላም ተረዳኣነ (2)

214. ሃበነ እግዚኦ ኣእይንተ ኣእምሮ

ሃበነ እግዚኦ ኣእይንተ ኣእምሮ
ወትረ ኪያከ የርኣያ
ወእእዛንነሂ ቃለ ዘባሕቲትከ ይስምኣ

215. የማኑ ተሓቁፈኒ

የማኑ ተሓቁፈኒ ወጸጋሙ ታሕተ ርእስየ(2)
ትብሎ መርዓት ትብሎ (2)
መርዓት ለመርዓዊሃ (2)

216. ትዌድሶ መርዓት

ትዌድሶ መርዓት ወትብሎ (2)
ወልድ እሁየ ቃልከ ኣዳም (2)

217. ኣቀድም ኣእኩቶቶ ለእግዚአብሔር

ኣቀድም ኣእኩቶቶ ለእግዚአብሔር
በእንተ እግዚእነ ኢየሱስ ክርስቶስ (2) እህ
ካብ ኩሉ ኣቐዲምና ንኣምላኽ ነመስግን
ኣሜን ነዘለኣለም እግዚአብሔር ይመስገን
(2) እህ

218. ስብሓት ለኣምላክነ

ስብሓት ለኣምላክነ ወመድሃኒነ (2)
ወኣልኣልነ ሕሊናነ (2)

219. ስብሃት ለእግዚአብሔር

ስብሃት ለእግዚአብሔር ኪያነ ዘፈጠረ ከመ ናምልኮ
ስብሃት ለማርያም እመ ኣምላክ እግዝእትነ ወመድሃኒትነ
ስብሃት ለመስቀል ክርስቶስ ዕጸ መድሃኒት ሃይልነ ወጸወንነ

220. ኲሉ ዘፈቀደ ገብረ እግዚአብሔር

ኲሉ ዘፈቀደ ገብረ እግዚአብሔር (2)
ብሰማይኒ ወበምድርኒ ወበባህርኒ
ወበኲሉ ቀላያት ቀላያት (2)

221. ጸውዓኒ ክምልሰልካ

ጸውዓኒ ክምልሰልካ ዘይትፈልጦ ሕቡኡን
ስዉርን ምስጢር ክገልጸልካ (2)
ኣነ ኣምላኽካ ኣምላኽ እስራኤል ኣነ
ኣምላኽካ እብል ኣለኹ (2)

222. ኢጸውዓከ እግዚእየ

ኢጸውዓከ እግዚእየ ኢየሱስ ክርስቶስ (2)
ጸግወኒ ስእለትየ (2)

223. ኖላዊ ትጉህ

ኖላዊ ትጉህ ዘኢትነውም (2)
ማሕበረነ (2) ዕቀብ በሰላም

ፍጹም ዘይትድቅስ ርህሩህ ኢኻ ጓሳና
ሓልወና ብሰላም ነዛ ማሕበርና (2)

224. በልዎ ለእግዚአብሔር

በልዎ ለእግዚአብሔር በልዎ (2)
ግሩም ግብርከ (2)
በልዎ ለእግዚአብሔር (2)

225. አ ኣባ ቅዱስ እቀበሙ

አ ኣባ ቅዱስ እቀበሙ (2)
በስምከ ወበሓይልከ እቀበሙ (2)
ከመ ይኩኑ ኣሓደ ብነ ከማነ (2) ከመ ይኩኑ (2)

226. ሃበነ ሰላመከ

ሃበነ ሰላመከ(2) ሰላመከ ንጸውእ ስምከ(2)
ሃበነ ሰላመከ(2) ሰላመከ ንጸውእ ስምከ(2)
ዘኢትነውም ትጉህ ኖላዊነ ሔር (2)

227. ወዘምሩ ለስሙ

ወዘምሩ ለስሙ(2)ሃቡ ኣኮቴተ ለስብሐቲኡ(2)
በልዎ ለእግዚአብሔር ግሩም ግብርከ (2)

228. እስመ ሰትየ ደሙ

እስመ ሰትየ ደሙ ወበልዓ ስጋሁ (2)
ለዓለመ ዓለም ይሄሉ ምስሌሁ (2)

229. ኣንተ ሙሰ ንበሩ

ኣንተ ሙሰ ንበሩ ሃገረ ኢዮርሳሌም (2)
እስከ ተለብሱ ሓይል እምኣርያም (2)

230. ካብ ኲሉ ኣቐዲምና

ካብ ኲሉ ኣቐዲምና ንኣምላኽ ነመስግን (2)
ኣሜን ንዘለኣለም እግዚኣብሄር ይመስገን(2)

231. ኤርትራ ታበጽህ

ኤርትራ ታበጽህ እጸዊሃ (2) ሃበ
እግዚኣብሄር (2)
እንዘ ትብል ኣምላክየ (2) ነጽረኒ ወኣድህነኒ
እመ ሓይለ ወጸላኢ ወጸር (2)

232. ጸውዖ እግዚአ ለኣዳም

ጸውዖ እግዚአ ለኣዳም ወይቤሎ (2)
ኣዳም (2) ኣበ ኩሉ ዓለም (2)

233. ዝንቱ ኩሉ ኮነ በሰማይ በምድር

ዝንቱ ኩሉ ኮነ (2) በሰማይ ወበምድር (2)
በፈቃደ (4) እግዚኣብሔር (2)

234. ዝንቱ ኩሉ ኮነ በደብረ ገነት

ዝንቱ ኩሉ ኮነ (2) በደብረ ገነት (2)
በፈቃደ (4) እግዚኣብሄር (2)

235. ኣቀድም ኣእኲቶቶ

ኣቀድም ኣእኲቶቶ ለእግዚኣብሔር 2)
በእንተ እግዚእነ ኢየሱስ ክርስቶስ (2)

ካብ ኩሉ ኣቐዲምና ንኣምላኽ ነመስግን (2)
ኣሜን ንዘለኣለም እግዚኣብሄር ይመስገን(2)

236. መጽአ መርዓዊ

መጽአ መርዓዊ ፍስሓ ለኩሉ (2)
በሰላም (3) ጻኡ ተቀበሉ (2)

237. መጽአ ዘመጽአ እምላእሉ

መጽአ ዘመጽአ እምላእሉ (2)
መርዓዊ መጽኣ (2) ተቀበሉ ጻኡ ተቀበሉ (2)

238. ሕገ ሰብእናሁ ዓቀበ

ሕገ ሰብእናሁ ዓቀበ (2) በተደንግሎ (2)
በወንጌል ዘሀሎ (2) ፈጸመ
በወንጌል ዘሀሎ (2)ስ

239. ባርከኒ ኣባ

ባርከኒ ኣባ ለወልድከ ዝኬ (2)
እስመ ልማዱ ውእቱ ለመምህር ቡራኬ (2)

240. ትክበር ነፍስየ

ትክበር ነፍስየ በቅድሜከ ዮም (2)
ባርከኒ ኣባ (5) ብእሴ መምህር (2)

241. <u>ኣማኑኤል ስምከ ልዑል</u>

ኣማኑኤል ስምከ ልዑል (2)
ስምከ ልዑል (4) ኣማኑኤል ስምከ ልዑል
ማርያም ስምኪ ጥዑም (2)
ስምኪ ጥዑም (4) ማርያም ስምኪ ጥዑም
ሚካኤል ሊቀ መላእክት (2)
ሊቀ መላእክት (4) ሚካኤል ሊቀ መላእክት
ገብርኤል ኣብሳሬ ትስብዕት (2)
ኣብሳሬ ትስብዕት (4) ገብርኤል ኣብሳሬ ትስብዕት
ሩፋኤል ፈታሄ ማህጸን (2)
ፈታሄ ማህጸን (4) ሩፋኤል ፈታሄ ማህጸን
ተክለ ሃይማኖት ሓዲስ ሓዋርያ (2)
ሓዲስ ሓዋርያ (4) ተክለ ሃይማኖት ሓዲስ ሓዋርያ

ናይ ድንግል ማርያም

ነዋሕቲ ናይ ድንግል ማርያም
ናይ ኪዳነ ምሕረት መዝ. 436 - 443

242. <u>ኪዳነ ምሕረት ንኤርትራ</u>

ኪዳነ ምሕረት ንኤርትራ ለምንልና ምሕረት
ክንረክብ ቅሳነት ኣድሕንና ካብ ዓለም
ምዓት

ቃል ኪዳን ዘለኪ ኪዳነ ምሕረት
ናይ ዘለኣለም ኪዳነ ምሕረት
መሓበኒት ኢኺ ኪዳነ ምሕረት
ንፍጥረታት ዓለም ኪዳነ ምሕረት

ቅድስተ ቅዱሳን ኪዳነ ምሕረት
ትንቢት ነብያት ኪዳነ ምሕረት
ናይ ሃዋርያት ሞጎስ ኪዳነ ምሕረት
ኣደ ናይ ሰማእታት ኪዳነ ምሕረት

ኤፍሬም ብውዳሴ ኪዳነ ምሕረት
ንዘመስገነኪ ኪዳነ ምሕረት
ደመና ናይ ኤልያስ ኪዳነ ምሕረት
ድንግል ንስኺ ኢኺ ኪዳነ ምሕረት

መድሓኒ ምስ መጸ ኪዳነ ምሕረት
ሰይጣን'ውን ሓፊረ ኪዳነ ምሕረት
ናይ ዜና ኣበሳሪ ኪዳነ ምሕረት
ገብርኤል ነባሪ ኪዳነ ምሕረት

ናይ በሓቂ መልኣኽ ኪዳነ ምሕረት
ምኽኑ ርኢኺ ኪዳነ ምሕረት
ይኹነለይ ኢልኪ ኪዳነ ምሕረት
ቃል ተቀቢልኪ ኪዳነ ምሕረት

ብጽንዓት ክንሓልፎ ኪዳነ ምሕረት
እቲ ለይቲ ግርማ ኪዳነ ምሕረት
ምእንታን ክንኣቱ ኪዳነ ምሕረት
ኣብ ከተማ ጻድቃን ኪዳነ ምሕረት

ንክንለብስ ፍቅሪ ኪዳነ ምሕረት
ከም ሃዋርያት ኪዳነ ምሕረት
ከማኺ ትሕትና ኪዳነ ምሕረት
ጽንዓት ከም ሰማእታት ኪዳነ ምሕረት

243. <u>ኪዳነ ምሕረት</u>

ኣምላኽ ምእንታይ ቃል ኪዳን ዝሃባ
ተስፋ ናይ ወዲ ሰብ ኪዳነ ምሕረት'ያ

ድንግል ብጸሎትኪ ዘክርና ኢኺ
ምሕረት ከውርደልና'ቲ ቅዱስ ወድኺ

ካባኺ ዝወጸ ናይ ማህጸንኪ ፍረ
ብኽቡር ደሙ እንድዩ ንዓለም ዘኽበረ

ካህናት ብኽበሮ ድንግል ዘመስገኑኺ
ንሕና ብዕልልታ ክንዝምር ንዓኺ

ስምኪ ዝኸበረ ኪዳነ ምሕረት
ወላዲት ኣምላኽ ኣደ ፍጥረት ኣደ

244. <u>ኣዴና ኪዳነ ምሕረት</u>

ኣዴና ኪዳነ ምሕረት
ናይ ዓለም ኩሉ መድሓኒት (2)

ቅድስተ ቅዱሳን **ንጽህት**
ንስኺ ናይ ኣምላኽና **ወላዲት**
ኣምላኽና መሪጹኪ **ፍልይቲ ጌሩ**
ብዘደንቕ ምስጢሩ **ተዋሂዱኪ**
ብዘይሕማም ወሊድክዮ **ድንግል ኮይንኪ**
ኣደ ኣደ **ድንግል ኣደ**
ሓልውና **ኣብ ሃይማኖትና**

ድንግል ኣዴና ኣደ ብርሃን
ቅድስተ ቅዱሳን ንዓና ኣማላድልና (2)

245. <u>ኪዳነ ምህረት ንግስቲ ኹሉ</u>

ኪዳነ ምህረት ንግስቲ ኹሉ (2)
ምጽእና ኣብ ዘለናሉ (2)

ኣብቲ ልዕሊ ሰማይ ዘሎ መሕደሪኺ (2)
ዝማሬ ዝመለአ ናይ ዘለኣለም ቤትኪ
ፍጥረታት ናይ መሬት <u>ማርያም ማርያም ይብሉኺ</u> (2)
ኣደ ናይ ቓል ኣደይ ማርያም ምጺ ብሰረገላኺ

ካብ (ወደብ ይስማዕ) ካብ ናይ ፍቕሪ ዓውዲ (2)
ከባቢ ናይ ሰላም ከተማ ናይ ሓቂ
ሰኣሊለነ ቅድስቲ ውዳሴ እስማዕ
ምስ ሚካኤል ምስ ገብርኤል ምጽእልና ካብ ራማ

ዘረፍረፍ ከዳንኪ ይወርድ ካብ ሰማይ (2)
ንብዓትና ይትሓንሰስ ብናትኪ ኣማላድነት
ዝማሬ ናይ ጽዮን ተመልአት ነፍስና
ንዒ (2) ንበል ከምቶም ኣቦታትና (2)

ፍጥረታት ከድሕኑ ብኣማላድነትኪ (2)
ናይ ዘለኣለም ኪዳን ኣማኑኤል ሂቡኪ
ትውልዲ ኣሚኖም ብጽእቲ ይብሉኺ
ኣደይ መመከሒተይ ሙርኩሰይ ኬንኪ ኢኺ (2)

ናይ ልበይ ከካፍለኪ ሰሚዕኪ ሱቕ ኣይትብልንን (2)
ንሽጉር ርኢኺ ልብኺ ኣጭክንን
ካብ ቓሕ ስም ቀልጢፍኪ ተርክብሉ ኢኺ
ካብ ሓዘን መከራ ከተዕርፍዮ ኢኺ (2)

246. <u>ነዚ ኹሉ ጸጋ</u>

ነዚ ኹሉ ጸጋ ዝተዓደልኪ ኣደ
ንዓለም ዘድሓንኪ ንጽህት እመቤት
ክብርኺ ብዙሕ እዩ ኪዳነ ምሕረት (2)

ካብ ፍጡራን ንላዕሊ ቅድስና
ቃል ሰብ ዘይገልጾ ልዕልና
ጊዜ ዘይስዕሮ ድንግልና

ንማንም ዘይተዋህበ ቅድስና
ካብ ኩሎም መላእኽቲ ልዕልና
ብነቢያት ትንቢት ድንግልና

ኣብ ልዕሊ መላእኽቲ ቅድስና
ኣብ ትሕቲ ፈጣሪ ልዕልና
ካብ ኩለን ኣንስቲ ድንግልና

247. አብ ደገ ኮይነ እጽበ

ኣብ ደገ ኮይነ እጽበ ኪዳነ ምህረት
ይጽናናዕ ይሕጎስ ብልበይ
ኣደ ኣምላክ ጽዮን ማርያም
ጸግዐይ ኩንኒ ኣብ ኩሉ ዘመነይ (2)

ናይ መከራ ዘመን ሓሊፉ ከም ዋዛ
ናበኺ ለጊበ ድንግል ናተይ ቤዛ
ብምሕረት ወድኺ ብናትኪ'ውን ጸሎት
ባርያኺ ኣድሕንዮ ካብቲ ካልኣይ ሞት

"ኣደየ ስምኪ ክጽውዕ ሓዘነይ ንኹሉ ይርስዕ
ንብዓተይ ቅድሜኺ ፈሲሱ ብኢድኪ ኩሉ ተደሪዙ" ሰለም ለኪ

ልበይ ተመሲጡ በቲ ናትኪ ፍቕሪ
ኣብ ቅድሚ ጸላእተይ ምድሓንኪ ከውሪ
ብለውሃት ፍቅርኺ ተመሲጠ'ለኹ
ዘመነይ ከሕልፎ ስምኪ እንዳጸዋዕኩ

"ኣደየ ስምኪ ክጽውዕ ሓዘነይ ንኹሉ ይርስዕ
ንብዓተይ ቅድሜኺ ፈሲሱ ብኢድኪ ኩሉ ተደሪዙ" ሰለም ለኪ

ኢደይ ባዶ ምስ ኮነ ፈተውተይ ሃደሙ
ካባኪ ክፈልዩኒ ብዙሕ'ውን ደለዩ
ንሳ ከም ትህበኒ በሉ ተዓዘቡ
ኣደ ኣላትኒ ንዮሴየፍ መዝገቡ

"ኣደየ ስምኪ ክጽውዕ ሓዘነይ ንኹሉ ይርስዕ
ንብዓተይ ቅድሜኺ ፈሲሱ ብኢድኪ ኩሉ ተደሪዙ" ሰለም ለኪ

ኣብ ዓውደ ምሕረቱ ኮይነ ይጽውዓኪ
ምስጋና ይብጸሕኪ ምስ ፍቁር ወድኺ
ንሓሳብኪ ምንም የለን ዝመስሎ
ዕረፍቲ ዝህበኒ ካልእ'ሞ መን ኣሎ

"ኣደየ ስምኪ ክጽውዕ ሓዘነይ ንኹሉ ይርስዕ
ንብዓተይ ቅድሜኺ ፈሲሱ ብኢድኪ ኩሉ ተደሪዙ" ሰለም ለኪ

248. <u>ጸምረ ጌዴዎን</u>

ጸምረ ጌዴዎን ጠለለት ብብስራት ገብርኤል (2)
ወላዲቱ ኮነት ንእግዚኣብሄር ቃል
ትስመ ዘለዓለም እመ ኣማኑኤል

ጊዜኡ ኣኺለ ትንቢት ኢሳይያስ
ኣብ ድንግል ሓደረ ወልደ እግዚኣብሄር ቅዱስ
የለን ዝሰኣኖ በለ ቅዱስ ገብርኤል
ባርነት ኣብቅዐ ማእሰርቲ ናይ ሲኦል
ከመስግን ጀመረ ኣዳም'ውን ኪዕልል

ኣምላኽና ዘርኣዮ ንነቢይ ሕዝቅኤል
ብዕጽውታ ትንበር ከም ዝበለ እቲ ቃል
ከም ምርኣይ ከም ዓይኒ ከም ምስማዕ ከም እዝኒ
ኣብ ድንግል ሓደረ ናይ ኩሉ ፈጣሪ
ንበይና ጠለለት ልክዕ ከምቲ ጸምሪ

ዕጸ ጳጦስ ሙሴ ዝረኣያ ኣብ ሲና
ሓዊ እናነደደት ምንም ዘይም኿ና
ድንግል ንመለኮት መሕደሪቱ ኮነት
ዳዊት ከም ዝበሎ ስለ ዝተባህገት
ከተማ እግዚኣብሄር ጽዮን'ውን ተሰምየት

249. ብወድኺ ማርያም

ብወድኺ ማርያም ካብ ሞት ድሒና
ካብ ድቕድቕ ናይ ጸልማት ናብ ብርሃን ኣውጺኡና
ብዝኣተወልኪ ቃል ኪዳን ድሒንና

ናይ ኣዳም ተስፋ ማርያም
ናይ ኖህ ቃል ኪዳን ማርያም
ናይ ሴም ቡራኬ ማርያም
ናይ ኣብርሃም ድንኳን ማርያም
ኩሉ ይጽውዓኪ ኣደየ እንዳበለ
ናይ ኣምላኽ ኪሩቤል ድንግል ማርያም ኢኺ

ናይ ጎይታ መዕረፊት ማርያም
ንጽህቲ መርዓት ማርያም
ብቀትርን ለይትን ማርያም
ኩንኒ መጸግዒት ማርያም
መጎሰይ ኢኺ ናይ ህይወተይ ዋሕስ
ማርያም ይብለኪ ንግሆ ምሸት

ናይ ጌዴዎን ጸምሪ ማርያም
ናይ ኣሮን በትሪ ማርያም
መንግስተ ሰማይ ማርያም
ሃገረ እግዚኣብሔር ማርያም
ምስጢራዊት ኢኺ ኩሉ ትፈልጢ
ሓጥያተይ ከይበዝሕ ካባይ ኣይትርሓቂ

ናይ ሽታ መእዛ ማርያም
ናይ ሳሙኤል ቀርኒ ማርያም
ናይ ጻድቃን መጎስ ማርያም
ናይ ጻድቃን ኣኽሊል ማርያም
ሓዘነይ መጽንዒት ድንግል ትምክሕተይ
ህይወተይ ከይከስር ባርኽኒ ኣደይ

250. ኪዳነ ምሕረት ናትና መመኪሒት

ኪዳነ ምሕረት ናትና መመኪሒት
ኣብ ሽግርና ብጽሕና ንዒ ኣጽልልና
ብህይወት ከይንጠፍእ ብነብሲ ምስ ደኽምና
ኪዳንኪ ኣሚንና ሓገዝኪ ሓቲትና (2)

ኣዚና መስኪንና ሰባት እንተረኣዩና
እኹል ትርፊ ጥሪት ካብ ዘይህልወና
ንስኺ እንተሊኺ ቆፎና ምሉእ'ዩ
ዝተማሕጸነክስ ሓፊሩ ኣይፈልጠን'ዩ

ዲያብሎስ ሓሳቡ ኣብ ልብና ክሰፍር
ባህግና ተገፊዑ ኣብ ሰናኦር ክንነብር
ንኣክኣብ ደመዙ ዕድኡ ዝኸፈልኪ
ሞይትና ከይንተርፍ ድንግል ሓደራኺ

ወገን የለን ዘመድ ፍጹም ዘይንስኺ
ኣብ ዓለም ክንሸገር ንዓና ረዳኢት
በርትዑ በልና ድንግል ደግፍና
ንዕርቕቲ ህይወትና ብጸጋ ከደንልና

ነፍስና ክትቐደስ ካብ ዓለም ወጻኢ
ካብ ሰኬም ክትሰደድ ናብ ቤትኤል መጺኣ
ምርኩስና ኢልናኪ ድንግል ናትና ጸግዒ
ኣሰር ኢዮኣትም ንሕና ንመጸኪ

251. ውዕለትኪ ድንግል

ውዕለትኪ ድንግል በዚሑኒ እዩ
ሓያል ፍቕርኺ ማሪኹኒ'ዩ
ተንበርኪኸ'የ ስለ ፍቕርኺ
ክዝምር'የ ንኽቡር ሽምኪ

ኣነስ ኣይጠምን ከቶ ኣይጸምእን
ጸጋኺ ሒዘስ ገለ ኣይከውንን
ኣይከብደንን እዩ መከራ ዓለም
ወድኺ ሒዘስ መድሓኔ ዓለም

ትርጉም ረኺቡ ምሳኺ ጉዕዞይ
ኣትየ ከወጽእ ከፊተ ገዛይ
ናይ ተስፋ ጽዋእ መሊኣ ኣትሪፊ
እቲ ሕዙን ልበይ ብኣኺ ኣዕሪፉ

ናይ ግብጺ ስደት ዉዑይ ንብዓትኪ
ማሪኹኒ'ዩ ለዋህ ፍቕርኺ
ኣይሓፍርን'የ ኣድኒነ ርእሰይ
ንድንግል ሒዘስ ንማርያም ኣደይ

ቅዱስ ኣእዳውኪ ማሪኹኒ'ዩ
ውሽጠይ ሓዲሱ ፈዊሱኒ'ዩ
ናይ ሴም ምሳሌ ሽፋኒት ጉደይ
ተሓዲሳ'ያ ሎሚ ህይወተይ

252. ቋንቋይ ኢኺ ድንግል

ቋንቋይ ኢኺ ድንግል ልሳን ናተይ
መልሲ ዝረኽበልኪ ካብ ኣምላኸይ (2)
ብኣኺ ቀሪበ ናብ ኣዶናይ
ቤተይ ብበረኸት መሊኡለይ (2)

በየናይ ምግባረይ ቅድሚኡ ዝቖምኩ
ብቅዓት መዓስ ኮይኑ ስሙ ተጸዋዕኩ
ንዓኺ ሒዘ'የ ድንግል ረዲኤተይ
ስለ ቃልኪዳንኪ ትድሕን ህይወተይ

ናብራ ቅድስና ካባይ ተሰዊሩ
ብስርቂ ብሓሶት ውነይ ተኣሲሩ
ብልመና ድንግል ኣደ ብዙሓት
እንሆ እዝምር ከም ኩሎም መላእክት (2)

ብስምኪ ለሚኑ ዝሓፈረ የለን
ብኣኺ ዘይከብር ሰብ'ውን ኣይርከብን
ኣነስ ብምግባረይ ፍረ'ኳ ዘይብለይ
ስምኪ እንተጸዊዐ ይሕደስ'ዩ ሓይለይ (2)

ሰላመ'ለኪ ኢለ ክጅምር ጸሎተይ
ፍስሃ ይዓስሎ መላእ ሰብነተይ
ከም ኤፍሬም ሶርያዊ ከቕርብ ምስጋና
ንልዑል እግዚኣብሔር ንሓያል ኣምላኽና

253. ለምንልና

ለምንልና (3) ናይ አምላኽ አደ (2)
ድንግል ማርያም ማርያም እህ
ድንግል ማርያም እመ ብዙሃን

ናይ ሓደራ (2) ናይ ቓል ኪዳን
ናይ ኩላትና አደ (2)
መፍቐሪት ሰብ ኢኺ ማዕከን ለውሃት እህ
ጠበቓ ጥቑዓት ልሳን ናይ ድኻታት (2)

ክብሪ አሎና ጺጋ አሎና
ተስፋ አሎና ብልማኖኺ (2)
ካብ መዓት ናይ ሰዶም ናይ ጎሞራ እህ
መድሓኒት ዝሓደገልና ይመስገን ጐይታና (2)

254. ማርያም ድንግል

ማርያም ድንግል (2) ማርያም ድንግል
ማርያም ድንግል (2) ወላዲት ቃል

በስመ ኣብ ኢለ ክጅምር ጸሎት	ማርያም ድንግል
ውዳሴን ምስጋናን ዓሰርቱ ቃላት	ማርያም ድንግል
አረ ነዓ (3) በሰላም	ማርያም ድንግል
ኣቦ ናይ ኩላትና መድሓኔ ዓለም	ማርያም ድንግል
አረ ነዓ (3) ክርስቶስ	ማርያም ድንግል
ምስ ፍቁር አቦኻ ምስ መንፈስ ቅዱስ	ማርያም ድንግል
አረ ንዒ (3) ብደመና	ማርያም ድንግል
ኣደ ናይ ኩላትና ርህርህት ሕልና	ማርያም ድንግል
አረ ንዒ (3) ወሃቢት መና	ማርያም ድንግል
ቅድስተ ቅዱሳን ማርያም ኣዴና	ማርያም ድንግል
አረ ንዒ (3) እመ ብዙሓን	ማርያም ድንግል
ምስለ ኣማኑኤል ቂምኪ በየማን	ማርያም ድንግል

አረ ነዓ (3) በኣክሊል ማርያም ድንግል
ሊቀ መላእክት ቅዱስ ሚካኤል ማርያም ድንግል

አረ ነዓ (3) ብብስራት ማርያም ድንግል
ቅዱስ ገብርኤል ኣብሳሬ ትስብእት ማርያም ድንግል

አረ ነዓ (3) ምስካየ ሕዙናን ማርያም ድንግል
ቅዱስ ሩፋኤል ፈታሔ ማሕጸን ማርያም ድንግል

አረ ነዓ (3) ዑራኤል ኣቦና ማርያም ድንግል
በደም ናይ ጎይታና ንኽትቅድሰና ማርያም ድንግል

አረ ነዓ (3) በፈረስ ማርያም ድንግል
ኣቦ ናይ ኩላትና ቅዱስ ጊዮርጊስ ማርያም ድንግል

አረ ነዓ (3) ኣቡነ ኣረጋዊ ማርያም ድንግል
ዓለም ዝመነንካ ፍጹም ባሕታዊ ማርያም ድንግል

አረ ነዓ (3) በጸሎት ማርያም ድንግል
ኣቦ ናይ ኩላትና ተኽለሃይማኖት ማርያም ድንግል

አረ ነዓ (3) ሊቀ ዲያቆናት ማርያም ድንግል
ቅዱስ እስቲፋኖስ ቀዳሜ ሰማዕት ማርያም ድንግል

አረ ነዓ (3) ብመንፈስ ማርያም ድንግል
ኣቦ ናይ ኩላትና ቅዱስ ጳውሎስ ማርያም ድንግል

አረ ንዒ (3) ለኣስኬማ ማርያም ድንግል
ኣደ ናይ ኩላትና ቅድስት ኣርሴማ ማርያም ድንግል

255. ድንግል ማርያም ቤዛዊት

ድንግል ማርያም ቤዛዊት
ናይ ዓለም ኩሉ መድሓኒት
ሰኣሊ ለነ እናበልኩ
ንስምኪ ይጽውዕ ኣለኹ

ሓያል ፍቕርኺ ማሪኹኒ
ከመስግነኪ ባርኸኒ
ከም ናይ ኤልሳቤጥ ግበርኒ
ብጽእቲ ክብል ዓድልኒ
ዮሓንስ ኮይነ እንተ ዝፍጠር
ኣብ ማሕጸን ኣደይ ክሰራሰር
ሰሚዐ ድምጺ ሰላምታኺ
ምተባረኽኩ ብቃላትኪ

ጻጋ ኣባ ኤፍሬም ተትህብኒ
መመስገንኩኺ ደስ ኢሉኒ
ሰኣሊ ለነ እናበልኩ
ስምኪ ክጽውዕ ምነበርኩ
ከም ኣባ ጊዮርጊስ እንተ ዝዕደል
ንዒ ማርያም ንዒ ክብል
ኣቤት ወደየ እናበልኪ
ክትባርኽኒ ምመጻእኪ

ከም ቅዱስ ያሬድ ተዝዕደል
ምስ ሰባህኩኺ ኩሉ ዘመን
ማህሌት ጌረ እና ኣመስገንኩ
ስምኪ ጸዊዐስ ምጸገብኩ
ተዝኸውን ከም ኣባ ህርያቆስ
ከመስግነኪ ኣደ ክርስቶስ
ጎስዐ ልበየ እናበልኩ ክውድሰኪ ምነበርኩ

ከም ኣቦታት ዓድልኒ
ምስ ደቂ ቤትኪ ቁጸርኒ
ስምኪ ኣስንቕያ ነዛ ነብሰይ
ባርያኺ ክኸውን ንግስተይ
ማርያም እብለኪ ኣንቃዕሪረ
ቅዱስ ቃል ኪዳንኪ ዘኪረ
ናይ ልበይ ልመናይ ስምዕኒ
ወደየ (3) በልኒ።

256. ብጽሂ በሰረገላ

ብጽሂ በሰረገላ (2) እህ
ከም ተሃድርኒ (2) በብሄር ዘተዓ (2)

በሰመ ኣብ ወወልድ	በሰረገላ
ወመንፈስ ቅዱስ	በሰረገላ
ካባኺ ተወልደ	በሰረገላ
መድሕን ክርስቶስ	በሰረገላ
ሰላም ለቺ ኢለ	በሰረገላ
ክጅምር ጸሎተይ	በሰረገላ
ውዳሴ ወግናይ	በሰረገላ
እመ ኣዶናይ	በሰረገላ
ከም ኣባ ህርያቅስ	በሰረገላ
ከም ቅዱስ ኤፍሬም	በሰረገላ
ባርክኒ ኣደይ	በሰረገላ
ድንግል ማርያም	በሰረገላ
እሙ ለ ኣዶናይ	በሰረገላ
ውሃቢት ሰላም	በሰረገላ
ቅድሚ ምፍጥር ዓለም	በሰረገላ
ኣምላኽ ዝሓረያ	በሰረገላ
ወላዲት ኣምላኽ	በሰረገላ
ዕጸ ሳቤቅ ኢያ	በሰረገላ
ማህደረ መለኮት	በሰረገላ
ደብተራ ፍጽምት	በሰረገላ
ብሕልና ድንግል	በሰረገላ
ከምኡ ውን ብስጋ	በሰረገላ
ካባኪ ተወልደ	በሰረገላ
ኣልፉ ዖኦሜጋ	በሰረገላ
ወሃቢ ህይወት'ዩ	በሰረገላ
ጸጋ ዘእም ጸጋ	በሰረገላ

257. ከም ወርሒ ድምቅቲ

ከም ወርሒ ድምቅቲ ከም ጸሓይ ብርህቲ
ከነግረኪ ናይ ልበይ ድንግለይ ርህርህቲ

ካብ ቴክታን በጥሪቓን ሻብዓይ ወለዶ
ካብ ብሩኻት ዘርኢ ድንግል መጺኺ'ዶ
ደጊም ሰላም እዩ እንሕጎሰሉ
ዘመኑ ምሕረት እዩ እልል እልል በሉ

ናይ ቃና ገሊላ ቅዱስ ልማኖኺ
ቅልጡፍ መልሲ ሒዙ መጺኡ ካብ ወድኺ
ዝሰኣነ የለን ለሚኑ ንዓኺ
ኣብ ዜማ ይነብር ዝተማሕጸነኪ

ኩርዓት ሓበን ኢኺ ንክርስትያን ወገን
እምባ ጽዮን ኢኺ ንዓና እንኣምን
ብተስፋ ንነብር ዘሎና ኣብ ጽላልኪ
ዘይበርስ ኪዳን'ዩ ኣምላኽ ዓዲሉኪ

ተኽሊ ናይ ሊባኖስ ጥዑም ሽታ ናርዶስ
ጸጋኺ በዚሑ ንዓና ኽቅድስ
ባርኺ ደቅኺ ድንግል ሓደራኺ
ብዝማሬን ዕልልታን ንጽውዕ ንስምኪ

258. ፍትውቲ ክቡር ልዑል ሽምኪ

ፍትው'ዩ ክቡር ልዑል ሽምኪ /2
ኣደየ ግርማይ ኢኺ
ማርያም ኢለ ክጽውዓኪ /2
ጎዶለይ ይምላእ ብጸሎት ናትኪ

ኮኾብ ካብ ኮኾብ ዝበልጽ ክብሪ /2
ናይ ድንግል ማርያም ስማ ነባሪ
ክብራ ይዓቢ ካብ ኩሎም ፍጡራት /2
ጼራ ኣብ ከርሳ እሳተ መሎኮት

መልኣኽቲ ይብልዎ ኣልፋን ኦሜጋን /2
ሰባት ይብልዎ ኢየሱስ ጎይታ
ድንግል ግን ትብሎ እየሱስ ወደይ /2
ንሱ'ውን ይብላ ማርያም ኣደይ

ብጽእቲ ክብላ ግዜ ከለኒ /2
በረኸት ናታ ከይሓልፈኒ
ለዋጢት ወይኒ ብጸሎት ልመና /2
ኣደ ፈጣሪ ኣደ ኩላትና

259. ሽምኪ ጸዊዐ

ሽምኪ ጸዊዐ መዓስ ሓፊረ
ማርያም ኢለ ኣበይ ወዲቐ
ሽምኪ ኢዩ'ሞ ስንቒ ኮይኑኒ
እንሆ ምስጋናይ ተቐበልኒ

ጸላኢ መጺኡ ክቃወመኒ
ንብዙሕ ዘመን ከሸግረኒ
ሰይጣን ማሪኹ ከሳቕየኒ
ወላዲት ኣምላኽ ንሳ ኣላትኒ
ናይ ለውሃት ኣደ ናይ ፍቕሪ ኣርኣያ
ናይ ድኹም ዘራይ ድንግል ንሳ'ያ
ሓጢእ ኢኻ ኢላ ኣይትንዕቐንን
ንዓኣ ሒዘስ ገለ ኣይከውንን

መርዓ ምስ ኮነ ሰብ ምስ መልአ
ዝቐርብ ሽሻይ ምስ ተወድአ
እንታይ ክቐርብ ኢሉ ክሽገር
ንዓኺ ሒዙ ግን ኣይሓፈረን
ጎይታ ሰሚዑ ንልማኖኺ
ባህ እናበሎ ብርህራሄኺ
ነቲ ጽሩይ ማይ ብትኣምራት
ወይኒ ገበሮ ብካህልነት

በዓልቲ ግርማ ድንግል ኣደ ጎይታ
ምኽንያት ምድሓን ናይ ኣዳም ተስፋ
ሽምኪ ክጽውዕ ኣብ ግዜ ሓዘነይ
ምሳይ ንበሪ እምባ ጽዮን ጸግዐይ
መታን ከይጠፍእ ዘኽታም ከይከውን
እግዚኣብሄር ስቕ ኣይበለንን
ኣምላኽ ይመስገን ዕድል ኣሎኒ
ወላዲት ኣምላኽ ኣደ ኣላትኒ

260. ናይ ልበይ ኩሉ

ናይ ልበይ ኩሉ ንመን ከነግር
ብዘይ ብኣኺ ንመን ከማኽር
ናይ ድኹም ሰብ መጸግዒት ኢኺ
ሓዘን ጭንቕተይ ተርሕቂ ኢኺ

ቕዱሳን ኣበው መሪጾምኺ (2)
ስለ ዝወጹ ካብ ሲኦል ሓዊ
ከድሕንየ ብልማኖኺ (2)
ለምንለይ ኢለ ምስ ጸዋዕኩኺ

ፈታሒት ሽግረይ ኣኽሊለይ ኢኺ (2)
ኣይቅየምንዩ ለዋህ ልብኺ
ልበይ ብፍቅርኺ ተማሪኹሎ (2)
ብግዜ ሓዘነይ ይጽውዓኪሎ

ዋሕሰይ ኢኺ ድንግል ኣደየ (2)
ሽምኪ ዝጸዋዕኩ ብህጻንነተይ
ኩሉ ግዜ ንዓይ ጽቡቕ ጌርክለይ (2)
እንታይ'ም ክብል ቓላት'ውን ዘይብለይ

ብግዜ ሓዘነይ ምርኩሰይ ኢኺ (2)
ዝደገፍክኒ ብቅልጡፍ መጺኺ
ስምኪ ንሓጥእ ዝቕድስ እዩ (2)
ካብ ሞት ናብ ሂወት ዝመልስ እዩ

261. ጥበብ ናይ ሰሎንዲስ

ጥበብ ናይ ሰሎንዲስ ይፈትወኪ እየ
ናይ ናሆም መድሓኒት ይፈትወኪ እየ
ማርያም የኽብረኪ እየ
ማርያም ይፈትወኪ እየ

ነቲ ጭንቀተይ ክነግረኪ
ምስጢረኛ ኣደይ ኢኺ
ሰብ ዘይሰምዖ ሓያል ምስጢር
ንዓኺ ድንግል ከማኽር

ንዝሓመመ መድሃኒቱ
ንወዲ ኣዳም ኢኺ ሂወቱ
ኣሎ ኣብ ኢድኪ እቲ መፍትሒ
ተንበርኪኸ'ውን ይምሕጸነኪ

ከይገለጽኩልኪ ይርድኣኪ
ናይ ውሽጠይ ኩሉ ይረኣየኪ
ንዒ ርድእኒ ኢኺ
ብዘይካኺ'ኸ መን ኣሎኒ

ሓጎሰይ ሓጎስ ዝኾነለይ
ንክጸናናዕ ካብ ሓዘነይ
ንስኺ ምሳይ ብሙኳንኪ
ተጸናኒዐየ ብስምኪ

እቶም ኣሕዋተይ ተሸጡኒ
ሰብ ኩሉ ጸላኢ ተኾነኒ
ብኣደ ጎይታይ ከቢረየ
ኣብ ልዕሊ ጸላእተይ ነጊሰየ

ዝረስዑኒ ይዝከሩኒ
ዝነዓቑኒ'ውን የኽብሩኒ
ንስኺ ምሳይ ብሙኳንኪ
ደው ኢለ ኣለኹ ኣብ መቕደስኪ

ጉዕዞይ ነዊሑ ደኺመየ
ብመከራ'ውን ሓሚመየ
ተስፋ ኹንኒ ኣብ ሓዘነይ
ካብ ጎይታይ ምሕረት ለምንለይ

ፍቕርኺ ኣብ ልበይ መሊኡሎ
ማርያም ብስምኪ ጸኒዑሎ
ዝፈላልየና ማንም የለን
ይብለኪ ማርያም ንዘለኣለም

262. ብጊዜ ስደተይ

ብጊዜ ስደተይ ተስፋ ትኾንኒ
ሓዘነይ ቀንጢጥኪ ግርማ ተልብስኒ
ማርያም ረዳኢተይ ጸግዐይ ጽላለይ
መመከሒተይ

ስምኪ ክጽውዕ ይቕስንʼቲ ልበይ
ሓሳበይ ይስምር ትባህጊ ድሌተይ
ሕጉስʼየ ብኣኺ ድንግል ወላዲተይ
ስለ ዝኾንኪ ዋሕስ ናይ ህይወተይ

ንቃላት ወድኺ ብፍጹም ክእዘዝ
በረኸት ክረክብ በቲ ናትኪ ሓገዝ
ካብʼቲ ማይ ህይወት ቀጻሊ ዝውሕዝ
ክሰቲ ርድእኒ ሰላም ክዓዝዝ

ካብ ድቃስ ዓለም ተበራብርኒ
ብሓጢኣት ከይወድቕ ንዓይ ትመርሕኒ
ወድኺʼየ ኣነ ሰዓቢ ዮሃንስ
ቤተይʼውን እተዊ ግርማ ኣልብስኒ

እንተ ተናወጸት ዓለም ከም ባሕሪ
መልክዓ ትቕይር በቲ ክፍኣት ግብሪ
ክዝምረልኪ እየ ውዕለትኪ ከውሪ
ማርያም እንዳበልኩ ንክለብስ ክብሪ

263. ውዳሴ ማርያም

ውዳሴ ማርያም ክደግምʼየ
ንድንግል ኣደይ ክጽውዕʼየ
ከም ኣባ ኤፍሬም ባርኽኒ
ወድስኒ ወደይ በልኒ

ውዳሴ ማርያም ኣብ ናይ ሰርክ ጸሎት
ውዳሴ ማርያም ዜማ ክነብጽሕ
ውዳሴ ማርያም ድንግል ክትመጽእʼያ
ውዳሴ ማርያም ካብ ቤት መቅደስ
ውዳሴ ማርያም ናይ ብሃን ምንጻፍ

ውዳሴ ማርያም ኣብ እግራ ተጌሩ
ውዳሴ ማርያም ኣባ ቅዱስ ኤፍሬም
ውዳሴ ማርያም የመስግና ኔሩ

ውዳሴ ማርያም ኣባ ሕርያቆስ
ውዳሴ ማርያም ምስጋና ክብጽሕ
ውዳሴ ማርያም ዜማ ቅዳሴኡ
ውዳሴ ማርያም ንልቢ ይምስጥ
ውዳሴ ማርያም ልበይ ሰናይ ነገር
ውዳሴ ማርያም ይግንፍል እናበለ
ውዳሴ ማርያም ዳዊት ብበገና
ውዳሴ ማርያም ንዓኺ ዘመረ

ውዳሴ ማርያም ናይ ንጽህና
ውዳሴ ማርያም መሰረት ኢኺʼሞ
ውዳሴ ማርያም ብናትኪ ውዳሴ
ውዳሴ ማርያም ልበይ በሪሁʼሎ
ውዳሴ ማርያም ተፈስሂ ድንግል
ውዳሴ ማርያም ኦ ቤተ ልሄም
ውዳሴ ማርያም ካባኺ ተወልደ
ውዳሴ ማርያም መድሓኔ ዓለም

ውዳሴ ማርያም ቅዱሳን ኩሎም
ውዳሴ ማርያም ዙርያኺ ከቢቦም
ውዳሴ ማርያም ኣባ ጊዮርጊስʼውን
ውዳሴ ማርያም ንዒ ድንግል ይብል
ውዳሴ ማርያም ኣብ ናይ ወርቂ ዙፋን
ውዳሴ ማርያም ኮፍ ኢልኪ ርእየኪ
ውዳሴ ማርያም ልበይ ተመሲጡ
ውዳሴ ማርያም ድንግል ብግርማኺ

264. ተምሳል ገነት ኢኺ

ተምሳል ገነት ኢኺ ገዳም ደብረሲና
ናይ ሃይማኖት ደብሪ ቦታ ቅድስና
ኣርያማዊት ኢኺ ዝዘንበኪ መና
ደብረሲሃት ቦታ ቅድስና (2)

ደው ዝበለ ተምሳል ገነት ኢኺ
ኣብ ህዋ መቕደሳ ገዳም ደብረሲና
ኣምላኽ ዝሃነጾ ተምሳል ገነት ኢኺ
ማዕጾኣ መስኮታ ገዳም ደብረሲና
ኣብ ጊዜ ስደቶም ድንግል ምስ ወዳ
ወጺእኩም ረኣዩ ዘጽለሉላ ስፍራ (2)

ብድሕሪኡ'ውን ተምሳል ገነት ኢኺ
ዘይተፈልያ ጾጋ ገዳም ደብረሲና
ምስ ቅዱሳኑ ተምሳል ገነት ኢኺ
ዝተገልጸ ጐይታ ገዳም ደብረሲና
ሰማእት እስቶፋኖስ ዝቀደሰላ
ትስዓቱ ቅዱሳን ድንግል ዝረኸቡላ (2)

ኣብርሃ ወኣጽብሃ ተምሳል ገነት ኢኺ
ዝተጠመቑላ ገዳም ደብረሲና
ብምስጢር ካብ ኣምላኽ ተምሳል ገነት ኢኺ
ዝተወለድናላ ገዳም ደብረሲና
ኩለን ከባቢና ዝምክሓላ
ደብረሲና'ያ ናይ ኣምልኾ ስፍራ (2)

ብቃል ኣይንገርን ተምሳል ገነት ኢኺ
እቲ ኹሉ ምስጢራ ገዳም ደብረሲና
ኣይውዳእን እዩ ተምሳል ገነት ኢኺ
ዘርዚርካ ታሪኻ ገዳም ደብረሲና
ርኢኹም እመኑ ደይቡ ደብረሲና
በረኸት ክትረኽቡ ሰሚዕኩም ዜናኣ (2)

ኣነስ ክኸይድ እየ ተምሳል ገነት ኢኺ
ናብዛ ቅድስት እምባ ገዳም ደብረሲና
ክዝምር ንድንግል ተምሳል ገነት ኢኺ
ክረክብ በረኸት ገዳም ደብረሲና
በዓልቲ ወለንሳ ሓዳጊት ኣበሳ
ድንግል ማርያም'ያ ናይ ኩልና ተስፋ (2)

265. መን ደሎ'ዩ ዝኾነና ጐይታ

መን ደሎ'ዩ ዝኾነና ጐይታ
ዝተማህጸነ ብቓል ኪዳና
ንድንግል ማርያም ምልእተ ጸጋ
ክንጽውዖ ኢና ንዘለኣለም ስማ
ንድንግል ማርያም ርህርሀተ ህልና
ክንልምና ኢና ኣማልድልና ኢልና

መሳልል ኢያ ያዕቆብ ዝረኣያ
ደቒሱ ከሎ ብሕልሙ ኣብ ሎዛ
ኣፍ ደገ ሰማይ መሳገሪትና
ናብ ሰመይዊ መንግስቲ ኣምላኽና

መሳጋሪት ኢያ ካብ ብሉይ ናብ ሓድሽ
ናይ ኖህ ርግቢት ሰላም ኣበሳሪት
ድምቕቲ ወርሒ ቐንጣጢት ጸልማት
ንዝነበረ ኣብ ልዕሊ ደቒ ሰባት

ገብርኤል መጺኡ ካብ መላእኽቲ
ዝመስከረላ ኢሉ ብጽእቲ
ኤልሳቤጥ እውን ካብ ወገን ኣንስቲ
ከም ዘመስገንዋ ንሕና ውን ሕጂ
ከነመስግና ኢና እንዳበልና ብጽእቲ

ኣበይ ኣለዉ ኢልና እንተ ሓቲትና
ኩሎም ቕዱሳን ዘማለዱ ብኣ
ዝጸሓፉ ታሪኽ ድርሳና
ገነት ኢዮም ዘለዉ ኣብ ሕቕፎ ኣምላኽና
ካብ በረኸቶም የካፍለና

ነቶም እንምሕጸን ብቓል ኪዳና
ተራዳእነታ ኣይፈለየና
ነቶም ዘይኣምኑ ኣማላድነታ
ኣምላኽ ክመልሶም ንጸሊ ሓቢርና
መታን ከይወርሶም ሰይጣን ጸላኢና

266. ኣደ ናይ ጎይታ ማርያም

ኣደ ጎይታና ማርያም
ምንጪ በረኸት ናይ ሰላም
ሽግር መከራ በዚሑና
ንምሕጸን ከትረድእና

ንርሑቅ ሰላም ኣቕርብና
ፍቕሪ ሓድነት ክወርደና
ኣደ ኩላትና ድንግል ማርያም
ዑቕባ ኩንና ንዘለኣለም

ማይ ዘይርከቦ ኸድና
ምግባር ዘይብሉ እምነት ሒዝና
ብስም ወድኺ ባርኽና
ናብራና ቅዱስ ኩኾነልና

ድፍረት ጭካነ ዓመጽ ኮይኑ
ጽቡቕ ምግባር'ሲ ተሳኢኑ
መን'ዩ ንህይወት ዘርእየና
ናብ ማህደር ኣምላኽ ዝመርሓና

267. ኣንቲ ኣደ ኣምላኽ

ኣንቲ ኣደ ኣምላኽ መራሒት መንገደይ
ተስፋ ናይ ሂወተይ መፍትሕ ናይ ጭንቀይ
ኣብ ምድርን ሰማይን ኩሉ ዘኽብረኪ
ኣንስ ተማሪኸ መጼ ክሰግደልኪ

ጭንቀተይ ዓዚዙ እንኹ ወድኺ
የዒንተይ ይነብዕ ከቋምት ስእልኺ
ሃንቀው ኢለለኹ መጺኺ ርድእኒ
ድንግል ተስፋ ቁቡጻን ንዒ ባርኽኒ (2)

ሓጥያተይ ገንፊሉ ኣብ ዓለም ክኹብልል
ኣበሳይ ኣሚነ ናባኺ ክምህለል
ስምኪ ምስ ጸዋዕኩ ኣለኹ በልኒ
ኦ ምልእተ ጸጋ ጸሎተይ ስምዕኒ (2)

ወድኺ ሓዘልኪ ግብጺ ተሰደድኪ
ዝርንዛሕ ንብዓትኪ ዓቕሊ ተቀኒትኪ
ስደትን መከራን ኩሉ ሰጊርክዮ
ናተይ ተሪፉ ኣሎ ኣደይ ለምንዮ (2)

መን ኣሎ ንዓኺ ሒዙ ዝሓፈረ
ጎሳ ልበየ ኢሉ ምዝሙር ዘይዘመረ
ኣነውን ብጊደይ ኣልዒለ ከበሮ
ማርያም ማርያም ኢለ ሰይጣን ከባርሮ (2)

268. ወላዲተ ቃል

ወላዲተ ቃል (2) ንጽህተ ንጹሃን
ኣደ ብርሃን ቅድስተ ቅዱሳን ማርያም
ድንግል

ብሓቂ ንጽህቲ ኣበር ዘይብልኪ
መርዓዊ ክርስቶስ ዉሉድ ናይ ማህጸንኪ
ደቅኺ ክንከውን ኣመንቲ ኪዳንኪ
ድንግል ደግፍና ብምሉእ ሓይልኺ

ትሕቲ ፈጣሪ ልዕሊ ፍጡራን
ልብሲ ግርማኺ ልብሲ ቅዱሳን
ወርቅን ሜላትን ልብሲ ንጹሃን
ተሰለምኪ እትነብሪ ኣብ ክቡር ዙፋን

ኣደ ኣዶናይ ድንግል ማርያም
መዕረፊት ኢኺ ንመድሓኔ ኣለም
ናይ ጽድቂ ምንጪ ወሃቢት ሰላም
መሳልል ያዕቆብ ጽርሃ ኣርያም

ብኣኺ ተገልጸ ሰማያዊ ባህሪ
እወ ኣማኑኤል ንኩሉ ፈጣሪ
ኣብ ሰማይ ኮነ'ብ ታሕቲ ኣብ ምድሪ
በረኸት ዘውህብ'ዩ እቲ ናትኪ ዝኽሪ

269. ወላዲት ኣምላኽ

ወላዲት ኣምላኽ ማርያም ድንግል (2)
ፍሉይ'ዩ ክብርኺ (2) ካብ ኩሎም
ፍጥረታት

ብቃሉ ዓለማት ከይፈጠረ ጌና
ህልውቲ ነበርኪ ብእግዚኣብሄር ሕልና
ካብ ሃና ማህጸን ካብ ኢያቄም ኣብራኽ
ኣዲኡ ክትኾኒ መሪጹኪ ኣምላኽ

ካብ መላእኽቲ ኩሎም ትበልጺ ንስኺ
ካብ ደቂ ሰባት'ውን የለን ዝመስለኪ
ኣብ ቅድሚ እግዚኣብሄር ስምኪ ዝገነነ
ኣይተረኽበን ድንግል ከማኺ ዘበለ

ኣበሳ ዘይብልኪ ንጽህቲ መርዓት
መመኪሒት ናትና ቅድስቲ ንግስት
ኣደን ድንግልን ወላዲት ቃል
ዘይትልወጢ ኢኺ ዘለኣለም ድንግል

270. ኣደ ኣምላኺይ

ኣደ ኣምላኺይ ማርያም ድንግል
ኩሉ በረኸተይ ካባኺ'ዩ ዝፍልፍል
ዝተመርጸ ቓላት ደስ ዘብል ዜማ
ንዓኺ ይኹን ንኣደ ጎይታ

ድምጺ ሰላምታኺ ምስ ሰማዓ ኣእዛነይ
ጽጋ መንፈስ ቅዱስ መልአ መንፈሰይ
ብሓጎስ ዘለለ ናይ ኣብራኺይ ፍረ
ኣብ ግዜ እርጋነይ ደስታ ዘበሰረ

ጭንቀተይ ዓዚዙ ሕፍረት ተሸፊነ
ወይነይ ተወዲኡ ዝቐርቦ ስኢነ
ወላዲተ ኣምላኽ ሽግረይ ርኢኺ
በረኸት ሂብኪኒ ካብ ፍቑር ወድኺ

'ቲ ኹሉ ዝኽእል ንዓኺ ብሂጉ
ኣባኺ ሓደረ ካብ ሰማይ ወሪዱ
ብሰንኪ በደለይ ዝተዓጽወት ገነት
ዳግማይ ተኸፊታ ወሊድክለይ ህይወት

ከም ኣህዛብ ኣይኮንኩን ክብርኺ ዝኽሕድ
ብድልየተይ ኢየ ንዓኺ ዝሰግድ
ልዕሊ ፍጡራን ትሕቲ ፈጣሪ
ኣደ ጎይታ ማርያም ሙሉእ'ዩ ጸጋኺ

271. ኣደ ናይ ፍቕሪ ናይ ሰላም

ኣደ ናይ ፍቕሪ ናይ ሰላም (2)
ሽምኪ ጸዊዔ ዘይጸግቦ
ኣነስ ተበልኩ ማርያም

ትምኒተይ ይስመር ዓቢ ሕልመይ
ከሓልፎ'ቲ ጸገም ተጸሚመ
ኣደ ጎይታይ ኢኺ
ሓይሊ ይገብር'ቲ ጸሎትኪ

ብናብራይ ኩሉ ኣብ ህይወተይ
ሕለፊ ቅድመይ ብድሕሪተይ
ሰላም ረኺቡ ልበይ
ስለ ዘለኺ ኣብዛ ጎነይ

ከመይ'ለ ይተርፍ ኣብዛ ጉዕዞይ
ሓደራ ምሳይ ኩኒ ኣደይ
ካብ ተጸባኢ ጸላኢ
ካብ ፍጹም ስቃይ ኣድሕንኒ

ትማልን ሎምን ከመስግንየ
የለን ንጽባሕ ዘፍርሓኒ
ጎልጎል ይኸውን'ቲ እንባ
ጎይታይ ኣሎ ኣብዚ ምሳይ

272. ኣንቲ እመ ብርሃን

ኣንቲ እመ ብርሃን ድንግል ማርያም
ሰማያዊት ዝፋን ናይ መድሃኔ ኣለም
መጋረጃ ዝፋን ናበይ ተጋረደ (2)
ብዘደንቕ ጥበብ ምሳኺ ተዋህደ (2)

ናይ ኪሩቤል ኣምሳል ድንግል ብሙኻንኪ (2)
ሰማያዊ ንጉስ ዝወጸ ካባኺ (2)
ሰማይ ኮነ ምድሪ ከቶ ዘይጸርዎ (2)
ኣረ ንመለኮት ከመይ ኪኢልክዮ (2)

ናይ መለኮት ዝፋን ድንግል ብሙኻንኪ (2)
ሚካኤል ገብርኤል መጹ ሰገዱልኪ (2)
ሩፋኤል ኡራኤል መጹ ዘመሩልኪ (2)

ክብሪ ከም ናይ ሙሴ (2)
ሕያውነት ከም ናይ ኣብርሃም (2)
ጥበብ ከም ናይ ሰለሙን (2)
ንሃገረ ኤርትራ (2) ሃባ ኦ ጐይታና (2)

273. እመ ብርሃን

እመ ብርሃን ምርሕኒ መንገዲ ቅድስና
ንኽትተግህ ነፍሰይ ወትሩ ንምስጋና
ስፍራ ቅዱሳን ክኸውን እቲ ናተይ ርስተይ
ካብ ጐደና ኣበሳ ኣውጽእያ ነፍሰይ /2/

ዕላማ ናይ ምፍጣረይ ኔሩ ንኽመስግን
ብናይ ጽድቂ ጐደና ንኽመላለስ'ውን
ኣይከኣለትን ሥጋይ ክትእዘዝ ንነፍሰይ
ሕጂስ በርቲዑኒ'ሎ ናይ ሓጢኣት ስቓይ

ጐይታይ ስለይ ምስቃሉ ብዕላማ ኔሩ
ሰላም ንኽህበኒ ጸላኢ ኣሲሩ
ውዕለት ስቕለት ቀራንዮ ከይሃስስ ካብ
ልበይ
ስለይ ቁሚ ድንግለይ ክዓቢ ልቦናይ

ትእዛዛቱ እንክሎ ኣብ ውሽጢ ሕልናይ
ትግሃተይ ተዘሪጉ ይስዓር ብሥጋይ
ምረት ሲኦል ከሓስብ ተዝኽእል ንኻልኢት
ምዓረፈ'ዶ ሥጋይ ካብዚ ኽፉእ ትምኒት

የለን ከማኺ ማርያም ጭንቀይ ዘካፍሎ
ዝኽርኺ በረኸት'ዩ ሰላም ንኣእምሮ
ተስፋ ጉዕዞ ሕይወተይ ድንግል ተለመኒ
ስምኪ ጥዑም መኣዛ ስንቂ ይኹነኒ

274. ማርያም ብወድኺ

ማርያም ብወድኺ ካብ ሞት ድሒንና
ካብ ዘመነ ናይ ጸላም ናብ ብርሃን ወጺና
ብቃል ኪዳን ናትኪ ህይወት ተዓዲልና (2)

ናይ ኣዳም ተስፋ ማርያም
ናይ ኖህ ቃል ኪዳን ማርያም
ናይ ሴም በረኸት ማርያም
ዱንኳን ኣብርሃም ማርያም
ኩሉ ይጽውዓኪ ኣደይ እናበለ
ኣነ'ውን እምሕጸን ንስምኪ ጸዊዐ

ንኣብ መርዓቱ ማርያም
ወላዲት ቃል ማርያም
ጽርሃ ቤቱ ኢኺ ማርያም
ንመንፈስ ቅዱስ ማርያም
ሞጐሰይ ኢኺ'ሞ ዋሕስ ናይ ህይወተይ
ማርያም ክብለኪ ኣብ ኩሉ ዘመን

ጸምሪ ጌዴዎን ማርያም
በትሪ ናይ ኣሮን ማርያም
ንግስተ ሰማይ ማርያም
ሃገር እግዚኣብሄር ማርያም
ሓሳባት ናይ ልበይ ብኣኃ ትፈልጢ
ኣብ ዓለም ከይወድቕ ካባይ ኣትርሓቒ

ጥዑም መኣዛ ማርያም
ሙዳየ መና ማርያም
ናይ ጻድቃን መጎስ ማርያም
ኣኽሊል ክብርና ማርያም
መጸናንዒተይ ድንግል ትምክሕተይ
ህይወተይ ክልውጥ ባርኽኒ ኣደይ

275. ማርያም ድንግል ንጽህት

ማርያም ድንግል ንጽህት
ምልእተ ጸጋ ደስ ይበልኪ
ኣደ ነብሰይ ኣደ ነብሰይ
ክሰግደልኪ ከም ኣቦታተይ

የኽብሮ ኣለኹ ክቡር ስምኪ
ይሰግድ ኣለኹ ኣብ ቅድሜኺ
ነብሰይ ክትነጽህ ካብ በደል
ወትሩ ኣብ ቅድሜኺ ክምህለል
እሱር እንተኾንኩ ንዓለም
ናጽነት ኢኺ ማርያም

ንጉስ ሲሆን ካብ ርሑቅ
ናይ ጢሮስ ህዝቢ ካብ ምብራቅ
መጹ ገስጊሶም ክሰግዱልኪ
ኣደኒቅዎም ኣደነትኪ
ኣነ ውን መጼ ንኽብርኺ
ደው ኢለ ኣለኹ ኣብ ቅድሜኺ

ተሳዒሮም ኣጨነቅትኺ
ስለ ዝወደቁ ኣብ ጫማኺ
ዝዓጠቅዎ ሴፍ ሓዲጎም
መሓርና ኣደዋ ይብሉኺ
የእወዩ ለው ጸላእትና
ወትሩ ስለ ተማልድልና

የእወዩ ለው ጸላእትና
ወትሩ ስለ ተማልድልና
እጽበዩ በረኸት ፍቅሪ
ኣረሲውኒ ንመከራ
ልበይ ይዘልል ብሓጎስ
ምስ ጸዋዕኩኺ ብጸሎት

276. ንስኺ'ኺ ናይ ምሕረት ኪዳን

ንስኺ ኺ ናይ ምሕረት ኪዳን
ኣደ ኣምላኽ ኣንቀጸ ብርሃን
ተስፋ ኣዳም ንድሕነት ሰገማ
ድንግል ማርያም ጸጋዊት ግርማ

ናይ ዳዊት ዝማሬ በውታራት ዝቃነ
ንሰማእታት ፍረ ንዓና ዘድሓነ
ክእለት ሓጺሩና ንዓኺ ክንውድስ
ኤልሻዳይ'ዩ ባዕሉ ማሕደሩ ዝቅድስ
ትንቢት ናይ ኤፍራህታ ወሪሰክዩ ስብሃት
ሪመ እግዚኣብሔር ኣይሰፍሮን'ዩ
ምትሃት(2)

ጠቢብ ሰሎምን ክሰምየኪ ጋማ
ዘይነጽፍ ማእዛኺ ሓያል መሬት ጸማ
ንሕና ውን ክንስዕቦ ነቲ ሰናይ ጉዕዞ
ምንባርና ክንርእዮ ሰላምኪ ክዓዞ
ኪዳን ምሕረትኪ ፈንውልና ማርያም
ባህታውን ክንረክብ ከም ኣቦና ኣዳም (2)

ልሳን ቅዱስ ኤፍሬም ብጥዑም ላዛኡ
ቃና ባህርያቆስ ይልዝብ ድርሳኑ
ህላወ ሰሪትኪ ኣብ ሕልና ጎይታ
ፈቲልካ ዘይውዳእ ኣሊምኪ ውሬታ
ብኣዴና ሄዋን ተዓጽዩና ገነት
ብሳላኺ ግና ተሳዒሩ ውግዘት (2)

ስምኪ ከነልዕሎ ብደሃይ እምብልታ
ዓስቢ ናይ ታሕጋስና ክንጭርሕ ዕልልታ
ደስታ ዓሲሉና ክንምካሕ በኣኺ
ፍቃድኪ ኩነልና ክንሓብር ምሳኺ
ውዕለትኪ ዘኪርና ክንስስን ኣመና
ብምብራቅ ናይ ጸሓይ ነመስግን ኩልና (2)

277. ንበዓታ ከፈስስ ሓሊፉ

ንበዓታ ከፈስስ ሓሊፉ ኣብ ምዕጉርቲ ወዳ
ርኤያ ንድንግል ብሓዘን ደኺሙ የዒንታ
ኣየ ወላዲቱ በዚሑ መከራ
ዋይ ዋይ እናበለት ክትበኪ ጀሚራ
ምስኪን እንክበኪ ከብዳ ዘይገብረላ
ሽግርን መከራን ሕሰም ተቀቢላ

ንልቢ ዝኸፍል ሕልና ዝፍንቅል
ከቢድ'ዩ ስደታ መከራ ናይ ድንግል
ጉዕዞ ንቁጽ ምድሪ ኣድኪምዋ ጉያ
ዋይ ዋይ እናበለት ክትበኪ ጀሚራ
ሰፊሕ እዩ ካብ ብዙሕ ንላዕሊ
መከራኣ ናይ ኣኢጋራ ቁስሊ
ካብ ስደታ በረኸት ክሳተፍ
ክስዕባ'የ ምስ ሰሎሜ ዮሴፍ

ጽምኢ ዝበዝሖ ምድረበዳ ግብጺ
ኣፉ እናከፈተ ንበዓታ ክሰቲ
እንታይ እያ ጌራ እንታይ'ያ በዲላ
ዝገዓረ ሄሮዶስ ኣብ መርዓት ገሊላ
ሰፊሕ እዩ ካብ ብዙሕ ንላዕሊ
መከራኣ ናይ ኣኢጋራ ቁስሊ
ካብ ስደታ በረኸት ክሳተፍ
ክስዕባ'የ ምስ ሰሎሜ ዮሴፍ

ዕብራውን ግብጻውን ኣቤት ክጭክኑ
ኣምሃ ሰብ ጥበብ ገፊፎም ምስ ሳእኑ
ፍትሒ ዘውጽኣላ ሓቀኛ መንገዲ
ስኢና በኸየት ድንግል ፈራዲ
ሰፊሕ እዩ ካብ ብዙሕ ንላዕሊ
መከራኣ ናይ ኣኢጋራ ቁስሊ
ካብ ስደታ በረኸት ክሳተፍ
ክስዕባ'የ ምስ ሰሎሜ ዮሴፍ

ሓዚና'ላ ድንግል ገንፊሉ ንበዓታ
ዝመረረ ሓዘን ሓሊፉ ብልባ
ናይ ሽግር ናይ ሓጎስ ኩሉ መኻፍልታ
ዘመድ ናይ ኣቦኣ ብኸዩ ኤፍራታ
ሰፊሕ እዩ ካብ ብዙሕ ንላዕሊ
መከራኣ ናይ ኣኢጋራ ቁስሊ
ካብ ስደታ በረኸት ክሳተፍ
ክስዕባ'የ ምስ ሰሎሜ ዮሴፍ

278. መቐረት ሂወት

መቐረት ሂወት መብራህቲ ናይ ገዛይ
ረዳኢት ድኩማት ዋሕሳ ንነብሰይ (2)
ንስኺ'ኺ ድንግል ኣደ ኣምላክ ኣደ
ኣማኑኤል (4)

ጥራዩ ጋዝ ሒዘ ዘይቲ ተወዲኡ
መብራህቲ ዘይብለይ መርዓዊ መጺኡ
ግዳም ንከይትርፍ ከይትጠፍእ ነብሰይ
ሎሚ ድግፍኒ ጽግዒ ናይ ሂወተይ
ንገርዮ ኢኺ ንፈቃር ኣዶናይ

ውራይ ንከገብር ኣጋይሽ ዓዲመ
ዝብላዕ ዝስተ ሻሻየይ ቀሪበ
ወይኒ ተወዲኡ ዓቕለይ ክጸበኒ
ምጺ ናብ ውራየይ ምስ ኩቡር ወድኺ
ዝኃደለ ኩሉ መኣታን ክትምልኢ

ግዜና ከፊኡ ላዕልን ታሕትን ንበል
ብትምኒት ሓሳብና ክንፈትሖ ንፍትን
እንትርፎ ጭንቀሲ ገለ እኮ ኣይነፍርን
ወድኺ ዘይብሉ ፈጺሙ ኣይመልእን
ንገርና ደኣ መኣታን ንክንድሕን

279. ከመይ ኢሉ ይምቅር

ከመይ ኢሉ ይምቕር ህይወተይ ብዘይ
በኣኺ (2)
እመ ብርሃን ፍሉይ'ዩ 'ቲ ፍቕርኺ
ኣደ ጐይታይ ፍሉይ'ዩ 'ቲ ፍቕርኺ

ጥዒመ ብሰላም ፍቕርኺ ተመጊበ
ሓዘነይ ርሒቑ ብጸጋ ጸጊበ
ባዶነት ርሒቑለይ ማይ ተቐይሩ ወይኒ
ብጐይታ ብወድኺ ምልጃኺ ረዲኡኒ (2)

ናብራ ከቢዱኒ ሓጢኣተይ ምስ ከፍአ
ዝኸትምና ኾይኑ 'ቲ ተስፋይ ምስ ጠፍአ
ኣደ ኾይናትኒ ሓዘነይ ርሒቑለይ
ንስማ ዝዝምር እዚ'ዩ ምኽንያተይ (2)

ትርጉም ክርስትናይ ኣደራሹ ንሳ
ሓጢኣት ኣይርከባን ጭካነ ኣበሳ
ምርጫይ'ዩ ኣነ ክርዳእ ብምልጃኺ
ኢድኪ ዘርግሕለይ ድንግል ሓደራኺ (2)

ጨካን እንተኾንኩ ርህራሄ ዘይብለይ
ስምኪ እንተ ኣቃለልኩ እንተ ጸረፈ ኣፈይ
ምልጃኺ ዘውትር መዓስ ኣቋሪጹ
ብኺዳንኪ ኣደይ ነብሰይ ተሃኒጹ (2)

280. ደጌታት ጽዮን

ደጌታት ጽዮን ቅኔ መሊኡ
ንኽብሪ ድንግል ዕልል እናበሉ
ከም ጸዕዳ ዑንቂ እናብርሃልና
ሓሊፍና ስማ ምስ ጸዋዕና

ሓይሊ ዝገብር ነቲ ፍቱው ስምኪ
ንዋያተ ዜማ ኣልዒልና ደቅኺ
ማሕተም ቡሩኬኺ ኣሎ ኣብ ልብና
ኣፍና ማርያም ክብል ቀሊሉ ጭንቀትና

ናይ ምስጋና ጥበብ ናይ ቅኔ ሃብቲ ጸጋ
ናብ ቤትኪ መጺና ዓዲግና ብዘይዋጋ

ንምት ስዒርናዮ ኣብ ሕቕፎኺ ኮይንና
ንጽዮን ብዕልልታ ብዜማ ሸፈና

ምኽሪ ጥቢባን ፍጹም ተሰዊሩ
ብልሳን ሕጻናት ምስጢር ተነጊሩ
ቤተልሔም ሰምዐት ናይ ብስራት ዜማ
ሓይሊ ተጋሂዱ ካብ ናይ ንጉሥ ከተማ

ምስ ሓያል ወድኺ ምስ ክርስቶስ ኮይንና
ሓሊፍናዮ ኩሉ እቲ ናይ ሞት ጎደና
ፍረኺ ጥዒምና ዓጊቡ ልብና
ደጊም ሰላም ኮይኑ የለን ዘስግኣና

281. ቀንዴል ናይ ጽድቂ

ቀንዴል ናይ ጽድቂ ወሊዕኪ
ደገ ገነት ክትከፍቲ ከለኺ
ኪዳን ዝኣተዋ ምእንቲ ደቅኺ
ኣዘክሪ ኣደይ ንልዑል ወድኺ

ንፈጣሪ ዓለም ዝጾረት ማህጸንኪ
ሰማይን ምድርን ብኪዳን ምሕረትኪ
መላእኽቲ ሰማይ ዘመስግኑ ስምኪ
ከመይ ኢሉ ኮነለይ ክጽዋዕ ብኣኺ (2)

ሓለፋ ፍጡራን ኣደ ብዙሓን
ምልእተ ጸጋ ምንጪ ናይ ብርሃን
ከምኡ ብሙኺንኪ ፈሊጠ ኣነ ውን
ኣእዳወይ ኣልዕል ውሉድኪ ክኸውን (2)

ስምኪ እንክጽዋዕ እዝነይ ምስ ዝሰምዕ
ፍቕርኺ ሰረጸ ልበይ'ውን ተረትዐ
ፍርሃተይ ርሓቐ ብትብዓት ተመልአ
ምስ ረኣኹኺ ብሕሉፍ ነቢዐ (2)

ናባኺ መጺአ እንታይ እሞ ስኢነ
ብጸሎት ልማኖኺ ጸጋ ተቐቢለ
ስለ ዝሃብክኒ ህይወት ብምልእታ
ከበርለይ'ኺ ለዋህ ኣደ ጐይታ (2)

282. ማርያም ድንግል ርህርት ኣዴና

ማርያም ድንግል ርህርት ኣዴና ኣማልድና
ምስ ፈጣሪና (2)
ኣይንጠራጠርን ተማልድ'ያ ማርያም ኣዴና (2)

በቦኣን በዲኣን ብኢያቄም ብሃና
ማርያም ትባርኮ ነዚ ጉባኤና

ንኹሉ ሓጢኣትና በደልና ሓዲጋ
ምሕረት ተውርደልና ብነፍሲ ብስጋ

መሰረት ህይወትና መውጽኢት ናይ ጸሓይ
ዋሕስ ኩላትና'ያ ብምድሪ ብሰማይ

283. ማርያም ድንግል ንዒ ናባና

ማርያም ድንግል ንዒ ናባና (2)
መድሓኒት ኢኺ'ሞ ናይ ነብስና (2)

ናይ ያቆብ መሳልል ናይ ጌዲኦም ጸመ
ሽምኪ ጥዑም እዩ ካብ ጸባ ካብ መዓር
ሕጉሳት ንኸውን ክንዝምር ከለና
ስለ ዝኾንክና ካብ ሞት መድሓኒትና

ንልምን ኣለና ብፍጹም ትሕትና
ክበጽሕ ናብ ኣምላኽ ብድንግል ልመና
ብናትኪ ቃልኪዳን ስለ ዝተኣመና
ካብ ናይ ዘልኣለም ሞት ኣምላኽ የድሕነና

ኣማናዊት መቅደስ ናይ ሂወትና ኪዳን
ምኽንያት ናይ ድሕነት ናይ ነብስን ናይ
ስጋን
ሓዱሽ ዝገበርኪ ኣርሒቅኪ ንእርጋን
ንዓለም ዝሃብኪ ናይ ዘልኣለም ብርሃን

ኣክሊል ናይ ሰለሙን ናይ ዳዊት በገና
በትሪ ኣሮን ኢኺ ሓመልማለ ሲና
ምሕረት ለምንልና ክንረክብ ተስፋና
መኣዲ ቅዱሳን ሰማያዊ ማና

284. ንዒ ናባይ ኣደ ጐይታ

ንዒ ናባይ (2) ኣደ ጐይታ ንዒ ናባይ

ምስ ፍቑር ወድኺ ንዒ ናባይ
ምስ መድሃኔ ዓለም ንዒ ናባይ
ምስ ኣዳም ምስ ሄዋን ንዒ ናባይ
ካብ ሰባት ቀዳሞት ንዒ ናባይ
ክትባርኽኒ ንዒ ናባይ

ምስ መልኣከ ምሕረት ንዒ ናባይ
ቅዱስ ሚካኤል ንዒ ናባይ
ምስ መልኣከ ብስራት ንዒ ናባይ
ቅዱስ ገብርኤል ንዒ ናባይ
ክትባርኽኒ ንዒ ናባይ

ምስ ኣቦና ኣብርሃም ንዒ ናባይ
ምስ ይስሓቅ ያዕቆብ ንዒ ናባይ
ብሰናይ ተግባሮም ንዒ ናባይ
ዘስመሩ ኣምላኾም ንዒ ናባይ
ክትባርኽኒ ንዒ ናባይ

ምስ ኤፍሬም ሶርያዊ ንዒ ናባይ
ምስ ኣባ ሕርያቆስ ንዒ ናባይ
ብውዳሴን ቅዳሴን ንዒ ናባይ
ዝሃንጹ ብመንፈስ ንዒ ናባይ
ክትባርኽኒ ንዒ ናባይ

ምስ ዘይጠቐስክዎም ንዒ ናባይ
ቅዱሳን ኩላቶም ንዒ ናባይ
ብዓምደ ደመና ንዒ ናባይ
ሓቢርኪ ምስኣቶም ንዒ ናባይ
ክትባርኽኒ ንዒ ናባይ

285. ሓምስቱ ሓዘናት

ሓምስቱ ሓዘናት ዘረከቡኪ ማርያም ሶበ ይዘከር ለልብኪ
ወያስቆቁ ዓይነ ልብ ዘቦ

ከም ልማድ ናይ ኣይሁድ ናብ መቅደስ ምስ ከድኩ
ኣረጋዊ ስምዖን ሽዑ ነገረኒ
ከም ዝመውት ወደይ እቲ ጉንዲ ወይኒ
ብልቢ ሓዘንኩ ንብዓት ሰዓረኒ

ከደሊ ንወደይ ለይቲ ምስ መዓልቲ
ኣብራኸይ ደኺማ ስኢነን ዕረፍቲ
ድሕሪ ነዊሕ ድኻም ድሕሪ ናይ ሳልስቲ
ንወደይ ረኺብኩ ኣብ ማእከል ሊቃውንቲ

ነቲ መድሓን ኩሉ ሰማያዊ ንጉስ
ብሓሶት ከሲሶም ኣብ ቅድሚ ጲላጦስ
ብዙሕ ምስ ተገርፈ ዉሉደይ ክርስቶስ
ምእባድ ኣበኹ ካብቲ መሪር መልቀስ

ኣብ ማእከል ሽፋቱ ወደይ ምስ ተሰቅለ
ዮሃንስ በኸየ ወይ ኣነ እንዳበለ
ወደይ ምስ ገዓረ ተፈጸመ በለ
ኣእምሮይ'ውን ኩሉ ኣብ ሓዘን ጠሓለ

ጸሓይ ኣብ ምዕራቡ ክጽልምት ክጅምር
ዮሴፍ ንቀዲሞስ ክልቲኦም ብሓባር
ንወደይ ክቀብሩ ኣብ ሓድሽ መቃብር
ሽዕኡ በኺኹ ልቢ ብዝመትር

ብኺዳንኪ ድንግል ሎሚ ዘክርኒ
በቲ ዝተዋሃበኪ ኪዳን ካብ ጐይታና
ሓምስቱ ሓዘናት ዘኪርና ነባዕና
ንልምን ድንግል ብመዝሙር ምስጋና

286. ከም ሰላምታ ቅዱስ ገብርኤል

ከም ሰላምታ ቅዱስ ገብርኤል (2)
ማርያም ክብሪ ዓሌት እስራኤል (2)
ሓረየኪ ስሉስ ፈጣሪ (2)
ክትዓርቅዮ ሰማይ ምስ ምድሪ (2)

ብመን እም ክንምስለኪ
ገነት ደሞ ክንብለኪ
ተስፋ ድሕነት ብርሃን ደቅኺ (2)

ምሳሌ ትንቢቶም ንነብያት
ጸግዖም ክብረቶም ውን ንሃዋርያት
ተፈታዊት ኣደ ሰማእታት (2)

እንካብ ጥንቲ ክብረት ናይ ዓድና
ተቀበሊ ጸሎት ምስ ምስጋና
ንዒ ማርያም ንዒ'ሞ ስምዕና (2)

287. ኣይሓፍርንየ ብማርያም

ኣይሓፍርን'የ ብማርያም (2)
ስማ ክጽውዕ ይጸናናዕ
ሓዘነይ ኩሉ'ውን ይርሳዕ

ስማ ክጽውዕ ጊዜ ሓዘነይ
ኣጽንዓትኒ መጺኣ ኣብ ጐነይ
መከራ ጭንቀት ፈታሒት ሽግር
ከማኽስ የለን ኣደ ኣዶናይ
ማርያም (2) በሉ ምእመናን ኩሉኹም
ማርያም (2) ኢልናስ ክንድሕን ኢና

ኣጋጣሚ ናባይ ሓደጋ መጺኡ
ስማ ክጽውዕ ተገረሙ ብኡ
መንቀሳቀሲት ንስኺ እንዲኺ
ድንግል ማርያም መድሓኒት ኢኺ
ማርያም (2) በሉ ምእመናን ኩሉኹም
ማርያም (2) ኢልናስ ክንድሕን ኢና

ዝሓሰብክዎ ኩሉ ተሪፉ
ናባኺ ይልምን ግብረይ ክፉኡ
መፈጸምታይ ኣጸብቀለይ
ድንግል ብጽሕኒ ቅረቢ ናባይ
ማርያም (2) በሉ ምእመናን ኩሉኹም
ማርያም (2) ኢልናስ ክንድሕን ኢና

288. ይኩነኒ በከመ ትቤለኒ

ይኩነኒ በከመ ትቤለኒ (2)
በለት ኣዴና ብትሕትና
ብስጋን ብነፍስን ዘለዋ ንጽህና
በለት ኣዴና ብትሕትና
ድንግል ብክልተ ዘለዋ ንጽህና

ናይ ኣዳም ቃል ኪዳን ክፍጸም ምስ በለ
ናብ ቤት መቕደስ ገብርኤል ተላእከ
ብእግዚኣብሄር ሕልና ስእልቲ ነበረት
ካብ ሰማይ ዝመጸ ቃል ተቐበለት
ዳግሚት ሰማይ ማርያም ኮነት
ይፈጸም ኢላ ብትሕትና ተቐበለት

ማርያም ኣይትፍርሂ ምልእተ ጸጋ ኢኺ
ካባኺ ዝውለድ መድሕን'ዩ ማይ ህይወት
ሰብኣይ ከይፈለጥኩ ከመይ ኢሉ ይኸውን
ኢላ ሓተተቶ ገሪምዋ ድንግል
ካብ ኣንስቲ'ውን ፍልይቲ ኢኺ
ብሕጊ ኣይኮነን ብድንግልና ክትወልዲ ኢኺ

ናይ ህይወት ኣቦና ኣሎ ኣብ ማህጸና
የለን ካብ ሎሚ ናይ ሄዋን መርገማ
ናይ ሓድሽ ኪዳን ሓድሽ ብስራት እዩ
ምኽንያት ድሕነትና ብኣኺ ኣዴና
ትንቢት ክፍጸም ይኹነኒ ኢላ
ትኣምር ተሰምዐ ኢየሩሳሌም ናዝሬት ገሊላ

ዘደንቕ ግሩም እዩ ናይ ገብርኤል ዜና
ከም ናይ ዘካርያስ ከቶ ኣይነበረን
እቲ ናብ ድንግል ዝመጸ ብስራት
ደጊም ኣብቂዑ'ዩ ናይ መርገም ኣዋጃት
ካብ ኣንስቲ'ውን ፍልይቲ ኢኺ
ብሕጊ ኣይኮነን ብድንግልና ክትጠንሲ ኢኺ

289. ተሓቲምኪ

ተሓቲምኪ ኣብ ውሽጥ ልብና
ናይ ድኻምና ምርኩስ ተስፋና
ነቕርበልኪ ሓድሽ ዝማሬ
እመ ብርሃን ገና እዩ ፍቕረይ

እቲ ርህሩህ ልብኺ ናይ ድኻ መዕረፊ
ንፋስ ውቅያኖሳት ማዕበል መሳገሪ
ወዲስናዮ ስምኪ ብውዳሴ ሰናይ
ወሊድክልና ድንግል ናይ ህይወትና ጸሓይ
ጽዮን እናበልና ንምሕጸን ኣሎና
ሞት ኣይንርእን ከለኺ ኣዴና (2)

ቀስተ ደመናና ኢኺ ምልክትና
ብህይወት ንነብር ብኣኺ ኣዴና
ውሽጢ ኣሚንና እንታይ ይጐድለና
ዝጨንቀና ኩሉ ንኽእዘዘና
ጽዮን እናበልና ንምሕጸን ኣሎና
ሞት ኣይንርእን ከለኺ ኣዴና (2)

ወቂቡ እቲ ጐቦ ብብሩህ ደመና
ወልደ ኣብ ክርስቶስ ምስ ተወለደልና
ይባበ ምስጋና ኣፍና መሊኡልና
መዕረፊ ኣይረኣናን ብዘይካ እመ ብርሃን
ጽዮን እናበልና ንምሕጸን ኣሎና
ሞት ኣይንርእን ከለኺ ኣዴና (2)

ብንጽህናኺ ጐይታ ወሊድክዮ
ንኣዳም ምኽንያት ናይ ድሕነት ኮንክዮ
ጥዒሙዋ ኣፈይ ናይ ማህጸንኪ ፍረ
ክዝምረልኪ እየ ብያሬድ ዝማሬ
ጽዮን እናበልና ንምሕጸን ኣሎና
ሞት ኣይንርእን ከለኺ ኣዴና (2)

290. ናይ ያሬድ ዜማ

ናይ ያሬድ ዜማ ድንግል ማርያም ኣደይ
ህያብ ናተይ ኢኺ (2)
በየናይ ልሳነይ በየናይ ቃለይ'ከ
ማርያም ክብለኪ (2)

ምድርን ሰማይን ተኣምርኪ ይንገሩ
ኩሎም ፍጥራታት'ውን ንስምኪ ይመስክሩ
ከመይ ኢልና ኽንገልጾ ድንቂ'ዩ ስራሕኪ
ኦ ድንግል ኣዴና የለን ዝመስለኪ
ማርያም ድንግል ረዳኢተይ
በጸሒት ኣብ ጭንቀተይ ኣብ ሓዘነይ
ተኣምርኪ ብዓይነይ ሪአዮ'የ
ጽዮን ምስ በልኩኺ ድንግል ዓጊበ'የ

ናይ እግዚአብሄር ጥበብ ብኣኺ ተገልጸ
ዘርኢ ኣዳም ኩሉ ካብ ጥፍኣት ደሓነ
ናይ ምድሓን ምኽንያት ማርያም ንስኺ
ኢኺ
ንኹሎም ፍጥረታት መስገሪት ዝኾንኪ
እቲ ሃልሃልታ ናይ ሓዊ ኣየፍርሓንን
ምሳይ 'ተሊኺ ድንግል ኣይወድቕን
ኣብ ቅድሜኺ ደው ክብል ብምስጋና
ማርያም ማርያም ክብለኪ ብትሕትና

ፍጥረት ኣምላኽ ኩሉ ንምስጋና ይቑም
ኣባኺ ሓዲሩ ደምሲሱዎ መርገም
ኣዳም ምስ ደቁ ኣብ ሰማይን ምድርን
ማርያም (2) ይበል ተኣምርኪ ይንገር
ድነ ጸልማት ካብ ገጸይ ተቐንጢጡ
ብልማኖኺ ድንግል ልበይ በርቲዑ
ምሳይ ኢኺ ምስ በልኩ ይጸናናዕ
ምሳይ ኢኺ ምስ በልኩ ይጸናናዕ

291. የም ፍስሃ ኮነ

የም ፍስሃ ኮነ (2) በእንተ ልደታ ለማርያም

ኣብ ትሕቲ መግዛእቲ	ፍስሃ ኮነ
ኣብ ሓጢኣት ከለና	ፍስሃ ኮነ
ብናይ ድንግል ምውላድ	ፍስሃ ኮነ
በደልና ተሓዲጉልና	ፍስሃ ኮነ
እግዚኣብሄር ሓርዩኪ	ፍስሃ ኮነ
ክትኮኒ ወላዲቱ	ፍስሃ ኮነ
እቲ ዝተፈጸመ	ፍስሃ ኮነ
ናይ ዳዊት ትንቢት	ፍስሃ ኮነ
ናይ ሄዋን ተስፋ	ፍስሃ ኮነ
ናይ ኣዳም ሂወት	ፍስሃ ኮነ
ናይ ኢያቄም ናይ ሃና	ፍስሃ ኮነ
ፍረ በረኸት	ፍስሃ ኮነ
ምኽንያት ናይ ድሕነትና	ፍስሃ ኮነ
ኪዳነ ምሕረት	ፍስሃ ኮነ
ድንግል ተወሊዳ	ፍስሃ ኮነ
ናይ ኣምላኽ ወላዲት	ፍስሃ ኮነ
በሄዋን ኣቢልና	ፍስሃ ኮነ
ዝሰኣንናዮ ሰላም	ፍስሃ ኮነ
ሎሚ ረኺብናዮ	ፍስሃ ኮነ
ብድንግል ማርያም	ፍስሃ ኮነ
ነቲ ብስራት ንነግር	ፍስሃ ኮነ
ሓዘንና ገዲፍና	ፍስሃ ኮነ
ተወሊዳ'ያ እሞ	ፍስሃ ኮነ
ተስፋ ናይ ዓለምና	ፍስሃ ኮነ

292. ካብ ፍጡራን ኩሉ

ካብ ፍጡራን ኩሉ	ቅድስና
ቃላት ዘይገልጽዋ	ልዕልና
ጊዜ ዘይቅይሮ	ድንግልና

ነዚ ኩሉ ክብሪ ዝሓዝኪ ቅድስቲ
ቤዛዊት ዓለም ንጽህቲ ክብርቲ
ክብርኺ ብዙሕ'ዩ ኪዳነ ምሕረት

ንማንም ዘይተዋህቦ ትሕትና
ካብ ኩሎም መላእኽቱ ንጽህና
ናይ ነብያት ትንቢት ጥዑም ዜና

ነዚ ኩሉ ክብሪ ዝሓዝኪ ቅድስቲ
ቤዛዊት ዓለም ንጽህቲ ክብርቲ
ክብርኺ ብዙሕ'ዩ ኪዳነ ምሕረት

293. ሰላም ለኪ ሰላም ድንግል ማርያም

ሰላም ለኪ ሰላም ድንግል ማርያም
ከም ኤልሳቤጥ ዘመድኪ መጺአ ክሳለም
ጭንቀተይ ክውገድ ድንግል ብልማኖኺ
ናይ ልበይ ክነግር መጺኤ ኣለኹ ኣብ ቤትኪ

መከራን ፈተናን ክርሕቕ ካብ ነብሰይ
ክልምነኪ እየ ምሉእ ተስፋ ጌረ
ካልእ መን ኣሎኒ ሓዘነይ ዝድምስስ
ደስታ ትገብርሉ ንልበይ ዘረስርስ

ጸሎተይ ከብጽሕ ክልምን ናይ ልበይ
ቀልጢፍኪ ትመጺ ድንግል ረዳኢተይ
ሎምስ ለውጥለይ ሓዘነይ ናብ ሓጐስ
ድንግል ብጀካኺ የብለይን ዋሕስ

ምልጃ በረኸትኪ ቤተይ መሊኡለይ
መንፈሰይ ዓጊቡ ጸቢቑ ህይወተይ
'ቲ ለዋህ ፍቕርኺ ኮይኑኒ'ሎ ተስፋ
ውዕለትኪ ፍሉይ'ዩ ኢለዮ ሓለፋ

ኣነስ ንዘለኣለም ክመስግነኪ እየ
ስምኪ እንዳ ጸዋዕኩ ኣብ ሕቑፍኺ ኮይነ
'ቲ ዝጓዝም ሰይጣን ንኪይውሕጠኒ
ድንግል ጽላልኪ ኣይፈለየኒ

294. ሰላም ለኪ ማርያም

ሰላም ለኪ ማርያም
ወለተ ሓና ወኢያቄም
መሰረቱ ለዓለም ወጥንተ
መድሓኒት ዘእምቅድም

ትውልድታት ኩሎም ንጽህቲ ብጽእቲ ክብሉ
ስምኪ እንዳ ጸውዑ ኣባኺ ይውከሉ
ተስፋ ናይ ኣዳም ምኽንያት ድሕነቱ
ናይ ኩሉ ትምክሕቲ ድንግል ወላዲቱ ሰላም ለኪ

ናይ ድሕነትና ምኽንያት ንሳ ተዘይትፍጠር
መድሓኒና ጐይታ ካብኣ ተዘይውለድ
ከም ምድሪ ሰዶምን ከም ምድሪ ጐመራን
ጥፍኣት ምኾንና ኣብዛ ጸልማት ዓለም ሰላም ለኪ

ንዓለም ጥፍኣት ኣይሂ ምስ ዘነበ
ኖህውን ናብ ገጽ ምድሪ ምስ ለኣኾ ርግቢ
ናይ ድሕነት ብስራት ምልክት ዝኾንኪ
ሃመልማላዊት ድንግል ንስኺ ኢኺ ሰላም ለኪ

---

295. ሰላም ለኪ ለኖህ ሓመሩ

ሰላም ለኪ (2) ንኖህ ሓመሩ
ሰላም ለኪ (2) ናይ ኣሮን በትሩ

ሰላም ለኪ ንቅዱስ ዳዊት መሰንቆ መዝሙር
ሰላም ለኪ ንጌዴዎን ጸምሩ
ሰላም ለኪ ንሰሎሞን መንበር ክብሩ
ሰላም ለኪ ንፍሬስብሃት መዝሙሩ (2)

እመ እግዚአብሄር ጸባኦት ሰላም ለኪ
ሰላም ለኪ ሰረገላኡ ንኣሚናዳብ
ሰላም ለኪ መና ዘለኪ ንጹህ መሶብ
ሰላም ለኪ ያዕቆብ ዝርኣየኪ ኣብ ሎዛ
ሰላም ለኪ ናይ ይስሓቅ መኣዛ (2)

እንዘ ንሴፊዎ ለበረከትኪ፡ ዘመስለ ኣምሃ ንሰግ ለኪ
ሰላም ለኪ ህብስተ መና ዘእስራኤል
ሰላም ለኪ ናይ ሰማእታት ንጹህ ኣኽሊል
ሰላም ለኪ እጸ ጳጦስ ናይ ሲና
ሰላም ለኪ ናይ ኤልያስ መና

እንዘ ንሴፊዎ ለበረከትኪ፡ ዘመስለ ኣምሃ ንሰግ ለኪ

296. ሰኣሊ ለነ ማርያም እምነ

ሰኣሊ ለነ (6)
ማርያም እምነ ወእቱ ልእግዚእነ

ሰኣሊ ለነ ካብ ርኽስቲ ዓለም ካብ ናይ ሓጢኣት ቦታ
ሰኣሊ ለነ የንቃዳዱ ናባኺ ክትኮነኒ ዋልታ
ሰኣሊ ለነ ክንዲ ዘይኣመነ ክጽውዓኪ
ሰኣሊ ለነ ኣለኹ በልኒ ክሰምዕ ድምጽኺ

ሰኣሊ ለነ ንብሰይ ተመሪራ ከተእዊ ከላ
ሰኣሊ ለነ ንርእሳ ኣትሒታ ኣሚና በደላ
ሰኣሊ ለነ ክትሰምዕ'ያ ኣባ ኣእዳዋ ኣልዒላ
ሰኣሊ ለነ ምሓርኒ ድንግል እያ ትብለኪ ዘላ

ሰኣሊ ለነ በደል ሓጢኣት ቃኤል እንዳ ደጋገምኩ
ሰኣሊ ለነ መቅባሕባሒ ኮይነ ተሪፈ ኣለኹ
ሰኣሊ ለነ ጠምትኒ'ሞ ክስዓር መርገመይ
ሰኣሊ ለነ ይኣኽለኒ ሕስራን ሓደራ ህይወተይ

ሰኣሊ ለነ ከም ኩሎም ደቓኺ ዉሉድኪ እየ ኣነ
ሰኣሊ ለነ ይነጽግ ንብዓተይ ብስምኪ ለሚነ
ሰኣሊ ለነ እንታይ ክኾነኒ ንስኺ ዘይብሉ
ሰኣሊ ለነ ሰብ እዛ ዓለም ንቕሑ ማርያም ማርያም በሉ

---

297. ሰኣሊ ለነ

ሰኣሊ ለነ ድንግል ማርያም
ንሴም በረኸቱ ድንኳን ኣብርሃም
ናይ ኖህ መርከብ ምልክት
ተስፋ ናይ ሰላም
ሰላም ለኪ ድንግል እምነ ጽዮን (2)

ተስፋ ኣቦታትና ድንግል ማርያም
መድሃኒትና ኮይኑ ክስቀል ኣብ መስቀል
ያዕቆብ ኣብ ራእዩ ዝረኣያ መሳልል
ናይ ንጉስ ክርስቶስ ዝፋኑ ኢኺ መንበር

ሓወልቲ ኢያሱ ናይ ኣቤል መስዋእቲ
ናይ መስቀል'ዩ ድንግል ዕጹብ መድሓኒት
ኣብ መስቀል ወሪዱ ቀዳማዊ ቃል
ብቅዱስ ዮሃንስ ሃበና ንድንግል

ኣማናዊት ጽዮን ድንግል ማርያም
ንምሕጸን ኣሎና ብጽኑዕ ኪዳን
ኤርትራ ሃገርና ሰላም ከይንፈጋ
ብናይ ኪዳን ሓይልኺ ይህደም ጸላኢና

298. ሰኣሊ ለነ ቅድስት

ሰኣሊ ለነ ቅድስት (2)
ድንግል ማርያም (2)

ሰኣሊ ኣብ መከራ ጊዜ
ሰኣሊ ኣጸናንዕኒ
ሰኣሊ ኣፈይ ንምስጋና
ሰኣሊ ኣነቃቅሕኒ
ሰኣሊ ከምቶም ኣቦታተይ
ሰኣሊ ብጸጋ ምልእኒ ኣደ ብዙሓት

ሰኣሊ ፍቕርኺ ኣብ ልበይ
ሰኣሊ ዕረፍቲ ኮይንኒ
ሰኣሊ ካብቲ ጽኑዕ ጸልማት
ሰኣሊ ጐይታ ከውጽኣኒ
ሰኣሊ ዝቆሰለ ልበይ
ሰኣሊ ፈውሲ ትኾንኒ ናተይ መድሃኒት

ሰኣሊ መደገፊ ምርኩስ
ሰኣሊ ኩንኒ ጉልበተይ
ሰኣሊ ጣዕሚ ናይ ፍቕርኺ
ሰኣሊ ክነግሮም ነሕዋተይ
ሰኣሊ ንዓኺ ምስ ሓዝኩ
ሰኣሊ በሪሁ'ሎ ገጸይ ብርሃን ናይ ገዛይ

ሰኣሊ ኣደይ ምስ በልኩኺ
ሰኣሊ ዝወደይ በልኒ
ሰኣሊ መብራህተይ ከይጠፍእ
ሰኣሊ ናብ ጐይታ ለምኒ
ሰኣሊ ኣደ ነብሰይ ኢኺ
ሰኣሊ ደገፍ ትኾንኒ ማርያም ድንግል

299. ብወርቂ ቀለም ተጻሒፍኪ

ብወርቂ ቀለም ተጻሒፍኪ
ኦ ድንግል ንዓይ ተዋሂብኪ
ከኽብረኪ እየ ድንግል ኣደይ
ጽዮን ተስፋይ ኢኺ ንሂወተይ

ተሰናኺለ ንኸይወድቕ
ዘይቲ መምርሂተይ ንኸይ ውድእ
ኩንለይ ድንግል ቡዙሕ ዋጋ
ኣፍደገ ኣብ ቅድመይ ንኸይዕጾ

ደው ኢሉ ዝመስሎ ዝወደቀ
ናይ ክብሪ ስፍራ ዝገደፈ
ከቐንዕ ሪኤ ንዓኺ ሒዙ
በቲ ልማኖኺ ተሞርኪሱ

ከይቀርበኪ ዑርቅ ኮይነ
ናይ ጎይታ ክብሪ ረሲዐ
ቅድመይ ሕለፊ ኣብ ጉዑዘይ
ወድኺ እዩ'ሞ ዕላማይ

ጸሎትኪ ኣቅኒዑ ንጉልበተይ
ካብ ባረኽለይ ንሂወተይ
ብጽእቲ እብለኪ ኩሉ ግዜ
መታን ከኽብር እግዚኣብሄር

300. ርውየት ጽምኣት ነፍሰይ

ርውየት ጽምኣት ነፍሰይ ብኽቡር ደሙ
ጽጋብ ጥሜት ነፍሰይ ብቕዱስ ስጋኡ
ከኾነለይ ዘለኣለም ድንግል ማርያም
ስምዕኒ ጸሎተይ ኣደ ኣዶናይ ምንጪ ናይ
ሰላም (4)

ሓሳብ እግዚኣብሄር ካብ ውሽጠይ በኒኑ
ቁንጅናይ ምቁማት ምውዓልየይ ኮይኑ
ግብሪ ጽድቂ ምግባር ምኽኣሉ ስኢነ
ኣኽእልኒ ድንግል ከመጽእ መኒነ

ዕድመ ንእስነተይ ሓሳብ ኣብዚሑለይ
ዕድላት ከናዲ ገፊሑ ጠመተይ
ባርኽኪ ቀዲስኪ ኣብጽሕኒ ናብኡ
ዘለኣለም ክነብር ኮይነ ኣብ ሕቝፍኡ

በርቲዑኒ እብል ስራሕ ናይ ውሻጠ
ሓሳብ ስጋ ኮይኑ ናይ ናብራይ ጠመተ
ምኽኒት ይኾነኒ ክርሕቕ ካብ ቤቱ
መሳልል ኩንኒ ክወርስ መንግስቱ

ጥቕመይ ንኽዕቢ ዘይጻዕረይ ክበልዕ
ስራሕ'ዩ እናበልኩ ንገንዘብ ከምልኽ
ነብሰይ ወጺዐያ ስጋይ ክከናኽን
ደግፍኒ ማርያም ጽባሕ ንኸይሓዝን

301. ፍሉይ መኣዛ

ፍሉይ መኣዛ ጥዑም ጨና ኢኺ
ቅድሚ ኩሉ ሰብ ክዝምረልኪ
ተለዊጡ'ዩ እቲ ጨካን ልበይ
ምስ ጸዋዕኩኺ ንዒ እምቤተይ

ኣምሳል ዘይብልኪ ንዒ እምቤተይ
ቤተሰብ ኢኺ ንዒ እምቤተይ
'ቲ ኽፉእ ዘመን ንዒ እምቤተይ
ዝሓለፍኩልኪ ንዒ እምቤተይ
ብዝሒ ፍቅሪ ንዒ እምቤተይ
ልበይ ነደደ ንዒ እምቤተይ
ኣደይ ምኽንኪ ንዒ እምቤተይ
ስለ ዝፈተወ ንዒ እምቤተይ

ናይ ሰብ ክብረት ንዒ እምቤተይ
እንታይ ከርብሓኒ ንዒ እምቤተይ
ሰረገላይከ ንዒ እምቤተይ
መኣስ ከድሕነኒ ንዒ እምቤተይ
ዝተሰወረ ንዒ እምቤተይ
ክፉእ መከራ ንዒ እምቤተይ
ከድሕን እየ ንዒ እምቤተይ
ምስ ጸዋዕኩ ስማ ንዒ እምቤተይ

ስርሐይ ኩሉ ንዒ እምቤተይ
ኣየድሕነን እዩ ንዒ እምቤተይ
እትክዝ ኣለኹ ንዒ እምቤተይ
ስለ በደለይ ንዒ እምቤተይ
ነዘራርባይ ንዒ እምቤተይ
መመቀሪተይ ንዒ እምቤተይ
ተሰሚዐ ኣለኹ ንዒ እምቤተይ
ድንግል ምስ በልኩ ንዒ እምቤተይ

መራሒት መንገደይ ንዒ እምቤተይ
ንርሑቕ መገሻ ንዒ እምቤተይ
ዝተኣመነት ንዒ እምቤተይ
መፈወሲተይ ንዒ እምቤተይ
ንዘተማህጸንኪ ንዒ እምቤተይ
ስምኪ ኣሚኑ ንዒ እምቤተይ
ካብ ማእሰርቲ ይወጽእ ንዒ እምቤተይ
ንወድኺ ለሚኑ ንዒ እምቤተይ

302. ደስ ይበልኪ

ደስ ይበልኪ (2)ማርያም ንጽህት ድንግል
ደስ ይበልኪ ካብ ኩለን ኣንስቲ 'ተባረኽኪ ኢኺ

ሰላም'ውን ይብለኪ ማርያም ድንግል
ከምቲ ብስራታዊ ቃል ቅዱስ ገብርኤል
ንዓኺ ዝተዋህበ ክልተ ድንግልና
በቲ ብስጋ በቲ ብሕልና

ካብ ኩለን ኣንስቲ ንጽህቲ ብሙኻንኪ
ሰማያዊ ምስጢር ዝተገለጸልኪ
ናይ ልዑል ማሕደር ንሙኻን በቃዕኪ
ኣደ ጐይታ ማርያም ብዙሕ ደስ ይበልኪ

ገብርኤል ከበስራ ድንግል'ውን ሰሚዓ
ኣብኣ'ውን ሓደረ ናይ መለኮት ግርማ
ሓቀኛ መልኣኽ ምኻኑ ፈሊጣ
ይኹነለይ ኢላ ቃሉ ተቐቢላ

ዝተነበየላ ሕዝቅኤል ነቢይ
ዝተዓጽወት ማዕጾ ኢሉ ብራእይ
ኣትዩ ወጺኡ ጐይታ ብዕጽውታ ከላ
ንዘለኣለም ኣለም ትነብር ከምኡ ኢላ

ማርያም ክትበጽሓ ናብ ኤልሳቤጥ ከደት
ኤልሳቤጥ ብሓጐስ መንፈስ ቅዱስ መልአት
ኣብ ማህጸና ዘሎ ዘለለ ብታሕጓስ
ድምጺ ኣደ ጐይትኡ ምስ ሰምዐ መንፈስ

303. ኣብ ቤትኪ ደው ኢለ

ኣብ ቤትኪ ደው ኢለ ብምስጋና
ማርያም ጽዮን ክብል ብምስጋና
ንብዓትኪ ድንግል ማሊዱኒ
ውዕለትኪ ድንግል የዕብዩኒ
ብዘይ ብኣኺ መን ኣሎኒ

'ቲ ጸላም ደምበርበር ኣነስ ኣይክእሎን'የ
ተቅዋመይ ከለኪ ብርሃና ክርስቶስ ፋና ንመንገደይ (2)
ጽምዋ ኣፍሪሑኒ ከቢቡኒ ከሎ ጫውጫውታ'ዛ ዓለም
ድምጽኺ ኣስምዕኒ መንፍስ ክወርደኒ ከዕብየኪ ማርያም
ማርይም (2) እንዳበልኩ ንስምኪ ክጽውዖ
'ቲ ልበይ ይዓርፈለይ ሓጎስ'ውን ይስምዖ (2)

ንዓኺ ጸዊዑ መን'ዩ ዝሓፈረ
ኣብ መዝገብ ናይ ልቡ ብዙሕ ውዕለት ኣሎ ፍቕርኺ ዘስፈረ (2)
ደንጋጺት ንድኻ ወገን ንዘይብሉ ናብራ ንዝኸበዶ
ተስፋ ተስንቕዮ ደጊም ንኸዕርፍ መሊእኪ ንዝውሕዶ
ማርይም (2) እንዳበልኩ ንስምኪ ክጽውዖ
'ቲ ልበይ ይዓርፈለይ ሓጎስ'ውን ይስምዖ (2)

ምድራዊት ገነተይ ማርያም ኣደ ጎይታይ
ንሓጥኣን ተስፋ መራሒ ንድሕነት ዝዛሪ ንብዓታ (2)
ስደት ምስ መከራ ምስ ፍቁር ወድኺ ምእንታይ ጾርኪዮ
ንብዓት ዘሪእኪ'ኺ ብምድሓን'ዛ ዓለም ሓጎስ ዓጺደዮ
ማርይም (2) እንዳበልኩ ንስምኪ ክጽውዖ
'ቲ ልበይ ይዓርፈለይ ሓጎስ'ውን ይስምዖ (2)

ኣብዛ ስደት ዓለም ንነብሰይ ከየድሕን
ስጋይ እናኸድዐ ከም ጋላቢ ፈረስ ንጥፍኣት ዝጠንን (2)
ማዕበል ክፉእ ሓሳብ ኣብ ልበይ ዓፊሩ ነፍሰይ ከየስጥማ
ድንግል ለምንለይ ጽድቂ ንኽለብስ ከም ናይ ጻድቃን ግርማ
ማርይም (2) እንዳበልኩ ንስምኪ ክጽውዖ
'ቲ ልበይ ይዓርፈለይ ሓጎስ'ውን ይስምዖ (2)

304. ሓረገ ወይን

ሓረገ ወይን (3) ኣንቲ ማርያም
ኣጸደ ወይን (3) ኣንቲ ማርያም

ትመስሊ ፊደል ወትወልዲ ወንጌለ
ወታገምሪ ነበልባለ (መስቀል)
ትመስሊ ሰማየ ወትወልዲ ጸሓየ
ወታገምሪ ኣዶናይ

ትመስሊ መሶብ ወትወልዲ ኮኮበ
ወታጸግቢ ርሁበ
ትመስሊ መቅደስ ወትወልዲ ንጉሰ
ወታገምሪ መንፈስ ቅዱስ

ትመስሊ ጽላተ ወትወልዲ ታቦተ
ወታገምሪ መለኮተ
ትመስሊ ገራህተ ወታፈርዮ ሰዊተ
ወታጸድቂ ነፋሳተ

ትመስሊ ደመና ወትወልዲ ህብስተ መና
ወታገምሪ ጥዒና
ትመስሊ ስሂነ ወትወልዲ መድህነ
ወትፌውሲ ቁስላነ

ትመስሊ ምስራቅ ወትወልዲ መብረቀ
ወታለብሲ ዕሩቀ
ለኣብ መርዓቱ ወለወልድ ወላዲቱ
ወለመንፈስ ቅዱስ ጽርሐ ቤቱ

ስብሓተ ለኪ እምዘበላዕነ ስጋ ወልድኪ
ወእምዘዝተየነ ደመ መሲሕኪ
ኣግብርትኪ ወ ኣእማትኪ
ለኣለመ ኣለም ኣሜን (2)

305. ድንግል ንጽዋዓኪ

ድንግል ንጽዋዓኪ ማርያም ንዒ ንብለኪ(2)

ተተዓርቕና ንጽውዓኪ
ምስ ፈጣሪ ጐይታ ንዒ ንብለኪ
ድንግል ሓደራኺ ንጽውዓኪ
ኩንልና መኸታ ንዒ ንብለኪ

በላዒ ሰብ ድሒኑ ንጽውዓኪ
ብዙሕ ነብሲ ኣጥፊኡ ንዒ ንብለኪ
ብኢዱ ማይ ሂቡ ንጽውዓኪ
ስም ናትኪ ጸዊዑ ንዒ ንብለኪ

ብሄዋን ምኽንያት ንጽውዓኪ
ኣብ ጸልማት ነበርና ንዒ ንብለኪ
ኣባኺ ሓዲሩ ንጽውዓኪ
ብርሃኑ ሂቡና ንዒ ንብለኪ

ቤትኪ ዝሃነጸ ንጽውዓኪ
ተኣምርኪ ዝሰምዐ ንዒ ንብለኪ
ክምሕሮ'የ ኢሉኪ ንጽውዓኪ
ስምኪ ዝጸውዐ ንዒ ንብለኪ

ገጽ ኣየምልስን'ዩ ንጽውዓኪ
ናይ ኣደ ልመና ንዒ ንብለኪ
ከይንጠፍእ ኢሉ ንጽውዓኪ
ንዓኺ ሂቡና ንዒ ንብለኪ

306. ኣንቲ ዉእቱ

ኣንቲ ዉእቱ ተስፋሁ ለኣዳም
ኣንቲ ዉእቱ እመ ይሰደድ እም ገነት

ብናይ ገብርኤል ሰላምታ ሰላም ክብል
ከም ኤልሳቤጥ ጸጋ ንኽቅበል
ድምጽኺ ኣስምዕኒ ግሩም መንክር
ከም ዮሃንስ መጥመቕ ንክሰራሰር

ናይ መስቀል ህያበይ ድንግል ናተይ
ክቡር ስፍራ ኣሎኪ ኣብ ህይወተይ
ከም ፍቊረ እግዚእ ምሳይ ኩኒ
ካብ ክፉእ መከራ ንኽትስውርኒ

መብጽዓይ ከሐድስ ኣብ ጸጽባሕ
ኣሰርኪ ክስዕብ ንኽምራሕ
እምነት ኣሎኒ ኣነ ብጸሎትኪ
በረኸት ክረክብ ካብ ፍቑር ወድኺ

ካብ ገነት ክስደድ ኣዳም ምስ ሄዋን
ሕያው ኣምላኽና ግን ኣይሓደጎን
ቃል ኣትዩሉ እዩ ኣብ ውድቀቱ
ድንግል ንስኺ'ኺ ምልክት ድሕነቱ

307. ንማርያም

ንማርያም (2)
ክንዝምር ኢና ንዘለኣለም (2)

ዕጽውቲ ማዕጾ ንዘለኣለም
ኢልዋ ሕዝቅኤል ንዘለኣለም
ብሓቂ ንጽህቲ ንዘለኣለም
ብፍጹም ድንግል ንዘለኣለም
ኣብነት ጌርና ንዘለኣለም
ንዑ እውን ንሕና ንዘለኣለም
ብፍጹም ፍቅሪ ንዘምር ኣሎና (2)

ሓላል ርግቤት ንዘለኣለም
ናይ ሰላም ኣበሳሪት ንዘለኣለም
ነቲ ጸልማት ሂወተይ ንዘለኣለም
ኣብርሂዮ ንብርሃነይ ንዘለኣለም
እምሕጸነኪ ለኹ ንዘለኣለም
ድንግል ነዛ ንፍሰይ ንዘለኣለም
ሓደራ ድንግል ንስኺ ኢኺ ዋሕሰይ (2)

ዘለኒ ፍቅሪ ንዘለኣለም
ኣዝዩ ብዙሕ'ዩ ንዘለኣለም
ፈጺሙ ኣይውሰንን ንዘለኣለም
ኣይንገርን ኢዩ ንዘለኣለም
ብኣኣ ደስ ይብለኒ ንዘለኣለም
ሃሴት'ውን ይገብር ንዘለኣለም
ሰማ'ና ጸዋዕኩ እኔኹ ይነብር (2)

ንዒ ንዒ ክብል ንዘለኣለም
ለይትን መዓልትን ንዘለኣለም
ንዓይ ቀረባይ'ያ ንዘለኣለም
ኣይትፍለየንን ንዘለኣለም
ኣመስጊኖማ ንዘለኣለም
እጹብ ድንቂ ኢሎም ንዘለኣለም
ንኽብራ ዝገልጹ ተሰኣኑ ቃላት (2)

308. ማርያም ተንብሊ

ንኢ. ንኢ. ድንግል ማርያም ተንብሊ. (2)
ሃበ ወልድኺ መድሓኔ ዓለም (2) እህ

እም መላእክት	ማርያም ተንብሊ
እም ነብያት	ማርያም ተንብሊ
እም ሃዋርያት	ማርያም ተንብሊ
እም ሰማእታት	ማርያም ተንብሊ
እም ቅዱሳን	ማርያም ተንብሊ
አክሊለ ምህረት	ማርያም ተንብሊ
ሰዋስወ ሳህል	ማርያም ተንብሊ
ወመሶበ ወርቅ	ማርያም ተንብሊ
እም ብዙሃን	ማርያም ተንብሊ
እም ክርስቶስ	ማርያም ተንብሊ
ወበ ምንዳቤን	ማርያም ተንብሊ
ወበ ሃዘንን	ማርያም ተንብሊ
ወበ ገአርን	ማርያም ተንብሊ
ወበ ህማምን	ማርያም ተንብሊ
ወበ ስደትን	ማርያም ተንብሊ

309. ኣዘክሪ ድንግል

ኣዘክሪ ድንግል ኣዘክሪ
ንነይታ ሓብሪ ኣዘክሪ
ንጻድቃን ኣይኮነን ንሓጥኣን

ከም ዝተወልደ	ኣዘክሪ
ኣብ ቤተልሄም	ኣዘክሪ
ከም ዘደቀስክዮ	ኣዘክሪ
ኣብ መብልዕ ማል	ኣዘክሪ
ንሓጥኣን ኣይኮነን ንጻድቃን	
ቡቲ ግዜ ቄሪ	ኣዘክሪ
ከም ዝገበርሉ	ኣዘክሪ
ናይ በጊዕን ላምን	ኣዘክሪ
እስትንፋሶም ኩሉ	ኣዘክሪ
ንሓጥኣን ኣይኮነን ንጻድቃን	
ኣብ በረኻ ግብጺ.	ኣዘክሪ
ከም ዝተሰደድኪ	ኣዘክሪ
ናይቲ መሬት ሃሩር ኣዘክሪ	
እቲ ኩሉ ጸገምኪ	ኣዘክሪ
ንሓጥኣን ኣይኮነን ንጻድቃን	
ኣብ መቓብር ንይታ	ኣዘክሪ
ንብዓት ከም ዘፍሰስኪ.	ኣዘክሪ
ገነት ንኽንኣቱ	ኣዘክሪ
ንዓና ደቅኺ	ኣዘክሪ
ንሓጥኣን ኣይኮነን ንጻድቃን	

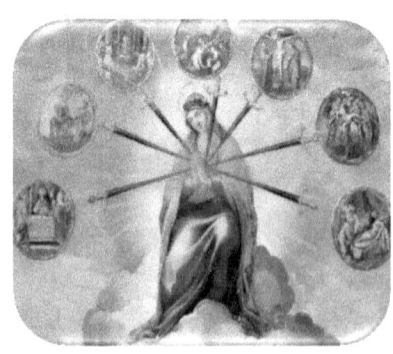

310. <u>ኣነውን ክውድስ ብምስጋና</u>

ኣነ'ውን ክውድስ ብምስጋና
ንድንግል ማርያም ብምስጋና
ምስጋና ኣሎኒ ገና (2) ንድንግል ምስጋና

ምልእተ ጸጋ ጸዋሪት መለኮት
ወላዲት ኣምላኽ ልእልቲ መላእኽት
ኣምላኽ ኢዩ'ኮ ተገሊጹ መሲሕ
ልዕሊ ኣእምሮ ኮይኑ ድንቂ ስራሕ
ዘደንቅ ስራሕ ዘደንቅ ኣምላኽና ሰብ ኮነ
ዘደንቅ ስራሕ ዘይውሰን ፍጹም ተወሰነ
ዘደንቅ ስራሕ ካብ ድንግል ተረኽበ ልደቱ
ዘደንቅ ስራሕ ፈጣሪ ኮነ ከም ባረቱ

እጹብ ግሩም'ዩ እቲ ናትኪ ውህበት
ኣደን ድንግልን ብዘይ ነውሪ ሓጥያት
ኣነስ ክምስጥ ሕልናይ ሰቂለ
ብምስጋናኺ ፍጹም ተላዒለ
ምስጋና ኣሎኒ ፈልፋሊ ከም ዓይኒ ማይ
ምስጋና ኣሎኒ ፍቅርኺ ዘሕደረለይ
ምስጋና ኣሎኒ ኣብ እዝኒ ኣህዛብ ዝበጽሕ
ምስጋና ኣሎኒ በረኸተይ ዘብዝሕ

ኣበይ ኮነለይ ዜናኺ ክነግር
ቅድስናኺ ብኣፈይ ክምስክር
ግንከ ኣይክእሎን በየናይ ልሳነይ
ንውዳሴኺ ይሓጽረኒ ቃለይ
ኣንስ ጽሒፈ ለውዳሰኪ እመ ኢሃልቀ ሰበ - ኮነ ጥቀ
ዝናበ ክረምት ቀለም ወሰማይ ረቀ (2)

311. <u>ንድንግል ክውድስ</u>

ንድንግል ክውድስ ስማ ደጋጊመ
ብዘመናት ፍጹም ዘይውሰን ብዕድመ
ደጋጊመ ይሕጎስ ልበይ ከመስግና
ክዝምረላ'የ ጽባሕ ከሎ ገና

ሓይሊ ልዑል ኣምላኽ ዘጽለለ ኣብ ልዕሌኣ
ቅድስት ድንግል'ያ ርህሩህ ዝባህሪኣ
<u>ከዋኽብቲ ሰማይ ኩኑ ቃል ምስጋና</u>
<u>ነፍሰይ ከይትትክዝ እትብሎ ስኢና</u> (2)

ኣትን ኣዕዋፍ ሰማይ ዘይማለይ ዜማ
ዘመነይ ከሕልፎ እናወደስኩ ስማ
<u>ካብ ስጋኣ ስጋ ካብ ነፍሳ'ውን ነፍሲ</u>
<u>ዝወሰደ ኣምላኽ ኮይንልና'ዩ ፈውሲ</u> (2)

ማዕበል ባሕሪ ሃርህር ከም ድምጺ በገና
መጺኣ ናብ ቤተይ ብተምሳል ደመና
<u>ንፋሳት'ዛ ምድሪ ንፍሑለይ እምብልታ</u>
<u>ክውድስ ንማርያም ኣሰንየ ዕልልታ</u> (2)

ድሕነት ወዲ ኣዳም ባህታኡ መንፈሳ
መሳልል ሕይወት'ያ ኣምላኽ ዝቐደሳ
<u>ኣግራብ ስየ ጽሕዲ ሓዙለይ ጸናጽል</u>
<u>ህያብ ፍቕሪ ኣሎኒ ዝብርከት ንድንግል</u> (2)

312. ንምሕጸን ብኣኺ / ተማህጸነ ብኪ

ንምሕጸን ብኣኺ ንምሕጸን ብኣኺ
ብቃል ኪዳንኪ ንምሕጸን ብኣኺ
ተማሕጸነ ብኪ ተማሕጸነ ብኪ
ብኪዳንኪ ተማሕጸነ ብኪ

ናይ ትንቢት ፍጻመ	ንምሕጸን ብኣኺ
ቤት መቅደስ ክብሪ	ንምሕጸን ብኣኺ
ስጋኺ ዝኾነ ናይ ኣምላኽ መሕደሪ	ንምሕጸን ብኣኺ
ናይ ኣዳም ሓጥያት	ንምሕጸን ብኣኺ
ፍጹም ዘይለግበኪ	ንምሕጸን ብኣኺ
ንጽሕቲ ሕልና ውዳሴ ንዓኺ	ንምሕጸን ብኣኺ
ካብ ኪለን ኣንስቲ	ንምሕጸን ብኣኺ
ዝተባረኽኪ ኢኺ	ንምሕጸን ብኣኺ
ብምባል ገለጸ ገብርኤል ክብርኺ	ንምሕጸን ብኣኺ
ኤልሳቤጥ ውን በለት	ንምሕጸን ብኣኺ
ኣደ ጎይታ ኢኺ	ንምሕጸን ብኣኺ
ብመንፈስ ፈሊጣ ንኣምላኽ ምጻርኪ	ንምሕጸን ብኣኺ
ከምቲ ንዶኪማ	ንምሕጸን ብኣኺ
ማልድለይ ኢኺ	ንምሕጸን ብኣኺ
ንጎደለይ ምልኢ ባርኽኒ ኢኺ	ንምሕጸን ብኣኺ
ወድኺ ጸባኦት	ንምሕጸን ብኣኺ
ንዓኺ ሂቡና	ንምሕጸን ብኣኺ
ብኢደ ዮውሃንስ ኣደ ክትኮንና	ንምሕጸን ብኣኺ
ኣነስ ብኪዳንኪ	ንምሕጸን ብኣኺ
እምሕጸን ናባኺ	ንምሕጸን ብኣኺ
ኣብ ጊዘ ጸበባይ ረዲኣተይ ኢኺ	ንምሕጸን ብኣኺ
ስምኪ ዝጽውዑ	ንምሕጸን ብኣኺ
ካብ ፍጥረታት ኩሉ	ንምሕጸን ብኣኺ
ብኪዳንኪ ምሕረት ይቅበሉ	ንምሕጸን ብኣኺ
ብኪዳንኪ ድንግል	ንምሕጸን ብኣኺ
ንምሕጸን ኣለና	ንምሕጸን ብኣኺ
ንሃገር ኤርትራ ሰላም ኣውርድልና	ንምሕጸን ብኣኺ

313. ክብርኺ ተገሊጹ

ክብርኺ ተገሊጹ ፍጥረት ኩሎም ብኣኺ
ይድነቁ
ብርሃን ዓለም ካባኺ ምብራቑ
ድንግል ብወድኺ ንዘለኣለም ትነብሪ
ኸቢርኪ

ወለዶታት ኩሎም ብጽእቲ ይብሉኺ
ደቂ ጠቓዕትኺ እናደነኑ ክመጹኺ
ንጉስ ዝበሃን ንፍሉይ ውህበትኪ
ጸጋ መሊኡኪ ፈጣሪ ወሊድኪ (2)
ኣብ ኣርያም ኣብ ሰማይ ትንበሪ ብኽብሪ
ጸሎትና ተዕርጊ ናብ ልዑል ፈጣሪ

ዘልኣለማዊ'ዩ ናትኪ ድንግልና
ፍጹም ዘይቅይሮ ክቡር ልደት ናይ ጐይታና
ሕፍቲ'ውን ዘይብልኪ ንጽህቲ ኣዴና
መመከሒት ኣዳም ተስፉ ናይ ኩልና (2)
ናይ ዘመናት ሓጢኣት ከድምስስ ጐይታና
ካባኺ ተወልደ ፍጹም ድንግልና

ተኣምርኪ ክንበብ ኣብ ቅዱስ ሰፈሩ
ዝሰምዕዎ ኩሎም ንውዕለትኪ የስተንክሩ
ውዳሴኺ ዓብዩ ኣብ ሰማይ ኣብ ምድሪ
ንዓኺ ይውድሱ ፍጡራን ብኽብሪ (2)
ድንግል ድንግል ይብሉ ክብርኺ ይነግሩ
ንንጹህ ውህበትኪ ብሕብረት ዘመሩ

ትእምርተ ሰናያት ድንግል ማርያም
ንጽህተ ንጹሃን ኣደ ጐይታ መድሕን ዓለም
ቃል ኪዳን ዘለኪ ጠበቓ ንዓና
ኣማላዲት ኣደ ኣምላኽ ዝሃበና (2)
ኣምላኽ ዘኽበረኪ መን እዩ ዘሕስረኪ
ናይ ብዙሓት ኣደ ድንግል ንስኺ'ኺ

314. መዕቆቢተይ ከተማ

መዕቆቢተይ ከተማ'ታ ብሰላም ዝነብረላ
ድንግል ማርያመይ
ተኽሊ ጽላለይ ልበይ ዘዕርፈላ
ኣለኒ ኢለ እቲ ዝምክሓ
ጸሎታ'ዩ ንለይተይ ዘውግሖ

ኣብዛ ክፍእቲ እዋን ደጌኣ ዝማዕረገ
ግንብንብ ዝባህሪኣ ህድኣታ ዝተዘርገ
ወዲ ሰብ ዘይቀስነላ ኣንፈቱ ጠፊኡዎ
ሳላኣ እምበር ማርያመይ የምልጥ መን
ኢሉዎ (2)

ኣብራኺይ ወለል ኢለን ኮይንወን ከይዕጸፍ
ሃለኽለኽ ተመንዩወን ድሕሪ ሰብ
እንከይተርፋ
ኮፍ ኢለ ዘዕርፈላ ትንፋሰይ ንኽመልስ
ጽዮንየ ጽላል ጉዕዘይ ህላወይ እተውሕስ(2)

ዘይሕለል ጸላእየይ ክንጥየኒ ብሓሳብ
ምስጢር ጉደይ ቀሊዑ ንጥፍኣት ክረባረብ
ህድኣት ልበይ ብሂጉ ኣበሳይ ዝሸፈነ
ልማኖኣ ደይኮነን ውርውር ኩናት ዘምከነ (2)

ሹኽሹኽታ ንፋስ ባሕሪ ክሕንን ዘይኣመሉ
እቲ ጥዑም ጸሓይ ንጉሆ ክንድር ተቐይሩ
ዝናብ ኣይከዘንብ ተሰንዩ ብነጎድጓድ
ዑቕባ ነፍሰይ'ያ ድንግል ፍርሒ ልበይ
ተወግድ (2)

315. ጣዕሚ ተስፋ ህይወተይ

ጣዕሚ ተስፋ ህይወተይ
መዓር ወይኒ ዘለላ
ኣደ ኅይታየ ድንግል
ምሳይ ኩኒ ሓደራ

ኣረጊት ሰብነት ኮይንዎ ኣብቂዑ
ተፈንፊኑ እበሃል ኣኺሉ ግዜኡ
ግን ዓይኒ የቋምት ልቢ'ውን ይምነ
መይመይ ይብል ኣሎ'ታይ ከምዚ ኣመነ

መኒነ ኣይኮንኩን ዲየ ውሽጣዊ ምስጢሩ
ሕሉፍ ናብራ ስጋ ሎሚ ምሒር ተዘኪሩ
ምሉእ ክኾነለይ ፍጹም ንኽባተኽ
ድንግል ሓግዝኒ ሎሚ ርእሰይ ንኽሓክኽ

ሓቒቕ ማይ ኣብ ቅድመይ ነብሰይ ትነጽሃሉ
ኣእምሮይ ግን ወይከ ክልብም ከመይ ኢሉ
ርስሓት ህይወተይ ንቡር ተበልኩዎ
ብዘይ ምሕጻበይ ግን ኩሉ ገሪሙዎ

ይፈልጦ እንዲየ ኅይታይ ሓዳግ'ዩ መሓሪ
ሕዙናት ናይ መንፈስ ንብዓት ካብ ገጾም
ዝኣሊ
ሓዘነይ ክቕንጠጥ ኮታ ንኽድበስ
ኢድኪ ዘርግሕለይ ፍጹም ልበይ ንኽጥዓስ

በረኸቱ ርእየ ኣብ ዘመን ህይወተይ
ኣቦ ምሕረት ፍቕሪ ገጹ ከመልሰለይ
ክንደይ'ውን ሓሊፈ ክፉእ ሕሰም ናብራ
ኩሉ ሰጊረዮ ናይ ጉዕዞይ መከራ

ዘይታኸስ ዳሳ ሕያዋይ ሳምራዊ
ወትሩ ምሳይ እዩ ኣምላኽ ናይ ነብሰይ
ሓላዊ
እንታይ ኮይነ ኢለ ደኣ ዘይነብር ቀሲነ
ብምስጋና ህይወት ድንግል ጸሎትኪ ኣሚነ

ደረት ኣልቦ ፍቕሩ ማንም ዘይልክዖ
ዕረ መዝባ ጽዋ ክሰቲ ዘብጸሖ
ኩሉ ዝገበሮ ስለይ መከረኛ
ኣበይ እሞ'ለዮ ክቡር ውርደተኛ

ፍቕሩ ተሰኪመ ኣምላኻዊ ሕጊ
መሊአ ብሓጎስ ደስታ ሰማያዊ ባህጊ
ጉዕዞይ ክሰምረለይ ክሳብ መፈጸምታ
ሳልይኒ ድንግል ድንግል ድንግል ኣደ ኅይታ

316. ንድንግል ማርያም ንዑ ንለምና

ንድንግል ማርያም ንዑ ንለምና
ረዳኢት ድኹማት ዋሕስ ናይ ኩላትና (2)

ስርሐይ ከፊኡ ሰኽም ከቢዱኒ
ወዲቐ ከይተርፍ ድንግል ደግፍኒ
ሓደራኺ ኣደይ ኣይትፈለይኒ
ክጨንቐኒ ከሎ ኣጸናንዕኒ (2)

ኣንቲ ናይ ኖህ መርከብ ናይ ሙሴ ጸላት
ናይ ያዕቆብ መሳልል መሰንቆ ዳዊት
ሓጋዚት ዶኪማስ ሎሚ ሓግዝና
ካብ ፍቕሪ ወድኺ ምሕረት ለምንልና (2)

ደንጋጺት ምዃንኪ ርኢና ኣብ ከልቢ
ሎሚ ደንግጽልና ንዓና ደቕኺ
መንግስቱ ክንወርስ ነቲ ለምለም ቦታ
ኣታዓርቕና ምስቲ ክቡር ኅይታ (2)

317. ንዒ ባርኺ ሰላም ናይ ህይወትና

ንዒ ባርኺ ሰላም ናይ ህይወትና መቐረት ገዛና
እወ ከንሰንቕ መንፈስና ከበርቕ ሓጎስና ከደምቕ
ኣይምቅርንየ ንስኺ ዘይብሉ
ቅድስተ ቅዱሳን ማርያም
ካባኺ እንድዩ ኹሉ

ብጓሂ ልቢ ዝተኸበ
ሙሉእ ሰላም ዘይረኸበ
ናትኪ ዓይኒ ቁሊሕ ክብል
ንእለቱ ብርሃን ሰላም
ፍሽኽታ ይዓስሎ

ትምኒት ዓለም መሪር ሕንዛ
ካባ ኾይኑ ድኑዕ ቃንዛ
ምስ ተድምጺ ሓንቲ ቓልኪ
ብቐረባ ማይ ስሊሆም ይቐድስ ወድኺ

መትኒ ጅማት ስራውረይ
ሰሪጽክዮ ኣካላተይ
ንፍቕርኺ እንተ ገለጽኩ
ኣይውድእን ከመይ ገይረ ጌና ዘይዓግበኪ

ቆፎ ፍቕሪ ትብርበሪ
ብፍቕርኺ ትፍቀሪ
እግዚኣብሔር ፍቕሪ ኢዩ
ዝደንቀኒ ፍቕሪ ፍቕሪ ሓረግ ዘርእኺ ኢዩ

ቃላት ኣልቦ ዘይንገር
ብዓቕሚ ሰብ ዘይዝርዘር
ኣሎ ጣዕሚ መቕረትኪ
ልቢ የቃጽል ብፍቕርኺ
ማርያመይ ክብለኪ

318. ምስጋና ንማርያም

ምስጋና ንማርያም
ካብ ሞት ኣድሒና ብህይወት ዘንበረትና(2)
ናይ ቅዱሳን ህይወት ኣደ መድሓኒና (2)

ንዓኺ መሪጹ ከይተፈጥረት ዓለም
ንዓና ንኸድሕን ህያው መድሃኔ ኣለም
ብኣኺ ኢና'ሞ ድሕነት ዝረኸብና
ምስጋና ይብጻሕኪ ማርያም ኣዴና

ካብ ሰማይ ወሪዱ መድሃኒ ኣለም
ብሓቂ ይመስገን ይኽበር ንዘለኣለም
ንዘምር ኩላትና ንጎይታ ፈጣሪ
ስለ ዝሃበና ናይ ዘለኣለም ክብሪ

ሓጢያትና በዚሑ ሸኽሙ ከቢዱና
ኣቃልልና'ዶ ርህርህቲ ኣዴና
ተግባርና ከፊኡ መሲልና ንዓለም
ኣድሕንና ድንግል ካብ እሳት ገሃነም

ጸጋ ዝመልኣኪ ማርያም ቅድስቲ
ካብ ኩለን ኣንስቲ ንስኺ ሕርይቲ
ንዓና ደቅኺ ሓጢኣት ዝበዝሓና
ካብ ፍቑር ወድኺ ምሕረት ለምንልና

መሰረት ህይወትና ዋሕስ ናይ ነስፍና
ኣምላኽ ብምውላድኪ ካብ ጸልማት ወጺእና
ካብ መከራ ኣውጺኡ ክህበና ሰላም
ተወሊዱ ጎይታ ካብ ድንግል ማርያም

319. ንማርያም ክንዝምር ኢና

ንማርያም (2) ክንዝምር ኢና ንዘለኣለም(2)

ዕጹውቲ ንዘለኣለም
ኢልዋ ሕዝቅኤል ንዘለኣለም
ብሓቂ ንጽህቲ ንዘለኣለም
ብፍጹም ድንግል ንዘለኣለም
ኣብነት ጌርና ንዘለኣለም
ንዕኡ'ውን ንሕና ንዘለኣለም
ብፍጹም ፍቕሪ ንዘምር ኣሎና (2)

ሓላል ርግቢት ንዘለኣለም
ናይ ሰላም ኣበሳሪት ንዘለኣለም
ነቲ ጸልማት ሂወተይ ንዘለኣለም
ኣብርህዮ ንብርሃነይ ንዘለኣለም
ይምሕጸነኪ ኣሎኹ ንዘለኣለም
ድንግል ነዛ ነፍሰይ ንዘለኣለም
ሓደራኺ ድንግል ንስኺ'ኺ ዋሕሰይ (2)

ዘለኒ ፍቕሪ ንዘለኣለም
ኣዝዩ ብዙሕ እዩ ንዘለኣለም
ፈጺሙ ኣይውሰንን ንዘለኣለም
ኣይንገርን እዩ ንዘለኣለም
ብኣኣ ደስ ይብለኒ ንዘለኣለም
ሃሴት'ውን ይገብር ንዘለኣለም
ስማ እና ጸዋዕኩ እኔኹ እዝምር (2)

ንዒ ንዒ ክብላ ንዘለኣለም
ለይትን መዓልትን ንዘለኣለም
ንዓይ ቀረባይ'ያ ንዘለኣለም
ኣይትፍለየንን ንዘለኣለም
ኣመስጊኖማ ንዘለኣለም
ዕጹብ ድንቂ ኢሎም ንዘለኣለም
ክብራ ክገልጹ ቀላት እንተ ሓጸሮም (2)

320. ኣንቀጸ ብርሃን ድንግል ማርያም

ኣንቀጸ (ኣፍደገ) ብርሃን ድንግል ማርያም (2)
ሰማያዊት ዙፋን ናይ መድሃኔ ኣለም (2)

ሰማይ ኮነ ምድሪ ኮታ ዘይጸርዋ (2)
ኣረ ንመለኮት ከምይ ኪእልክዮ (2)

መጋረጃ ሓዊ ናበይ ተጋረደ (2)
ብዘደንቅ ጥበብ ምሳኺ ተዋሃደ (2)

ናይ ኩሩቤል ኣምሳል ኣደ ብርሃን ኢኺ (2)
ሰማያዊ ንጉስ ዝወጸ ካባኺ (2)

ናይ መለኮት ዙፋን ድንግል ብሙኳንኪ (2)
ሚካኤል ገብርኤል መጹ ሰገዱልኪ (2)
ኣእላፍ መላእኽቲ መጹ ዘመሩልኪ (2)

ክብሪ ከም ናይ ሙሴ (2)
ሕያውነት ከም ኣብርሃም
ጥበብ ከም ናይ ሰሎሙን
ንሃገርና ኤርትራ (2) ሃባ ኦ ጎይታና (2)

321. ልሳን ዓድልኒ

ድንግል ፍሉይ ክብርኺ መንኮን'ዩ ዝገልጾ
ምሉእ ቃል የለን ስምኪ ዝውድሶ
ኣየናይ ብቕዓት'ዩ ፊትኪ ዘቑመኒ
ኣፈይ ክኸፍተልኪ ልሳን ዓድልኒ

ኦ ሃረገ ወይን ኣደ ኅይታይ ማርያም
መዕቀቢተይ ከተማ ናይ ህድኣት ናይ ሰላም
ዕሸል ኣፈይወ'ታዩ ክብርኺ ክዘንቱ
ልሳነይ ቅብኢ ድንግል ክጥዕም ቃላቱ (2)

ልበይ ጎሰዐ ቃል ምስጋና
ቃለ ዝማሬ ጣዕመ ዜማ (2)

ኤልሳቤጥ ዘለለት ብናትኪ ሰላምታ
ህጻን ተሰራሰረ ብሓጎስ ብደስታ
ዕድሜኺ ይብል ውሽጠይ ብጽሒዮ ንስኻታይ
ካበይ ኮነለይ ኢለ ክዘልል ከም ብተይ (2)

ልበይ ጎሰዐ ቃል ምስጋና
ቃለ ዝማሬ ጣዕመ ዜማ (2)

ስሙር ቃል ቅዳሴኺ ብልግሲ ዝሃብኪ
ልሳን ሕርያቆስ ማርያም ንዕቘቱ ዘኽበርኪ
ፍሑኽታ ቃል ምስጋናይ እግሪ ንኽተክል
ባርኽዮ ንልበይ ዜማይ ክሰላስል (2)

ልበይ ጎሰዐ ቃል ምስጋና
ቃለ ዝማሬ ጣዕመ ዜማ (2)

ኣፈይ ምልኣት ምስጋና ፍረ ክርከቦ
ባህታ ሓጎስ ከዓስሎ ጽድቂ ንኽኸቦ
ስለ ክብሪ ግርማኺ ሓጎሰይ ክገልጽ
ልሳን ዓድልኒ እንዶ ዕልልታይ ክድርጉሕ(2)

ልበይ ጎሰዐ ቃል ምስጋና
ቃለ ዝማሬ ጣዕመ ዜማ (2)

322. ዓይኒ ማይ ገነት

ዓይኒ ማይ ገነት ኢኺ ድንግል
ተኸሊ ህይወተይ ንዘጥልል
መትንታት ልበይ ተመጊቡ
እስትንፋስ ድሕነት ተዋሂቡ
ተቐቢለየ በረኸት ጽጌኺ
ማርያም ኢለ ንኽውድሰኪ

መድሓኒተ ናሆም ንቑስለይ ፈዋሲት
ዒላ ቅድስና ጽድቂ ኣፈልፋሊት
ውቅያኖስ ሓጢኣት ዝሰግረላ መርከብ
ብኣኺ እበጽሖ ዘዕርፈሉ ወደብ
ዕብየት ክብራ ንመስክር
ስኽ ኣይንበል ንዘምር ዕልል ንበል
መሰንቆና ቓኒና ከበሮና ኣልዒልና
ማርያም ንበል (2)

ራእይ ሕዝቅኤል ዘይትርሖ ማዕጾ
ንድንግልናኺ ብምንታይ ክገልጾ
ብራና ፍሒቕም ድርሳናት ክደርሱ
ምሳሌ ስኢኖም ኣበው ክውድሱ
ዕብየት ክብራ ንመስክር
ስኽ ኣይንበል ንዘምር ዕልል ንበል
መሰንቆና ቓኒና ከበሮና ኣልዒልና
ማርያም ንበል (2)

ፍጹም ኣይጠምን'የ ስምኪ ኮይኑ ስንቀይ
ከቶ ኣይደክምን ኪዳንኪ'ዩ ሓይለይ
እኔኹ ኣብ ቅድሜኺ ሃሴት ተመሊአ
ክዝምር ከም ዳዊት መሰንቆይ ኣልዒለ
ዕብየት ክብራ ንመስክር
ስኽ ኣይንበል ንዘምር ዕልል ንበል
መሰንቆና ቓኒና ከበሮና ኣልዒልና
ማርያም ንበል (2)

323. <u>ቅድስተ ቅዱሳን ይብልዋ</u>

ይብልዋ ለማርያም ይብልዋ (2)
ይብልዋ ይብልዋ እህ እህ
ቅድስተ ቅዱሳን ይብልዋ (2)

ዓለም ከይተፈጥረት ኣብ ሓሳባት ጎይታ
ድምቀት ህላዌኺ ስኢኑ መሰታ
ንልቡ ብሒትኪ ኣዳም ከይተሓሰበ
ካብ ኩለን ኣንስቲ ብኣኺ ዓገበ

ንጽህናኺ ኣፍቂሩ ማህጸንኪ ብሂጉ
ማርያመይ ክብርኺ ሰማያት ዓሪጉ
ዕረፍቲ ጻዕራማት 'ታ ቕድስቲ ሰንበት
ልግሲ'ቲ ፍቕርኺ ኣይውስኖን ደረት

ትንግርቲ ፍጥረትኪ ባህርኺ ብቐንዱ
ፍረ ቅዱስ ሓረግ ንዳዊት ዘመዱ
ብሰማይ ብምድሪ ዝመልኣኪ ጺጋ
መሕደሪት ጸባኦት ኣልፋ ወኦሜጋ

መጉስዕ ዝመልሰላ ዕጋበት ሕልናይ
ርውየት ንመንፈሰይ መኣዲ ሰላመይ
ብዘይካኺ የለን ንሩሐይ ዋሕሳ
ዓወት ትኽድንኒ መንገደይ ቀሊሳ

ኣንፈተይ ንየማን ስጉመይ'ውን ንቕድሚት
ስምኪ ኢዩ ሃብተይ ናይ ቤተይ ስልማት
ናባኺ ኣቋሚቱ ዝሓነኸ የለን
ኩርዓተይ እንዲኺ ድንግል እመ ብርሃን

ንልቡ ብሒትኪ ኣዳም ከይተሓሰበ
ካብ ኩለን ኣንስቲ ብኣኺ ዓገበ
ዕረፍቲ ጻዕራማት 'ታ ቕድስቲ ሰንበት
ልግሲ'ቲ ፍቕርኺ ኣይውስኖን ደረት
ብሰማይ ብምድሪ ዝመልኣኪ ጺጋ
መሕደሪት ጸባኦት ኣልፋ ወኦሜጋ
ብዘይካኺ የለን ንሩሐይ ዋሕሳ
ዓወት ትኽድንኒ መንገደይ ቀሊሳ
ናባኺ ኣቋሚቱ ዝሓነኸ የለን
ኩርዓተይ እንዲኺ ድንግል እመ ብርሃን(2)

324. <u>ኣብ ትሕቲ እግርኺ</u>

ኣብ ትሕቲ እግርኺ ኣሕዛብ ክሰግዱ'ዮም
እቶም ዝነዓቑኺ ዝጸልኡኺ ኩሎም
ጸጋኺ ኣሚኖም ክብርኺ ኩሉ
ድንግል ለምንልና ዕረቕና ክብሉ (2)

ንኹሎም ቅዱሳን ትግለጺ ኢኺ
ርግቢት ናይ ሰላም ኣንቲ ተኽለወይኒ
ሓጢኣት ዓለም በደል ዘይብልኪ ንጽህቲ
ናይ ምስጋና ኣዳራሽ ናይ ኣብ ውዳሴ'ኺ

ህዝብን ኣህዛብን ሰገዱ ብፍርሃት
ጸጋ ምስ በረኸት ኩሉ ዝተዋህበት
መድሓኒት ናይ ሰባት ምልክት ናይ ድሕነት
ን ኣምላኽ ያኢቆብ መሕደሪት ዝኾነት

ንጽዮን ክበብዋ ከም ዝበለ ኣቦና
ናትና መንስ ግርማ ኩኒ ኣብ ማእከልና
ጸጋን በረኸትን ኣውህብና ኢኺ
ሰላም ለኪ ኢልናስ ክንሰግድ ንዓኺ

325. ቅድሚ ስእልኺ

ቅድሚ ስእልኺ ቆይመ ክልምነኪ
ክነብዕ ከስተንትን ኣሚነ ጸሎትኪ
ናይ መስቀል ህያበይ ድንግል ናተይ
ኣላይት ሓዘነይ ምርኩስ ናይ ህይወተይ

ወልተ ሄዋን ደባሲት ሓዘኑ
ንስኺ ድንግል ምልክት ምድሓኑ
ኣደ ሄዋን ኣደ ብዙሓን
ናዛዚት ህዙናን ረዳኢት ምንዱባን

ናይ ቅዱሳን መርከብ ረዳኢት
ካብቲ ሓያል ማዕበል መሳገሪት
እምንቲ መርከብ ካብ ድያብሎስ ባላሂት
ኣደ ብዙሓን ድንግል መመከሒት

ከፍቅረኪ ኣነ ከምቶም ኣቦታተይ
መዕረፊት ጸሎተይ መሳልል ህይወተይ
ኣብ ሕቅፎኺ ኮይነ ፍቕርኺ ክቕምስ
ክዝምረልኪ እየ ኣነስ ብዘይ ድቃስ

ንስኺ ዋሕስይ ኢሉ ዝኣመነ
ኣብ ጽርሃ ናይ ቤትኪ ኮይኑ ዝለመነ
በረኸት ዓዚዙ መላእ ኣካላቱ
በሓጎስ ብደስታ ይምለስ ናብ ቤቱ

---

326. ኣነስ ብምግባረይ

ኣነስ ብ ምግባረይ ድኹም ከይነ እየ (2)
ሕዘንለይ ድንግል ናባኺ መጺአ (2)

እቲ ናይ ሓዊ ባሕሪ ብዓይነይ ከይሪኦ
ንቅዱስ ሚካኤል ኣሕልፎ በልዮ (2)

ናይ ዳዊት መሰንቆ ናይ ኤልያስ ማና
ናይ ናሆም መድሓኒት ንዒ ብደበና (2)

ከደኸመኒ ከሎ ንስኺ ኢኺ ሓይለይ
ናይ ልበይ መጽንዒት ረዲኣት ምርኩሰይ(2)

እንብዕ ኣለኹ ኣብ ቅድሜኺ ኮይነ
እልምነኪ ድንግል በደለይ ኣሚነ ሓጥያተይ ኣሚነ

ዘይውዳእ ምሕረት ምስ ወድኺ ኣሎ
ነዞም ንኣምነኪ ሰላምኪ ብተሎ ምሕረትኪ ብተሎ

327. እስከ ማእዜኑ

እስከ ማእዜኑ እግዝእቲየ ዉስተ ምድረ
ነኪር ትሄልዊ (2)
ገሊላ እተዊ (4) ሃገርኪ ገሊላ እተዊ (2)

ከሳዕ መዓስ'ኺ እምቤተይ ኣብ ምድሪ
ስደት ክትህልዊ (2)
ገሊላ እተዊ (4) ንሃገርኪ ገሊላ እተዊ (2)

ኣዴና ማርያም ገሊላ እተዊ
እቲ ስደት ይኣኽለኪ ገሊላ እተዊ
ሄሮዶስ ሞይቱ እዩ ገሊላ እተዊ
ገብርኤል ነጊሩኪ ገሊላ እተዊ
ብሰረገላ ሓዊ ገሊላ እተዊ
ኡራኤል'ዩ ከመርሓኪ ገሊላ እተዊ

ናይቲ ጎይታ ዝናም ገሊላ እተዊ
ኣደ ከነስኺ ገሊላ እተዊ
ሰይጣን ኣብ ሰብ ሓዲሩ ገሊላ እተዊ
እናኸልከለኪ ገሊላ እተዊ
ጽምኢ ጸኒዑኪ ገሊላ እተዊ
ነቐጹ ውዒሉ ኣፍኪ ገሊላ እተዊ
ይኣክል ኣደየ ገሊላ እተዊ
ጥሜት ኮነ ጽምእኺ ገሊላ እተዊ
ኪዲ ናብ ገሊላ ገሊላ እተዊ
ናብቶም ኣዝማድኪ ገሊላ እተዊ

ኣዲኦም ንጻድቃናት ገሊላ እተዊ
ኣኽሊል ናይ ሰማእታት ገሊላ እተዊ
ሂብኪዮም ባሪኽኪ ገሊላ እተዊ
ንመከራ ስደት ገሊላ እተዊ
ንሕና'ውን ይዋሃበና ገሊላ እተዊ
እቲ ናትኪ በረኸት ገሊላ እተዊ

ገጽኪ ብሩህ ሰናይ ገሊላ እተዊ
ልክዕ ከምዛ ጸሓይ ገሊላ እተዊ
እግዝእትነ ማርያም ገሊላ እተዊ
እሙ ለኣዳናይ ገሊላ እተዊ
ኣይግባእን ንዓኺ ገሊላ እተዊ
መከራ ስቓይ ገሊላ እተዊ

328. ይኩነኒ በከመ ትቤሌኒ

ይኩነኒ በከመ ትቤሌኒ (2)
በለት ማርያም ብትሕትና
ብስጋን ብነፍስን ንጽህቲ ምኺና (2)

ናይ ኣዳም ቃል ኪዳን ግዚኡ ምስ በጽሐ
ንድንግል ከበስር ገብርኤል ተላእከ
ኣብ ሕልና ኣምላኽ ተሓሲባ ኔራ
ካብ ሰማይ ዝመጸ ቃሉ ተቐቢላ

'ታ ርግቢት ሰማይ ማርያም ኮነት
ይፈጸም ኢላ ብትሕትና ተቐበለት

ማርያም ኣይትፍርሂ ኢሉ ኣጸናንዓ
ካባኺ ዝውለድ መድሃኒት እዩ በላ
ከመይ'ሉ ይኸውን ከመይ'ሉ ይፍጸም
ኢላ ሓተተቶ ድንግል ብምግራም

'ታ ርግቢት ሰማይ ማርያም ኮነት
ይፈጸም ኢላ ብትሕትና ተቐበለት

ፍጹም ዘደንቕ እዩ ናይ ገብርኤል ዜና
ወሪዱ ሰቢኹ ልደት ናይ ጐይታና (2)
ንዓለም ካብ ጸልማት መርገም ዘድሕና

ቃልካ ይፈጸም ይኹነኒ
ተኣምር ተሰምዐ ኢዮርሳሌም ናዝሬት ገሊላ

ከም ምርኣይ ናይ ዓይኒ
ከም ምስማዕ ናይ እዝኒ
ባዕሉ ሓዲርዎ ናይ ኩሉ መድሓኒ

መለኮት ምስ ስጋ ዝተዋሃህደላ
ምስጢር ናይ ተዋህዶ ዝተፈጸመላ
ምኽንያት ናይ ድሕነት ድንግል ማርያም
ህይወት ረኺብና ብምውላድ መድሃኔ ኣለም

329. ትምክሕተይ ኢኺ

ትምክሕተይ ኢኺ ማርያም
ሞገሰይ ኢኺ ንዘልኣለም
ንድንግል ኣደይ የለን ዝመስላ
ክዝምር እየ ከንሸብሽበላ

ዘለላ ዮውሃንስ እናበለ ሰላም ንዓኺ
ኣብ ማሕጸን ከሎ ምስ ሰምዐ ሰላምታ ድምጽኺ
ኣነ ውን ከምናቱ ከቕርብ ምስጋናይ
ተፈስሂ ክብል ኣንጺሀ ልቦናይ

ትንቢት ንኽፍጸም ዘስደምም ናይ ክሕደት ነገር
በሉኺ ትምክሕተይ ኣለዋ ናይ ጥንቲ ኣበር
ብልሳነ መንፈስ በለ ሕዝቅኤል
ዕጽውቲ ማዕጾ ማሕደር ናይቲ ልዑል

ከም ኤፍሬም ሶርያዊ ክውድስ ቀለሙ ዘፍሰሰ
ኣነ ውን ብንብዓት ከመስግን ኢለ ገስጊሰ
ቃላት ይሓጽረኒ ክገልጾ ኣደነትኪ
ተመስገን'የ ዝብል ስለ ቃል ኪዳንኪ

ወርቂ ተሰሊምኪ ኣብ ዝፋን የማን ወድኺ
ወትሩ ትምስገኒ ብቅዱሳን ሕሩያን ደቕኺ
ነቶም ንኣምነኪ ምሕረት ተውህቢ
ንዕልል ኣለና ብሕጉስ ልቢ

330. ድኽመተይ በዚሑ

ድኽመተይ በዚሑ ሓጥያት ውሒጡኒ
ካብ ናይ ዓለም ርክሰት ንዒ ኣናግፍኒ
በማላድነትኪ ንሰይጣን ስዒረ
ንዓኺ ከመስግን መዝሙርኪ ዘሚረ

ተገሊጹ ኣሎ ኣብ መሃሌ ሰለሙን
ኣምላኽና ኣኽቢሩኪ ዝያዳ ኩላተን
ፈተና በዚሑ ትሳቀ ኣላ ነብሰይ
ጸሎተይ ስምዕኒ ድንግል ፈዋሲተይ

ነውሪ ውን ዘይብልኪ ንጽህቲ ኣዴና
ዓለም ከይፈጠረ ሓሪዩኪ ኣምላኽና
ከምኡ ኢሉ ከመስግን ደጋጊሙ ኣፈይ
ብታሪኽ ክብርኺ ምልእዮ ንልበይ

ሰለማዊት ኣደ ጸዋሪት ጎይታና
ርህርህቲ ሕልና ሓጋዚት ኣብ ድኻምና
ለይቲ ምስ መዓልቲ ክንጽውዓኪ ኢና
ክሳብ መወዳእታ ደቀየ በልና

ሃብቲ ናይ እምነትና ጽዮን ማርያም ኢኺ
ተኣምራትኪ ብዙሕ መዘና ዘይብልኪ
ሰሚዑኪ ኢዩ ኣብ ከተማ ቃና
ምሕረት ለምንልና ካብ ልዑል ኣምላኽና

331. በገናይ ኣልዒለ ሻንብቆይ ሃርሂረ

በገናይ ኣልዒለ ሻንብቆይ ሃርሂረ
ንኽውድሰኪ ፍጹም ተላዒለ
ብልበይ ከስተንትን ንዓኺ ዘኪረ
ዝማሬ ስዒሩኒ ካብ ውሽጠይ ዝገንፈለ

እቲ ቀደም ዘመን ሂዋን ምስ ተሓበለት
ኣዳም ውን ሲዒቡ ወዲቁ ናብ ስሕተት
እዚ'ኮ ካብ ገነት ክንፍለ ካብ ሂወት
ንስኺ ነርኪ ተስፋና ናይ ምውጻእ ጸሓይ -
ድሕነት

ስለዚ'የ ዘፍቅረኪ ስለዚ'የ ዘዕብየኪ
ስለዚ'የ ዝውድሰኪ ስለዚ ድማ'የ
ዝዝምረልኪ

ኣኽራናት ከጥምት ይዝክር ቐጥቓጥ ሲና
ቅድስቲ ማህጸንኪ መሕደሪት ጎይታና
ሰብ ከይተንከፎ ዝወደቀ እምኒ
ንርእሲ ተመን ዝጭፍልቅ ወሊድክልና -
መድሓኒ

ስለዚ'የ ዘፍቅረኪ ስለዚ'የ ዘዕብየኪ
ስለዚ'የ ዝውድሰኪ ስለዚ ድማ'የ
ዝዝምረልኪ

ሉቃስ ኣብ ወንጌሉ ምስጋናኺ ይነግር
ኣብ ግዜ ውርደትኪ ናይ ትዕግስትኺ ምስጢር
ካብ ዝባን ገሊላ ክሳብ ቀራንዮ
ነፍስኺ ሪኢያ ድንግል ንጎይታ ኽተዕብዮ

ስለዚ'የ ዘፍቅረኪ ስለዚ'የ ዘዕብየኪ
ስለዚ'የ ዝውድሰኪ ስለዚ ድማ'የ
ዝዝምረልኪ

ናይ የሁዳ ኣንበሳ ናይ ነገስታት ንጉስ
እቲ ሱር ናይ ዳዊት ኢየሱስ ክርስቶስ
ኣብ የማን ክብሩ ፈትዩ ክትቅመጢ
ብጽእቲ'ኺ ማርያም ፍጹም ዘይትልወጢ

ስለዚ'የ ዘፍቅረኪ ስለዚ'የ ዘዕብየኪ
ስለዚ'የ ዝውድሰኪ ስለዚ ድማ'የ
ዝዝምረልኪ

332. ኣፍ ደገ ሰማይ

ኣፍ ደገ ሰማይ መሳልል ያዕቆብ
ተስፋ ዝኾንኪ ነቲ ቀዳማይ ሰብ
መድሕን ወሪዱ ብኣኺ ናብ ዓለም
ኣደ ክርስቶስ ክብሪ ኣለኪ ማርያም

ኣኽሊል ትምክሕትና ናይ ዓሌትና ክብሪ
ኣብ ክርስኺ ጼርኪ ንኹሉ ጸዋሪ
ደመና ኩንና ክዘንበና ምሕረት
ናይ ሓደራ ኣዴና ሓፍቶም ንመላእኽት

ጽልኢ ኣብቂዑ እዩ መንደቑ ፈሪሱ
ብፍረ ማህጸንኪ ዘመን ተሓዲሱ
ውዳሴ'ኺ ኣለና ዝፍልፍል ካብ ልቢ
የለን ካብ ፍጥረታት ካባኺ ዝዓቢ

ሽግርና ክውገን ንኽባረኽ ቤትና
ንዒ ንዒ ንበል ከምቶም ኣቦታትና
ክኸውን'ውን ሎሚ ከምቲ ናይ ቀደም
ሃልዊ ምሳና ዝነበርኪ ምስኣም

እምነትና ኣጽኒዕና መብራህትና ኣብሪህና
ክንቅበል ኣብ ሰማይ ንልዑል ኣምላኽና
ዘይትና ከይጎድል ጽድቂ ከይስኣን
ብናይ ኪዳንኪ ቃል ጸግኡ ንለምን

333. ንግስቲ ዘኣርያም

ንግስቲ ዘኣርያም እመ ብርሃን ድንግል ማርያም
ትደሃየና ኣላ ክንእከብ ኣብ ቀጽራ
ሃየ ንቀዳደም ንበረኸት ፍቕራ

ማዕበል ክፍኣት ዓለም እናተገማድሐ
ጭራሽ ከስጥመና ሕሰሙ እንተበዝሐ
ድኽምቲ ነፍስና ግድል ከየጥልቃ
መልሕቅ ጸሎት ፍቕራ ዝርጉሕ እዩ ንደቃ
መርከብ ማልዶታ ኣንፈትና ቀላሲ
ሰላም'ዩ ጉዕዞና የብልናን መላሲ

ብጻውዒት ኣደ ንፍቁር ህጻና
ወደይ ጓለይ ትብል ዕንቅፍ እንተበልና
ህያብ ቀራንዮ ብዘይንገር ዋጋ
ትዕድልቲ ቅዱሳን ረኪብና ብጸጋ
ካብ ኩሉ ዝሕረ ጥዑም'ዩ ደሃያ
ሎሚ ንሰምዓዮ ጽባሕ ከይነጉሃያ

ብርሃና ስኢኑ እግረይ ከየንደልህጽ
ኣብዚ ክፉእ ዘመን እምነትና ከይሃጽጽ
ብርሂ እንድያ ጸሓይ ኣደ ክቡር ጎይታ
ጸልማት ኣይቀርቦን'ዩ ንድምቀት ማህቶታ
ሃንጎፋይ ንበሎ ንድምጺ ኣደነታ
ብቅዱሳን ኣበው ምስኩር'ዩ ጸሎታ

ክንኣቱ ክንወፍር ሰናይና ተመንያ
ስልጣን ጸላኢና ካብ ርሑቅ ኣለልያ
ቅድሜና ትሓልፍ ከይረኽበና መንቂ
ማርያም ኣደ ጎይታ መራሒት ንጽድቂ
ትጽውዕ እያ ዘላ ንሰምዓ እንተኣለና
ንዑ ንቀበላ ኣእዳውና ዘርጊሕና

334. እታ ንግስቲ

እታ ንግስቲ ብወርቂ ኤፍር ተሰሊማ
ኣብ የማንካ ትቐውም (2)
ትልምን'ውን ጽድቂ ክንስለም

እግዚኣብሄር ኣባኺ ክግለጽ ክነግስ
ክብርኺ ወሲኹ ብምልኣት ክፈስስ
ካብ ጸሓይ ንላዕሊ ዕጽፍታት በሪህኪ
ትነበሪ ዘለዓለም ኣብ ሰማይ ከቢርኪ (2)

ልዑል እግዚኣብሄር ሓደረ ኣብ ማህጸንኪ
መላእክት ሰገዱ ንዘሎ ኣብ ከርስኺ
ንወልደ እግዚኣቡሔር ማሕደሩ ዝኾንኪ
ንጸሓይ ብምውላድ ሰማይ ተሰመኺ (2)

ርግቢት ናይ ሰላም ንግስቲ ዘኣርያም
ክብርቲ ብእግዚኣቢሔር ኣዴና ማርያም
ወርቂ ተሰሊምኪ ብርሃን ተኸዲንኪ
መላእክት ብሓባር ወትሩ የመስግኑኺ (2)

ንፍጹም ክብርኺ ናፊቐ ክርእዮ
ንዓይ ንባርያኺ ገጽኪ ኣብርህዮ
ኣብ የማን ትቕምጢ ዘውትር ኣዴና
ለምኒ ንጎይታ ምእንቲ ኩልና (2)

335. ግርማ ሞገሰይ

ግርማ ሞገሰይ ኢኺ ኣደ ጐይታይ
ሰረት እምነት መትከል ናይ ተዋህዶይ
ኣማላድነትኪ ንዓይ ረዲኡኒ
ፍቕርኺ ከመስግን ገዲዱኒ (2)

ልበይ ህዱእ ኣይርበሽን
ኣይፈራረቕን ኣይጎድልን
ኢድኪ ኣንቢርክለይ ዝህብ ሰላም
ኣይጭነቕን ኣነ ንዘለዓለም (2)

ንኽሰስተይ እናረታዕኪ
ነቲ ዓማጺ'ውን እናሞገትኪ
ደጊፍክኒ ኢኺ ኣብ ዘመነይ
ውዕለትኪ ድንግለይ በዚሑለይ
ውዕለትኪ ማርያም በዚሑለይ

ንምስጢረይ እትፈልጢ
ውሽጣዊ ሓዘነይ እትልውጢ
ውድቀት የለን ስዕረት ድሕሪ ደጊም
ከለኺ ኣብ ጎድነይ ድንግል ማርያም (2)

ሰላም ለኪ እናበልኩ
ብጫካ ድነምት ተሳገርኩ
ዓወት ብምርካበይ ተሸበሩ
እቶም ጸላእተይ ፍጹም ተሰዓሩ (2)

336. ከማሃ ሃዘን

ከማሃ ሃዘን (3) ወተሰዶ ከማሃ ሃዘን (2)
ከማሃ ሃዘን (2)
ሶበ በኲሊሄ ረከቦ ርእዮ ለይብቿ ኣይነልብ
ዘቦ (2)

ሄሮዶስ እቲ ተመን ክቀትሎ ምስ በለ
ህጻን ምስ ኣዲኡ ንስደት ተላዕለ
ኣብ ሕቑፌ ዝባና ኔው ነጀው እናበለ
ኣድከማ እቲ ጉዕዞ ኣእጋራ ቆሰለ (2)

ኣብቲ ዘይትፈልጦ ሃገር ባዕዲ ኮይና
ኣብ ቑሪ ኣብ ሃሩር መዕቀቢ ስኢና
ብሓዘን ክትጽውዕ ንኤልሳቤጥ ሃና
ዮሴፍ ሰሎምየን ኔሮም እቶም ወገና (2)

ማርያም ጋሻ ኲንኪ ቁስቋም ዝነገድኪ
እኽለ ማይ ስኢንኪ ጠሚኺ ጸሚእኪ
ጨካናት ሸፋቱ ሕሰም ወሰኹኺ
ንሓዘን ብሓዘን ድንግል ደበሱኺ (2)

ብቃላት ዘይግለጽ ኩሉ እቲ ጸገማ
ምፈተኹ ኣነስ ክካፈል ሕማማ
ክሓዝሎ ክሓቕፎ ከብርያ ኣብ ድኻማ
ግፍዓ ክሳተፎ ክኾነኒ ጻማ (2)

ሓዘንኪ ዘኪረ ከበኪ እየ ኣነ
ሽግርኪ መሪር እዩ ንኣእማን ዘሕዘነ
ሓዘን ዝፈተንኪ ኣደይ ተለመኒ
ብናይ ስደት ሓዘን ንዒ ናዝዝኒ (2)

337. ንኤልሳቤጥ ዝበጻሕኪ

ንኤልሳቤጥ ዝበጻሕኪ ኣደ ጎይታይ ንዒ
ከመስግኖ ክውድሶ ነቲ ኽቡር ስምኪ (2)

ናይ ኤልሳቤጥ ቦታ ተኪአ ክቐውም
ክዝምር ክውድስ ኣይክእሎን ከርምም
ኣደ ጎይታይ ናባይ ክትመጺ ካበይ ኮነ ክብል
ድምጺ ሰላምታኺ ሰሚዐ መንፈሰይ ከጥልል

ኣብ ቅድሜኺ ድንግል ኮይነ ኽሰራሰር
ክጸናናዕ እወ ኣርዑተይ ክሰበር
ናይ ያዕቆብ መሳልል ኢኺ ዝረኣያ ኣብ ሎዛ
ገላግልያ ንህይወተይ ካብ ናይ ዓለም ቃንዛ

ጽበት ናይ ከርስኺ ሰፊሑ ካብ ሰማይ
ኣብ ማሕጸንኪ ጾርኪ ንልዑል ኣዶናይ
ዕጸ ጳጦስ ዘሲና ኢኺ ዝጾርኪ ሃልሃልታ
ካብ ማሕጸንኪ ብዝተረኽበ ረኺብና እፎይታ

ኣስምዕኒ ድንግል ክሰምር ሃንቀውታይ
ወደየ በልኒ ክምዕዝ ህይወተይ
ኣብ ጽላልኪ ብምህላወይ ተመሰልኩ ብሃም
ንዓይ ምሳኺ ይሕሸኒ፡ ኣይደልን ክልብም

338. ልበይ ናፊቑሎ

ልበይ ናፊቑሎ ኣደ ጐይታይ ድንግል ማርያም
ድምጺ ሰላምታኺ ካብ ሰማይ ኣርያም
ወድኺ ሓቝፍኪ መስፍን ሰላም
ምጽኒ ድንግለይ እመ ብርሃን

ወለላ መልክዓ ውልዶ ነብሰይ ምስላ ተደዊኑ
ቲ'ደግለል ጉልበታ መኣዛ ሲኢኑ
ሕሱም ጻህያይ ስጋ ሒዝዋ ከርዲኑ
ናዝዝያ ድንግል ገና ብእዋኑ

ሙልሙላን ኣጓብዝ ቆልዑ ቤተይ በዓል ዓይኒ ልቢ
ንኡስ ዝዕድሚኦም ዘይርከቦም ዓቢ
ኣይጠዓሙን ውሽጦም ነጸብራቕ ከባቢ
ሓልውዮም ድንግል ካብ ሰላቢ ከልቢ

ትምኒት ህንጡይ ልበይ ሃረርትኡ ኣብ ቤቱ ከገልግል
ላዕልን ታሕትን ኢለ ጽድቂ ንከዋህልል
ሕሹኽታ ይመጻኒ ንባህገይ ዝኽልክል
ከሓስቦ ይገርመኒ ይኾነኒ ግድል

ሃለኽለኽ ናይ ስጋ ከንቱ ድኻም ትርጉም ኣልቦ እቶት
መቐረት ዘይብሉ ጣዕሚ ናይ ትሩፋት
ምስኪን ለዋህ ነብሰይ ስኢና መስተርሆት
ይድሕንዶ ድንግል ካብቲ ካልኣይ ሞት

ቆጽሊ ቆጥቃጥ ሲና ቀንዴል ውሽጠይ ብርሃና ደሚቑ
ጎበዝ ልበይ ሙሴ ፍጹም ተደኒቑ
ጉሩም ጸሓይ ድሕነት ክርኢ በሪቑ
ተመነየ ልበይ ኣመና ናፊቑ

339. ልበይ’ውን ገንፈለ

ልበይ’ውን ገንፈለ ጸቡቕ ነገረ ጥራይ
ኣነስ ከምስግና ድንግል ማርያም ኣደይ
ብውሑድ ደኣ እምበር ብብዙሕ ኣይኮነን
ኣማላዲት ዓለም ድንግል ማርያም ኣደይ

ሰላምታ ንዓኺ ጽዮን ድንግል ኣደይ
ብልማኖ ናትኪ ድሒና ህይወተይ
ብምሕረት ወድኺ ካብ ሞት ድሒነ’የ
ኣደ ናይ ኩላትና ከመስግነኪ’የ (2)

መርከብ ናተይ ኢኺ መዕረፊት ጽላለይ
ካብ ጸላእተይ ኩሎም መህደሚት ምርኩሰይ
ርስቲ ናይ ቀራንዮ ኣደይ ኢኺ ናተይ
ከመስግነኪ’የ ኣብ ምሉእ ህይወተይ (2)

ሃብታማት ናይ ምድሪ ቅድሜኺ ይሰግዱ
ሓያላት ናይ ዓለም ኩሉም ተዋረዱ
ፍቕሪ ናይ ወላድኪ ስሒቡና ናባኺ
እመ ኣምላክ ሓደራ ናባይ ተመልከቲ (2)

ንጉስ ንውህበትኪ ንኹሉ ኣኽቢሩ
ትሕትናኺ ርእዩ ኣባኺ ሓዲሩ
ወርቂ ተሰሊምኪ ኣብ የማን ኮፍ ኢልኪ
ንኹሎም ፍጥረታት መመከሒት ኢኺ (2)

340. ሩፍታ ልበይ

ሩፍታ ልበይ ርግቢይ ሰላም
ምንጪ ቅሳነት ድንግል ማርያም
ጉዕዘይ ጀሚረ ንኽፍጽም
ሃልዊ ምሳይ ንዘልኣለም

ጎደና ሰላመይ ልበይ ኣውዲቐ ዝኸደልኪ
ምኽንያት ድሕነት ነፍሰይ ኢኺ
ምዕራፍ ሂወተይ ናቱ ፍጻመ ንክጽብቕ
ኣሰርኪ ይኹን ናተይ ርጋጽ

ቃላተይ ስርዕለይ ጣዕሙ ከምቅር ቲ’ላዛኡ
ባርኾትኪ’ዩ መኣዛኡ
ቅድስናኺ ንኹሉ ዓለም ንኽነግር
ልዑል ክብርኺ ንኽምስክር

ኣይትፈለይኒ ኩንለይ ብቕድመይ ብድሕረይ
ርግኣት ክረክብ ኣብ ዘመነይ
ንዓኺ ሒዘ ክብገስ ጉዕዞይ ክጅምሮ
ናይ ሓጢኣት ማዕበል ክሳገሮ

ተበጊሰ ኣለኹ ልመና ጸሎትኪ ኣሚነ
ኣይተርፍን’የ ዘኽታም ኮይነ
ፍሕሶ ጸላኢየይ ሱር መሰረቱ ንክብተኽ
ጸግዐይ ንስኺ ኣደ ኣምላኽ

341. ኣደይ ማርያም በዓልቲ ጸሎት

ኣደይ ማርያም በዓልቲ ጸሎትየ (2)
ንሳን ወዳን ደው እንዳ በለት እየ
ኣውጊሓታ መሬት

ተስፋ ተሰዊሩ መሬት እንክመሲ
መዓልታት ሓሊፉ ንስጋይ ከሳሲ
በታ ዓይነ መንፈስ ወዝቢ ኣማዕድያ
ቆይማ ስለ ኩሉ ስለ ዘይፍለያ

ተሰሌንቆ ሎሚ ንልበይ ከዐውር
ዘውደ ውቃብኡ እንናደፍአ ሚሒር
ከይሳገብ ኣስጊኡ እናተመጸከዮ
ድንግል ኣደ ጥበብ ጥበብኪ ሃብዮ

ፍቅሪ ኣሕዋት ኣሓት ናይ ሰላም ጉባኤ
ዝማሬ ምእመናን ርሑቕ ዝተሰምዐ
ሃሲሱ ከይተርፍ ናተባህለ ኣየ
ማህለት ናይ ወለሳ ድነ ከይወደየ

342. መርከብ ናይ ኖህ ኢኺ

መርከብ ናይ ኖህ ኢኺ ተስፋ ድሕነትና
ብኢድ ዮሃንስ ተዋሃብክና
ኣኽሊል ድሕነትና ኢኺ መመኪሒትና
ድንግል ማርያም ኣደ ኩላትና

'ቲ ቀዳማይ ፍጥረት ኣብ ዝወደቀሉ
ካብ ገነት ልምልምቲ ኣብ ዝተሰጐሉ
ኣብ ኣርዑት መግዛእቲ ካብ ዝነበረሉ
ንኣምላኽ ለመኖ ከድሕኖ ብሓይሉ

ጸሎቱ ሰሚዑ ጐይታ ንኽድሕኖ
ስሙ እንዳ ጸወዐ ኣዳም ኣዳም በሎ
ኣቤት ጐይታ በለ ኣብ ጸልማት እንከሎ
ተስፋ ድሕነት ሃቦ ኩሉ ዝከኣሎ

እቲ ተስፋ ድሕነት ድሕሪ ነዊሕ እዋን
ብድንግል ማርያም ድንግል ኣደ ብርሃን
ኩሉ ተፈጸመ ትንቢት ናይ ቅዱሳን
ንሕና'ውን ደሓንና ብናይ ጐይታ ኪዳን

ንኖህ ተዋህበቶ ናይ ድሕነት መርከብ
ንሸሞንተ ነፍሳት ኣብኣ ንኽዕቖብ
ብእምነት ኣተወ ብዘይ ክፉእ ሓሳብ
ካብ ጥፍኣት ደሓነ ካብ ማይ ኣይሂ ዝናብ

---

343. ይቤላ ወይቤላ ንዒ

ይቤላ (2) ወይቤላ ንዒ (2) ርግብየ ሰናይት

በስመ ኣብ ወወልድ ወመንፈስ ቅዱስ	ወይቤላ ንዒ
ይደሉ ስባሄ ለስሉስ ቅዱስ	ወይቤላ ንዒ
ውዳሴ ወግናይ ዓሰርቱ ቃላት	ወይቤላ ንዒ
ኣስተማሰልናኪ ተቅዋም በማህቶት	ወይቤላ ንዒ
ዳዊትኒ ይቤ እግዚኦ እግዚኦ	ወይቤላ ንዒ
ሓይልኪ ፍጹም ለጽመት ዘመአ	ወይቤላ ንዒ
ዳዊትኒ ይቤ ኣኮኑ ኣኮኑ	ወይቤላ ንዒ
ቃልኪ እምየ መናዝዝ ለኩሉ	ወይቤላ ንዒ
ዳዊትኒ ይቤ ፍካሬ ፍካሬ	ወይቤላ ንዒ
ለልኡል ኣዶናይ ዘኮንኪ ማህደረ	ወይቤላ ንዒ
ጥበብ ገጽኪ ከመ በርሃ ሰማይ	ወይቤላ ንዒ
ኣዕይንትኪ ብሩህ እንኮከበ ሰማይ	ወይቤላ ንዒ
ለክብረ ዚኣኪ እምሩ ህቀ መጽኡ	ወይቤላ ንዒ
ዉርዙዋን ደናግል ከመ ይንፈርህጹ	ወይቤላ ንዒ
ጥበበ ቃልኪ ጐስኣ ልሳንየ	ወይቤላ ንዒ
ፍስሀቲ ወሃሴት ኩንኒ ሲሳየ	ወይቤላ ንዒ

344. ብልጽቲ ህያብ

ካበይ ኮነለይ እዚ ሰናይ ዕድል
ንዓኺ ድንግል ክህበኒ ልዑል
ብፍቕርኺ'የ በጺሐ ኣብ ሓሳበይ
ምስጋና ኣሎኒ ድንግል ማርያም ኣደይ

ብልጽቲ ህያብ መዳርግቲ ኣልቦ
ንዓሌት ናይ ሰብ እግዚአብሔር ዝሃቦ
ሓድጊ ናይ ድሒነት ካብ ሓጢኣት ኣበሳ
ድንግል ማርያም'ያ ዝበዝሐ ሞገሳ

ካበይ ኮነለይ ኣደ ክትኮንኒ ወድኺ ክበሃል
ካበይ ኮነለይ ክርስቶስ ሂቡኒ ኮይኑ ልዕሊ መስቀል
ካበይ ኮነለይ ብልጽቲ ህያበይ ናይ ምሕረት ናይ ተስፋ
ካበይ ኮነለይ ንስኺ ምዃንኪ ድንግል ኣደ ኣልፋ

መርሃዊት ሽግር ፍቕሪ ዝመትከላ
ወትሩ ትግለጽ ንወዳ ኣኸቲላ
ጸጋዊት ራህዋ ኣብ ጭንቀት መከራ
ድንግል ማርያም'ያ እግዚአብሔር ዘኽበራ

ካበይ ኮነለይ ክትህልዊ ቤተይ ከምቲ ናይ ዶኪማስ
ካበይ ኮነለይ ጉዱል በረኸተይ መሊኡ ክፈስስ
ካበይ ኮነለይ ስክፍታይ ፍርሓተይ ናብ ትብዓት ክቕየር
ካበይ ኮነለይ ብኣማላድነትኪ ሕይወተይ ክምቅር

መርከበይ ኮንኪ ኣብ ማዕበል መከራ
ናብ ወደብ ዓወት ተብጽሕ ጸዊራ
'ቲ ማልዶትኪ ንትሑት ዘብል ክብ
ድንግል ማርያም ኣቑጺርኒ ምስ ሰብ

ካበይ ኮነለይ ኪዳን ናይ ምሕረትኪ ኣብ ልዕለይ ክዓርፍ
ካበይ ኮነለይ ጾር ሽግር መከራይ ብኣኺ ክራገፍ
ካበይ ኮነለይ ልመና ጸሎትኪ ማልዶትኪ ብዙሕ
ካበይ ኮነለይ የዕርፈኒ ንዓይ ማዕበላት ኣህዲኡ

መቐረት ንኣፈይ ከም መዓር ወለላ
ስምኪ ክጽውዕ ንነፍሰይ ባህ ይብላ

ብጽእቲ ክብል ከም ኩሎም ፍጡራን
ደሪኹኒ ኣሎ ናይ ቃላትኪ ትንቢት

ካበይ ኮነለይ ንበዝሒ ውዕለትኪ ምስጋና ክቓኒ
ካበይ ኮነለይ መን ኮን'የ ኣነ ጸጋ ዝሃብክኒ
ካበይ ኮነለይ ክደግም ቃል መልኣኽ ከም ኤልሳቤጥ ኮይነ
ካበይ ኮነለይ ጸጋ ልዑል ኣምላኽ ኣባይ ምስ ሰሰነ

345. <u>ኣንቲ ዘበኣማን ደመና</u>

ኣንቲ ዘበኣማን ደመና (2)
ረከብኪ ጸጋ ክብረ ድንግል፡ ይዓቢ ክብራ ለማርያም (2)

ነቲ ዝርሓቐ ፍቕሪኺ የቕርቦ
ናይ ጥፍኣት ኢድ'ውን ፍጹም'ዩ ዘይረኽቦ
ነቲ ቃል ኪዳንኪ ዝምዕቀቦ
ከማኺ የለን ንድሕነት ዝተዋህቦ

ኪሩቤል ወስራፌል ኩሎም መዘመራን
ቅዱሳን ጻድቃናት ምሉኣተ ብርሃን
ይውድሱኺ ብሓንቲ ልሳን
ንጽህቲ ኢኺ ቅድስተ ቅዱሳን

ደቂ ኣዳም ኵሎም ንግስትና ይብሉኺ
ብሕብረት የልዕሉ ጣዕሚ ውዳሴኺ
ንሕጎስ ኢና በቲ ክቡር ስሚኪ
መመኪሒትና ኣኽሊልና ኢኺ

ንዓኺ'የ ዘፍቅር ብግርማኺ ክኽለል
ትጽኑዕ ፍቕርኺ ኣብ ልበይ ኽበቁል
ኣድሕንኒ ኣደይ ኣባኺ'የ ዝውከል
ኪዳንኪ'ዩ ድንግል ዘይጠፍእ ቃል

346. <u>ኣንቲ ዘበኣማን</u>

ኣንቲ ዘበኣማን ደመና (2) እህ
ረከብኪ ጸጋ ክብረ ድንግል፡ ይዓቢ ክብራ ለማርያም

በሊ እምበኣር ድንግል ዘበኣማን
ካባና ኣይትኺዲ ዘበኣማን
ስለቲ በደልና ዘበኣማን
ንልቢ ክርስትያን ዘበኣማን
ሽለል ከይበልክና ዘበኣማን
ትሕትና ኣላምዲ ዘበኣማን
ምሕረት ኣውህብና ዘበኣማን
ናይ ያሬድ ጸናጽል ዘበኣማን
ኦ ድንግል ኣዴና ዘበኣማን
ናይ ማህሌት ውዳሴ ዘበኣማን
መመከሒት ኣኽሊልና ዘበኣማን
ናይ ኣባ ሕርያቆስ ዘበኣማን
እመ ብርሃን ዘበኣማን
ናይ ወትሩ ቅዳሴ ዘበኣማን
ምስ ጐይታ ዕረቅና ዘበኣማን
እህ ረከብኪ ጸጋ ክብረ ድንግል ይዓቢ ክብራ ለማርያም
ከይንተርፍ ወዲቅና ዘበኣማን
ርህርህተ ሕልና ዘበኣማን

እህ ረከብኪ ጸጋ ክብረ ድንግል ይዓቢ ክብራ ለማርያም

ናይ ሃዋርያት ሞጐስ ዘበኣማን
ሓፍቲ መላእኽቲ ዘበኣማን
ምፍቃሩ ንስሉስ ዘበኣማን
እቲ ዝምስገን ዘሎ ዘበኣማን
ቅዱስ ተባሂሉ ዘበኣማን
ገዛኢ ፍጥረታት ዘበኣማን
ወድኺ እንዳኣሉ ዘበኣማን

እህ ረከብኪ ጸጋ ክብረ ድንግል ይዓቢ ክብራ ለማርያም

ጽብቕቲ ርግቢት ዘበኣማን
ሰለሙን ኢሉኪ ዘበኣማን
ስጋኺ ንጹህ እዩ ዘበኣማን

ወልድ መሪጹኪ ዘበኣማን
ዘክርና ድንግል ዘበኣማን
ንዓና ደቅኺ ዘበኣማን
ምስ ጐይታ ዕረቅና ዘበኣማን

347. ቃላት ህጻን

ከይልምን ከም ሰበይ ናባኺ ኣንቃዕሪረ ከምቲ ትደልዮ
ከይውሕደኪ ይፈርህ ቃላት ህጻን ኮይኑ ብስለት ዘይቃንዮ
ድንግል ማርያም ኣደይ ኩንኒ ጸላለይ ነብሰይ ተዕርፈላ
ዜማ ናይ ምንባረይ ምኽንያት ንድሕነትና ርግኣት ዝረኸበላ

ጌና'የ ልምልምቲ ሽኻ ተኸሊ ለሰ
ሕዝኒ ንፍቕሪ ጥፍኣት ከይነገሰ
ጽላል እንከለኺ ኣይሰግርን'የ ማዕዶ
ጽላል እኳ ዝብሃል ገረብ ዝእንግዶ (2)

እንዳእቲ ህድኣተይ ከይብትኖ መዓት
ሰናይ ከይርሕቅ ካብ ናይ ቤተይ ቅርዓት
ከየሕለምልም ልበይ ጸላም ከይወርሶ
እኔኹ ኣብ ቅድሜኺ ንብዓተይ አፍስሶ (2)

እንታይ ከይከስበሉ ንዓለም ጽላላ
ስለ ዘይትሸገር ጨካን እንደኣላ
ዝሃድመላ ጸግዐይ ገዳም ናይ ህይወተይ
በረኸት ቀራንዮ ጽዮን ማርያም ኣደይ (2)

ምስማዕሲ እሰምዕ'የ ፍቕርኺ ክዝንቶ
ህጻን እንዶ'ም ኾይነ ክንደይ ከይግምቶ
ንገርኒ ኩሉ ነፍሰይ እትደልዮ
ነዚ ባዶ ልበይ ጸጋኺ ምልእዮ (2)

348. ገብርኤል ኣብ ሰማይ

ገብርኤል ኣብ ሰማይ ኤልሳቤጥ ኣብ ምድሪ (2)
ይምስክሩ ኣለዉ ድንግል ናትኪ ኽብሪ (2)

ክትጠንሲ ኢኺ ኢሎኪ በቲ ክቡር ዜና
ይኹነለይ ኢልኪ ትውልዲ ክጸንዕ
ካብ ገብርኤል ሰሚያም መላእኽቲ ኩሎም
ናይ ኣምላኽ መሕደሪት ብኽብሪ ሰጊዶም
ብጽእቲ ክንብል ኢና ንሕናስ ትዓጢቕና
ንናይ ኣማኑኤል ልዑል ኣብነትና ጌርና

ሱርኪ ካብ ምድሪ'ዩ ሓረግኪ ካብ ሰማይ
ንጽህቲ ምዕበወርቅ ዝመላእኺ ሲሳየ
ናይ ማህጸንኪ ፍረ በሊዕና ሰቲና
ኤፍራታ ሰሚዕና ኣብ ጫካ ረኺብና
ንሕናስ በሊዕናዮ ነቲ ስዉር መና
ምስቶም ዝተመርጹ ብጽእቲ'ውን ኢልና

ካብ ፍጡር ንላዕሊ ጥንስኺ ዘዝለለ
ናይ ሞሎኮት ሓዊ ኣባኺ ተተኽለ
ናይ እግዚኣብሄር ሃገሩ ናይ እንጀራ ቤትና
ክንደይ ዘደንቅ'ዩ ክብርኺ ኣዴና
ብጽእቲ ክንብል ኢና ንሕናስ ተዓጢቕና
ንቅድስቲ ኤልሳቤጥ ኣብነትና ጌርና

ኣብ ናይ መብልዒ ማል ደቂሱ ሪኦሞ
ሰብ'ን መላእኽትን ብሓደ ኣኽቢሮም
ትናይ ጽልኢ መንደቅ ብወድኺ ፈረሰ
ብዳግማዊት ሄዋን ዘርኢ ኣዳም ተኻሕሰ
ብጽእቲ ክንብል ኢና ንሕናስ ተዓጢቕና
ንቅዱስ ገብርኤል ኣብነትና ጌርና

349. ጐስአ ልብየ

ጐስኣ ልብየ ቃለ ሰናየ (2)
ወኣነ ኣየድድ ቅዳሴሃ ለማርያም (2)

ኣነስ ናይ ድንግል ውዳሴኣ ክዛረብ'የ
ከም ናይ ኣቦይ ዳዊት ብበገና ክዝምር'የ
ቀትሪ ይኹን ለይቲ ብምስጋና ክተግህ'የ
ናይ ሓጢኣት ቁስሊ ንኽፍውስ ክጽውዓኪ'የ
ምርኩሰይ ንስኺ ብኣኺ'ውን ክምካሕ'የ

ኦ ድንግል ማርያም ብሓቂ'ውን ንፈትወኪ ኢና
'ቲ ናይ ሓቂ መግቢ ንክርስቶስ ዝወለድክልና
ምኽንያት ድሕነትና ድንግል ማርያም ንትስፎ ብኣኺ
ኣማላድነትኪ ብምእማን ንጽውዓኪ
ምሕረት ኣውህብና ድንግል ማርያም ኣዴና ኢኺ

ስለ'ቲ ለውሃትኪ ኣደ ብርሃን ተስፋይ ንስኺ
ማይ ከይበቖሎ ዝዓነወ ናይ ዘለኣለም ህይወት
ሰማያዊ እንጌራ ዘውሃብክና ቤተልሄማዊት
ቅድስተ ቅዱሳን ናይ ኖህ መርከብ ኪዳነ ምሕረት

ናይ ቃና ዘገሊላ ኣብቲ መርዓ ድንግል ተረኺብኪ
ንማይ ናብ ወይኒ ብልማኖኺ ዝቀየርኪ
ሎሚ'ውን ህይወት እቲ ወይኒ ተወዲኡ ኣሎ
ኣደ ኣምላኽ ንጽህቲ ንዓኺ'ውን ይጽውዕ ኣሎ
ቀዲስኪ ምልእዮ ብምስጋና ተወሊዱ ኣሎ

350. ስለ ምርዳእኪ

ስለ ምርዳእኪ ድንግል ማርያም ከመስግነኪ'የ
ምሳይ ብምኻንኪ ድንግል ማርያም ከመስግነኪ'የ
ምስጋናኺ ሒዘ ንግሆ ምሸት ስምኪ ክቀውም
ምስጋናኺ ሒዘ ድንግል ማርያም ቅድሜኺ ክቀውም

ሓዘነይ ጭንቀተይ ብኣኺ ደው ኢሉ
ልመናይ ጸሎተይ ሓሳበይ መሊኡ
እቲ ዝደለኹዎ ኩሉ ረኺበ'የ
ንዓኺ ሒዘ ኣደይ ወትሩ ክምካሕ'የ

ብኣኺ ይሕጐስ ይዓርፍ መንፈሰይ
ሰኣሊ ለነ ክብል በቲ ድኹም ጎድነይ
ደጊም ኣይፈርህን ጸድፊ ኮነ ገደል
ንዓኺ ሒዘ'የ ሓጋዚተይ ድንግል

ተስፋይ ናይቲ ብርሃን ከይጠፍእ ካብ ቅድመይ
መድሓኒተይ ኢኺ ናተይ ናይ ብሕተይ
ዓለም ብኽፍኣት ገጽ'ውን ክትከልኣኒ
ኣይትፈለይኒ ድንግል ምሳይ ኩኒ

ምስክረይ ኢኺ ደጊም ንዘለኣለም
ብኣማላድነትኪ ነፍሰይ'ውን ትፍክር
ከመስግነኪ'የ ድንግል ናተይ ኣደይ
ብምሉእ ህይወተይ ክሳብ ጊዜ ሞተይ

351. ክብረ ቅዱሳን

ክብረ ቅዱሳን ይእቲ (2) ክብረ ቅዱሳን
ሙዳየ መና ግሩመ (2) ሙዳየ መና

ክብረ ቅዱሳን ስለ ዝኾንኪ
ቅኔ ምስጋና ይግበኣኪ
ዝወለድክዮ ናይ ህይወት መና
ዝናም ዘለኪ ንእሽቶይ ደመና

ትሕትና ፍቕሪ መለለይኺ
ዕሸል የዘምር ድምጺ ሰላምታኺ
እሳት ወሊድኪ እሳት ሓቚፍኪ
ኣይወግሕን'ዩ ከይዘመርናልኪ

መውጽኢት ጽሓይ ምብራቕ ኢኺ'ሞ
ብርሃን ርኢና ማርያም ብኣኺ
ኣይጽልምትን'ዩ ኮቶ ህይወትና
ወድኺ ከሎ ብርሃን ጸሓይና

ሰኣሊ ለነ ሰላም ለኪ
ተማህጸነ በኪዳንኪ
ንዒ ርግብየ ምስሌ ወልድኪ
ሰማይ ወምድር ያወድሱኪ

352. መትሕተ ፈጣሪ

መትሕተ ፈጣሪ መልእልተ ፍጡራን
መን ኣሎ ከማኺ እሙ ለኣዶናይ (2)

ካብ ገዛይ ከወጽእ ደጌኺ ስዒመ
ናይ ልበይ ከነግር ኣብ ቅድሜኺ ቖይመ
ኣይትኽልከለንን ናይ ኢድኪ በረኸት
ረዲእክኒ እንዲኺ ብናትኪ ረዲኤት

ነጠብጣብ ፍቕርኺ ዘኒቡ ኣብ ልበይ
ንወርሒ ረጊጽኪ ነጊስኪ ኣብ ሰማይ
ኮኾብ ተኸዲንኪ ጸሓይ'ውን ለቢስኪ
ዝኸበርኪ ኢኺ ካብ ሰብ ተፈለኺ

ዘለኣለማዊ'ዩ ናትኪ ድንግልና
ልዑል ኣኽቢሩኪ ናይ ጥበቡ ፋና
'ቲ ናይ ሰማይ ንጉስ ፈጣሪ ወሊድኪ
ዝኸበርኪ ኢኺ ካብ ሰብ ተፈለኺ

በየናይ ምሳሌ ክንምስለኪ'ና
ማንም ፍጡር የለን ድንግል ብሕልና
ኣደ ንጉስ ኢኺ ካብ ዘርኢ ኣዳም
ብፍቕርኺ ድንግል ርሒቕና ካብ ዓለም

353. ማርያም ማርያም ንበል

ማርያም ማርያም ንበል ብዝማሬ
እመ ብርሃን ንበል ነድርስ ቅኔ
ስማ ነዝምሬሉ ነስምዓዮ ኩሉ

ናይ ሚልክያስ ሃገር ንሳያ ኤፍራታ
ሃገረ ቅዱሳን ናይ ዕረፍቲ ቦታ
ቅድስተ ቅዱሳን ንጽህተ ንጹሃን
ማህደረ መሎኮት መልእልተ ፍጡራን

ከተማ ኣምላኽና ኣደ ኣማኑኤል
ምስግንቲ ብኩሉ ብሰብ ብሱራፌል
ናይ ያዕቆብ መሳልል ናይ ፍኖተ ሉዛ
ናይ ሊባኖስ ሽታ ናይ ሮማን ምኣዛ

ርህርህተ ሕልና ጓል ያቔም ጓል ሃና
ናይ ዶቺማስ መጉስ ሓመልማሎ ሲና
ህያው'ዩ ኪዳና ኪዳን ጐልጐታ
ሰኣሊ ለነ ንበል ቅሩብ'ዩ ጸሎታ

ፍቕራ ንዘልኣለም ኣብ ደምና ሰሪጹ
ኣብ ጽላት ልብና ኣሎ ተቐሪጹ
ብሂወት ተለና ዋላ'ውን እንተ ሞትና
ቋንቋና'ያ ድንግል ኣህዛብ እመኑና

354. ትርግታ ልበይ

ትርግታ ልበይ ዘድምጾ ደሃየ
እመ ብርሃንዩ ኣደ ኣዶናይ
ኣይስጉምንዩ እግረይ ብዘይ በኣኺ
ኣየስተንፍስን ብዘይ ለውሃት ናትኪ(2)

ሕልናይ ሓሳበይ ፍጹም ንዘይበጽሖ
ትድሙቅ ብርሃንኪ ማንም ዘይክውሎ
ማርያመይ (2) ኢለ ኣይሓፈርኩን
ዝተማሕጸንኪ ኮቶ ኣይኩነንን

ዘይከምቲ ተግባረይ ቤትኪ ኣስፈርኪኒ
ለውሃትኪ ጽድቅኪ ይብሉን መዳርግቲ
ኣምላክ ዩ ሓርዩኪ ንጽህናኪ ርእዩ
ደንበ ቅድስና ፍቅርኪስ ፍሉዩ *ስለዚ*

ኣብ ልዕሊ ፍጡራን ኣብ ትሕቲ ፈጣሪ
ዘይነጽፍ ኪዳንኪ ጓህዝኡ ዝዛሪ
ቀንዴል ውሽጢ ልበይ ምርኩስ ናይ ህይወተይ
ተምሳል መርከብ ናይ ኖህ ኣጽሊልልኪ ኣብ ቤተይ *ስለዚ*

እልምን ኣለኹ ስምዕኒ ጸሎተይ
ኦ ወላዲት ኣምላኽ ኣብጽሒ ልማኖይ
ውህብቶ ቀራንዮ ሽቶ ማኣዛኺ
መዳርግቲ ኣልቦ ልዋህ'ዩ ልብኺ *ስለዚ*

ንኡስ ጨና ዕጣን ምዕረጊ ጸሎተይ
ንስኺ ኢኺ ድንግል ዑቕባ ቛና ቤተይ
ጽግዐይ ዝኾንኪኒ ኣብ ግዜ መከራ
ውቅብቲ ከተማ ንነብሰይ ሰፈራ *ስለዚ*

ሰማያዊት ርግቢት ድሕነት ዘበሰርኪ
ሰላም ጎጎ መዓር ወለላ ሰፊፍኪ
ጠመተ ዓይንኺ ፍቅረይ ዝኸበቦ
ምግባር ናይ ኣእዳውኪ ጽድቂ ዘዓሰሎ
ምስጋናኪ ይምላእ ቆፎ ውሽጢ ልበይ
ንዘልኣለም ኣለም ከቢርኪ ድንግለይ *ስለዚ.*

355. ትርጉም ናይ ህይወተይ

ትርጉም ናይ ህይወተይ ጣዕሚ መቐረተይ
ወላዲት ኣምላኽ ኣደ ልዑል ጐይታይ
ከመስግነኪ እየ ኣነ ብዘበነይ
ዓምቢቡ ከፈሪ ተኸሊ ሰብነተይ

ትእዛዙ ጥሒሰ ሞተይ ምስ ኣወጅኩ
ካብ ክብረ ሰማያት ጸጋ ምስ ጐደልኩ
ተስፋይ ኔራ ድንግል ምኽንያት ድሕነተይ
ህይወተይ ኢለያ ኣባዲት ሓዘነይ

ትርጉም ስኢነሉ ናብራ እዚ ዓለም
ከጭነቕ ብብዙሕ ስኢነ ንሰላም
ሕድሪ ውሽጢ ልበይ መሊኣ ምስጋና
ደስታይ ኣዊጃቶ ኣብ ገሊላ ቃና

ሓጐስ ኮይኑለይ'ዩ ጸጋይ ተወሲኹ
ብፍቕራ ሰራዊት ልበይ ተማሪኹ
ክዝምረላ እየ ዘለኣለም ንስማ
ከስተማቕር ወትሩ ጣዕሚ ናይቲ ፍቕራ

ኣብቲ ናይ ሞት ዘመን ዝጸልመተ ናብራ
ምሳይ ብምኳንኪ ህይወተይ መቂራ
ገጽ በረኸተይ በሊ ተቐበሊ
ገና ንኽብርኺ ዝህቦ ኣሎኒ

356. ብዘደንቕ ግርማ

ብዘደንቕ ግርማ ብርሃን ተኸቢብኪ
ወርቃዊ ልብስኺ ጸጋ'ውን ረኺብኪ
ኣብ የማን ክትቆሚ ኣብ ዙፋን ወድኺ
ድንግል ኣደ ብርሃን ስልጣን ተዓዲልኪ

ኣብ ሞሜረ ኅቦ ኣምላኽ ዘዳለዎ
ኣቕርንቱ ብሓረግ ጌሩ ዝኣሰሮ
ኣምሳል ናይ ወድኺ በጊዕ ዘዕረፈልኪ
ድንግል ዕጸ ሳቤቕ ናይ ልኡል መሕደሪ

ብዘደንቕ ጥበብ ፍጹም ተወሃሂዱ
ኣባኺ ሓደረ ካብ ሰማይ ወሪዱ
እቲ መለኮት ሓዊ ኣበይ ኣንበርክዮ
ኣብ የማን'ዶ ጸጋም ኣበይ የዕሪፍክዮ

ዘይትፈርስ መቕደስ ናይ ሃይማኖት በትሪ
ኮንኪ ተረኺብኪ ናይ ልዑል መሕደሪ
ካብ ምብራቕ ዝወጸ ዝተባህለ ጸሓይ
ኣባኺ ሓደረ ድንግል ወርቂ ሙዳይ

ናይ ይስሓቅ ተካኢት ናይ በጊዕ ሓቓፊት
ድንግል ዕጸ ሳቤቕ ናይ ልዑል መሕደሪት
ኣብርሃም ረኣዮ ኣዳም ተገፊዑ
ካብ ሲኦል ኣድሓኖ ጎይታ ተሰዊኡ

357. በቦታት ልመና

በቦታት ልመና እስከ ክልምነኪ
ኣነሞ ከመይ ጌረ ደው ክብል ቅድሜኺ

ኣቤት ናትኪ ነገር ክሓስቦ ይደንቀኒ
ምድረ ሰማይ ፍጥረት ዘይክእሎ ጾርኪ
መላእኽቲ እኳ ኣኽናፍ ኣለዎም መከላኸሊ
ንስኺ ግን ድንግል ንመለኮት ጾርኪ

ተመጊብካዮ ስምኪ ዘይምኖ'ዩ
ነዚ እንድዮም ኣቦታት ዓለም ዝመነኑ
ማርያም (2) ይብሉ ዘውትር ኣብ ጸሎቶም
ንዓኺ ተቐኒቶም ስዒሮም ንዓለም

ክንምሕጸን ደቕኺ ነቶም ዘስመሩኺ
ስሌኦም ኢልኪ ወደይ ክትብልኒ
ማዕስ ዘይወድኺ ኮይነ ግብረይ
ከፉኡ'ምበር
ብሳላኺ እንድየ ህይወት ዝዕደል

ከይወጠንክዎ ገዳም ክትወስድኒ
ሕቡእ ምስጢር ከኣ ኣብኡ ትምህርኒ
ሕራይ ነቦታት'ስ ስለ ዘስመሩኺ
ንዓይ ግን ንበደለይ ሰናይ ምዒድክኒ

እቶም ብፍቕርኺ ዝተሰለቡልኪ
ማህሌትኪ ቅዳሴኺ ዝደረሱልኪ
ስሞም ጸዊዐ ክምሕጸነኪ
ዓሰቢ ናታቶም ክፈልኒ ኢኺ

358. ማርያም ናይ ህይወት ፊደል

ማርያም ናይ ህይወት ፊደል
ተገሊጹ ተነቢቡ ብኣኺ ኣማኑኤል (2)

ኣብ መንበር ኪሩቤል ዝነብር ከቢሩ
ይሕብሕበና'ሎ ጠሚቱ ብፍቕሩ
ንስኺ መዝገብና ንሱ'ውን ቀለምና
ጥበብ ኮይኑልና'ዩ ቀኒዑ መገድና

ሕጊ ሓይልና'ዩ ንመንገዲ ብርሃን
ምብራቃዊት ኢኺ ኣደ ናይ ብዙሓን
ሰብን መላእክትን የም ከቢቦምኺ
ናይ ትንቢት ፍጻሜ ርእዮም'ዮም ካባኺ

ስብሓት ንእግዚኣብሄር ወሰላም ንምድሪ
ተወሊዱልና'ዩ እቲ ጐይታ ፍቕሪ
ማርያም ሓቚፍክዮ ነቲ ነበልባል
ስለ ክብርኺ'ውን ንብል ዕልል ዕልል

ብኣኺ ዓቢ ነገር ስለ ተገብረ
ንፍጥረታት ኩሉ ሰላም ተበሰረ
ምልክትና ማርያም ንፈትወኪ ኢና
ብጽእት ክንብል'ውን ምስ ኤልሳቤጥ ኩንና

359. ድንግል ኣደየ

ድንግል ኣደየ ንዒ ብጽሕኒ ኢኺ
ወገን የብለይን ኣነ ብዘይካ ንስኺ
ኣብ ጸግዐይ ኩኒ እሞ ኣለኹ በሊ

ይትረፈለይ'ዩ ክብል ካብ ኢደይ ከይዱ
ህይወተይ ተሳቒያ ሓዘን ከቢዱ
በረኸተይ ጠፊኡ ከይከፍኣኒ ንዓይ
ተስፋ ናተይ ኢኺ እሞ ምጽእኒ ናባይ

ንበይንኻስ ከፉእ'ዩ የንበርክኸካ
ብጭንቀትን ስቃይን ይጽልምተካ
ምሳይ እንተ ኣሊኺ ኣደይ ኣይናወጽን
ንሓለቃ ናይ ምድሪ ኢደይ ኣይህብን

ኣይኮነን ንድኹም ሰብ ንዓይ ባርያኺ
ንዓለም ዝተርፍ'ዩ ልማኖ ናትኪ
ኣብቲ ናይ ፍርዲ ሰዓት ጽግዒ ኩንኒ
ክፉእ ግብረይ መዚኑ ከይርሕቀኒ

ረፊዱኒ'ዩ ጉዕዞ ናይ መርዓ ቤተይ
መርዓዊ ይኣቱ ኣሎ ከይሓዝኩ መብራህቲ
ኣፍትውኒ ኢኺ ኣደይ ንጽቡቕ ስራሕ
ከይከውን ሽሻይ ሓዊ ድንግል ሓደራ

360. ጽርሃ ኣርያም

ጽርሃ ኣርያም (4)
ክብርኺ ብዙሕ'ዩ ንዘለኣለም

ኣብ ናይ መላእኽቲ ዓለም ሰለስተ ከተማ
ኣብ ኤሬር ኣብ ኢዮር ከምኡ'ውን ኣብ ራማ
ምስጋና ቀረበ ንንግስቲ ሰማይ
ብኽብሪ ርኣና ንኣደ ኣዶናይ

በረኻ ዘለዉ ዓለም ዝነዓቑ
ውዳሴኺ ኣብጺሖም ስምኪ ዝሰነቑ
ጸላኢ ይርሕቕ ክንጽውዕ ንዓኺ
ካብ ሲና ይሓፍር ማርያም ብግርማኺ

ኣብ ትሕቲ ኣእጋራ ንወርሒ ረጊጻ
ብናይ ክብሪ ኣኽሊል ወቂባ ኣጊጻ
ትምስገን እያ ዘላ ብኩሎም ቅዱሳን
ዓለም ዝደሓነላ'ያ ድንግል ማርያም

ንብርሃን ለቢሳ ንጽህና ሒዛ
ፍጥረታት ክትባርኽ ብኽብሪ ወሪዳ
ነፍሳት ተቐደሱ ብእምነት ከቢቦም
ከበሮ ኣልዒሎም ክንዝይመላ ኢሎም

361. ንዘምረላ

ንዘምረላ ሎሚ ንጽዮን ኣዴና (2)
ጽዮን'ያ ጸግዕና ኢልና እንተኣሚና
ጽባሕ ኣብ ሰማያት ምስ ቅዱሳን ኢና ሃሌ
ሉያ (2)

መሰረታ ካብ ቅዱሳን ኣኽራን (2)
ጽዮን ጽዮን ንበል ኩልና ምእመናን
መመኪሒትና'ያ ኣዴና ማርያም ሃሌ ሉያ(2)

ሓርዩዋ'ዩ መሕደሪት ክትኮኖ (2)
ንሱ ዝሓረዮ መንገዩ ዝቃወሞ
ንሱ ንዘኽብሮስ መንዩ'ኽ ዘሕስሮ ሃሌሉያ (2)

ዝጸልኡኺ ኩሎም ይኮነኑ (2)
ልቢ ኣምላኽ ዳዊት ኢሉ ኣብ መዝምሩ
የድሕነና ካብ'ዝስ ማርያም ማርያም በሉ
ሃሌ ሉያ (2)

362. ስገዱላ'ታ ንማርያም

ስገዱላ'ታ ንማርያም
ወላዲቱያ ንመድሃኔ ኣለም (2)

ክሰግደላ'የ ነደ ጎይታ
ኣብ ምድሪ ኣብ ሰማይ ንሳ'ያ ተስፋይ
ኣጣሚራቶ ኣደ ምስ ድንግል
ገሪምንሎ እንታይ ከም ዝብል

ጥንተ ተኣብሶ ሕፍቲ ዘይብላ
ገብርኤል መልኣኽ ዝመስከረላ
ንጽህቲ ኢልዋ ኣበር ዘይብላ
ሃየ ንለዓል ንዘምረላ

ተፈስሒ ክብል ብጡዑም ዜማ
ምልእተ ጸጋ ምልእተ ግርማ
ንዑ ብፍቕሪ ንጸውዓዮ ስማ
ሕርይቲ እያ ናይ ኣምላኽ ከተማ

ስዒመ ኣይጸግቦን ኣነስ ንስእላ
ብርሃን ይኸበኒ ክዝምረላ
ተስፋ'ያ ማርያም ንዓይ ህያበይ
ብጸሎታ'ዩ ልበይ ዝበርሃለይ

363. ንጽህቲ ኢኺ

ንጽህቲ ኢኺ መሰረት ዳዊት
ንተስፋ ኣዳም ቆልዓ ዝተዋህበት
ማንም ዘይመስላ ድንግል እመቤት
ንሳያ መርሐ መንግስተ ሰማያት

ኣማላዲትያ ርህርህቲ ኣዴና
ፍጹም ዘይተዕርፍ ስሌና ልመና
ብኣኣ ተስፋና ዝመጽእ ህይወትና
ለምንልና ንበል ብምሉእ ልብና

መንክር ሓያል ኣማላኽ ንዓኺ መሪጹ
ፍጹም ተዋሂዱ ኣባኺ ሰሪጹ
ካህናት'ውን ረኣኹ ክብርኺ ክገልጹ
ተኣምርኪ ግሩምዩ ክንደይከ የድንጹ

ፍጥረታት ኩሎም ማርያም ክብሉ
በረኸትኪ ኣሚኖም ዝተወከሉ
ንኣምላኽ ኣሚኖም እቲ ገባሪ ኩሉ
ጸጋኺ ይዓስሎም ፍጹም ይሕይሉ

ጸዋሪት መለኮት ኣምላኽ ሓሪዋ
ንጽህንኣ ርእዩ ምልእተ ጸጋ ኢልዋ
ብጽእቲ ንስኺ ኩሎም ክብልዋ
ልመናኣ ተዕርግ ኩሉ ዓሲልዋ

364. እርግብየ

እርግብየ (2) ማርያም እሙ ለእግዚእየ
በቀለም ወወርቅ ጸሐፊ ስምይ
በአንደ ብርሃን ጸሐፊ ስምየ
በቀለም ወወርቅ ጸሐፊ ስምየ

ዝተመረጽኪ ቤተይ መልክዕ ስልማተይ
ናይ ክብሪ ኣኽሊለይ ንዒ ማርያም ኣደይ እርግብየ
ናባኺ ኣእዊ ኣብ እዋን ጸገመይ
ንኽተትርፍለይ ሓዘን ናይ ልበይ እርግብየ

ዘይትፈርስ መቕደስ ንጽህቲ ኣዳራሽ
ናይ መለኮት ሓዊ ብማህጸን ዝጾረት እርግብየ
ምኽንያት ድሕነተይ ናይ ህይወተይ ፋና
በጻሒት ሽግረይ ርህርህተ ሕልና እርግብየ

ይጽውዕ ንሽምኪ ንግሆን ምሸትን
ቀልጢፍኪ ምጽኒ ከይበልኩ ከርተት እርግብየ
ናይ ነብያት ትንቢት ናይ ሰማእታት ኣኽሊል
ናይ ወርቂ መሳልል ናይ ጸሎት መዕረጊት እርግብየ

ምርኩስ መደገፊት ናይ ሃይማኖት በትሪ
ናይ ህይወተይ መሕደሪት ኮንኪ ዝተረኽብኪ እርግብየ
ኣብ ጸልማት መገዲ ወዲቀ ከይተርፍ
ደጊፍኪ ኣስግርኒ ካብቲ ባሕሪ ሓጢኣት እርግብየ

365. ናይ ገነት ደጌ

ናይ ገነት ደጌ ማርያም ኢኺ
ናይ ወርቒ መሳልል ድንግል ኢኺ
ናይ ኣማላኺ ኣደ ማርያም ኢኺ
ክብሪ ምስ ውዳሴ ይግባእ ንዓኺ
ኣማላኺ ባዕሉ ሓርዩ ባዕሉ ቀዲሱኪ

ዕጽውቲ ኣፍደጌ ሕትምቲ ናይ ገነት
ድንግል ኣዴና'ያ ሰመያዊት ንግስት
ናይ መለኮት ዝፋን እሳት ዝሓዘለት
ናይ ሓደራ ኣደ ማርያም እመቤት

ናይ ሰማይ መላእኽት እናሸበሸቡ
ሰላም ለቺ ኢሎም ንድንግል ከበቡ
ንሕና 'ውን ውዳሴ ዝማሬ ምስጋና
ነቕርብ ንድንግል ስለዝግብኣ

እነስ ከመስግን'የ ስማ ንዘለኣለም
ካብ ኩለን ኣንስቲ ከምኣ ማንም የለን
ንውዳሴ ድንግል ነፍሰይ ምስ ጸውዐት
ድንግል ክትመጽእ'ያ ምስጋና ክጅመር

366. ክውድስ ከም ገብርኤል

ክውድስ ከም ገብርኤል ንጽህቲ ቅድስቲ ኢለ
ከም ዳዊት ክዝምር በገናይ ኣልዒለ (2)

ሰላም ለኪ ኢለ ክጅምር ምስጋናይ
ብመዝሙር ከዕልላ ነታ ወላዲተይ
ናይ ሓጥኣን ተስፉ ዋሕስ ናይዛ ነብሰይ
ናይ ድሕነት መሰረት ማርያም በለለይ (2)

ንደቂ ሰብ ድሕነት ዕረፍቲ ዘይብልኪ
ቤዛዊት ንዅሉ ሰላምታ ይብጻሕኪ
መእመናን ተንስኡ ሎሚ ነመስግና
በኣና ክትሕጎስ ማርያም ኣዴና (2)

ኣምላኽ ዝሃበና በታ ዓባይ ዕለት
ውህብተ ናይ መስቀል ታ ኪዳነ ምህረት
በደለይ በዚሑ ካብ ዕለት ናብ ዕለት
ኣነ ብዘይካኺ የብለይን ድሕነት (2)

ሓጸርቲ ናይ ድንግል ማርያም ናይ ኪዳነ ምሕረት ካብ መዝ. 398 - 403

367. መራሒት መንግስተ ሰማያት

መራሒት መንግስተ ሰማያት ድንግል ማርያም
ኣድሕንና ንዓና ደቅኺ ካብ ገሃነም (2)

368. ምስ ቅዱስ ሚካኤል ወገብርኤል

ምስ ቕዱስ ሚካኤል ወገብርኤል
ኣዴና ንዒ ማርያም
ንዒ ባርኽና ከምቶም ኣቦታትና (2)
ኣዴና ንዒ ማርያም

369. ማርያም ትዓቢ

ማርያም ትዓቢ እምኲሉ ፍጥረት (2)
እያውኣያ እሳተ መለኮት (2)

370. ማርያም ቤዛ ብዙሃን

ማርያም (3) ማርያም ቤዛ ብዙሃን (2)
ማርያም ተዓቢ እምኲሉ ፍጥረት (2)
ኢያውኣያ እሳተ መለኮት

371. ማርያም ድንግል ርህርህተ ሕሊና

ማርያም (2) ድንግል ማርያም (2)
ርህርህተ ሕሊና (4) ማርያም

372. መሓርኒ ድንግል

መሓርኒ ድንግል ወተሰሃልኒ በበዘመኑ (2)
ለእመ መሓርክኒ (3) ዘይኳንነኒ መኑ
ኮናኔ ስጋ ወነፍስ (3) ወልድኪ ኣኮኑ (2)

373. ማህደረ መለኮት

ማህደረ መለኮት (2)
ማርያም እመ ብዙሃን (2) እህ

374. ሰላም ንዓኺ ማርያም

ሰላም ንዓኺ ማርያም
ፈጣሪ ንምውላድ ዝበቓዕኪ
ኣምላኽ ንዓኺ እንተ ዘይሓድገልና
ከም ሰዶምን ከም ጎመራን ኲልና ምኾንና (2)

375. ኲሎም ይብልዋ

ኲሎም ይብልዋ በኣሕብሮ (2)
ቅድስተ ቅዱሳን (2) ማርያም (2)

376. ይወድስዋ መላእክት ለማርያም

ይወድስዋ መላእክት (2) ለማርያም
በውስተ ውሳጤ መንጦላዕት ወይብልዋ
በሓኪ ማርያም ሓዳስዩ ጣዕዋ (2)

377. ወረደ ምሕረት

ወረደ ምሕረት (3)
በጸሎታ (3) ለማርያም

378. ልብኺ ለዋህ እዩ

ልብኺ ለዋህ እዩ ዘይጭክን
ርህርህተ ሕልና ማርያም (2)
ከም ኣባ ሕርያቆስ ከም ቅዱስ ኤፍሬም
ተለምንልና ማርያም ድንግል (2)

379. በእንተ ፍቅረ ኣብ

በእንተ ፍቅረ ኣብ ወወልድ ወመንፈስ
ቅዱስ ኬንያ (2)
ጸሎታ ስምዒ ማርያም ለሃገሪትነ ኤርትራ (2)

380. ሃሌ ሉያ ከንፈ ርግብ

ሃሌ ሉያ ከንፈ ርግብ በብሩር ዘግቡር (2)
ወገበዋቲሃኒ ሓመልማለ ወርቅ (2)

381. ምስጋና ኣሎና

ምስጋና ኣሎና ንዓኻ ኣምላኽና (2)
ገና ደጋጊምና እንደገና (2) ስለ ዘድሓንካና (2)
ውዳሴ ኣሎና ንዓኺ ኣዴና (2)
ገና ደጋጊምና እንደገና (2) ጎይታ
ወሊድክልና(2)

382. ሰኣሊ ለነ ማርያም

ሰኣሊ ለነ ማርያም ሰኣሊ ለነ (2)
ኣክሊለ ንጹሃን ወብርሃነ ቅዱሳን (2)

383. ክንፈ ርግብ

ክንፈ ርግብ በብሩር ዘግቡር
ወገበዋቲሃኒ ሃመልማል ወርቅ (2)
ኣንቲ ምስራቅ ወወልድኪ ጸሃየ ጽድቅ
ኣማን በኣማን (3) ኢየሃልቅ ኪዳንኪ
ወላዲተ ኣምላክ (2)

384. በሰላም

በሰላም ኣ...ኣ...ኣ በሰላም ንዒ በሰላም ንዒ
(2) እህ ማርያም (2) እህ ምስለ ሚካኤል
እህ ማርያም (2) እህ ምስለ ገብርኤል

385. መሰረተ ሕይወት / ቤዛ

መሰረተ ሕይወት ማርያም
ወጥንተ መድሓኒት ዘእምቀዲሙ (2)
ቤዛ (3) ለቤዛ ዓለሙ

386. መሰረተ ሕይወት / ለወልድኪነ

መሰረተ ሕይወት ማርያም
ወጥንተ መድሓኒት ዘእምቀዲሙ (2)
ለወልድኪ (2) ኣምሳለ ደሙ (2)

387. ቡርክት ኣንቲ

ቡርክት ኣንቲ ኣምኣንስት (2)
ዕጓለ ኣንበሳ በከርስኪ ጾርኪ (2)

388. ጽላት ዘሙሴ

ጽላት ዘሙሴ እጸ ጳጦስ ዘሲና (2)
ጸናጽል (2) ለኣሮን ካህን (2)

389. ሙሴ ዝረኣያ

ሙሴ ዝረኣያ (2) በደብረ ሲና
ሃመልማላዊት (4) ማርያም ድንግል

390. ሙሴ ርዕያ

ሙሴ ርዕያ (2) ሃገር ቅድስት (2)
እዝራኒ ተናገራ (2) ዘመራ ዳዊት (2)

391. ኦ ርህርህተ ሕሊና

ኦ ርህርህተ ሕሊና ወኣፍቅሮተ ሰብእ ልማዳ (2)
ለእለጌስሙ (4) ትመስል (2) እንግዳ

392. ሃመልማላዊት

ሃመልማላዊት (3) ዕጸ
ሙሴ ዝረኣያ (2) በደብረ ሲና
በደብረ ሲና ማሕደረ ስብሓት (2)

393. ሰኣሊ ለነ ሃበ ወልድኪ

ሰኣሊ ለነ ሃበ ወልድኪ ሔር መድሓኒነ (2)
ይምሓረነ ወይሰሃለነ ይምሓረነ ይስረይ
ሓጢኣትነ (2)

ለምንልና ንርህሩህ ወድኺ መድሓኒና (2)
ይምሓረና ይቕረ ይበለና ሓጢኣትና ንሱ
ይደምስሰልና (2)

394. ማርያም ኅየዩኪ

ማርያም ኅየዩኪ እም ገጸ ሄሮዶስ (2)
ለኣርእዮ (4) ተኣምር ግፍኪ (2)

395. ስብሓት ለኪ ማርያም

ስብሓት ለኪ ማርያም ለኣብ መርዓቱ ለወልድ ወላዲቱ (2)
ለመንፈስ ቅዱስ (4) ታቦቱ ማርያም ድንግል (2)
ወርቅሰ ብሩር ሓላፊ ውእቱ እምኩሉ ኪያኪ ይፈቱ (2)

396. ኣንቲ ዘበኣማን ደመና

ኣንቲ ዘበኣማን ደመና (2)
ረከብኪ ጺጋ ግብረ ድንግል
የኣቢ ክብራ ለማርያም (2)

397. ሓና እምኣንስት

ሓና እምኣንስት ተኣቢ ወትትሌአል
ኣስመ ወለደት ቃል ለድንግል ለቅድስት ድንግል
ዘወልደት ቃል በከመ ዜናወ ብወንጌል
ዮሓንስ ብወንጌል

398. ነፍሳት ጻድቃን

ነፍሳት ጻድቃን ኣውያን ይህቡ መኣዛ (2)
ለዘምግባረ ጽድቅ ኣልብነ ይኩነነ ቤዛ (2)
ንግደትኪ ማርያም እስከ ደብረ ቁስቋም እምሉዛ (2)

399. መሶበ ወርቅ ዘመና

መሶበ ወርቅ ዘመና ማርያም ይኢቲ ማርያም ቅድስት (2)
ቅድስተ ቅዱሳን ይብልዋ ካህናት (2)

400. መንክር ግርማ ሃይለ ልኡል

መንክር ግርማ ሃይለ ልኡል ጸለላ (2)
በኣማን መላእክት ይኬልልዋ (2)

401. እምጌተ ሰማኒ

እምጌተ ሰማኒ ፈለሰት ፈለሰት (2)
ማርያም (4) ዘበኣማን (2)

402. ማርያም ይእቲ

ማርያም ይእቲ (2) ማርያምሃ
ሙዳየ መና (2) ክቡር ሙዳየ መና (2)

403. ዘረከቡኪ ጻድቃን

ዘረከቡኪ ጻድቃን ማርያም ድንግል (2)
መንግስተ ሰማያት (3) ማርያም

404. ናይ ድንግል መመከሒት

ናይ ድንግል መመከሒት ናይ ነብያት ገዳም(2)
ኣውደኣመትና ባርኽልና ድንግል ማርያም (2)

405. ተዝካርኪ ለእምገብረ

ተዝካርኪ ለእምገብረ በተኣምኖ ጽኑእ (2)
በመንግስተ ሰማይ (3)
ምስሌኪ ይነግስ ሓጥእ (2)

406. እህተ መላእክት

እህተ መላእክት ትንቢተ ንብያት
እሞሙ ለጻድቃን (2)
ሰኣሊ ለነ (3) ማርያም ድንግል
ሰኣሊ ለነ ምህረት ወልድኪ (2)

407. ልዑል ዝሰምራ

ልዑል ዝሰምራ ዳዊት ዘመራ (2)
በቤተ መቅደስ ተወከፍዋ (2)

408. ሃበ ሆርኩ ሑሪ

ሃበ ሆርኩ ሑሪ
ወሃበ ሃደርኩ ሕድሪ
ወበነበርኩ ንበሪ

ማርያም ድንግል ዘተናገርኩ ስመሪ
የማነ እዴኪ በላእሌየ ኣንብሪ
ዘተጻረሩኒ ተጻረሪ
ወምክሮሙ ዘርዝሪ

409. እምኩሉ እለት

እምኩሉ እለት ሰንበት ኣክበረ (4)
ወእምኩለን ኣንስት ማርያምሃ ኣፍቀረ
ከመትኩኖ ማሕደረ ለመንፈስ ቅዱስ (2)

410. በጽሃ ሰናይ

በጽሃ ሰናይ ወቀንጸቀ ዘመን (2) ወበዓላ
ለቅድስት ማርያም (2)
እንተ በላእሊነ ዘመራ ወቃል ኣንጺሆ ስግሃ
ልእሊሃ ሓደረ (2)

411. እመ ብርሃን ወእመ ሕይወት

እመ ብርሃን ወእመ ሕይወት (2)
ማርያም ዘበኣማን (2)

412. ሓመልማለ ወርቅ

ሓመልማለ ወርቅ (2)
ማርያም (2) ሓመልማለ ወርቅ (2)

413. ክብሮሙ ለመላእክት

ክብሮሙ ለመላእክት ከመ መንኮራኩር
ወረደ መልኣክ እግዚኣብሄር (2)
ሃበ ማርያም ድንግል ዘተናገሮ ለሙሴ በሃበ
ዕጸ ጳጦስ

414. እግዚእትየ ፍትሕኒ

እግዚእትየ ፍትሕኒ እም ማእሰሩ
ለሰይጣን (2) እሙ ለመድሕን (3)
ወለተ ብርሃን (2)

415. እምድንግል ኣስተርኣየ

እምድንግል ኣስተርኣየ ቃለ (2)
እግዚኣብሔር (2)
ኤልሳቤጥ ኮነት ኣባየ እስመ ወለደት ነቢየ (2)

416. ረከብኪ ጸጋ

ረከብኪ ጸጋ ክብረ ድንግል (2)
ይዓቢ ክብራ (2) ለማርያም (2)

417. ኣንቲ ውእቱ ተሰፋሁ ለኣዳም

ኣንቲ ውእቱ ተሰፋሁ ለኣዳም (2)
ኣመ ይሰደድ (3) እመ ገነት ኤዶም (2)

418. ኣንቲ ውእቱ ንጽህት እምንጹሃን

ኣንቲ ውእቱ ንጽህት እምንጹሃን
ዝነበርኪ ውስተ ቤት መቕደስ ከመታቦት
ወመላእክት ያምጽእዋ ሲሳየኪ ያመጽእ (2)

419. ምስራቀ ምስራቃት

ምስራቀ ምስራቃት ምውጻኣ ጸሓይ እግዝእትነ
ዘመና ሙዳይ (2)
ዘመና ሙዳይ ማርያም ዘመና ሙዳይ (2)

420. ሞትስ ለመዋቲ

ሞትስ ለመዋቲ ይደሉ (2)
ሞታ ለማርያም የአጽብ ለኲሉ (2)

421. በጽሀ ሰናይወ

በጽሀ ሰናይወ ኣልጽቀ ዘመን
ወበኣላ ቅድስት ማርያም
እንተ በላይሊሃ ክብራ ወቃል
ኣምጽዮ ሲጋ ሓለይሊሀት

422. ብኹሉ ፈሊጥና

ብኹሉ ፈሊጥና ንድንግል ነኽብራ (2)
ድንግል ብሓሳባ ድንግል'ውን ብስጋ

423. ኣእርጊ ልመናና

ኣእርጊ ልመናና ቅድመ መንበሩ
ለእግዚኣብሄር (2)
ጸሎትና ኩሉ (2) ድንግል
ጸሎትና ኩሉ ቅድመ እግዚኣብሄር (2)

424. ኣእላፍ መላእክት

ኣእላፍ መላእክት (2)
ይትላአኮኪ መላእክት ይትላእኮኪ ምላእ

425. ትርሲተ ወልድ መለኮት

ትርሲተ ወልድ መለኮት ወፍቅር ሓደረ
ላዕሌሃ ሓደረ (2)
ይቤላ ርግብየ ወይቤላ ሰናይተ ማርያም
ድንግል (2)

426. በለኒ ማሓርኩከ

በለኒ ማሓርኩከ በእንተ ማርያም
መድሃኔ ዓለም (2) በእንተ ማርያም

427. ትርሲት ተወልደ

ትርሲት ተወልደ መለኮት ወፍቅር
ሃደረ ላዕሌሃ ሃደረ (2)
ይቤላ ርግብየ ይቤላ ሰናይትየ ማርያም (2)

428. ንድንግል ማርያም

ካብ ኣምላኽ ቀጺሉ ምስጋናን ስግደትን
ሰላምን (2)
ንዓኣ ይግባእ ንድንግል ማርያም (2)

429. በመኑ በኣምሳለ

በመኑ በኣምሳለ መኑ ናስተማስለኪ (2)
እግዚእትየ ወላዲተ ኦ ድንግል ምልእተ
ውዳሴ (2)

430. ለወንጌላውያን

ለወንጌላውያን ኩልነ ዘኮነትነ ምጉያየ (2)
ዘኮነትነ (2) ማርያም እምነ ወእግዚእትነ
ጌጋየነ ዘታስተስሪ ጌጋየነ (2)

431. ክፍልኒ ድንግል

ክፍልኒ ድንግል (2)
በየማን እቁም በየማን (2)

432. ከመ ጽጌ ሮማነ

ከመ ጽጌ ሮማነ ከመ ጽጌ
ኣበባየ ኣበባየ ወላዲተ ኣምላክ ሲሳየ

433. ሓይለ ልዑል ጸለለኪ

ሓይለ ልዑል ጸለለኪ እም ኣንስት (2)
ማርያም (2) ቤዛ ኩሉ ዓለም (2)

434. ጸዮን ኣዴና

ጸዮን ኣዴና ተወሊዳ እሰይ እሰይ (2)
ፍስሃ'ዩ ንፍጥረት ዓለም (2) ተወሊዳ
ድንግል ማርያም

435. ኣድህንኒ ሊተ

ኣድህንኒ ሊተ እስመ ሃልቀ ሄር ወውህደ
ሃይማኖት
እምገጽ ምድር (2)
ማርያም እሙ ለፍቁር (2)

436. ኣማናዊት ኪዳን

ኣማናዊት ኪዳን ተስፋ ናይ ኣዳም ተስፋ
ናይ ሄዋን (2)
ብጸሎትኪ እንድዩ ተማሒሩ ፍጥረት
ድሒኑ ፍጥረት
ብጸሎትኪ እንድዩ ተማሒሩ ፍጥረት
ድንግል ማርያም
ናይ ድሕነት መሰረት (2)

437. ተማልደልናያ ኢያ ማርያም

ተማልደልናያ እያ (2) ማርያም
ቤዛዊተ ዓለም ኪዳነ ምሕረት (2)
ማርያም ኢያ ናይ ኣምላኽና
ናይ ሓደራ ኣዴና ኣብ ምድሪ መስቀል
ማርያም (2) መሐበኒትና'ያ

438. ሶበሰ ኪዳንኪ

ሶበሰ ኪዳንኪ ምክንያት ድሂን ኢሃሎ (2)
ፈለገ እሳት ወደይን(3) እምኣስጠመ ኩሎ(2)

439. ኪዳነኪ ኮነ

ኪዳነኪ ኮነ (4)
ለሃጥኣን ቤዛነ (2) ኪዳነኪ ኮነ (2)

440. ኪዳነኪ ኮነ ኪዳነኪ

ኪዳነኪ ኮነ ኪዳነኪ (2)
ኪዳነ ምህረት (2)

441. ኪዳነኪ ኮነ ኪዳነ ምህረት

ኪዳነኪ ኮነ (3) ኪዳነ ምህረት (2)
ለሓጥኣን ቤዛነ ለሓጥኣን ተስፋነ ኪዳንኪ ኮነ(2)

442. ሰላም ለኪ

ሰላም ለኪ (3)
ሰላማዊት ኪዳነ ምሕረት (2)

443. ቅንኡ ለእንተ

ቅንኡ ለእንተ ተዓቢ ጺጋ (2)
መድሓኒተ ነፍስ (4)
መድሓኒት ኪዳነ ምሕረት (2)

ልደታ ለማርያም

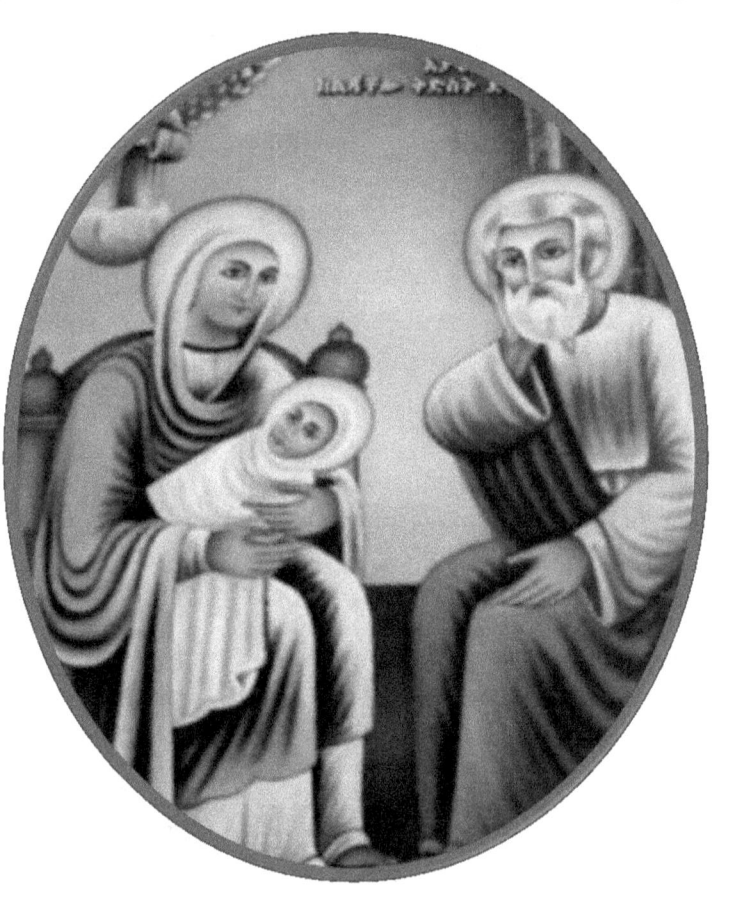

ሓጸርቲ ናይ ልደት ማርያም

444. <u>ኣማን በኣማን ተወልደት</u>

ኣማን በኣማን (2)
ተወልደት እመ ብርሃን (2)

445. <u>ኣላ በሩካቤ ዘበህግ</u>

ኣላ በሩካቤ ዘበህግ (2)
እምሓና ወኢያቄም (2) ተወለድኪ (2)

446. <u>ኢያቄም ወልዳ</u>

ኢያቄም ወለዳ ኢያቄም (2)
ዳዊት ዘመዳ ኢያቄም ወለዳ (2)

447. <u>ኢያቄም ወሃና</u>

ኢያቄም ወሃና (3)
ወለዱ ሰማየ ወለዱ ወለዱ ሰማየ

448. <u>ርግብ ጻዕዳ</u>

ርግበ ጻዕዳ ዘእንቄ ዳዳ
ወዘጸዝዮን ማህፋዳ (2)
ተወልደት ዮም በምድረ ይሁዳ (2)

449. <u>በእንተ ሓና እምኪ</u>

በእንተ ሓና እምኪ ወኢያቄም ኣቡኪ (2)
ማህበርነ ዮም (2) ድንግል ባርኪ (2)
ማህበርነ ዮም (2) ማህበርነ ዮም ባርኪ

450. <u>ለማርያም ዘምሩ</u>

ለማርያም ዘምሩ (2)
መስቀሎ ለወልዳ (2) እንዘ ትጸውሩ (2)

451. <u>ተፈጸመ ሓና በወለትኪ</u>

ተፈጸመ ሓና በወለትኪ (2)
ትስፋ ቅዱሳን ኣበውኪ (2)

ተፈጸመ ሃና በታ ጓልኪ (2)
ናይ ቅዱሳን ተስፋ ኣቦታትኪ (2)

452. <u>ኣዕይንታ ዘርግብ</u>

ኣዕይንታ ዘርግብ (2) ኢያቄም ወለዳ (2)
ኢያቄም ወለዳ (2) ዘርግብ ኢያቄም ወለዳ(2)

453. <u>ዮም ፍስሃ ኮነ</u>

ዮም ፍስሃ ኮነ በእንተ ልደታ ለማርያም (2)
እምሓና ወኢያቄም ይእቲ ከመ ትቤዙ ነብያት ወጻድቃን
ኣማን ተወልደት እመ ብርሃን (2)

ስደታ ለማርያም

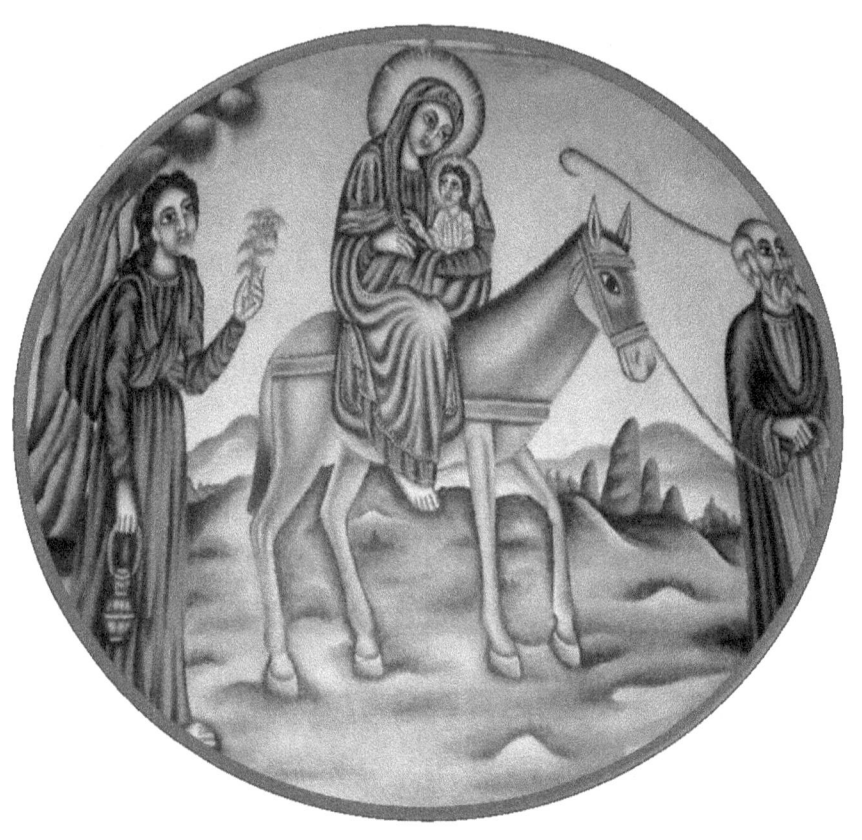

ሓጸርቲ ናይ ስደት ማርያም

454. <u>ዮሴፍ ወማርያም</u>

ዮሴፍ ወማርያም ህጻኑ ወሰሎምየ (2)
በዛቲ ዕለት (2)
ሆሩ ብሄረ ግብጽ እህ (2)

455. <u>ዮሴፍ ዓረጋዊ</u>

ዮሴፍ ዓረጋዊ (2) ይጸውር ስንቀኪ (2)
ምስለ ሰሎሜ (4) ዮሴፍ ዓረጋዊ (2)

456. <u>እምነ ንዒ / ኣምላክነ ነዓ</u>

እምነ እምነ ንዒ (2)
በሰላም (2) ንዒ ማርያም (2)

ኣምላክነ ነዓ ነዓ (2)
በሰላም (2) ነዓ መድሓኔ ዓለም (2)

457. <u>ሰኣሊ ለነ</u>

ሰኣሊ ለነ (3)
ወልድኪ ከመ ይምሃረነ (2)

458. <u>ጽጌ ሮማን</u>

ጽጌ ሮማን (4)
መዓዛ ቅዱሳን (2) ጽጌ ሮማን (2)

459. <u>ኣብርሂ ጽዮን</u>

ኣብርሂ (2) ጽዮን ኣብርሂ (2)
ዘሓረየኪ ሰሎሞን ንጉስ (2)

460. <u>ማርያም ሃዘነ ልቦና</u>

ማርያም ሃዘነ ልቦና ታቀልል
ሃዘነ ልቦና (4) ታቀልል (2)

ማርያም ናይ ልቢ ሓዘን ተቐልልያ (2)
ናይ ልቢ ሓዘን (4) ተቐልልያ (2)

461. <u>ገሊላ እትዊ</u>

እስከ ማዕዜኑ እግዝእትየ ውስተ ምድረ (2)
ነኪር ትሄልዊ (2)
ገሊላ እትዊ (4) ሃገረኪ ገሊላ እትዊ (2)

462. <u>እንተ በምድር</u>

እንተ በምድር ስረዊሃ ወበሰማይ ኣእጹቂሃ(2)
ሃረገ ወይን (2) ድንግል ሃረገ ወይን (2)

463. <u>ንግስተ ሰማያት</u>

ንግስተ ሰማያት ወምድር ማርያም
ድንግል(2)
ተፈጸመ (5) ማሕሌት ጽጌ (2)

---

464. <u>ኣክሊለ ጽጌ</u>

ኣክሊለ ጽጌ ማርያም ቀጸላ መንግስቱ ለጊዮርጊስ (2)
ከበበ ጌረ ወርቅ (2) ኣክሊለ ጽጌ (2)

465. <u>ንጽህተ ንጹሃን</u>

ንጽህተ ንጹሃን ከዊና ከመ ታቦተ ዶር ዘሲና
ውስተ ቤተ መቅደስ ነበረት በድንግልና ነበረት (2)
ሲሳያ ህብስተ መና ወስቴሃኒ-ስቴ ጽሙና (2)

466. እንዘ ትሃቅፍዮ / ንወድኺ ሓቚፍኪ

እንዘ ትሃቅፍዮ ለህጻንኪ ንኢ ድንግል ማርያም
ንኢ ንኢ ድንግል ማርያም (2)

ንወድኺ ሓቚፍኪ ንዒ ናባና ድንግል ማርያም (2)
ንዒ ንዒ ድንግል ማርያም (2)

467. ረሃበ ወጽምአ አዘክሪ

ረሃበ ወጽምአ አዘክሪ ድንግል ረሃበ ወጽምአ (2)
ምንዳቤ ወሓዘነ አዘክሪ ድንግል (2)

---

468. ገሊላ እተዊ

ኣዴና ማርያም ክሳዕ መዓስ
ኣብ ስደት ክትህልዊ (2)
ገሊላ እተዊ(4) ናብ ሃገርኪ ገሊላ እተዊ(2)
ገሊላ እተዊ(4) ናብ ሃገርኪ ገሊላ እተዊ(2)

ድንግል ማርያም ገሊላ እተዊ
ስደት ይኣኽለኪ ገሊላ እተዊ
ሄሮዶስ ሞይቱ ኢዩ ገሊላ እተዊ
ገብርኤል ኣብሲሩኪ ገሊላ እተዊ
ኡራኤል መልኣክ ገሊላ እተዊ
መሪሑ ከእትወኪ ገሊላ እተዊ

.... ሃገርኪ ገሊላ እተዊ (2)

ማይ ጸሚኡኒ ኢልኪ ገሊላ እተዊ
ኣፍኪ ክነቅጸኪ ገሊላ እተዊ
ኣብ ሰባት ሓዲሩ ገሊላ እተዊ
ሰይጣን ብተንኮሉ ገሊላ እተዊ
ነቲ ጎይታ ዝናብ ገሊላ እተዊ
ኣዲኡ ከሎኺ ገሊላ እተዊ

.... ሃገርኪ ገሊላ እተዊ (2)

ኣኽሊል ሰማእታት ገሊላ እተዊ
ኣደ ጻድቃናት ገሊላ እተዊ
ባሪኽኪ ሂብክዮም ገሊላ እተዊ
መከራ ስደት ገሊላ እተዊ
ንሕናስ ተዓዲልና ገሊላ እተዊ
ብናትኪ በረኸት ገሊላ እተዊ

.... ሃገርኪ ገሊላ እተዊ (2)

ገጽኪ ብሩህ ከሎ ገሊላ እተዊ
ልክዕ ከም ጸሓይ ገሊላ እተዊ
እግዚእትነ ማርያም ገሊላ እተዊ
እሙ ለኣዶናይ ገሊላ እተዊ
ዘይግባእ ንዓኺ ገሊላ እተዊ
መከራ ምስ ስደት ገሊላ እተዊ

.... ሃገርኪ ገሊላ እተዊ (2)

ፍልሰታ ለማርያም

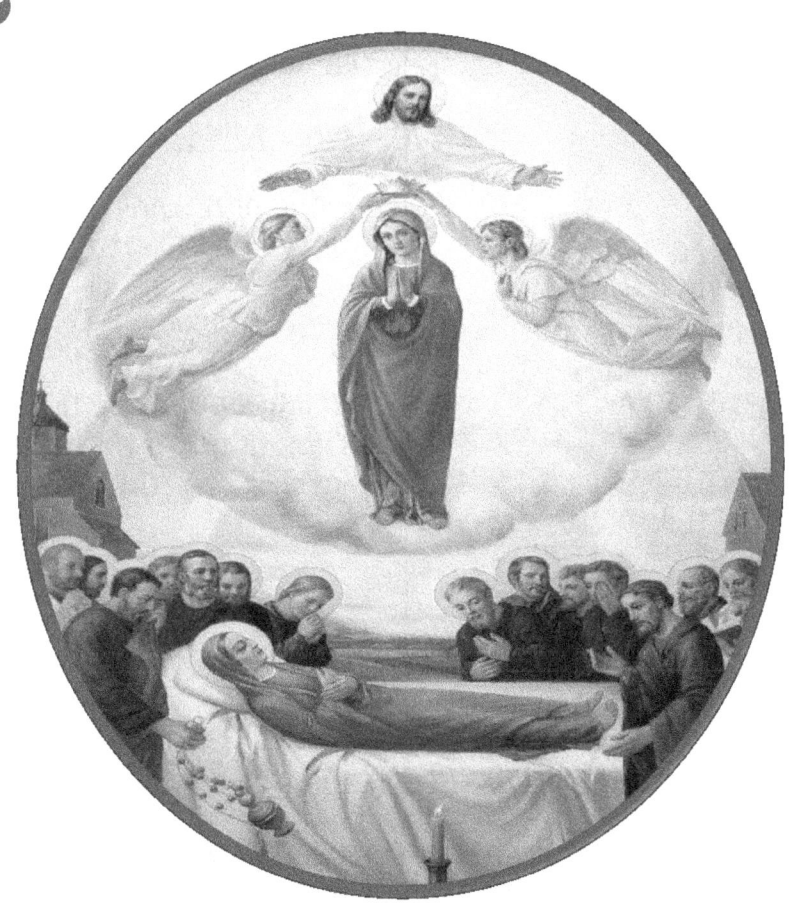

ሓጸርቲ ናይ ፍልሰታ

469. ጺቃውዕ ይውህዝ

ጺቃውዕ ይውህዝ (2)
ይውህዝ እምከናፍሪሃ (2)

470. ዕርገታ ውስተ ሰማያት

ዕርገታ ውስተ ሰማያት
ወበኣታ ወስተ ገነት
ገነዝዋ ሓዋርያት
ገነዝዋ (2) በስብሓት (2)

471. ማርያም ዓረገት

ማርያም ዓረገት (2) ናብ ሰማያት (2)
እና ዓጀብዋ ናይ ሰማይ መላእክት
ዓረገት ናብ ሰማያት (2)

472. ሞትሰ ለማዊት ይደሉ

ሞትሰ ለማዊት ይደሉ (2)
ሞታ ለማርያም የኣጽብ ለኩሉ (2)

473. መንክር ግርማ

መንክር ግርማ ሓይለ ልውል ጸለላ (2)
ኣማን (2) መላእክት ይኬልልዋ (2)

474. ማህደረ መለኮት

ማህደረ መለኮት (2)
ማርያም እመ ብዙሓን (2) / ጽርህ ንጽህት

475. ኩሎሙ ይብልዋ

ኩሎሙ ይብልዋ በኣሕብሮ (2)
ዕጸ ጳጦስ ይእቲ እንተ በኣማን (2)

476. እምጌተ ሰማኒ ፈለሰት

እምጌተ ሰማኒ ፈለሰት (2)
ማርያም (4) ዘበኣማን (2)

477. ሃበ ዘጸውኣ

ሃበ ዘጸውኣ ስምየ ህየ ይኩን በረከትየ (2)
እንዘ ይብል ጸለየ እምደብረ ቢዘን (2)
ጸለየ ቅዱስ ፊሊጶስ (2)

---

478. ትርሲተ ወልድ

ትርሲተ ወልድ መለኮት ወፍቅር ሓደረ ላዕሌሃ ሓደረ (2)
ይቤላ ርግብየ ወይቤላ ሰናይትየ ማርያም ድንግል (2)

479. ስብሓት ለኪ ማርያም

ስብሓት ለኪ ማርያም ለኣብ መርዓቱ ለወልድ ወላዲቱ (2)
ለመንፈስ ቅዱስ (3) ታቦቱ ማርያም ድንግል
ወርቅ ወብሩር ሃላፊ ውእቱ እምኩሉ ኪያኪ እፈቱ (2)

480. <u>ማርያም ዓሪጋ</u>

ማርያም ዓሪጋ እያ ናብ ገነት
እንዳ ዘመሩላ ናይ ሰማይ መላእክት
ንሳ'ውን ከም ወዳ ተንሲኣ ካብ ሞት

ናይ ኣቦኣ ዳዊት ትንቢት ንክትፍጽም
ወርቂ ተሰሊማ ኣብ የማን ክትቀውም
ናብ ማሕደር ናይ ኣምላኽ ናብቲ ሰማያት
ዓሪጋ ብእልልታ ድንግል ኣደ ሕይወት
ዓሪጋ እያ ማርያም ናብ ሰማያት

ሰማያት ይከፈት ደመና ይዘርጋሕ
ስቅታ ኣይሃሉ ኣደ ኣምላኽ ዓሪጋ
ልሳን ይከፈት ንማርያም የመስግን
ካብ ዘለኣለም ጥፍኣት ብጸሎታ ክንድሕን
ዓሪጋ እያ ማርያም ናብ ሰማያት

ናይ ኣምላኽ መሕደሪ እቲ ቅዱስ ስጋኺ
ኣምላኽ ዝሓቆፈ እቲ ቅዱስ ኣእዳውኪ
ኣይተረፈን ጠፊኡ ኣብ መቃብር ሞት
ተንሲኦም ብኽብሪ ርኢናዮም ብእምነት
ዓሪጋ እያ ማርያም ናብ ሰማያት

ሓዋርያት ኣበው እንቋዕ ደስ በለኩም
ብኽብሪ ዓሪጋ ማር.ያም እታ ሞገስኩም
ናብዛ ዓለም ውጹ ንመግነዛ ሒዝኩም
ናይ ድንግል ፍልሰታ ስበኹ ተጊህኩም
ዓሪጋ እያ ማርያም ናብ ሰማያት

ናይ ቅዱሳን መላእክት

ነዋሕቲ ናይ ቅዱስ ሚካኤል

481. ኦ ሚካኤል

ኦ ሚካኤል (2) ሊቀ መላእክት
ኣብ ሓጥያት ከይንወድቅ ከይ ንመውት
ፈጣን ረዲኤት ሃበና እምነት

ንያቆብ ነገድ ሚካኤል
ንእስራኤል ሚካኤል
ሓላዊ ኢኻ ሚካኤል
መልአከ ሓይሊ ሚካኤል
ፍቅርን ምሕረትን ዓድለና ቅዱስ ሚካኤል ኣቦና /2

ልብሰ ትክህኖ ሚካኤል
ነጻብረቃዊ ሚካኤል
ሓመልማል ወርቅ ሚካኤል
ዘሰማያዊ ሚካኤል
ፍቅርን ምሕረትን ዓድለና ቅዱስ ሚካኤል ኣቦና /2

ቅድሚ ስእልኻ ሚካኤል
ምስተምበርከኽኩ ሚካኤል
ጸሎተይ ስማዕ ሚካኤል
በዲለ ኣለኹ ሚካኤል
ፍቅርን ምሕረትን ዓድለና ቅዱስ ሚካኤል ኣቦና /2

482. ሚካኤል ሚካኤል ምስካየ

ሚካኤል ሚካኤል
ምስካየ ህዙናን ረዳኢ ምንዱባን /2

አፈ ኣርያም ሓያል ዘሰማያዊ
ቀለምጺዕ ነደ እሳት ነበልባላዊ
ኣጽራረይ ኣህዳኣለይ ካባይ ይርሓቑ
ጥንቲ ከም ዘውድቅካዮም ዳግም ይወድቁ

ሰይፈ ነበልባል ጠሊ ምሕረት
ትሑዝ ኣብ ኢዱ
ንህዝቡ ዝመርሔ ብርሃን ኣውሪዱ
ጸላእቲ ሰናይ ተሳዒሮም ታሕቲ ዝኸዱ
ብዘይ ሚካኤል መን ኣውረዶም
ብሓዊ ኣንዲዱ

ንቅድስት ሶሰና ካብ ኢድ ረበናት
ንቅዱስ ባህራን ካብ ደብዳቤ ሞት
ኣፍ ኣናብስቲ ዝዓጸወሉ ንዳኒኤል
መልኣከ ምህረት መልኣከ ሳህል
ቅዱስ ሚካኤል

ተንስእ ቅዱስ ሚካኤል ዳግም ርድኣና
ትዝተሳዕረ ዝነገሶ ዘመን ኣቲና
ኣብቲ ዳሕራዋይ መለኸትካ ክትዝክረና
ብጸሎት ረዲኤትካ ንእመን ኣለና

483. ሚካኤል'ዩ ዋልታ

ሚካኤል'ዩ ዋልታ ናይ ሂወት ደጋፊየይ
ካብቲ መዓት ቀንጢጡ ዘውጽኣ ንሂወተይ

ቅድስቲ ኣፎምያ ስምካ ጸውዐት
ተገለጽካያ ምሕረት ረኺበት
ንዓይ ክትረድእ ዝተሰሜኻ
ናይ ምሕረት መልኣኽ ሚካኤል ኢኻ

ካብ መከራ ውሑጅ ንከድሕነኒ
ሚካኤል መጸ ክንፉ ኣርኣየኒ
ዝምክሓሉ ዝኣምኖ ኣነ
ሚካኤል'ዩ ምሳይ ዝቆመ

ብሕማም ደዌ ዝተጨነቅኩ
ሰላም ዘይብለይ ከርተት ዝበልኩ
ብሚካኤል'የ ዝተፈወስኩ
ኣመስጉኑለይ እልል እንዳ በልኩም

484. ሚካኤል ክብሎ

ሚካኤል ክብሎ ስሙ ክጽውዕ
ናይ ኣምላኽ ብርሃን ልዕለይ ይበርህ
ሓዛኒ'ዩ ፍጹም ሓዛኒ (2)
ዝሕልወኒ ዝድግፈኒ (2)

ኣብ ምድረበዳ ንህዝቡ ዝመርሐ
ንድኹማት'ውን ዘጸናንዕ
ባሕሪ ሃዲማ ኣብ መሕደሪኣ
መልኣኽ እግዚኣብሄር ምስ ኣናወጻ
ንሰይባን ስዒሩ ስሙ ብኽብሪ ጽሒፉ (2)

ጸላኢ ሰናያት ክቃወመኒ
ሚካኤል መጽዩ ይሕግዘኒ
ኣይናወጽን ከቶ ኣይፈርህን
ናይ ጐይታ መልኣኽ ምሳይ ይነብር
ንሰይጣን ስዒሩ ስሙ ብኽብሪ ጸሓፈ (2)

ንትዕቢተኛ ስዒርዎ'ዩ
ድያብሎስ ሎምስ ስንቁ ፈቲሑ'ዩ
ኣብ ሰማያት ድማ ስሙ ነጊሱ
ንሰይጣን ስዒሩ ስሙ ብኽብሪ ጸሓፈ (2)

ሚካኤል ክቃወም ቐልጢፉ ረዲኡኒ
ዝቃወመኒ ክሃድም ይርኢ
ታሪኽ ሰሪሑ ልበይ የህድእ
ንሰይጣን ስዒሩ ስሙ ብኽብሪ ጸሓፈ (2)

485. ኣኽናፍካ ይዘርጋሕ

ኣኽናፍካ ይዘርጋሕ ቀቅድሜና ምራሕ (2)
ቅዱስ ሚካኤል (3) ናይ እስራኤል መሪሕ

ኣብ ሓቀኛ መጽሓፍ ዝተጻሕፈ ኹሉ
ከፍልጠና እናበለ ዳኒኤል ከምዚ ኢሉ
ዝረድኣኒ ንዓይ መስፍን ናይ እስራኤል
ሚካኤል'ዩ ዝሕልወኒ ሚካኤል'ዩ ዘጽንዓኒ መልኣኽ ናይቲ ልዑል

ከም ዳኒኤል ንኹን ንፍለጥ ረዲኤቱ
ቅድሜና ንግበሮ ከንወፍር ከንኣቱ
ንነቢይ ሙሴ ከም ዝበሎ ኣምላኽ
ቀቅድሜኻ መልኣኸይ ኣሎ ንቓላቱ ኣስተውዕሎ እምቢ ኣይትበሎ

መቐረት ኣልቦዩ መኣዛ ህይወትና
እንሕልፎ ኵሉ ብስደት ዓዲ ጓና
ከተመቕሮ ሃሉ ኣብ ቅድሜና
ከይንዕንቀፍ ኣኽናፍካ ዘርግሕ ባልሃና ካብቲ ዘፍርህ ዘይድንግጽ ዘይርህርህ

ኣብ በረኻ ሲና ኣብቲ ናይ ትማሊ
ንህዝቢ እስራኤል ዝኾንካ መጽለሊ
ሎሚ'ውን ከምኡ ቅዱስ ሚካኤል
ክትድግፎም ነሕዋትና ኹሎም ንዘለዉ ዓቕሎም ኣጽቢቦም ርድኣዮም (2)

486. ናይ ሽሙ ትርጓሜ

ናይ ሽሙ ትርጓሜ መን ከም እግዚኣብሄር'ዩ
ናይ ሰባት ናብ ኣምላኽ ናይ ኣምላኽ ናብ ሰባት
ንዓና ዝረድእ ወትሩ ብምሕረቱ
ናይ መላእኽቲ ሓለቃ ቅዱስ ሚካኤል

ናብ ጉድጓድ ኣናብስ ተደርበየ ፍጹም ኣብ ዘፍርሕ
ካብ ዝጠመዩ ኣናብስ ዘድሓንካ ንዳንኤል
ንዓና ውን ርዳእ ሽለል ኣይትበለና
ሰይጣን ብተንኮሉ ውዲት ከይ ኣልመልና

ናይ ክፉእ ሰብ ስራሕ ክፉእ ሓሳብ'ዩ ሞ
ብቅኑዕ መገዲ ኣይ ከይድን'ዩ ሞ
ናይ ሞት ደብዳቤ ንባህራን ክህቦ
ሚካኤል ደምሲሰ ናብ ደስታ ቀየሮ

ገና ብቀልዕነተይ ናብ ቤት መጺአ
ኩሉ ክንዕቀኒ ምስጋና ጀሚረ
ጸግኡ ኣብዚሑ ንክብሪ ዘብቀዓኒ
ናይ ሚካኤል ኣምላኽ ይመስገን እግዚኣብሄር

487. ሚካኤል ረዳኢ

ሚካኤል ረዳኢ (2) እሀ
ናይ እግዚኣብሄር ልኡኽ ረዳኢ ድኹም

ንዓና እተማልድ ንደቂ ሰባት — ሚካኤል
ናብ ኣምላኽ እተቅርብ ንጹህ መስዋእት — ሚካኤል
ስርየት ሕድገት ሓጢኣት ንኽንረክብ ጽድቂ — ሚካኤል
ሕያዋይ ኣቦ ኢኻ ረዳኢ ብሓቂ — ሚካኤል

ብቕጽበት ትመጽእ ካብ ሰማያት — ሚካኤል
ኣብ ምድሪ ትበጽሕ ንምሕረት — ሚካኤል
ሽግር እትቅይር ናብ ፍጹም ሓጎስ — ሚካኤል
ስምካ ንዝጽውዕ እትዋሓስ — ሚካኤል

ኦ ሚካኤል መልኣኽ ለዋህ ኢኻ — ሚካኤል
ነቲ ምስኪን ድኻ ዝረዳእካ — ሚካኤል
እቲ ደብዳቤ ሞት መርዓ ዝቐየርካ — ሚካኤል
ህይወትና ቀይሮ ሎሚ ብጸሎትካ — ሚካኤል

488. <u>ኣምላኽ ዝሓረዮ</u>

ኣምላኽ ዝሓረዮ ካብ ኣእላፍ መላእኽት
ኣኽሊል ናይ ቅዱሳን መዕረጊ ጸሎት
ኣድሕነና ንዓ ቅዱስ ሚካኤል
ሰዳዴ ሳጥናኤል ቅዱስ ሚካኤል (2)

ቅዱስ ሚካኤል ንህዝቢ እስራኤል
ቅዱስ ሚካኤል ካብ ጭንቅን መከራን
ቅዱስ ሚካኤል ካብ ግብጺ መሪሕካ
ቅዱስ ሚካኤል ካብ ባርነት ፈርዖን
ብባሕሪ ኤርትራ ኣሳጊርካ ናብ ከንኣን
ንዓና'ውን ኣድሕን ካብ ውዲት ናይ ሰይጣን ቅዱስ ሚካኤል

ቅዱስ ሚካኤል ልማድካ ምሕረት እዩ
ቅዱስ ሚካኤል ምሕረት ለምነልና
ቅዱስ ሚካኤል ብእምነት ክንጸንዕ
ቅዱስ ሚካኤል ኣብ ጊዜ ፈተና
ከም ሰለስቱ ደቒቕ ከም ቅድስት ሰሩና
ካብ ውዲት ናይ ሰይጣን ጐይታ ከድሕነና ቅዱስ ሚካኤል

ቅዱስ ሚካኤል ንጽሑፍ ባህራን
ቅዱስ ሚካኤል ናብ ጥፍኣት ዝመርሕ
ቅዱስ ሚካኤል ናብ ሓጐስ ለወጥካ
ቅዱስ ሚካኤል ካብ ክፉእ ሞት መፍርሕ
ናትና'ውን ለውጦ ንሓጢኣትና ብዙሕ
ኣብ ብርሃን ክንነብር ኣብ ቤት ጐይታ ሰፊሕ ቅዱስ ሚካኤል

ቅዱስ ሚካኤል ካብቲ መዓሙቕ ጉድጓድ
ቅዱስ ሚካኤል ነቢይ ዳንኤል
ቅዱስ ሚካኤል ብፍጹም ኣድሓንካ
ቅዱስ ሚካኤል ካብ ኣፍ ናይ ኣናብስ
ንዓና'ውን ኣድሕን ካብ ርጉም ዲያብሎስ
ብሓባር ክንነብር ጐይታ ኢየሱስ ቅዱስ ሚካኤል

ቅዱስ ሚካኤል ንልምን ኣሎና
ቅዱስ ሚካኤል ኣብቲ ቅዱስ ቤትካ
ቅዱስ ሚካኤል ንብዓትና ይውሕዝ
ቅዱስ ሚካኤል ኣብ ቅድሚ ስእልኻ

ሓንሳብ እባ ንዓ ተስፋ ድሕነት ሒዝካ
ካብ ልዑል ፈጣሪ ካብ ቅዱስ ኣምላኽካ ቅዱስ ሚካኤል

ቅዱስ ሚካኤል ኣብቲ ጊዜ ምጽኣት
ቅዱስ ሚካኤል ለምነልና ኢኻ
ቅዱስ ሚካኤል መታን ከይንሓፍር
ቅዱስ ሚካኤል ብግብሪ ሓጢኣት
ይቕረ እንክብለልና'ቲ ጐይታ ሰራዊት
ብሓጐስ ክንኣቱ መንግስተ ሰማያት ቅዱስ ሚካኤል

489. ንዓ ባርኸና ቅዱስ ሚካኤል

ንዓ ባርኸና ቅዱስ ሚካኤል
ኣይትርሓቕ ካባና ሰይጣን ከይውሕጠና
ናይ ምሕረት መልእኽቲ ሒዝካ ካብ ኣምላኽና

ኣብ ዙርያና ሃሉ ካባና ኣይትርሓቕ ካብቶም ንፈርሃካ
ሓላዊና ኢኻ ናይ ረዲኤት መልኣኽ ጸላሊ ክንፍኻ
ኣብ ምድሪ ስደት ኣብ ቃዕዲ ክሳብ ሲና ኣብ ዘመን ጉዕዞና
ብናትካ ረዲኤት ቅዱስ ሚካኤል መከራ ሓሊፍና

ባሕሪ ተኸፊቱ ሙሴ ኢዱ ዘርጊሑ ኣብ ማእከልና ኔርካ
ብኣኻ ክንእዘዝ ተነጊሩና'ዩ ክንሰምዕ ተግሳጽካ
ህይወት ጸላእትና ኣብ ባሕሪ ጥሒሉ ንሕና ግን ድሒንና
ምሳና እዩ ኔሩ ቅዱስ ሚካኤል ሰፊሩ ኣብ ማእከልና

ጊዜ ከይኣኸለ ጎደና እምነት ብቕሪ ምርሓና
ሞይትና ከይንተርፍ መርዓዊ ከይኣቱ መብራህቲ ከይሓዝና
ረዳኢ ዳኒኤል ጉልበት ዝኾንካዮ ብምልጃ ብጸሎት
ሰይፍኻ ክግተር ንሰይጣን የርዕዶ ይብተኽ ሰንሰለት

ብዲያብሎስ ኣይንናወጽን እምንቶ ኣሎና
ናይ ጐይታ መልኣኽ ቅዱስ ሚካኤል ፍቕርኻ ኣጽሊሉና
ዋሕስና ኢኻ ኣብ ጊዜ መከራ ሓላዊና መልኣኽ
ትርፊ ገዲፋልና ይመስገን እግዚኣብሄር ናይ ሚካኤል ኣምላኽ

490. ኀስአ ልብየ

ኀስአ ልብየ ጥበብ ልቦና (2)
ለውዳሴከ ጥዑመ ዜና ቅዱስ ሚካኤል (2)

ንደቂ እስራኤል ቀደም'ቲ ዘውረድካሎም መና
ብጥሜት ከይመቱ ብጽምኢ ኣብ በረኻ ሲና

ጸሓይ ከይኮኖም ብቀትሪ ጽላሎም ደመና
ጸላም ከይኮኖም ብለይቲ ብደመና ፋና

ካብ ጌጋ መገዲ ሎሚ'ውን ንዓና ምርሓና
ካብ ሓጢኣት ባርነት ሎሚ'ውን ንዓና ኣውጽኣና

እስኪ ነመስግኖ ንጐይታ ብሓባር ኩልና
እንታይ'ዶ ይጽበዮ ካባና ብዘይካ ምስጋና

ፈውሲ እስትንፋስካ ባህራን ስለ ዝተዓገሰ
ንሃብታም ኣሕፊሩ ምሕረትካ ባህራን ኣሞንሰ

ጠማሪ መልእኽቱ ብኣፍካ ብዝተደምሰሰ
መቓብር ሰጊሩ ባህራን ገዝኡ ወረሰ

እስኪ ከም ኣብርሃም ኣቦና ጋሻ ተቐበሉ
እስኪ ከም ኤልያስ ነቢይ ንኣምላኽ ቅንኡሉ

እስኪ ከም ያዕቆብ እስራኤል ባርኽና በለ
በረኸት ክረክብ ከኣለ ያዕቆብ ብሓይሉ

491. ሰማይ ሰልፊ ኮይኑ

ሰማይ ሰልፊ ኮይኑ ናይ መላእኽቲ ሰፈር
ሚካኤል ዓጢቑ ንሰይጣን ከባርር
ንገበል ደርበዮ ንጎይታ ዘጉሃየ
ነቲ ብትዕቢቱ ኣነ ኣምላኽ'የ ዝበለ

ኣምላኽ'የ ኢሉ ሃንደበት ተንሲኡ
ንስልጣን ጎይትኡ ብፍጹም ረሲዑ
ሚካኤል ነዲሩ ንሰይፉ ኣውጺኡ
ስም ኣምላኽ ዘለዎ ብኹናት ወጊኡ

ዓቢይ ድምጺ ኮይኑ ናይ ውግእ ጫውጫውታ
ሚካኤል ክቓለስ ንኽብሪ ናይ ጎይታ
ሳጥናኤል ወዲቑ ሰላም ነጊሱልና
ናይ ሚካኤል ኣምላኽ ይኹኖ ምስጋና

እንሆ ተሸይሙ ሊቀ መላእክት
ንህዝቡ ኣውጺኡ ካብ ፈርዖን ባርነት
ንድምጹ ስምዕዎ እምቢ ኣይትበልዎ
በደልኩም ክሕደግ ርድኣና በልዎ

ናይ ኣምላኹ ኣስማት ኣብ ርእሱ ሰቂሉ
ንሰባት ዘማልድ ቅድሚ ኣምላኽ ቆይሙ
ኣብ ሲኦል ኣሲሩ ነቲ ትዕቢተኛ
እንሆ ከቢሩ ይልምን ስሌና

492. በሰረገላ

በሰረገላ ወበረዲኤት ንዓ ንዓ
ቅዱስ ሚካኤል ንዓ ምስለ ገብርኤል መዋኤ መስቴማ
ቅዱስ ሚካኤል ንዓ ምስለ ሩፋኤል ንዓ ብግርማ (2)

ነበልባላዊ ጸዋሬ እሳት መንበር
ቅዱስ ሚካኤል መከብበ መላእክት
ብክቡር መስቀል ከመ ትባርክ ዮም
ለማህበረነ ደብረ ሰላም ቅድስት
በሰረገላ ምሕረት በሰረገላ
ምስለ ማርያም ድንግል ርግበ ገሊላ
ንዓ ማእከልነ ቁም ኦ ላእከ ተድላ

ልኡለ መንበር ኦ ኖላዊነ ትጉህ
ዘበረዲኤት ሞገሰ ምንዱባን
ከመ ኣድሃንኮ ለዳኒኤል ነብይ
ንስለ ሶሱና ኣመ ቅዱሳን
በበትረ መንፈስ ቅዱስ በትረ ዳህና
ለዘድኩማን ኣሃዉ ዘበጽሙና
ዕቀበነ በሰላም ወበጥዕና

ጸሓየ ራማ ብርሃኖሙ ለጻድቃን
ህብስተ ተድላ ዘእስራኤል መና
በትንባሌከ እስመ ሃነጽከ ደብረ
ማህደረ ስብሃት ቤተ ቅድስና
ከመ ቅዱሳን ኣበው ዘእስክንድርያ
ኣግብርተ ስሉስ ቅዱስ ወኣፎምያ
ለስምከ ንቄድስ በሃሌሉያ

493. ሰላም ለከ

ሰላም ለከ ነስሪ እሳት ዘራማ
ማህሌታይ ሚካኤል መሃሪ ዜማ
ጎስኣ ልብየ ጥበበ ወልቦና
ለውዳሴኬ ጥዑመ ዜና

ንልሳንካ ሰላም መዝሙር ቅዳሴ ነበልባል
ጥዑም ድምጺ ቃልካ
ናይ ተላፊኖስ ሞጎስ ክብሩ ቅዱስ ሚካኤል
ብምሕረትን ሳህሌን ዝመስለካ የለን
ብዘይካ ኣዴኻ ማርያም ድንግል

ሓይሊ እቲ ልዑል ምስ ሚካኤል ነበረ
ንደቂ ያዕቆብ ትጉህ መራሒ ዝኾነ
ብዘደንቕ ጥበብ ንባሕሪ ኤርትራ ከፊሉ ዘሳገረ
በረኸት ናይ ኣምላኽ መና ዘካፈለ
ኣምላኽ ሚካኤል ስሙ ዝኸበረ

ንልብካ ሰላም መሰል ርህራሄን ለውሃትን
ካብ ቂምን በቐልን ሕሩም ቅዱስ ሚካኤል
ብለውሃት ፍቕርኻ ዝተመሰልካ ርግቢት ናይ ገነት
ብሓቂ ንስኻ'ስ ሓለቓ መላእክት
ካህን ኣርያም ዓርኩ ንሱራፌል

494. ሚካኤል እመላእክት

ሚካኤል እመላእክት መኑ ከማከ ልኡል (2)
ኣስተምህር ለነ ስኣልናከ በኣስረቱ ወኣርባዕቱ ትንብልናከ (2)

ሚካኤል እመላእክት መኑ ከማከ ልኡል (2)
ዓይኑ ዘርግብ ልብሱ ዘሙብረቕ ሓመልማለ ወርቅ (2)

ሚካኤል እመላእክት መኑ ከማከ ልኡል (2)
ይስግድ በብርኪሁ እስከ ይመጽእ ስርየት ልሓጥኣን (2)

ሚካኤል እመላእክት መኑ ከማከ ልኡል (2)
መኑ ከማከ ክቡር መኑ ከማከ ልኡል (2)

495. መን ከም እግዚኣብሄር

መን ከም እግዚኣብሄር ትርጓሜ ናይ ስሙ (2)
ሚካኤል ይብሉኻ ተስፋ ዝሰኣኑ (2)
ብመጋረጃ እሳት ዝወጽእ ዝኣቱ (2)
መድሓኒና ኮነ ኣማላድነቱ (2)

ሚካኤል ከም ኮኾብ ናይ ሰማይ ይመስል ብርሃንካ
ሚካኤል ወትሩ ምሳና እዩ ጸሎት በረኸትካ
ሚካኤል ንደቁ ዝሕሉ እሙን ኣገልጋሊ
ሚካኤል ምሕረትካ ንጽበ ሎሚ ከም ትማሊ

ሚካኤል ሞት መርዓ ኮይኑ'ዩ ብኣኻ ንባህራን
ሚካኤል ንዓ ኣናግፈና ዝረድኣና የሎን
ሚካኤል ካብ ጸላኤ ሰናይ ክፉእ ዝኣመሉ
ሚካኤል ጎይታ ልኢኹካ ንዓና ክትሕሉ

ሚካኤል ሊቃናተ ሰማይ ብሓጎስ ዘመሩ
ሚካኤል ሲኦል ደርቢኻዮ ሰይጣን ተሳዒሩ
ሚካኤል ቅድመይ ምስ ሓለፍካ ይቐንዕ መንገደይ
ሚካኤል ናይ ልበይ ሰሚሩ ሓፊሮም ጸላእተይ

ሚካኤል ካባይ ከይልገስካ ከይተፈለኻኒ
ሚካኤል ፈጺመ ኣይርስዖን ወደይ ክትብለኒ
ሚካኤል ዋሕስ ዝኾነቶም ባህራን ኣፎምያ
ሚካኤል ንሞት ዘሳገገት የማነይትኻ እያ

496. ክረድኣኒ መጺኡ

ክረድኣኒ መጺኡ ሓያል'ዩ ሚካኤል
ይሕልወኒ ሓያል'ዩ ቅዱስ ሚካኤል

ናይ ሙሴ ሓላዊ ሓያል'ዩ ሚካኤል
መገዲ ዝመርሕ ሓያል'ዩ ቅዱስ ሚካኤል
ብባሕሪ ኤርትራ ሓያል'ዩ ሚካኤል
ከፊሉ ዘሳግር ሓያል'ዩ ቅዱስ ሚካኤል

ክቡሩ ካብ መላእክት ሓያል'ዩ ሚካኤል
ልዕል ዝበለ'ዩ ሓያል'ዩ ቅዱስ ሚካኤል
ዓቢ ሓለቓ ሓያል'ዩ ሚካኤል
ከመኻ መን ኣሎ ሓያል'ዩ ቅዱስ ሚካኤል

ካብ ሓጢኣት ዓለም ሓያል'ዩ ሚካኤል
መጽለሊ ኮይኑና ሓያል'ዩ ቅዱስ ሚካኤል
ጸላኢ ኣብ መንገዲ ሓያል'ዩ ሚካኤል
ከየፍርሓና ሓያል'ዩ ቅዱስ ሚካኤል

ንቅድስቲ ኣፎምያ ሓያል'ዩ ሚካኤል
ከምዘድሓንካያ ሓያል'ዩ ቅዱስ ሚካኤል
ንዓና 'ውን ከምኡ ሓያል'ዩ ሚካኤል
ሓልወና ኢኻ ሓያል'ዩ ቅዱስ ሚካኤል

ሓጸርቲ ናይ ቅዱስ ሚካኤል

497. መኣዛ ሰናየ ሰናየ

መኣዛ ሰናየ ሰናየ (4) እህ
ሚካኤል መኣዛ ሰናየ (4)

498. ሚካኤል መልኣከ እመላእከት

ሚካኤል መልኣከ እመላእከት መኑ ከማከ
ልዑል (2)
ሓመልማለ ወርቅ ልብሱ ዘሙብረቅ ሊቀ
መላእከት (2)

499. ዓይኑ ዘርግብ

ዓይኑ ዘርግብ (2) ልብሱ ዘሙብረቅ
ሚካኤል ሐምልማለ ወርቅ (2)

500. ሚካኤል ሃመልማል

ሚካኤል እህ ሃመልማል (2) ወርቅ ሃመልማል
ባህራን ወኣፎምያ ዘኣድሃንኮሙ ሚካኤል
ተራድኣነ

501. ውእቱ ሊቆሙ

ውእቱ ሊቆሙ ለመላእከት (2)
ለመላከት ሊቆሙ ስሙ ሚካኤል (2)
ልብሱ ዘሙብረቅ ዓይኑ ዘርግብ ሊቀ
መላእከት (2)

502. ልዑል ውእቱ

ልዑል ውእቱ ልዑል መንበሩ (2)
ሚካኤል (2) ልዑለ መንበሩ (2)

503. ውእቱ ሚካኤል

ውእቱ ሚካኤል መልኣከ ሃይል
ልዑል ውእቱ ልዑለ መንበር (2)
ይስኣል ለነ ረዳኤ ይኩነነ ኣመ ምንዳቤነ (2)

504. ሓመልማለ ወርቅ

ሓመልማለ ወርቅ (2)
ሚካኤል ልብሱ ዘሙብረቅ (2)

505. ሓመልማለ ወርቅ

ሓመልማለ ወርቅ (2)
ሚካኤል ልብሱ ሓመልማለ ወርቅ (2)

506. ሊቀ መላእከት ሚካኤል

ሊቀ መላእከት ሚካኤል መልኣከ ምክሩ
ለልዑል (2)
ሓያል ሓያል (4) ሰዳዴ ሳጥናኤል ሓያል
ገባሬ ሓይል (2)

507. ሚካኤል ሊቅ

ሚካኤል ሊቅ ልብሱ ዘሙብረቅ (2)
ዓይኑ ዘርግብ(2) ሚካኤል ሓመልማለ ወርቅ(2)

508. ኣንተኑ ሚካኤል

ኣንተኑ ሚካኤል ዘኣውረድከ መና (2)
በገዳም (2) ዘኣውረድከ መና (2)

509. ኣንተኑ ሚካኤል

ኣንተኑ ሚካኤል (2) ዘኣውረድከ መና (2)
ወኣንተኑ ለእስራኤል ዘኣውረድከ መና (2)

510. ረዳኢ ምንዱባን

ረዳኢ ምንዱባን ሚካኤል በከመ ታለምድ
ዘልፈ (2)
ለረዲኦትየ (3) ንኣ ንኣ ሰፊሃከ ክንፈ (2)

ሓጋዚ ጽጉማት ሚካኤል ከም ናይ ኩሉ ጊዜ
ልማድካ (2)
ንተድሕነና (3) ንዓ ንዓ ክንፍኻ ዘርጊሕካ

511. ሚካኤል መልአክ

ሚካኤል መልአክ ዘልብሱ መብረቅ (2)
ወገብርኤል ሃመልማለ ወርቅ (2)

512. ሚካኤል መልአክ

ሚካኤል መልአክ ሊቀ መላእክት (2)
ዘአውረድከ (2) መና በገዳም (2)

513. ዘአውረድከ መና

ዘአውረድከ መና (2)
ሚካኤል (2) ዘአውረድከ መና

514. ቀዊምየ ቅድመ ስእልከ

ቀዊምየ ቅድመ ስእልከ
ሶበ ኣወትር ስኢለ (2)
<u>በብሂለ ኦሆ</u> (3) ፍጡነ ኣስምኣኒ ቃለ (2)

515. ተቅዋምየ ቅድመ ስእል

ተቅዋምየ ቅድመ ስእል ሶበ ኣወትር ስኢል(2)
በብሀል ኦሆ ፍጡነ ኣስምኣኒ ቃል (2) (ናይ ሚካኤል)
በብሂለ ኦሆ(2) ኣስማኣኒ ቃል በብሂለ ኦሆ(2)

516. ተወከፍ ጸሎተነ

ተወከፍ ጸሎተነ ወስእለተነ (2)
ውስተ ኑሃ ሰማይ
ውስተ ኑሃ ሰማይ ሊቀ መላእክት (2)

517. ተወከፍ ጸሎተነ

ተወከፍ ጸሎተነ ውስተ ኑሃ ሰማይ (2)
ወስእለተነ ከመ መኣዛ ሰናይ ሊቀመላእክት(2)
ተወከፍ ጸሎተነ ወስእለተነ ሊቀመላእክት(2)

518. ሚካኤል ግሩም

ሚካኤል ግሩም በመንፈስ ቅዱስ ህቱም (2)
ነዓ ነዓ (2) ማእከሌነ ቁም (2)

519. ሰፊሆ ክነፊሁ

ሰፊሆ ክነፊሁ ሰፊሆ ክነፊሁ (2)
ክነፊሁ ይጸልል ዲቤነ (2)

520. ለዛቲ ነፍስ

ለዛቲ ነፍስ (2) ሚካኤል ዘጾራ (2)
መንጦላዕተ ደመና ሰወራ (2)

521. ሚካኤል መጽኣ

ሚካኤል መጽኣ ይርድኣነ ወያድህነነ
ተፈኒዎ (2) እምኣርያም (2) ከመያድህነነ

522. መልኣከ ሰላምነ

መልኣከ ሰላምነ ሊቀ መላእክት ሚካኤል (2)
ሰኣል ወጸሊ በእንቲኣነ
ኣእርግ ጸሎተነ ቅድመ መንበሩ ለመድሃኔ ዓለም (2)

523. ሰፊሆ ክነፊሁ

ሰፊሆ ክነፊሁ (2)
ክነፊሁ ይጸልል ዲቤነ (2)

524. በኣምሳለ ርግብ ወረደ

በኣምሳለ ርግብ ወረደ መልኣከ ወረደ
ወረደ (4) በኣምሳለ ርግብ ወረደ

525. ባህራንኒ

ባህራንኒ ይቤ ዘነገደ ባሕር (2)
ርኢክዎ ለሚካኤል ወሰዕንኩ ጠይቆቶ ዘይቤ(2)

ነዋሕቲ ናይ ቅዱስ ገብርኤል

526. ገብርኤል ኣሎ ሓላዊየይ

ገብርኤል ኣሎ ሓላዊየይ
ናይ ኣምላኽ ልኡኽ መጽዩ ናባይ
ካብ ኣፍ ኣምበሳ ወጺአ ኣለኹ
ናይ ጎይታ ምድሓን ሪኤ ኣለኹ

ከበስረና ሰናይ ነገር
ናይ ጎይታ ልደት ንኽናገር
ናዝሬት ገሊላ ፈጥኖ ኺደ
ናብታ ድንግል ኣደ

ኣብ ቅድሚ ኣምላኽ እንዳ ቆመ
ንውዲት ሰይጣን እንዳ ኣምከነ
ስሌና እጽሊ ንድሕነትና
ምሕረት ከውህበና

ከም ናይ ዳንኤል ብትሕትና
ካብ ኣፍ ኣናብስቲ ከውጽኣና
ነበልባል እሳት እንዳ ኣጥፍአ
ህጻናት ዘውጽአ

527. ዘርግሕ ክንፍኻ

ዘርግሕ ክንፍኻ ኣብ ልዕሌና
ጓስየና ኢኻ ብበትሪ መስቀልካ
መታን ከይንወድቕ ብፈተና
ቅዱስ ገብርኤል ረዳኢ ኩነና

እቲ ኃያል ኣምላኽ ኩሉ ዝከኣሎ
ኣብ ጊዜ ፈተናይ ጸቢቡኒ ከሎ
ካብቶም ልኡኻቱ ንምሕረት ዝወርዱ
ገብርኤል ልኢኹ ጸላእተይ ኣርዒዱ
ከየንደልህጽ እግረይ ገብርኤል
ንኸይሓዝን ልበይ ገብርኤል
ኣብ ጊዜ ፈተናይ ገብርኤል
ዘውትር ሃሉ ምሳይ ገብርኤል

ተስፋይ ንኸይቖህም ረዳኢ ስኢነ
ሰላመይ ከይዝረግ ጋብላ ጭንቀት ኮይነ
ስምካ ገብርኤል'ዩ ትርጉሙ ሰብ ኣምላኽ
ኣብ ዙርያይ ተረኺብ ዜና ምድሓን ስበኽ
ንድንግግን ማርያም ገብርኤል
ከምቲ ዘብሠርካያ ገብርኤል
ሰላም ኣናሰበኽካ ገብርኤል
ነፍሰይ ኣህድኣያ ገብርኤል

ሊቀ መላእከት ኣብ ቅድሚት መንበርካ
ስም መንክር ኣምላኽና ተሰምዩ ኣብ ልዕሌኻ
ኣዕርግ ንጸሎትና ምሕረት ክወርደና
ንማኅበርና ሓሉ ክንፊ ዘርሓልና ስምካ
ንዝጽውዕ ገብርኤል
ዝኽርኻ ዝገብር ገብርኤል
ቤትካ ንዝበጽሕ ገብርኤል
ኣብ ኣምላኽካ ዘክር ገብርኤል

528. <u>ንዓ ንዓ ቅዱስ ገብርኤል</u>

ንዓ ንዓ ቅዱስ ገብርኤል ንዓ ንዓ (2)
በኣማላድነካ ርድኣና (2)

ሰማያዊ ብስራታዊ መልኣኽ ገብርኤል
ዝመጸእካ ከተበስራ ንድንግል
ኣብ ላዕሊ ኣብ ሰማይ ኣብ ኢዮር
ከተማልደልና ምስ እግዚኣብሄር

ይሰማዕ ድምጽኻ ንረዲኤት ንምሕረት
ለምነልና ቅዱስ ገብርኤል ሊቀ መላእክት
ባዕልኻ ምርሓና ብህይወት
ክንጸንዕ ከማኻ ብእምነት

ተልእኾኻ ንኣነንያ ኣዛርያ
ንምሳኤል ከተውጽኦም ካብ መጋርያ
ዘድሓንካዮም ካብ ነበልባል
ኣቦ ኹልና ቅዱስ ገብርኤል

ገብርኤል ስምካ ግሩም ዘለዎ ምስጢር
ርድኣና ንደቂ ሰባት ዕዮ እግዚኣብሄር
ሎሚ'ውን ገብርኤል ከም ቀደምካ
ምሕረት ለምነልና ካብ ኣምላኽካ

529. <u>ድሕነት እትልምን</u>

ድሕነት እትልምን ንደቅኻ ኩሉ (2)
<u>ናዛዜ ሕዙናን ኣሜን</u> (2) ገብርኤል ለልዑል
መልኣከ ሃይሉ

ብገርኤል ሰላምታ ብገብርኤል ብስራት
ሰላምታ ይብጻሕኪ ኪዳነ ምሕረት

ንኣምን በኣኻ ኣማላዲ ኢኻ
ንሰለስቱ ደቂ ካብ ሓዊ ዘውጻኻ

ንሰለስቱ ደቂ ዘውጻኻ ካብ እቶን
ንሃልሃልታ ሓዊ ዝሖል ማይ ጌርካሎም

ሓጸርቲ ናይ ቅዱስ ገብርኤል

530. <u>ኣርእየኒ ገጸከ</u>

ኣርእየኒ ገጸከ ወኣስምኣኒ ቃለከ
ገብርኤል (3) ሊቀ መላእክት

531. <u>ገብርኤል መልኣክ</u>

ገብርኤል መልኣክ ሊቀ መላእክት (2)
ዘኣብሰርካ (2) ለማርያም ንጽህት (2)

532. <u>ኣንተኑ ገብርኤል</u>

ኣንተኑ ገብርኤል ከመ ትቀውም ቅድመ
እግዚኣብሔር (2)
መልኣከ ሰላም መልኣከ ሰናይ
መልኣከ ብስራት መልኣከ ራማ
ኣንተኑ ገብርኤል (2)

533. <u>ኣድህነነ ዘድሃንኮሙ</u>

ኣድህነነ ዘድሃንኮሙ ገብርኤል ሊቀ
መላእክት ኣመ ዉስተ
እሳት (2)ተወድዮ ሰለስቱ እዳዉ

534. <u>ገብርኤል ምልኣኒ</u>

ገብርኤል ምልኣኒ መንፈስ ልሳን
ለተናብቦ መንፈስ ልሳን (2)
ሞጣሕተ ብርሃን (2) ዘእትገለበቦ ሞጣሕተ
ብርሃን (2)

535. <u>ገብርኤል እግዚእ ኣእምሮ</u>

ገብርኤል እግዚእ ኣእምሮ (2)
ዜናዊ ጥበብ (2)
ገብርኤል ዜናዊ ጥበብ (2)

536. ክንፎ ጸለላ

ክንፎ ጸለላ (2)
ተፈስሂ ለድንግል ይቤላ (2)

537. ወእንዘ ትፈትል

ወእንዘ ትፈትል (2) ወርቀ ወሜላተ (2)
ኣስተርኣያ ገብርኤል ኣስተርኣያ ለማርያም
ድንግል (2)

538. ወእንዘ ትፈትል

ወእንዘ ትፈትል (2) ወርቀ ወሜላተ (2)
ኣስተርኣያ ገብርኤል ግብተ (2)
ወይቤላ ወይቤላ እስመ ረከብኪ ሞገስ
በሓበ እግዚኣብሔር (2)

539. ገብርኤል መልኣከ መጽኣ ወዜነዋ

ገብርኤል መልኣከ መጽኣ
ወዜነዋ (4) ለማርያም (2)
በዕንቌ ባሕርይ (2) እንዘ ትፈትል ወርቀ(2)

540. ገብርኤል መልኣከ መጸ ወዜነ

ገብርኤል መልኣከ መጸ ወዜነ ወዜነዋ ጥዩቅ(2)
በእንተ ባህርዩ (3) እንዘ ትፈትል ወርቀ (2)

541. ኖላዊ ትጉህ

ኖላዊ ትጉህ ዘኢትነውም (2)
ማህበረነ (2) እቀብ በሰላም (2)

542. ሰለስቱ ደቂቅ ዘኣውጽኦም

ሰለስቱ ደቂቅ ዘኣውጽኦም ካብ ሓዊ (2)
ንዓና (ኣድሓነና) ሊቀ መላእክት (2)
ኣድሓነና ኣምላክ ምሕረት (2)

543. ነዓ ነዓ ገብርኤል

ነዓ ነዓ ገብርኤል መልኣከ ራማ
ዘውገ ማርያም እንተ ተዛወጋ
ወዳግመ በሉ እሰይ ወዳግመ
ጽጌ ይቤ ኣምጣነ ኪያሁ
ዘይመስል ኣልቦ ካህን ጥኡመ ልሳን

544. እምልማደ ሳህልከ ለነ ግበር ሳህለ

እምልማደ ሳህልከ ለነ ግበር ሳህለ
ገብርኤል ነደ ወነበልባል (2)
ከመ ለኣናንያ ወኣዛርያ ወሚሳኤል
ዘኣውረድከ ጠል (2)

545. ገብርኤል ስሙ

ገብርኤል ስሙ ዘኣምሃ ለማርያም (2)
ዘበትርጓሜሁ ኣምላክ ውእቱ (2)

546. ፈነዎ ለገብርኤል

ፈነዎ ለገብርኤል ምጽኣተ ዚኣሁ (2)
ይስብክ ፈነዎ ለገብርኤል (2)

ሕውስዋስ ናይ መላእኽት

547. ተወከፍ ጸሎተነ

ተወከፍ ጸሎተነ
አዕርግ ጸሎተነ ውስተ ኑሃ ሰማይ (2)
ሚካኤል (3) ሊቀ መላእክት
ገብርኤል (3) መልኣከ ብስራት
ሩፋኤል (3) ፈታሔ ማህጸን
ራጉኤል (3) መልኣከ ብርሃን
ዑራኤል (3) መልኣከ ሰላም
አዕርግ ጸሎተነ ውስተ ኑሃ ሰማየ

548. ሩፋኤል መጽኣኒ

ሩፋኤል መጽኣኒ ከረድኣኒ ንኸድሕነኒ (2)
ተላኢኩ (2) ካብ ኣርያም (2)
ንኸድሕነኒ (2)

549. ኡራኤል መጽኣ

ኡራኤል መጽኣ ይርደኣነ ወያድህነነ
ተፈኒዎ (2) እምኣርያም (2)
ከመያድህነነ

550. ራጉኤል እምሰማያት

ራጉኤል እምሰማያት (2)
እም ልዑላን ወረደ (2)

551. ስበለ ይወርዱ መላእክት

ስበለ ይወርዱ መላእክት ወኢሰማዕ ድምጸ
(2) ከናፊሆሙ
ኣልቦሙ ድምጽ ወኣልቦ ኣሰር ሚካኤል (2)
ወገብርኤል ሊቃነ መላእክት
ኣልቦ ድምጽ ወኣልቦ ኣሰር ሱራፌል (2)
ወኪሩቤል ሊቃነ መላእክት

552. ሶበሰ ይወርዱ መላእክት

ሶበሰ ይወርዱ መላእክት(2) እም ሰማይ(2)
ኣልቦሙ ድምጽ ወዘይሰማእ ድምጸ
ክንፈሆሙ ለመላእክት (2)

553. ሚካኤል ወገብርኤል

ሚካኤል ወገብርኤል ወሱራፌላዊ
ወኪሩቤል (2)
ለኣምላክ ልዑል (2) ሰብሕዎ ለኣምላክ
ልዑል (2)

554. ሚካኤል በክንፈ ገብርኤል በፋና

ሚካኤል በክንፈ ገብርኤል በፋና (2)
የውጽኡና (3) ካብ ሲኦል ጎደና (2)

555. ሰላመ ይጸጉ

ሰላመ ይጸጉ ለነገስት
ለኣህዛብ ወለበርውርት

556. ሚካኤል ኣርመመ ወገብርኤል ተደመ

ከመ ይሰቅልዎ ኣይሁድ ለእግዚእነ (2)
ሚካኤል ኣርመመ ወገብርኤል ተደመ (2)

557. ቀዋምያን ለነፍሳት

ቀዋምያን ለነፍሳት እምንቱ ሊቃናት
ኡራኤል ወሩፋኤል (2)
ይትፈነወ ለሳህል (2) ሃበ በካፋ እምሉኡል
(2)

558. መልኣኽ ሰላም

መልኣኽ ሰላም ቅዱስ ዑራኤል
ሓመልማለ ብርሃን ናይ ራማ ልዑል
ብፍሉይ ጸጋኻ ትፍውስ ህዝብኻ
ዑራኤል መልኣክ ፍሉይ'ዩ ፍቅርኻ

ሕማመይ በዚሑ ፈውሲ ምስ ሰኣንኩ
ዑራኤል እናበልኩ ንስምካ ጸዋዕኩ
ብዘስደምም ፍጥነት መልሲ ረኺበ'የ
ብረድኤት ዑራኤል ጥዑይ ሰብ ኮይነ'የ

ንስምካ ይጽውዕ ህዝብኻ ይምስክር
ስለ ዝተጋህደ ኹሉ ናትካ ተኣምር
ኣእዳውካ ዘርግሕ ናይ ምሕረት ጽዋእኻ
ዑራኤል ክብለካ ፈውስ ንባርያኻ

ዑራኤል ዑራኤል ክብልየ ብዓውታ
ዋሕስ ናይ ህይወተይ ክትኮነኒ ዋልታ
ምሕረት ንኽረክብ ካብ ልዑል ኣምላኸይ
ቅዱስ ረዲኤትካ ይኸልል ንነፍሰይ

ኣብ ቤትካ ክነብር ዘውትር ክጽልል
ጥበብካ ክመሃር ከም እዝራ ሱቱኤል
ህይወተይ ክትዕንገል ክትረክብ ጸጋኻ
ዑራኤል ኣብ ልበይ ሕተሞ ፍቕርኻ

ቅዱስ ኡራኤል

ናይ ቅዱሳን ሰማእታት ጻድቃን

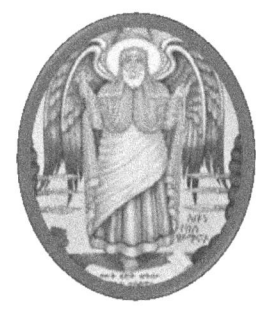

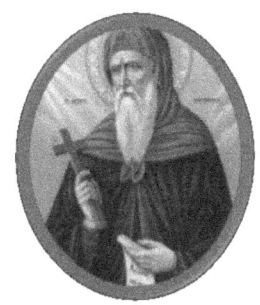

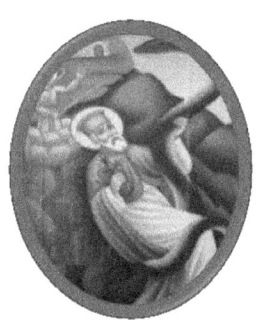

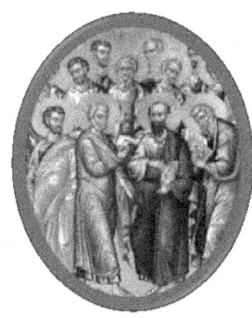

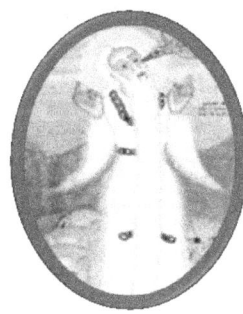

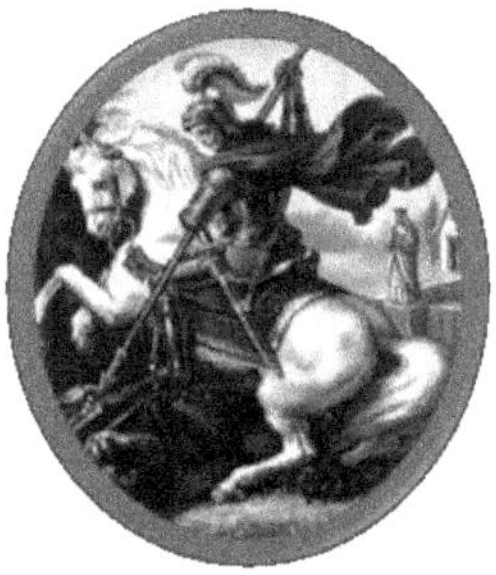

ነዋሕቲ ናይ ቅዱስ ጊዮርጊስ

559. ክብሩ ዝደመቐ ቅዱስ ጊዮርጊስ

ክብሩ ዝደመቐ ቅዱስ ጊዮርጊስ
ንቅድስቲ ተዋህዶ ትምክሕታ
ስሙ ዝኸበረ ኣብ ቅድሚ ክርስቶስ
ናይ ምግባር ሓርበኛ ቅዱስ ጊዮርጊስ

ንዓለም ክነግራ ቅዱስ ጊዮርጊስ
ናይ ገድልኻ ነገር ቅዱስ ጊዮርጊስ
ቲ'ዝሓረየካ ቅዱስ ጊዮርጊስ
ይመስገን እግዚኣብሔር ቅዱስ ጊዮርጊስ

ኣብ ማህጸን ከለኻ ገና ድቂ ፍረ
ንምስክርስነት ንዓኻ ዘከረ
ካብ ከርሲ ወላዲ ገና ካብ ንኡስካ
ስሙ ቡሩኽ ይኹን ልዕል ዘበልካ

ዱድያኖስ ኣትያኖስ ቅዱስ ጊዮርጊስ
እቶም ዓለውቲ ውሉድ ቅዱስ ጊዮርጊስ
እንተ መኸሩኻ ቅዱስ ጊዮርጊስ
እምነትካ ክትክሕድ ቅዱስ ጊዮርጊስ

ክብረት እዚ ዓለም ኣይንታይካን'ዩም
ስልጣናን ክብረትን ንልብኻ ዘሕሞ
ፍቕሪ ናይ ክርስቶስ ልዕሊ ኹሉ ኮይኑ
ካብቲ ናቶም ሓይሊ በዚሒ ሚዛኑ

ማህጸን ወላዲትካ ቅዱስ ጊዮርጊስ
ክንደይኮን ከቢሩ ቅዱስ ጊዮርጊስ
ምኽንያት ድሕነት ሓጥኣን ቅዱስ ጊዮርጊስ
ንዓኻ ምጻሩ ቅዱስ ጊዮርጊስ

እናዓለሉ ይኣትዉ በኽዮም ዝወፈሩ
ብቕዱስ ምልጃኻ ብኣኻ ይኸብሩ
ጸሎትካ ኣሚኖም ናብ ጸበልካ ይኸዱ
ሕሙማት ይሓውዩ መኻናት ይወልዱ

ንተዋህዶ እምነትካ ቅዱስ ጊዮርጊስ
ሎሚ'ውን ዘክራ ቅዱስ ጊዮርጊስ
እንካብ ውዲት ሰይጣን ቅዱስ ጊዮርጊስ
ጎይታ ክስውራ ቅዱስ ጊዮርጊስ

'ቶም ዓለውቲ ውሉድ ዳግማይ ካብ ተመልሱ
ድምጽኻ ኣስምዓዮም ድሕሪት ክምለሱ
ብደምን ኣዕጽምትን ጌርካ ዘጽናሕካያ
ጽላል ኩና ጊዮርጊስ ኣይትፈለያ

560. ጻዕዳ ክዳኑ እናብርሀ

ጻዕዳ ክዳኑ እናብርሀ ጊዮርጊስ ብፈረሱ መጸ
ዋላታን ኲናትን ክኾነኒ ካብ ኣፍ ድራጎን
ከድሕነኒ (2)

ዓለም ንምስዓር ተጋዲሉ
ክሳብ ጊዜ ሞት እሙን ኮይኑ
ናይ ክብሪ ኣኽሊል ተሸሊሙ
ጊዮርጊስ ብኣምላኹ ከቢሩ

ኣብ ኢድ ጸላእየይ ወዲቐ
ተስፋ ቖሪጸ ሞት ክጽበ
ጊዮርጊስ መጸ ክረድኣኒ
ብሰላም ኣምላኹ ከድሕነኒ

ሓይሉ ደኺሙ ጸላእየይ
ብሓይሊ ጸሎት ረዳኢየይ
ጊዮርጊስ ብዙሕ ትሩፋቱ
ቤተይ መሊኡ በረኸቱ

ርጉም ኣራዊት ተቐቲሉ
ሰላምኩም ይብዛሕ ዕልል በሉ
ኣዋጅ ሓርነት ተስፋ ሓጎስ
ኣኽብሩ ንኣምላኽ ጊዮርጊስ

561. እንተ ሰማእት ልዳ

እንተ ሰማእት ልዳ (2)
ይደልወከ (4) ስብሓት ጋዳ

እስከ ክንጅምሮ ቅዱስ ጊዮርጊስ
ውዳሴ ብመዝሙር ሰማእት ልዳ
ንተጋደሎኻ ቅዱስ ጊዮርጊስ
የለን ዝመስለካ ሰማእት ልዳ
እሀ በሰማእትነት (4) ኣርኢኻ ፍጹም
ጅግንነት

ክስየፍ ክሳዱ ቅዱስ ጊዮርጊስ
መዓር ጸባ ኣውጺኡ ሰማእት ልዳ
ኣኻውሕ ተጨዱ ቅዱስ ጊዮርጊስ
ክብርኻ ኣዘንተዉ ሰማእት ልዳ
እሀ ሸውዓተ ኣኽሊል (4) ረኺብካ ኣቲኻ
ገነት

ኩልኻ ኣማኒ ቅዱስ ጊዮርጊስ
እምነትካ ኣጽንዕ ሰማእት ልዳ
ውዕለት ኣምላኽ ዘክር ቅዱስ ጊዮርጊስ
ምስ ኣምላኽ ዘክር ሰማእት ልዳ
እሀ ዘለኣለም (4) ክትረክብ ራሀዋ ሰላም

ሓጸርቲ ናይ ቅዱስ ጊዮርጊስ

562. ፍጡነ ረዲኤት

ፍጡነ ረዲኤት ጊዮርጊስ ተራዳድኣኒ ሰበ
ለገብርከ ሃዘነ ሃዘኒ
ወጸሎትየ (3) ፍጡነ ስምኣኒ

563. በበግማድ ሲጋሁ መተሩ

በበግማድ ሲጋሁ መተሩ (3)
ቅዱስ (3) ጊዮርጊስ ሞአሙ ለጸሩ

564. ጊዮርጊስ ሓያል

ጊዮርጊስ ሓያል (2) መስተጋደል (2)
ገባሬ ተኣምር (2) ኮከበ ክብር (2)

565. ደም ወማይ ወሃሊብ

ደም ወማይ ወሃሊብ
እምነ ክሳዱ ፈልፈለ (2)
ሶበ ተከለለ (2) ጊዮርጊስ ሶበ ተከለለ

566. ጸሐይ ጸሐይ ጊዮርጊስ

ጸሐይ ጸሐይ ጊዮርጊስ ጸሐይ
ዘባረኮ (3) እግዚእ ኣዶናይ (2) እሀ

567. ለጻድቃን ሓረዮሙ

ለጻድቃን ሓረዮሙ ውሉድየ ይቤሎሙ (2)
ሓበ ዓምደ ወርቅ ተጽሕፈ ስሞሙ (2)

568. እወከፍ ጸሎቶሙ

ተወከፍ ጸሎቶሙ ለኣግብርቲከ
ወለኣእማቲከ (2)
እለጻ ወመጽኡ ጽርሃ መቅደስከ ጊዮርጊስ
ሰማእት(2)

ጸሎቶም ተቐበል ንኣገልገልትኻ ንኣሽቱን
ዓበይትን (2)
ብብዙሕ ድኻም ዝመጹ ናብዚ ቤት
መቕደስካ ጊዮርጊስ ሰማእት (2)

ኣምላኮሙ ለክርስትያን ተመሲሎ ሰብኣ
መጸ ሃቤየ
ወይቤላ ቅዱስ ጊዮርጊስ (2)
ኣንሰ ኢኮንኩ ኣምላክ ኣላ ገብረ ኣምላክ ኣላ(2)

ነዋሕቲ
ናይ ኣቡነ ተኽለሃይማኖት

569. ኣባ ኣባ ተኽለሃይማኖት

ኣባ ኣባ ተኽለሃይማኖት ኣቡየ (2)
በለኒ በለኒ ወደየ (2)

ኣባ ኣባ ሓጎስ ጣዕሚ ዓለም
ኣባ ኣባ ንዒቕካ ኣቃሊልካ
ኣባ ኣባ ኣሰር ቅዱስ ወንጌል
ኣባ ኣባ ብትብዓት ስዒርካ
ኣባ ኣባ ኣምላኽ ዓዲሉካ
ኣባ ኣባ ረዲኤት በረኸት
ኣባ ኣባ ብምልኣት ረኺብካ
ኣባ ኣባ ናይ ዘለኣለም ህይወት

ኣባ ኣባ ኪዳን ተቐቢልካ
ኣባ ኣባ ካብ ጎይታ ክርስቶስ
ኣባ ኣባ ሽምካ ዝጸዋዕና
ኣባ ኣባ መንግስቱ ኽንወርስ
ኣባ ኣባ ኣብ ጊዜ ቅዳሴ
ኣባ ኣባ ገድልኻ ክንበብ
ኣባ ኣባ ኣጋንንቲ ይወጹ
ኣባ ኣባ ካብ ልቢ ወዲ ሰብ

ኣባ ኣባ ኣብ ዙርያ መቕደስካ
ኣባ ኣባ ንርከብ ኣሎና
ኣባ ኣባ ጽላል ረዲኤትካ
ኣባ ኣባ ኣይፈለየና
ኣባ ኣባ ኣባ ኣባ ክንብል
ኣባ ኣባ ድምጽና ሲሕብና
ኣባ ኣባ ኣእዳውካ ዘርጊሕካ
ኣባ ኣባ ደቀየ በለና

570. ምስ መላእክት ማዕረ ተሰሪዕካ

ምስ መላእክት ማዕረ ተሰሪዕካ
ምስ በዓል ኪሩቤል ዝዓጠንካ
ተኽለሃይማኖት ብጸሎትካ
ብዙሓን ድውያን ፈዊስካ ኢኻ

ኣብ ናይ ሓጢኣት ባሕሪ ከይስጠምና
ሓሊፍናዮ በኣኻ ተደጊፍና
ሎሚ'ውን ከም ቀደም ተኽለሃይማኖት
ኣጽንዕኻ ኣንብረና ብሃይማኖት

ልመና ጸሎቱ ቅዳሴኡ
ቤትና መሊኡ'ሎ መኣዝኡ
ጸጋ በረኸትካ ክበዝሓልና
በማላድነትካ ቅረበና

ዕረፍቲ ዘይብሉ ብምስጋና
ኣምላኹ ዘኽብር ብትሕትና
ተጊሁ ዝነብር ብጸሎት
ምሕረት ካብ እግዚኣብሔር ዘውርድ

ዘመና ከፊኡ ረኺሱ'ሎ
ተኽለሃይማኖት ቅረብ ንዓ ኣቕልሎ
ምስትዎም ንኣምነካ ምስ ደቕኻ
ይንበር ንዘልኣለም ቃል ኪዳንካ

571. ለተክለሃይማኖት ጻድቅ

ለተክለሃይማኖት ጻድቅ መጠነ በዝሃ ህማሙ (2)
ትዌድሶ ደብረ ሊባኖስ ገዳሙ (2) እህ

እስመ በውስቴታ ተገብረ ፍልሰታ ስጋሁ ወአጽሙ (2)
ትዌድሶ ደብረ ሊባኖስ ገዳሙ (2) እህ

እምነ ኣድባራት ኩሎን ዘተለኣለት በስሙ (2)
ትዌድሶ ደብረ ሊባኖስ ገዳሙ (2) እህ

ኢየሱስ ክርስቶስ እንተቀደሳ በደሙ (2)
ትዌድሶ ደብረ ሊባኖስ ገዳሙ (2) እህ

572. ናይ ጺጋ ዘኣብ

ናይ ጺጋ ዘኣብ ናይ ጺጋ ውህበት
ናይ ተዋህዶ ዋልታ ናይ እምነት
ገጸ በረኸት ናይ እግዚሃረያ
ተክለ ሃይማኖት ድንቂ ሃዋርያ

ናይ እምነት ፍቕሪ ማሪኺዎ
መገዲ ኀይታ ስዒብዎ
ንኽቡር ኣማልኹ ከገልግል
ንህዝቡ ክመርሕ ብወንጌል

ቆይሙ ክጽሊ ተክለ ሃይማኖት
ብሓደ እግሩ ሽውዓተ ዓመት
ናይ እምነት_ገድሊ ተጋደለ
ናይ ብርሃን መስቀል ተቐበለ

ናይ ለይቲ መዓልቲ ጸሎቱ
እግሩ ተቆርጸ ብቐመቱ
ናይ ኣምላኽ ህያብ ናይ ዓሰቡ ፍረ
ብሽዱሽተ ኣኽናፍ በረረ

ጺጋኻ ፍሉይ'ዩ ኣቦና
ዋሕሳ ኢኻ ንእምነትና
ናይ ተዋህዶ ትጉህ ሓረስታይ
ዝመረጸካ ኣማላኽ ሰማይ

ሓጸርቲ ናይ ኣቡነ ተኽለሃይማኖት

573. ተክለሃይማኖት ጸሓይ ተክለ ኣቡነ

ተክለ ሃይማኖት ጸሓይ ተክለ ኣቡነ (2)
ተወከፍ ጸሎተነ ውስተ ኑሃ ሰማይ (2)

574. ኣባ ኣቡነ

ኣባ ኣቡነ (2) መምህርነ ኣባ ተክለሃይማኖት (2)
እምኣእላፍ ህሩየ (2) ኣባ (6) ኣቡነ ተክለሃይማኖት (2)

575. ኣማን በኣማን

ኣማን በኣማን (2)
ተኽለሃይማኖት ጸሓይ (2)

576. ይዓጥን መንበሩ

ይዓጥን መንበሩ (2)
ለልዑል (2) ይዓጥን መንበሩ (2)

577. ጸሃይ ጸሃየ

ጸሃይ ጸሃየ ተኽለሃይማኖት ጸሃየ
ዘባርኮ (3) እግዚእ ኣዶናይ

578. ስምዓ ጽድቂ

ስምዓ ጽድቂ ኮንኮ (2)
ተሰመይከ (2) ተክለሃይማኖት (2)

579. ሰላም ለዝከረ ስምከ

ሰላም ለዝከረ ስምከ
ጥዑም ዜና(2) ተኽለሃይማኖት ጥዑም ዜና

580. ወተቀበልዎ

ወተቀበልዎ መላእክት (2)
ኣበእዎ (2) ኢዮሩሳሌም ኣብእዎ
ለተክለሃይማኖት (2) እህ

581. ሓበ ተሰብረ

ሓበ ተሰብረ እግርከ ወሓበ ተገብረ ተዝካር
ሞትከ (2)
ህየ ይኩን ሳህል ወምህረት ህየ ይኩን
ተክለሃይማኖት (2)

582. ዜና ውዳሴከ ፈጸምኩ

ዜና ውዳሴከ ፈጸምኩ (2) ተክለ ሃይማኖት
በለኒ ኣባ ወልድየ (2) ተክለ ሃይማኖት

583. ከሰተ ኣፍሁ ወልሳኑ

ከሰተ ኣፍሁ ወልሳኑ ነበበ ኣእኰቶ ወባረኮ
እግዚኣብሔር መልኣ
መንፈስ ቅዱስ ልዕል ተኽለሃይማኖት ከሰተ
ኣፍሁ (2)
ወልሳኑ (2) ከሰተ ኣፍሁ (2)

ነዋሕቲ
ናይ ኣቡነ ገብረ መንፈስ ቅዱስ

584. ተዓዊትካ በልዎ

ንጻድቕ ፍረ ግብሩ ከበልዕ እዩ'ሞ ተዓዊትካ
በልዎ

ተዓዊትካ በልዎ ፍረ ግብሩ መስክሩ
ናይ ገብረ መንፈስ ቅዱስ ጥዑም ዜና ንገሩ
ኣባ (3) በሉ ግብሩ ንገሩ

ዝኽሩ ነባሪ እዩ ኣባ በሉ
ሕያው'ዩ ብመንፈስ ኣባ በሉ
ጻድቕ ባሕታዊ ገብረ መንፈስ ቅዱስ
ጸሎቱ ዘስልጥ ኣባ በሉ
ኣብ ቅድሚ ኣምላኹ ኣባ በሉ
ጻድቕ እዩ ኢልኩም ንዓለም ስበኹ

ከም ጽሕዲ ሊባኖስ ኣባ በሉ
ከም ስየ ዝፈሪ ኣባ በሉ
ገብረ መንፈስ ቅዱስ ሕሩይ ፈጣሪ
መርዓዊ ምስ መጸ ኣባ በሉ
ከይሓፍር ወድኻ ኣባ በሉ
ኣቦይ ዓድለኒ ካብ ዘይቲ ማእቶትካ

ናይ ወንጌል ሰባኺ ኣባ በሉ
ከም ጴጥሮስ ከም ጳውሎስ ኣባ በሉ
ሓድሽ ሓዋርያ ገብረ መንፈስ ቅዱስ
ስምካ ምስ ዝጽውዕ ኣባ በሉ
ኪዳንካ ዘኪርና ኣባ በሉ
ካብ ልዑል ፈጣሪ ምሕረት ለምነልና

ሓጸርቲ
ናይ ኣቡነ ገብረ መንፈስ ቅዱስ

585. ገብረ መንፈስ ቅዱስ ግሩም

ገብረ መንፈስ ቅዱስ ግሩም
በመንፈስ ቅዱስ ሕቱም (2)
ነዓ ነዓ (2) ማእከሌነ ቁም (2) እህ

586. ባርከኒ ኣባ ጻድቕ ባሕታዊ

ባርከኒ ኣባ ጻድቕ ባሕታዊ ገብረ መንፈስ ቅዱስ
ተቐበል (3) ስምዓና ጸሎት ናይ ኩሉና

587. ባርከኒ ኣባ ለወልድከ ዝኬ

ባርከኒ ኣባ ለወልድከ ዝኬ (2)
እስመ ልማዱ ውእቱ ለመምህር ቡራኬ (2)

588. ጼና ኣልባሲሁ

ጼና ኣልባሲሁ (2) ለገብረ መንፈስ ቅዱስ
ከመ ጼና ሰሂን (2)
ኣልባሲሁ ዘመላእክት (2) ዘወርደ ውስተ
ገነት (2)

589. ኣባ ኣባ ገብረ መንፈስ ቅዱስ

ኣባ ኣባ ገብረ መንፈስ ቅዱስ (2)
ሃሌ ሃሌ ሉያ ይብሉ በጥዑመ ልሳን (2)

ነዋሕቲ ናይ ኣቡነ ኣረጋዊ

590. ኣቦና ቅዱስ ኣረጋዊ

ኣቦና ቅዱስ ኣረጋዊ
ዓለም ዝመነንካ ባሕታዊ
ኣምሳለ ኤልይስ (3) ገዳማዊ

ኣቦ ናይ እምነት ተጋዳሊ
ኣኽሊል ተዓዲልካ'ቲ ዘይበሊ
ረዳኢ ዘኽታማት ትጉህ መምህር
ፍጹም ዝቐደሶ እግዚኣብሄር

ደብርኻ ትንግር'ቲ ገድልኻ
ዕጹም መንክር'ዩ ትሕትናኻ
ገብርሄር በዓል ብዙሕ መኽሊት
ናላዊ ትጉህ ፍጡነ ረዲኤት

ሕሙማት ይሓውዩ ዕዉራት ይርእዩ
ብልማኖኻ ፍጹም ዝኣመኑ
ለምጻማት ይነጽሁ ጸማማት ይሰምዑ
ዘሚካኤል ይብሉ ኩሎም ይምሕጸኑ

ኣቦና ኣረጋዊ ረዳኢ ነፍስና
ኣብ ዘለና ሃሊና ርድኣና
ስለቲ ምሕረት ድሕነት ህዝብኻ
ናብ ልዑል ፈጣሪ ለምን ኢኻ

591. ኣረጋዊ ሃይማኖት

ኣረጋዊ ሃይማኖት ኣጽፈ (2)
ሃበ (2) ኣምደ ወርቅ ስሙ ተጽሕፈ

ብጊዜ ንእስነቱ ንፈጣሪ ዝዘከረ
ሰሎሙን ዝበሎ ኣብ መክበብ ዝተግብረ
እሙን ኣገልጋሊ ኣምላኽ ዘስመረ
ዘሚካኤል (3) ንጕይታ ዘፍቐረ

ብሕቖፎ ናይ ገበል ዳሞ ዝደየብካ
መና ናይ ሰማይ ዝተመገብካ
ጸሎትን ስግደትን መሰዋእቲ ዘቐረብካ
ባሕታዊ (3) ኣረጋዊ ኢኻ

ሱባኤ ገድልኻ ንዓለም ዘቕመ
ይፍወስ ይድሕን ንቤትካ ዘሰዓመ
ኣረጋዊ ለዋህ ሰባኺ ናይ ጽድቂ
ስምካ ጽሑፍ (3) ኣብ መዝገበ ወርቂ

ናይ መምህራን መምህር ኣረጋዊ ቅዱስ
ፍረ ጻዕርታትካ ምልክቱ ሓጕስ
ዉሉድካ ሕሩያት ከም ተኽሊ ሃይማኖት
ዝለበሱ (3) ኣኽሊል ናይ መላእኽት

592. ብፍጹም ገድሊ

ብፍጹም ገድሊ ፍጹም ብሕትውናን
ንእግዚኣብሄር ዘስመሩ ቅዱሳን
ዓለም ዝመነኑ ፈጣሪ ብምእማን
ኣረጋዊን ገብረክርስቶስን (2)

ኣረጋዊ ኣብ ንኡስ ዕድሚኡ ልቦና መረጸ
ኣረጋዊ ንግስነትን ሃብትን ሓዲግዎ ወጸ
ኣረጋዊ ካብ ጊዝያዊ ሓጎስ ህይወት ኣቐደመ
ኣረጋዊ መንፈሱ ከበርትዕ ስግኡ ኣድከመ

ዘደንቕዩ ኩሉ ገድሉ ዝዓበየ
ንናይ ነብሱ ክብሪ ዘለዎ ወፈየ

ገብረክርስቶስ ቃልኪዳኑ ግሩም ጽድቂ
ዝዓጠቐ
ገብረክርስቶስ መከራ ዝጸረ ሓይሉ ከይበቀቐ
ገብረክርስቶስ ተቢዑ ብድሎ ንሽግር ገጠመ
ገብረክርስቶስ ኣዒንቲ ደንጺዎ ኣእዛን
ተገረመ

ኣብ ቤቱ ከም ነዳይ ትሕትና መረጸ
ኣኽሊል ህይወት ሓርዩ ህይወቱ ቀበጸ

ኣበው ጻድቃን ስግር ማዕዶ ገምገም ፍሉይ
ግርማ ትርኢት
ለምለም ቦታ ጽድቂ ዕረፍቲ ናይ ገነት
» ተሰጊሩ ማዕበል ገድሊ ጉዕዞ ሂወት
» የርእየና ጎይታ ርስቲ ሰማይ ክብረት

ዝረብረበ ሕቶ ደኒኑ ከይተርፍ
ቅናት ናይ ጸሎትኩም ንድኹም ይድግፍ

ሓጸርቲ ናይ ኣቡነ ኣረጋዊ

593. ባርኮ ባርኮ

ባርኮ ባርኮ ጉባኤ ዛቲ መካን
እስከ ኣረጋዊ እም ንኡስ ህጻን (2)

594. እነግር ጽድቅከ

እነግር ጽድቅከ (2)
ኣረጋዊ (2) እነግር ጽድቅከ (2)

595. ተዓጽፈ ዓረጋዊ

ተዓጽፈ ኣረጋዊ ሃይማኖተ ጻማ ቅዱሳን (2)
ሓበ ዓምደ ወርቅ (2)
ተጽሕፈ ስሙ ለኣረጋዊ (2)

596. አረጋዊ ሃይማኖት ተዓጽፈ

አረጋዊ ሃይማኖት ተዓጽፈ (2)
ሃበ ዓምደ ወርቅ (2) ስሙ ተጽህፈ (2)

597. ቅዱስ ኣቡነ ኣረጋዊ

ንደቅኻ ካብ ግብሪ ሓጢኣት ተሕዊ
ቅዱስ ኣቦና ኣረጋዊ (2) እህ

598. ሲመኒ መጋቤ

ሲመኒ መጋቤ ሲመኒ መጋቤ (2)
አረጋዊ አረጋዊ ሲመኒ መጋቤ (2)

599. ዘእምደብረ ደብረ ደናግል

ዘእምደብረ ደብረ ደናግል (2)
ኣባ ኤልያስ (2)
አረጋዊ ዘውገ ሙሴ ወገብረ ክርስቶስ
ኣማን ዘቀደሶ መንፈስ ቅዱስ (2)

600. ተዓጽፈ ኣረጋዊ ሃይማኖት

ተዓጽፈ ኣረጋዊ ሃይማኖተ ጻማ ቅዱሳን (2)
ሕበ ዓምደ ወርቅ (2) ተጽሕፈ ስሙ
ለኣረጋዊ (2)

601. በእንተ ዉሉድከ ኣረጋዊ ጸሊ

በእንተ ዉሉድከ ኣረጋዊ ጸሊ
እስመ ኩሉ (2) ለቤቱ ይሔሊ (2)

ነዋሕቲ ናይ ኣባ ኣንጦንዮስ

602. ኣባ ኣንጦንዮስ

ኣባ ኣንጦንዮስ (4)
መምህር ብሕትውና ቀዳማይ መነኮስ
ኣባ ኣንጦንዮስ

ንዓለም ርእይዋ ኣባ ኣንጦንዮስ
ንዕኡ ከም ዘይኮነት ኣባ ኣንጦንዮስ
ገዲፍዋ ከይዱ ኣባ ኣንጦንዮስ
ሓርዩ ንክርስቶስ ኣባ ኣንጦንዮስ
መምህር ብሕትውና ቀዳማይ መነኮስ
ፈታዊ ክርስቶስ ቅዱስ ኣንጦንዮስ

ንጽውዕ ንሽምካ ኣባ ኣንጦንዮስ
ኣብ ቤትካ ሓቢርና ኣባ ኣንጦንዮስ
ኣብቲ ቅዱስ ቦታ ኣባ ኣንጦንዮስ
መቕደስካ ኣቲና ኣባ ኣንጦንዮስ
ደቅኻ ክንከውን መገዲ ምርሓና
ምስጋና ክንስውእ ምሳኻ ሓቢርና

ከመይ ሓሲብካዮ ኣባ ኣንጦንዮስ
ናብራ ብሕትውና ኣባ ኣንጦንዮስ
ክትነብር መሪጽካ ኣባ ኣንጦንዮስ
ህይወት ቅድስና ኣባ ኣንጦንዮስ
ንዓለም ንዓቕካ ድኽመታ ሪኢኻ
ክንደይ ታዓዲልካ ናይ ጎይታ ምኧንካ

ኣሰርካ ሲዒቦም ኣባ ኣንጦንዮስ
ኩሎም ቅዱሳን ኣባ ኣንጦንዮስ
መንገዲ ናይ ጽድቂ ኣባ ኣንጦንዮስ
ንህይወት ብርሃን ኣባ ኣንጦንዮስ
ንዓና ደቅኻ ኣብ ዓለም ዘለና
ምስ ጎይታ ክርስቶስ ኣተዓርቐና

ሓጸርቲ ናይ ኣባ ኣንጦንዮስ

603. በከመ ባርኮ

በከመ ባርኮ ኣብርሃም ለይስሓቅ ወዱ (2)
ባርከኒ ኣባ ኣንጦንዮስ (2)

604. ኣንጦንዮስ ግሩም

ኣንጦንዮስ ግሩም በመንፈስ ቅዱስ ሕቱም (2)
ንዓ (3) ባርከነ ዮም

ሓጸርቲ ናይ ቅዱስ ዮሓንስ

605. ዓውደ ዓመት ለባርኮ ባርኮ

ዓውደ ዓመት ለባርኮ ባርኮ ዓውደ ዓመት (2)
ንዒ ማርያም ለምህረት ወሳህል (2)

606. ወኣንተኒ ሕጻን

ወኣንተኒ ሕጻን ነቢየ ልዑል (2)
ኣርኩ ለመርኣዊ ትሰመይ (2)
ነቢየ ልዑል (2)

607. ወኣንተኒ ሕጻን

ወኣንተኒ ሕጻን ነቢይ ልዑል (2)
ትሰመይ (2) ነቢይ ልዑል ኣርኩ ለመርዓዊ ትሰመይ
ትሰመ ይልዑል ነቢይ (2)

608. ዮሓንስ ክቡር

ዮሓንስ ክቡር ነብየ ልዑል (2)
ብእሴ ሰላም (4) ዘንብረቱ ንብረቱ ገዳም (2)

609. ፈነዎ ለዮሓንስ ምጽኣተ ዚኣሁ

ፈነዎ ለዮሓንስ ምጽኣተ ዚኣሁ (2)
ዘእምቅድመ ዓለም (2) ህላዌሁ (2)
ዓለም ዘእምቅድመ ዓለም (2)

610. ሰባኬ ወንጌል

ሰባኬ ወንጌል ሃዋርያ ትንቢት
ለቤተ ክርስትያን እህ ዘኢደምጽ
ቀርነ ነባቤ ለቤተ ክርስትያን (2)

ዮውሃንስ ኮከበ ዘኤፌሶን
ኣምደ ብርሃን ዘፍጥም መልኣከ እህ (3)
ዘበምድሪ (2) መልኣከ

611.ዮሃንስ ገዳመ

ዮሃንስ ገዳመ ዘነበርከ ጸጉረ ገመል ልብሰከ ኣራዘከ (2)
እምዉሉደ ሰብእ (3) መኑ ከማከ (2)

612. መልእከተ ዮሓንስ ሃዋርያ

መልእከተ ዮሓንስ ሃዋርያ ወልደ ዘብዴዎስ (2)
ቀዳማዊ (4) ቀዳማዊ መርዓዊ ሓዲስ (2)

613. ቀዳሚሁ ቃል

ቀዳሚሁ ቃል ውእቱ ቃል (2)
ይቤ ዮውሃንስ (2)
ቃል ስጋ ኮነ ይቤ ዮውሃንስ (2)

614. ራጉኤል እምሰማያት

ራጉኤል እምሰማያት (2)
እምልዑላን ወረደ (2)

ነዋሕቲ ሕውስዋስ ናይ ቅዱሳን ሰማእታት ጻድቃን

615. ቅዱሳን ኣቦታት

ቅዱሳን ኣቦታት ብዙሕ እዩ ክብሮም
ብጽኑዕ ሃይማኖት ንኣምላኽ ኣኽቢሮም
ንብርቱዕ ጸበባ ንእምነት ሰጊሮም (2)

ናይ ሃይማኖት ኣቦ ኣብርሃም ኣቦና
ከይተወላወለ ብፍጹም ሕልና
ነቲ ሓደ ወዱ ንሞት ዝወፈዮ
ንሃይማኖት ተስፋ ስንቂ ብምግባር'ዩ

ኣብ መዋእል ፍሬኦም ሙሴ ምስ ተወልደ
ምድራዊ ክብሪ ርእሱ ከየልመደ
ናይ ዕመጻ ሓጐስ ብእምነት ንዒቑ
ምስ ህዝቡ መከራ ክቕበል መሪጹ

ሃዋርያ ኣቦና ቅዱስ ጳውሎስ
ስለ ዝሰዓበ ኣሰር ክርስቶስ
ናይ ሃይማኖት ጉያ ብዓወት ፈጺሙ
ሰማያዊ ኣኽሊል ካብ ኣምላኽ ዓቲሩ

ንሃይማኖት ተስፋ ስንቂ ብምግባሮም
ኣጉዛ ኣባጊዕ ዲኖ ተኸዲኖም
ዓለም ንዓኦቶም ዘይትበቅዕ ኮይና
ኣብ ኣኽራን ሰፊሮም ኣብ ጽድቒ ጐደና

ምእመናን ኩላትና ዘሎና ኣብ እምነት
ከምቶም ዝሓለፉ ቅዱሳት ኣቦታት
ጽንዓቶም ዘኪርና ዝሓለፍዎ ህይወት
ኣብ ኣሰሮም ንንበር ብጽኑዕ ሃይማኖት

616. ንስዓብ ንኪተል

ንስዓብ ንኪተል (2)
መስቀሉ ሒዝና ንስዓብ ንኪተል
ፍኖት እገሪሆሙ ለቅዱሳን ኣበዊነ (2)

ደሙ ክንደሊ ኢና ሓደራ ናይ መስቀል
ናይ እስቲፋኖስ መንገዲ ንኪተል
ምስ ጎይታ ንንበር ኣብ ደገ ሰላሙ
መስቀል ኣይንረስዕ መከራ ሕማሙ

ኣብ መሰረት ነብያት ሃዋርያት ንሰረት
ደቂ ዓዶም ንኹን ንኹሎም ቅዱሳን
ተውህቦና ንፍለጥ ፍረ ንፍረየሉ
ኣኽሊል ንኽንለብስ ኣብ ምጽኣት ከም ቓሉ

ኣዕጽምቶም ንቕጽራ ብደሞም ሃኒጾም
ጣዕሚ ናይዛ ዓለም ሰማእታት ንዒቆም
መርሓት ናይ ክርስቶስ መታን ከይትድፈር
ንደሞም ኣፍሲሶም ተዓጊሶም መሪር

617. ለባርኮ ንዒ ለባርኮ

ለባርኮ ንዒ ለባርኮ
ለባርኮ ዓውደ ዓመትነ ለባርኮ (2)
ንዒ ማርያም ድንግል (2)
ለምሕረት ወሳህል ማርያም (2)

ንምብራኽ ነዓ ንብራኽ (2)
ንምብራኽ ዓውደ ዓመትና ንምብራኽ (2)

ነዓ ሊቀ መላእክት (2)
ንምሕረት ንሳህል ሚካኤል (2)

ለባርኮ ንዒ ለባርኮ
ለባርኮ ዓውደ ዓመትነ ለባርኮ (2)

ነዓ ሊቀ ሰማእት (2)
ለምሕረት ወሳህል ጊዮርጊስ (2)

618. ብጹእ ውእቱ ዘጸውኣ በስመከሙ

ብጹእ ውእቱ ዘጸውኣ በስመከሙ
መዘገብረ ተዝካረከሙ
ኣነ እህቦ ሕይወተ ዘለኣለም
ወኣወርሶ መንግስተ ሰማይ
ይብሎሙ እግዚኣብሔር ለቅዱሳን

ብጹእ እዩ ዝለመነ ብስምኩም
ዝገበረ'ውን ተዝካርኩም
ኣነ ክህቦ እየ ህይወት ናይ ዘለኣለም
ከውርሶ እየ መንግስተ ሰማይ
ኢልዎም እግዚኣብሄር ንቅዱሳን

619. ኣባ ኣባ ብጹእ ኣምላክ

ኣባ (2) ብጹእ ኣምላኽ ገዳማዊ
ኣገልጋሊ ኣምላኽ ሰማያዊ
መምህር ምእመናን ናይ ትሕትና
ምሕረት ለምኑ ካብ ኣምላኽና

ብጹእ ኣምላክ ሓረስታይ እምነት ዘይጸዓድ
ብጹእ ኣምላክ ወንጌል ትዘርእ ብዘይስግኣት
ብጹእ ኣምላክ መንገዲ እምነት መሪሕካና
ኣብ ቅድስና ተሰሪትና

ብጹእ ኣምላክ ተኣምረኛ ኣቦ ገዳም
ብጹእ ኣምላክ ኣብ በረኸትካ የለን ሕማም
ብጹእ ኣምላክ ገዳምካ ኣትየ ተፈዊሰ
ብቃል ኪዳንካ ተቐዲሰ

ብጹእ ኣምላክ ብግርማ ለይቲ ናብ ጸሎት
ብጹእ ኣምላክ ተብጽሕ ኔርካ ሰዓታት
ብጹእ ኣምላክ ፍቕሪ ክርስቶስ በርቲዑካ
ምስ እንስሳ ገዳም ሓዲርካ

ብጹእ ኣምላክ ገጽ ሓጢኣት ትጸልእ ባሕታዊ
ብጹእ ኣምላክ ምድራዊ መልኣክ ሰማያዊ
ብጹእ ኣምላክ ብቓል ኪዳንካ ሓልወና
ብጹእ ብጹእ ንብል ኣሎና

620. ተሰባቢሩ'ቲ ሰንሰለት

ተሰባቢሩ'ቲ ሰንሰለት
ምንዋጽ ኮነ'ቲ ቤት ማእሰርቲ
ናይ ጎይታ ምድሓን ተገሊጹ
እቲ እሱር ጴጥሮስ'ውን ኣምሊጡ

በሉ ተሓጎሱ ኣቱም ሃዋርያት
እቲ ሓውኹም ጴጥሮስ ተፈትሐ ካብ ማእሰርት
ናይ ብስራት ወንጌል ስበኹ ተጊህኩም
ንሞት ዝስዓረ ኣሎ ኣብ ሞንጎኹም

ሑሩ ወምሃሩ ተባሂልኩም ኢኹም
ከይትዳናገሩ ብፈተና ዓለም
ናይ መከራ ማዕበል ውሕጅ ምስ ረኣኹም
ትዕግስቲ ይሃብኩም ንጽቡቅ'ዩ በሉ (3)

ኩሉ ነገር ንጽቡቅ'ዩ በሉ (2)
መከራ ይኹን ንጽቡቅ'ዩ
ፈተና ይኹን ንጽቡቅ'ዩ
ንጽቡቅ'ዩ (2)

እቲ ምሳና ዘሎ ካብኣቶም ይበለጽ
ካብቲ ቤት ማእሰርቲ ብሰላም የውጽእ
ካብ ዝደቀስክዎ የበራብረኒ
ብብርሃ መስቀሉ ንዓይ ይመርሓኒ

ንሰብ ካብ ምእዛዝ ንኣምላኽ ይበልጽ

ብሕልና ምንባር ካብ ኩሉ ይሓይሽ
ማእሰርቲ ሰንሰለት በትሪ ከይፈራሕና
ሎሚ ንመስክሮ ስራሕ ናይ ኣምላኽና

ኩሉ ነገር ንጽቡቕ'ዩ በሉ (2)
መከራ ይኹን ንጽቡቕ'ዩ
ፈተና ይኹን ንጽቡቕ'ዩ
ንጽቡቕ'ዩ (2)

ኣንጻር ናይ ክርስቶስ ኢዱ .... ?
ንድሕሪት ኣይነብል ንተዋህዶ ሒዝና
ድሕሪ ሞት'ውን ሂወት ከም ዘሎ ፈሊጥና
ንሓቂ ክንምስክር ንተንሰእ ኩልና

ኩሉ ብኡ ኮነ ንሕና ናቱ ኢና
ምስጋና ነቕርብ ትጉሃት ኣሎና
ምድሪ ተናወጸት ብዝማሪ ዜማ
ሰንሰለት ተበትከ ብናይ ጎይታ ግርማ

ኩሉ ነገር ንጽቡቕ'ዩ በሉ (2)
መከራ ይኹን ንጽቡቕ'ዩ
ፈተና ይኹን ንጽቡቕ'ዩ
ንጽቡቕ'ዩ (2)

ሮዳ ኣይትሰንብዲ ዝኳሕኩሐ ጴጥሮስ'ዩ
ንሚካኤል ልኢኹ ዘውጽኦ ጎይታ'ዩ
ንማዕጾ ክፈቲ ናበይ ዳኣ ከድኪ
ሓጎስኪ ንምግላጽ ተርከብሉ ኢኺ

ናይ ሃዋርያት ጸሎት ኣዝዩ ብሉጽ'ዩ
ካብ ማእሰርቲ ሓጺን ብሓቂ ዘውጽእ እዩ
ብልማዓ ጸሎት ከምኡ'ውን ምስጋና
ክሳዕ መወዳእታ ክንጸንዕ ኢና ጌና

ኩሉ ነገር ንጽቡቕ'ዩ በሉ (2)
መከራ ይኹን ንጽቡቕ'ዩ
ፈተና ይኹን ንጽቡቕ'ዩ
ንጽቡቕ'ዩ (2)

621. <u>ብቃል ኪዳንኪ ተማሕጺነ</u>

ብቃል ኪዳንኪ ተማሕጺነ
ስምኪ ጸዊዐ ካብ ሞት ድሒነ
ካብ ሕጂ የለን ሽግር መከራ
ንዓኺ ሒዘ ክርስቶስ ሰምራ
ክርስቶስ ሰምራ ረዳኢተይ ኣማላዲተይ
ምሕረት ለምኒ ካብ ኣምላኽይ

ነፍሰይ ተማሪኻ ብዜና ገድልኺ
ተኣምርኪ ሰሚዓ ኣድኒቓ ክብርኺ
ብሓያል ኪዳንኪ ካብ ሞት ተናገፊ
ንሓጥእ ደጊፍኪ ካብ ሲኦል ተትርፊ
ክርስቶስ ሰምራ ረዳኢተይ ኣማላዲተይ
ምሕረት ለምኒ ካብ ኣምላኽይ

ናይ ምሕረት ልማኖ መሊኡ ልብኺ
ምሕረት ንጸላኢ ካብ ጎይታ ለመንኪ
ከምዚ ዝለመነ ኣብ መላእ ዘመንና
ከቶ ኣይሰማዕናን እ ቅድስት ኣዴና
በትሪ ማርያም ረዳኢተይ ኣማላዲተይ
ምሕረት ለምኒ ካብ ኣምላኽይ

ፍጹም ደምሲስክዮ ናይ ጸላኢ ውዲት
ብጽኑዕ ትሕትና ብስግደት ብጸሎት
ዳግም ምስ ሚካኤል ንሰይጣን ስዒርኪ
ካብ ልዑል ፈጣሪ ኣኽሊል ተቐቢልኪ
ክርስቶስ ሰምራ ረዳኢተይ ኣማላዲተይ
ምሕረት ለምኒ ካብ ኣምላኽይ

መንፈሳዊት ኣደ ኩሉ እተሰምሪ
መታን ከይተርፈክስ ንጎይታ ኣዘክሪ
ከምቶም ኣቦታተይ ናባኺ ኣንቃዕሪረ
ምሕረት'ውን እጽበ ኪዳንኪ ዘኪረ
በትሪ ማርያም ረዳኢተይ ኣማላዲተይ
ምሕረት ለምኒ ካብ ኣምላኽይ

622. እንድርያስ ኣቦይ

ብገመድ ፍቕርኻ ስሓበኒ ብምርኩስ ጸሎትካ ደግፈኒ
እንድርያስ ኣቦይ ባርኽኒ ምሳኻ ክነብር ድሌት ኣሎኒ (2)

ብምሉእ እምነት ክትበጽሓ ባህግኻ
ሩባ ዮርዳኖስ ክትርእያ ሃረር በልካ
ኣምላኽና ፈሊጡ ድሌት ናይ ልብኻ
ኢዮርሳሌም ኢሉ ሰመያ ንቤትካ

ስሓበኒ ነታ መንገድኻ ብእምነት ክፍልማ
ደግፈኒ ህይወት እተውህብ ግብሪ ክፍጽማ
ስሓበኒ መሃረኒ ኣቦይ ‘ቲ ናትካ ዕላማ

ብፍሉይ ትብዓት ንጎቦ ዘግዓዝካ
መን ንኣርድእትካ ኣውሪድካ መጊብካ
ካብ ደዌ ዘንጽሕ ቅዱስ’ዩ ጸበልካ
ፍጹም ዘደንቕ’ዩ ኣቦይ ተኣምራትካ

ደግፈኒ ብሕያው ጸሎትካ ንዓይ ሓልወኒ
ስሓበኒ ዓለም ብኽፍኣታ ንኸይትውሕጠኒ
ደግፈኒ እንድርያስ ኣቦይ ንዓ ኣይትግደፈኒ

ቃል ወንጌል ብምዝራእ ንዓለም መገብካ
ብትግሃት ጉስነት ውሊድካ ጓሲኻ
ፍጹም ቅድስና ሕይወትካ መሪሕካ
ንልዑል ኣምላኽና ንእግዚኣብሄር ኣስሚርካ

ስሓበኒ ከይጠፍኣካ ኣነ ኣብ ጎደና ጸልማት
ደግፈኒ ንኽረክብ’ውን ዓስቢ ናይ ሰማያት
ስሓበኒ ኣርእየኒ ኣቦይ መንገዲ ናይ ሕይወት

ሓጸርቲ ሕውስዋስ ናይ ቅዱሳን ሰማእታት ጻድቃን

623. ያሬድ ኣቦ ዜማ

ያሬድ ኣቦ ዜማ ቅዱስ ኢኻ መራሒ ምዘምራን (2)
ዜማ መላእኽቲ ኣምሂርካና ነኽነመስግን
ቅዱስ ያሬድ ካህን ጥዑም ልሳን ኢኻ ጥዑም ልሳን (2)

624. ከኣው ደሞሙ

ከኣው ደሞሙ (2)
ሰማእታት (2) ከኣው ደሞሙ (2)

625. ሙሴኒ ርእያ

ሙሴኒ ርእያ (2) ሃገር ቅድስት
እዝራኒ ተናገራ (2) ዘመራ ዳዊት

626. መሰረተ ዜማ

መሰረተ ዜማ ወጠነ ወጠነ ያሬድ ካህን (2)
ያሬድ (3) ያሬድ ካህን (2) ጥዑም ልሳን
ያሬድ ካህን ጸሓያ ለቤተ ክርስትያን (2)

627. እስከ ንገርኒ

እስከ ንገርኒ ደብረ ጽጌ
ዜና ጽድቁ ንእንድርያስ ፈታው ኣዶናይ(2)

መታን ክነግሮም ንዘይሰምዑ ኩሎም
ዜና ጽድቁ ተስፋ ነዳይ ንእንድርያስ ቅዱስ
ፍሉይ

628. ሰኣሉ ሊነ ጻድቃን

ሰኣሉ ሊነ ጻድቃን ዉሉደ ብርሃን (2)
ከመ ንጽሃን (3) በጸሎትክሙ (2)

629. ተፈወሱ እምደዌሆሙ

ተፈወሱ እምደዌሆሙ ሃበ ተቀብኡ ሃመዳ (2)
መካናተኒ በበስብዕ ወለዳ (2)

630. ይከብርዋ ለሰንበት

ይከብርዋ ለሰንበት
መላእክት በሰማያት
ጻድቃን በውስተ ገነት

ወኩሉ ፍጥረት
ዓሳት ወኣናብስት
እለ ውስተ ደይን ያዕርፉ ባቲ
እስመ ባቲ ኣእረፈ እምኩሉ ግብሩ (2)

631. ወገዳሙኒ

ወገዳሙኒ ገዳሙኒ ኣንትሙ (2)
ለዓለም ብርሃኑ (2) ኣንትሙ ለዓለም ብርሃኑ
ሃዋርያት ለዓለም ብርሃኑ

632. በዕንቆ ሰንፔር ወበጳዝዮን

በዕንቆ ሰንፔር ወበጳዝዮን ስርጉት ደብረ ይባቤ
ዝየ ኣሐድር እስመ ሓረይክዋ ይቤ ያሬድ ጥዑመ ልሳን

ምድረ ሰናይት እንተ ዘልፈ ይሔውጻ
እግዚኣብሔር በደብረ ይባቤ
ሃገሮሙ ለያሬድ ወኣረጋዊ

633. ሊባኖስ ግሩም

ሊባኖስ ግሩም በመንፈስ ቅዱስ ሕቱም (2)
ንኣ (3) ማእከልነ ቁም

634. ይቤላ ሕጻን ለእሙ

ይቤላ ሕጻን ለእሙ ኢትፍርሂ እመ (2) ነበልባለ እሳት
ከመ ለኣናንያ ወኣዛርያ ወሚሳኤል ዘኣድሓኖሙ
ውእቱ ያድሕነነ

635. ኮከበ ብሩህ ቅዱስ ማርቆስ

ኮከበ ብሩህ ቅዱስ ማርቆስ ዘሰረቀ ኣም እስክንድርያ
ቤተክርስትያን ዘንሰምያ (2)
ኮኖሙ ኣቦ ለሰብእ ግብጽ ወኤርትራ በከመ ማርቆስ ሓዋርያ (2)

636. ሕጻን ቂርቆስ

ሕጻን ቂርቆስ ለእመ ዘኢያፍርሃከ ነበልባል (2)
ዮም ባርከ ማሕበረነ ለእለ ኣሃዱ ኣሃዱ (2)

637. እስመ ውእቱ ክብሮሙ ለቅዱሳን

እስመ ውእቱ ክብሮሙ ለቅዱሳን መንሃኔ ኣለም
ኣሰርገዋ ለምድር ኣሰርገዋ በጽጌያት

638. መሰረተ ዜማ ወጠነ

መሰረተ ዜማ ወጠነ (2) ያሬድ ካህን
ያሬድ (3) ያሬድ ካህን (2) ጥዑም ልሳን

639. የብቡ

የብቡ ደቂቀ ብርሃን
ኣማን ባኣማን (2)
የብቡ ደቂቀ ብርሃን

640. ኣርሴማ ቅድስት ሰማእት

ኣርሴማ ቅድስት ሰማእት
ምሕረት ለምንልና ካብ መድሃኔ ኣለም (2)

641. ኣብርሃም ኣቡነ

ኣብርሃም ኣቡነ (3)
ተኣመነ (3) በእግዚኣብሔር

642. አ ኣባ ቅዱስ

አ ኣባ ቅዱስ እቅበሙ (2)
በስምከ ወብሃይልከ እቀበሙ (2)
ከመ ይኩን ኣሃደ ብነ ከማነ (2)
ከመ ይኩን (2)

643. ይትፌስሑ ጻድቃን

ይትፌስሑ ጻድቃን (2) በእግዚኣብሔር (2)
ሃሌ ሃሌ ሉያ እንዘ ይብሉ በጥዑም ልሳን (2)

644. ጻድቃንሰ ኢሞቱ

ጻድቃንሰ ኢሞቱ ሃበ እግዚኣብሔር ነገዱ (2)
በመንግስተ ሰማይ ኣንበሮ ሙበመንግስተ ሰማይ (2)

645. ነፍሳተ ጻድቃን

ነፍሳተ ጻድቃን ኣውያን አመ ይህቡ መዓዛ ለዘምግባረ
ጽድቅ ኣልብነ ይኩነነ ቤዛ (2)
ንግደትኪ ማርያም እስከ ደብረ ቁስቋም እምሎዛ (2)

646. ብርሃኑ ኣንትሙ

ብርሃኑ ኣንትሙ (2) ለዓለም ኣንትሙ (2)
ኣእማደ (3) ቤተ ክርስትያን (2)

647. ብርሃናት ዓለም

ብርሃናት ዓለም ጴጥሮስ ወጳውሎስ (2)
ኣዕማደ (2) ቤተ ክርስትያን (2)

ብርሃናት ዓለም ቅዱስ
ጴጥሮስ ወቅዱስ ጳውሎስ

ርዕይ ክርስቶስ

ነዋሕቲ ናይ ልደት

648. እሰይ እሰይ ተወሊዱ

እሰይ እሰይ ተወሊዱ (2)
ካብ ሰማይ ሰማያት ወሪዱ
ካብ ድንግል ማርያም ተወሊዱ

ጎይታ ተዘይውለድ እሰይ እሰይ
ርህሩህ ፈጣሪና እሰይ እሰይ
ጎይታ ተዘይውለድ እሰይ እሰይ
መድሓኒ ነብስና እሰይ እሰይ
ኣበይ ምተረኽበት እሰይ እሰይ
ገነት መሕደሪትና እሰይ እሰይ

ንህዝቢ እስራኤል እሰይ እሰይ
ንህዝቢ ክርስትያን እሰይ እሰይ
ብርሃን መጺኡና እሰይ እሰይ
ኣብዛ ጸልማት ዓለም እሰይ እሰይ
ጸይምና ኽለና እሰይ እሰይ

እግዚኣብሄር ኣምላኽ እሰይ እሰይ
ወዱ ዝሃበና እሰይ እሰይ
ንሱ ፈትዩ'ዩ እሰይ እሰይ
ኣብ ዓለም ከለና እሰይ እሰይ

ብኽብሪ ወሪዱ እሰይ እሰይ
ካብ ሰማይ ናባና እሰይ እሰይ
መታን ከድሕነና እሰይ እሰይ
ሰይጣን ከይወስደና እሰይ እሰይ

649. ኣብ ቤተልሄም

ኣብ ቤተልሄም (2) ሰማያት በርሀ
ነጸብራቁ ንጓሶት ውን ደጉሐ (2)

መልኣኽ በሎም (2) ንብስራት
ተፈጺሙ ምስጢረ ድሕነት (2)

መላእክት (2) ጭፍራ ዘመሩ
ንሰማያት ቃል ሰላም ነገሩ (2)

ናብ በዓቲ (2) ምኻድ መኸሩ
ምሕረት ኣምላኽ ጥዒሞም ኣንከሩ (2)

ረኺብዎ (2) ህጻን ጥቅሉል
ፈጣሪ ዓለም ኣብ መብልዕ ማል (2)

ኦ ዘደንቅ (2) ፍቕሪ ፈጣሪ
ምእንታና ኣብ ከንድዚ ቀሪ (2)

ተሓጎሱ (2) ኣህዛብ ዓለም
ተወልደ ንጉስ ሰላም (2)

እሰይ እሰይ (2) ዕንዱ ሰናይ
መጺኻለይ ሎሚ ካብ ሰማይ (2)

650. ኣንቲ ኣንቲ ቤተልሄም

ኣንቲ ኣንቲ ቤተልሄም (2)
ናይ ይሁዳ መሬት
ካባኺ ተወሊዱ ናይ ዓለም መድሓኒት

ንኣዳም ክብሪ ቤተልሄም
ንኩሉ ሰላም ቤተልሄም
ሎሚ ተወሊዱ ቤተልሄም
ካብ ድንግል ማርያም ቤተልሄም

ናይ ምብራቕ ነገስታት ቤተልሄም
ገጸ በረኸት ሒዞም ቤተልሄም
ጸኒሕዎም ኣብኣ ቤተልሄም
ኣብ መብልዕ ማል ቤተልሄም

ኢሳይያስ ዝበሎ ቤተልሄም
ትንቢት ተፈጺመ ቤተልሄም
ጐይታ ተወሊዱ ቤተልሄም
ካብ ድንግል ማርያም ቤተልሄም

ኣንቲ ቤተልሄም ቤተልሄም
ዕድለኛ ኢኺ ቤተልሄም
ንኤረር ንራማ ቤተልሄም
ንኢዮር መሲልኪ ቤተልሄም

651. ሃሌ ሃሌ ሉያ

ሃሌ ሃሌ ሉያ
ሃሌ ሃሌ ሉያ (2)
ብሰማይ ብምድሪ ምሕረት በዚሑልና
ሃሌ ሃሌ ሉያ ኣሜን ሃሌ ሉያ

መላእኽቲ ንኽብሩ ኣመስጊኖም እዮም
ስብሓት ንእግዚኣብሄር ኣብ ሰማያት ኢሎም (2)
ብናይ ኣምላኽ ውዕለት እና ተደነቁ
ጓሶት'ውን ሓቢሮም ንዕኡ ኣኽበሩ (2)

ንዓለም ንምፍጣር ዝተጣበበሉ
ይበልጽ ካብ ኩሉ ንሰብ ዘድሓነሉ (2)
ካብ ዳግማዊት ሔዋን ካብ ድንግል ማርያም
ተወሊዱልናዩ መድሓኒ ዓለም (2)

ኩሉኹም'ውን ኪዱ ናብ ቤተልሄም
ክትረኽብዎ ኢኹም ኣብ መብልዕ ማል (2)
ኢየሱስ ክርስቶስ ወሃቢ ሰላም
ንሞትና ወሲዱ ህይወት ዝህብ (2)

ወልደ እግዚኣብሄር መጸ ካብ ላዕላይ ሰማያት
ፍቕርና ኣውሪዱዎ ካብ መንበር ጸባኦት (2)
ኣይፍንፍንን ኢዩ ምሕዳር ኣብ መብልዕ ማል
ትሕትኑ የደንቕ ናይ መድሓኔ ዓለም (2)

652. ኣብ ሰማይ ንእግዚኣብሄር ምስጋና

ኣብ ሰማይ ንእግዚኣብሄር ምስጋና
ኣብ ምድሪ ንሰብ'ውን ሰላም
ተወሊዱልና መድሓኔ ዓለም

እቲ ናይ ሞት ጊሼ ክውዳእ ክዛዘም
ክፍጸም ኩሉ ናይ ኩኔኔ ዘመን
ካብ ድንግል ማርያም ጐይታ ተወሊዱ
ናይ ጽልኢ መንደቕ ብፍቕሩ ፈሪሱ

ሰላም ኣዉጁ ናጽነት ህይወት
ተወሊዱልና ጐይታ መድሃኒት
ናይ ሰማይ ዜማ ተሰሚዑ ኣብ ምድሪ
ብኣፈ መላእኽት ንእግዚኣብሄር

ቃሉ ዘይርሳዕ ናይ ምሕረት ኪዳኑ
ናይ ምድሓን ተስፋ ዝወጽእ ካብ ልሳኑ
ማሕልኡ ጽኑዕ ጣዕሳውን ዘይብሉ
ንመድሓኒ ዕልል ንበለሉ

መጸናንዒ ሰሚዕና ኣብ ኤፍራታ
ኣብ ዱር ሪእናዮ ናይ ፍጥረታት ጐይታ
ኣብ ዝቆመሉ ኣብ መሕደሪኡ ቦታ
ክንሰግደሉ ኢና ነቲ ክቡር ጐይታ

653. ግሩም መካር

ግሩም መካር መስፍን ሰላም
ቡርቱዕ ኣምላኽ መድሃኔ ኣለም
ተወሊድልና'ዩ ዕልል በሉ መድሃኒትና

ንዝተወልድ ካብ ድንግል ማርያም
ብምንታይ ኢና ክንምስሎ
ኣንበሳ ገዳም ወይስ ከራንዮ
የለን ንጎይታ ፍጹም ዝመስሎ
የለን ከማኻ ኤልሻዳይ ኣምላኽ
ክበር ተመስገን ኣቦ ዘልኣለም

ኣንቲ በተሊሄም ከተማ ዳዊት
ተቐቢልኪ ኢኺ ንጎያታ ጎይቶት
ጎይታ ኽውለድ ኣብ ደንበ ኸብቲ
ትሕትና ኽምሀር ኣብ ማእከል ቁሪ
ንህዝቢ ዓለም ሎሚ መስከሪ
ምድሪ ኤፍራታ ምውላድ ፈጣሪ

ካብ ምብራቕ መጸ ናይ ጽድቂ ጸሓይ
ብዕጹው ማዕጾ ኣምላኽ ኣዶናይ
ሞትና ብሞቱ ክብጀወና
ስጋ ለቢሱ መጸ ናባና
ዘይውሰን ኣምላኽ ፍጹም ክውሰን
ዕጹብ ድንቂ እዩ ዘገርም ነገር

654. ዕጹብ ድንቂ ነገር

ዕጹብ ድንቂ ነገር ልደት ናይ ጐይታና (2)
ካብ ጽዮን ተረኽበ ካብ ማርያም ኣዴና
ካብ ድንግል ተወልደ ካብ ማርያም ኣዴና

ኣብ ልዕሊ ኪሩቤል ዙፋኑ ኣብ ሰማያት
ዝምስገን ዝምለኽ ብኣእላፍ መላእክት
ናብ ምድሪ ጠመተ ክረክብ መዕረፊት
ንድንግል ሓረያ ንኪዳነ ምሕረት

ብዘደንቕ ስራሕ ብረቂቕ ጥበቡ
ብሕቱም ድንግልና ጐይታ ተረኺቡ
ደሚቓ ብብርሃን ቤተ ልሔም ብዕልልታ
ዝማሬ ተሰምዐ ኣብ ምድሪ ኤፍራታ

ትንቢት ናይ ነብያት ክፍጽም ኣምላኽና
ብፍቕሪ ወረደ ከድሕን ንዓና
ኣማኑኤል እዩ መጸወዊ ስሙ
መስፍን ሰላም ኮይኑ ሂቡና ሰላሙ

ኦ ዝመንክር በለ ኤፍሬም ተገሪሙ
በቲ ዓቢ ምስጢር ተስደሚሙ
ሰማይ ዘይክእሎ ዘይትጸሮ ምድርና
ስለ ዝተወልደ ካብ ማርያም ኣዴና

ሓጸርቲ ናይ ልደት

655. ርእይዎ ኖሎት

ርእይዎ ኖሎት (2) ርእይዎ ኖሎት
ኣኢኮትዎ ርእይዎ ኖሎት (2)

656. በጊዜ ልደቱ

በጊዜ ልደቱ ወረዱ መላእክት (2)
እንዘ ይብሉ ሃሌሉያ ሃሌሉያ (2)

657. ቤዛ ኩሉ ዓለም

ቤዛ ኩሉ ዓለም (2) ዮም ተወልደ (2)
ቤዛ ኩሉ ዓለም ዮም ተወልደ (2)

658. ዮም ተወልደ

ዮም ተወልደ (3)
መድሃኔ ዓለም (2) ዮም ተወልደ (2)

659. ኣንፈርሃጹ ሰብኣ ሰገል

ኣንፈርሃጹ ሰብኣ ሰገል (2)
ኣምሃ ሆሙ ኣምጽኡ መድምመ (2)

660. ክርስቶስ ተወልደ እሰይ

ክርስቶስ ተወልደ እሰይ
ክርስቶስ ተጠምቀ በማይ
ወለደነ ዳግመ እማይ (2)
ዳግመ (2) ወለደነ ዳግመ እማይ

661. መድሃኒነ ተወልደ ነዋ

መድሃኒነ ተወልደ ነዋ (2)
ይእዜኒ ለሰላም ንትልዋ (2)

662. ኣማን በኣማን

ኣማን በኣማን (2)
መንክር ስብሃተ ልደቱ (2)

ብሓቂ ብሓቂ (2)
ድንቂ'ዩ ናይ ጎይታ ልደቱ (2)

663. ሎሚ ልደቱ እዩ

ሎሚ ልደቱ እዩ በዓል ዓቢ ደስታ
ናይ ቀዳሞት ኣበው ዝኾነት ሃረርታ
ቃል ነብያት ረኺቡ ምሉእ መፈጸምታ
ኣብ ኩላቶም ኣህዛብ ይገበር ዕልልታ

664. ኦ ኢየሱስ ፍቑር ህጻን

ኦ ኢየሱስ ፍቑር ህጻን
ኣየ ጣዕሚ ምሳኻ ምንባር (2)

665. በብርሃኑ ንዑ ናንሰሱ

ኢየሱስ ክርስቶስ መጽኣ ውስተ ዓለም (2)
በብርሃኑ (2) ንዑ ናንሰሱ (2)

666. ስብሃት ለእግዚኣብሔር

ስብሃት ለእግዚኣብሔር በሰማያት (2)
ወሰላም በምድር ስምረቱ ለሰብ ሃሌ ሉያ(4)
ኣሜን ሃሌ ሉያ (2)

667. በጎልለ እንስሳ

በጎልለ እንስሳ (2)
በጎልለ እንስሳ ተወልደ ኣማኑኤል (2)

ኣብ መብልዒ ማል (2)
ኣብ መብልዒ ማል ተወሊዱ ኣማኑኤል (2)

668. ካብ ሰማያት ወሪዱ / እምሰማያት ወረደ

ካብ ሰማያት ወሪዱ ካብ ድንግል ማርያም ተወሊዱ (2)
ንክኸውን በጃ (2) ንኹሉ ዓለም (2) ለቢሱ ስጋ ማርያም (2)

እምሰማያት ወረደ እምድንግል ማርያም ተወልደ (2)
ከመ ይኩን ቤዛ (2) ለኩሉ ዓለም (2) ለብሰ ስጋ ማርያም (2)

669. በጎል ሰከበ በኣጽርቅት ተጠብለለ

በጎል ሰከበ በኣጽርቅት ተጠብለለ (2)
ቤዛ ኩሉ ዓለም (2) ዮም ተወልደ (2)

ኣብ መብልዕ ማል ሓደረ ብኣጭርቕቲ ተጠቕለለ (2)
በጃ ኹሉ ዓለም ሎሚ ተወልደ (2)

670. ዮም ሰማያዊ በጐል ሰከበ

ዮም ሰማያዊ በጐል ሰከበ ለዘተወልደ እምቅድስት ድንግል
ርእይዎ ኖሎት (2) ኣእኮትዎ መላእክት

671. በቤተ ልሔም

በቤተ ልሔም (2) ተወልደ በቤተ ልሔም (2)
ዘመጽኣ እምዘርአ ዳዊት (2)

ኣብ ቤተ ልሄም (2) ተወልደ ኣብ ቤተ ልሄም (2)
ዝመጸ ካብ ዘርኢ ዳዊት (2)

672. እም ርሑቅ መጽኡ ሰብአ ሰገል

እም ርሑቅ መጽኡ ሰብአ ሰገል ይስግዱ ለኣማኑኤል (2)
ይስግዱ ለኣማኑኤል (2)

ካብ ርሑቕ መጹ ሰብኣ ሰገል ክሰግዱ ንኣማኑኤል (2)
ክሰግዱ ንኣማኑኤል (2)

673. ለዘተወልደ እምቅድስት ድንግል

ለዘተወልደ እምቅድስት ድንግል ምንተ ንብሎ ናስተማስሎ ለመድሃኒነ
ኣርዌ ገዳምኑ ኣንበሳ ወሚመ (2) ከራድዮን

ናይ ጥምቀት

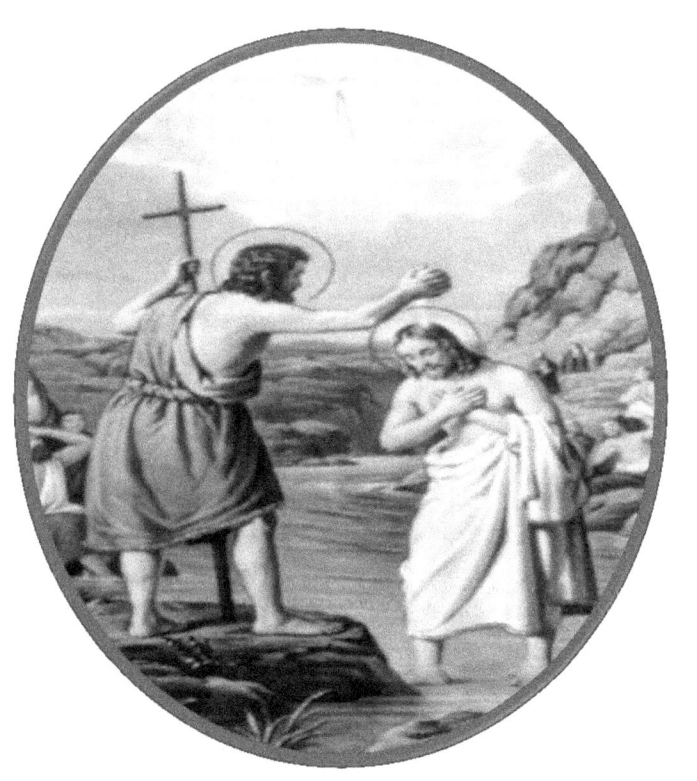

ነዋሕቲ ናይ ጥምቀት

674. ዮሓንስኒ ያጠምቅ

ዮሓንስኒ ያጠምቅ (4) በሄኖን (4)
በማእዶተ ዮርዳኖስ

ጠምቱ ትሕትንኡ ያጠምቅ
ጽድቁ ተመልከቱ ያጠምቅ
ብኢድ ናይ ብርያኡ ያጠምቅ
ናይ ጐይታ ጥምቀቱ ያጠምቅ

መናኒ ዓለም ኢኻ ያጠምቅ
ቅዱስ ባሕታዊ ያጠምቅ
ተጠምቀ ብኢድካ ያጠምቅ
ኢየሱስ ናዝራዊ ያጠምቅ

ተሰዊሩ እንከሎ ያጠምቅ
ካብ ዓለም ተፈልዩ ያጠምቅ
ኣዋጅ ስምዑ በለ ያጠምቅ
ሕጉ ኣለልዩ ያጠምቅ

ንስሓ እተዉ ያጠምቅ
እንዳ ተናዘዙ ያጠምቅ
ብስብከት ናይ ዮሓንስ ያጠምቅ
ንእግዚኣብሄር ተገዝኡ ያጠምቅ

ጐይታ ናይ ሰማያት ያጠምቅ
ምድራዊ ከጥምቕ ያጠምቅ
ተገልጸ ምስጢራት ያጠምቅ
ዘብርሀ ንጽድቁ ያጠምቅ

675. ፈጺሞ ሕገ

ፈጺሞ ሕገ (2) በዮርዳኖስ ተጠምቀ
ፈጺሞ ሕገ ወኣስተርኣየ ገሃደ (2)

ንዑ ንተሓጎስ ኲላትና ሓቢርና
ኣብ ዮርዳኖስ ተጠምቀ መድሓኒ ኃይታና

መጽሓፍ ዕዳ ኣዳም ንኽድምስሰልና
ፍጥረታት ናይ ዓለም ንዓልል ኲላትና

ኣብ ዮርዳኖስ ተጠምቀ ማያት ንምቕዳስ
ኣዳማዊ ሓጢኣት ፍጹም ንምድምሳስ
ትንቢት ንምፍጻም ናይ ነብይ ምልክያስ
መድሓኒ ናይ ዓለም ጎይታና ኢየሱስ

ኣብ ዮርዳኖስ ተጋህደ ምስጢር ሰለስትነት
እግዚኣብሄር ኣብ መስከረ ካብ ልዑል ሰማያት
መንፈስ ቅዱስ ወረደ ብኣምሳል ርግቢት
ክርስቶስ'ውን ተራእየ ብቑመት ደቂ ሰብ

ኣብ ዮርዳኖስ ተጠምቀ ኣርኣያ ንምኳን
ንሕና'ውን ኬድና ክንጥመቕ ናብ ካህን
ናይ ስላሴ ውሉድ ምእንቲ ክንከውን
ኣስማትና ክጽሓፍ ኣብ መጽሓፍ ወረደ

ሓጸርቲ ናይ ጥምቀት

676. ኣማን በኣማን

ኣማን በኣማን (4)
መንክር ስብሓተ ጥምቀቱ (2)

677. ሃዲጎ ተሰዓ ወተስዓተ ነገደ

ሃዲጎ ተስዓ ወተስዓተ ነገደ (2)
ማእከለ ባህር (4)
ቆመ ማእከለ ባህር

678. መጽኣ ቃል እምደመና

መጽኣ ቃል እምደመና ዘይብል (2)
ዝንቱ ውእቱ ወልድየ ዘኣፈቅር (2)

679. ዮሓንስኒ ሃሎ ያጠምቅ

ዮሓንስኒ ሃሎ ያጠምቅ (2)
በሄኖን በቁሩብ ሳሌም (2)

680. ዮሓንስኒ ሃሎ ያጠምቅ

ዮሓንስኒ ሃሎ ያጠምቅ (2)
በሄኖን (4) በማእከል ዮርዳኖስ

681. ሖረ ኢየሱስ

ሖረ ኢየሱስ (2)
እምገሊላ (2) በዮርዳኖስ (2)

682. ኢየሱስ ሖረ

ኢየሱስ ሖረ ሃገረ እሰይ (2)
ዮሓንስ ኣጥመቆ በማይ (2)

683. ሖረ ኢየሱስ

ሖረ ኢየሱስ (2) እምገሊላ (2) ሃበ ዮሓንስ
ፈለገ ዮርዳኖስ (2) ከመ ያጥምቆ

684. በማየ ዮርዳኖስ

በማየ ዮርዳኖስ
በማየ ዮርዳኖስ ተጠምቀ ኣማኑኤል (2)

685. ግዜ እረፍታ ለሶልያና

ግዜ እረፍታ ለሶልያና (2)
እምዲበ ልእልና (2) ወረደ ወልድ (2)

686. በእደ ዮሓንስ ተጠምቀ

በእደ ዮሓንስ ተጠምቀ ኢየሱስ ናዝራዊ (2)
ሰማያዊ (4) ሰማያዊ ኢየሱስ ናዝራዊ (2)

687. ወረደ ወልድ

ወረደ ወልድ (6)
እም ሰማያት ውስተ ምጥማቃት (2)

688. ክርስቶስ ወልደ

ክርስቶስ ወልደ ክርስቶስ ተጠምቀ (2)
(ልደት) ወለደነ ዳግም (2)
እመንፈስ ቅዱስ ወማይ (2)

689. በኣምሳል ርግብ ወረደ

በኣምሳል ርግብ ወረደ መንፈስ ቅዱስ
ወረደ (4) በኣምሳለ ርግብ ወረደ

690. ተጠምቀ ሰማያዊ

ሃሌ ሃሌ ሃሌ ሉያ ሃሌ ሃሌ ሉያ ሃሌ ሉያ(2)
ተጠምቀ ሰማያዊ በእደ መሬታዊ (2)

691. ክርስቶስ ተጠምቀ እሰይ

ክርስቶስ ተጠምቀ እሰይ፡ ክርስቶስ
ተጠምቀ በማይ
ወለደነ ዳግመ እማይ (2)
ዳግመ (2) ወለደነ ዳግመ እማይ (2)

692. በሰላሳ ክረምት

በሰላሳ ክረምት ዮርዳኖስ ጌሰ (2)
መጽሓፈ እዳሁ ለኣዳም ደምሰሰ (2)

693. እግዚኡ መርሖ

እግዚኡ መርሖ ዮርዳኖስ ኣብጽሃ (2)
መበሓተ ዮሓንስ ፍጹም ተፍስሓ (2)

694. እንዘ ሕጻን

እንዘ ሕጻን ልሕቀ በዮርዳኖስ ተጠምቀ (2)
በዮርዳኖስ (2) ተጠምቀ በዮሓንስ (2)

695. ውስተ ማህጸነ ድንግል

ውስተ ማህጸነ ድንግል ሃደረ ማህጸነ ድንግል (2)
ሰማይ ወምድር ዘኢያገምሮ
ሰማይ ወምድር በማይ ተጠምቀ (2)

696. በመንፈስ ይሃውር

በመንፈስ ይሃውር ኣመ ሓይል ውስተ ሓይል ካህን (2)
ካህን ወነቢይ (2) ዮሓንስ መጥመቅ

697. ወተመሰሉ

ወተመሰሉ ሰብኣ ኣይን ኣባግዓ ላባ ወማይ (2)
ወጥምቀት ዓባይ (4) ወጥምቀት ዓባይ (2)

698. እንዘ ስውር እምኔነ ይእዜሰ

እንዘ ስውር እምኔነ ይእዜሰ
ክሱተ ኮነ (2)
ተኣምረ ወመንክረ ገብረ
መድሃኒነ በቃና ዘገሊላ ከብካብ ኮነ ማየ ረሰየ ወይነ (2)

ናይ ደብረ ታቦር

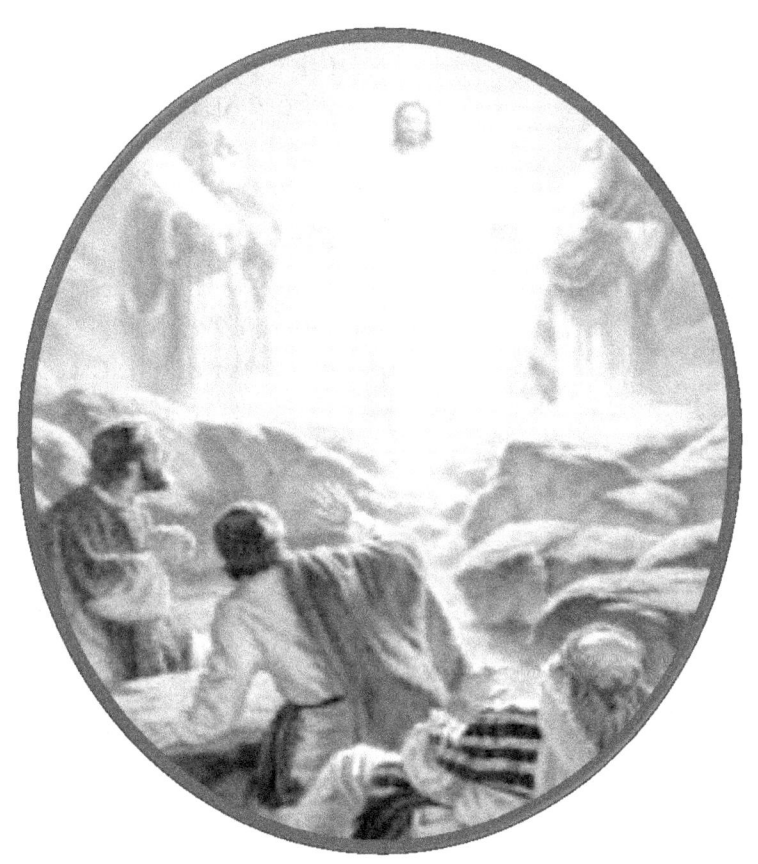

ሓጸርቲ ናይ ደብረ ታቦር

699. አማን በአማን

አማን በአማን (2)
ተሰብሐ በደብረ ታቦር (2)

700. በስመ ዚአከ ይትፌስሑ ዮም

በስመ ዚአከ ይትፌስሑ ዮም (2)
ታቦር ወአርሞንኤም (4)

701. ሰባሕኩከ በደብር

በደብር (2) በደብረ ታቦር (2)
ሰባሕኩከ በደብር (2)

702. ኣሃደ ለከ ወኣሃደ ለሙሴ

ኣሃደ ለከ ወኣሃደ ለሙሴ (2)
ወኣሃደ ለኤልያስ ንግበር ማህደረ (2)

703. መጽአ ቃል እምደመና

መጽአ ቃል እምደመና ዘይብል (2)
ዝንቱ ዉእቱ ወልድየ ዘኣፍቅር (2)

704. ገዳምከ

ገዳምከ (2) ደብረ ሃሌሉያ (2)
መላእከት ይዌድስዎ (2)

705. ኣይዳኣኒ እስኩ ዘነጸርከ ኩሉ

ኣይዳኣኒ እስኩ ዘነጸርከ ኩሉ (2)
ምስጥረ ምስጥራት (2)
ሕቡኣን በሰማይ ዘሓሎ (2)

706. ወሪዶሙ እምደብረ

ወሪዶሙ እምደብረ እምደብረ ታቦር (2)
ኣዘዞሙ ኣየንግሩ ዘርእዩ ዘርእዩ በደብር (2)

707. ታቦር ወአርሞኒኤም

ታቦር ወአርሞኒኤም (4)
በስመ ዚኣከ ይትፈስሁ ዮም (2)
ታቦር ወአርሞኒኤም (2)

708. ደብረ ርጉእ

ደብረ ርጉእ ወደብረ ጥሉል ለምንት
ይትነስኡ ርጉኣን ኣድባር (2)
ደብረ ዘሰምሮ እግዚኣብሄር ይሓድር
ውስቴቱ እግዚኣብሄር (2)

ሩይ ሆሳዕና

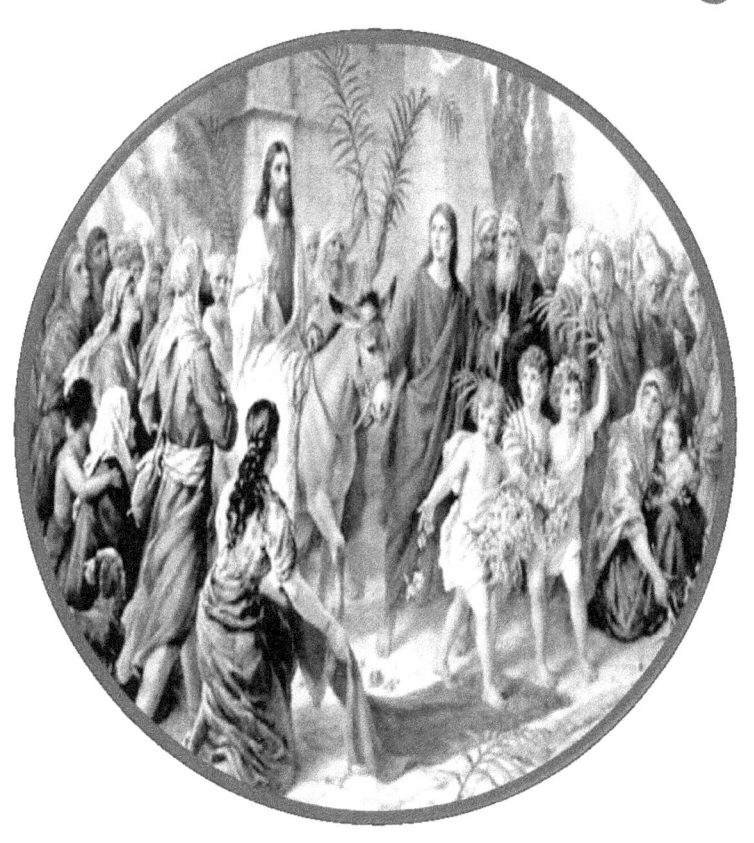

ነዋሕቲ ናይ ሆሳዕና

709. ሆሳእና ኣብ ኣርያም ሆሳእና

ሆሳእና ኣብ ኣርያም
ሆሳእና ኢልና ነቕርብ ምስጋና (2)

ሆሳእና በሉ ሆሳእና
ንወዲ ኣምላኽ ሆሳእና
ትሕትና ዘርኣየና ሆሳእና
ስሙ ይባረኽ ሆሳእና

ሆሳእና በሉ ሆሳእና
ንናይ ሰማይ ንጉስ ሆሳእና
ብግርምኡ መጺኡ ሆሳእና
ንዓና ከቕድስ ሆሳእና

ሆሳእና በሉ ሆሳእና
ናይ ኣምላኽ ምሕረት ሆሳእና
ተወሊዱ ካብ ድንግል ሆሳእና
ከም ህጻናት ሆሳእና

ንዘስገድሉ ሆሳእና
ኣብ ደንበ ጓሶት ሆሳእና
ደቂ ኣዳም ኩሉ ሆሳእና
ከምኡ'ውን መላእክት ሆሳእና

710. ህጻናት ኢየሩሳሌም

ሆሳዕና ብኣርያም እናበሉ ዘመሩ
ህጻናት ኢየሩሳሌም (2)

ሰላምኪ ሎሚ'ዩ ኢዮሩሳሌም
ናባኺ መጺኡ ኣምላኽ ዘለኣለም (2)

ኣንቲ ቤተልሄም ናይ ዳዊት ከተማ
ናይ ህዝብኺ ብርሃን መጽኣልኪ ብግርማ(2)

ሆሳዕና እንዳበሉ ኣመስገንዎ
ኣብ ኢየሩሳሌም ዘለዉ ህጻናት (2)

ጾወርቲ መንበሩ ኪሩቤል ሱራፌል
ድሕነት ከኾነና ተሰኪሙ መስቀል (2)

ናይ ኢየሱስ ስቓይ ደናግል ርኤን
እናልቀሳ ከዳ ሰዓብኦ ኩለን (2)

ሆሳዕና ብኣርያም እናበሉ ዘመሩ
ህጻናት ኢየሩሳሌም (2)

711. ንዘምር ሆሳእና

ንዘምር ሆሳእና
ዕልል'ውን ንበለሉ ንጎይታና

ቅድስቲ ሃገርና ኦ ኢዮርሳሌም
ምስጋናኺ ብዙሕ'ዩ ኣብ መላእ ዓለም

ኣድጊ ተወጢሑ ጎይታ ዝመጸኪ
ኢየሱስ ክርስቶስ መድሓኒ ዝኾነኪ

ፈላጣት ኢና ክብሉ ብትዕቢት ይተሩ
መንእሰይ ህጻናት ብሓደ ዘመሩ

ሰብ እንተዘመረ ኣየገርምን
ሆሳእና ሰብ ዘይኮነ እምኒ ዘዘምር'ዩ

ከመጽእ'ዩ ግዜ እንሕጎሰሉ
ስየ ዓቲርና ዕልል ንብለሉ

ሓጸርቲ ናይ ሆሳዕና

712. ሆሳዕና

ሆሳዕና (3)
ክብሪ ንኣምላኽ (2) ሆሳዕና
ክብሪ ንጎይታና (2) ሆሳዕና
ክብሪ ንንጉስና (2) ሆሳዕና

713. ሆሳእና እምርት

ሆሳእና እምርት እንተ ኣቡነ ዳዊት (2)
ቡርክት እንተ ትመጽእ መንግስት (2)

714. ሆሳእና ኣብ ኣርያም

ሆሳእና ኣብ ኣርያም (2)
ድሕነት ኮይኑ ንኹልና ሎሚ ኣብ ዓለምና
ኣኽቢሩና ፈጣሪና ብኢየሩሳሌም

715. ሆሳእና ንወዲ ዳዊት

ሆሳእና (3)
ንወዲ ዳዊት (2) ሆሳእና ንወዲ ዳዊት

716. ይባእ ንጉስ ስብሃት

ይባእ ንጉስ ስብሃት (2)
ይባእ ኣምላከ ምሕረት (2) እህ

717. እም ኣፈ ደቂቅ

እም ኣፈ ደቂቅ ወሕጻናት ኣስተዳሎከ
ስብሃት (2)
በእንተ ጸላኢ ከመ ትንስቶ ወለገፋዒ (2)

718. ኣርህው ሆሓተ

ኣርህው ሆሓተ ኣርህው መኳንንት (2)
ይባእ ንጉስ ስብሃት (2)
ይባእ ኣምላከ ምሕረት (2)

719. ኣርህው ሆሓተ

ኣርህው ሆሓተ ለንጉስ ስብሃት ዘይቤ (2)
ተሰምዓ ቃል ቀርን ወድምጸ ይባቤ (4)

720. ተጽእኖ ይቤ

ተጽእኖ ይቤ እዋል (2)
ኢዮርሳሌም ኣብእዎ ሃገረ ሰላም (2)

721. በትፍስህት ወበሃሴት

በትፍስህት ወበሃሴት (2)
ይሁቡሙ ሓይለ ወስልጣነ (2)

722. እምርት ዕለት

እምርት ዕለት በዓልነ ነያ (2)
ኣብርሃም ኣብ ዘተመነያ (2)

723. ብሩክ ዘይመጽእ

ብሩክ ዘይመጽእ በስመ እግዚኣብሔር
ባረክናክሙ እምቤተ እግዚኣብሔር

ነቲ ጸላእቲ ፈዳይ ሕነን ስቐ ክተብሎ
ካብ ቤት እግዚኣብሄር ንባርኸኩም ኣሎና

ሩ ይ መድሓኔ ዓለም ን መስቀልን ስቕለትን

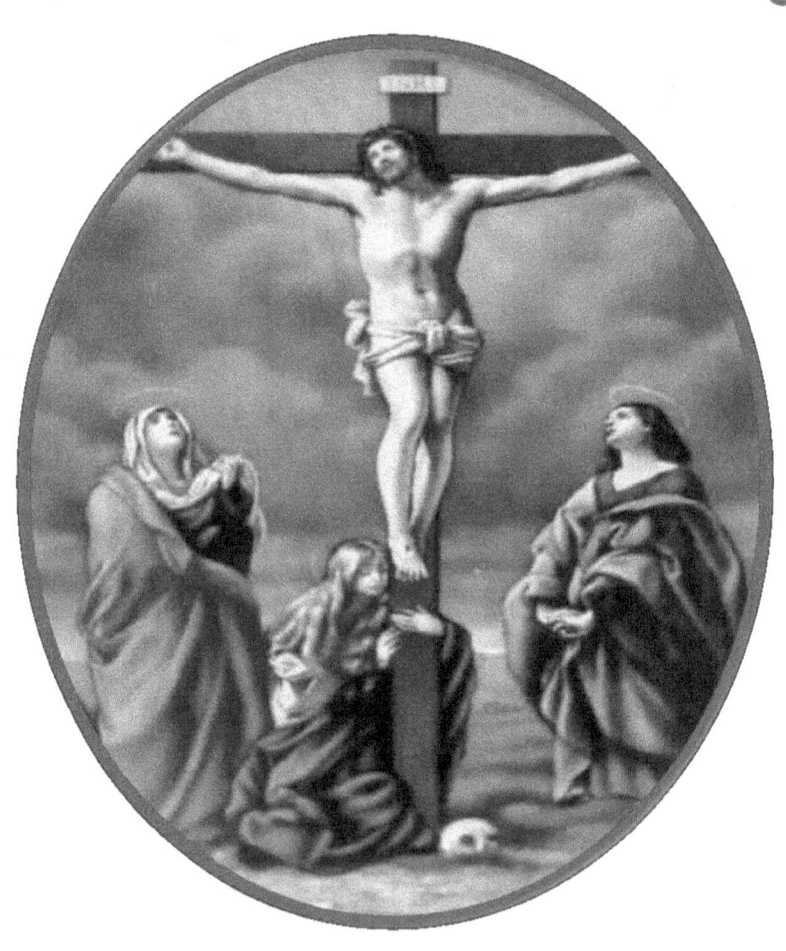

ነዋሕቲ ናይ መድሓኔ ዓለም

724. ካብ ሰማይ ሰማያት

ካብ ሰማይ ሰማያት ናብ ምድሪ ወሪዱ
ንደቒ ሰባት ኢሉ ተዋሪዱ
ሓጥኣት ዘይባህሪኡ ብኣምላኽነቱ
ምእንታና ተሰቒሉ ኣብ ማእከል ሽፋቱ

ናትና ፍቕሪ ስሒብዎ ተሰቒሉ ኣብ ቐራንዮ ጎቦ

ኣዲኡ እንታይ በለት ሓቒፋ ዘዕበየት
ፍቕዶ በረኻ ምስኡ ዝተሰደት
እንታይ እዩ ገይሩ እምታይ'ከ በዲሉ
መላእ ኣካላቱ ብገመድ ቆሲሉ

ናትና ፍቕሪ ስሒብዎ ተሰቒሉ ኣብ ቐራንዮ ጎቦ

ቀላያት ኩሎም ዝግዝእሉ
ንደቂ ሰባት ማይ ጸሚኡኒ ኢሉ
ደምን ርሃጽን ብገጹ እናወረደ
ክትበኪ ረኣያ እታ ርህርህቲ ኣደ

ናትና ፍቕሪ ስሒብዎ ተሰቒሉ ኣብ ቐራንዮ ጎቦ

መከራ ከይፈርሀ ዝተኸተለ
የውሃንስ በ'ኽየ ወይለይ እናበለ
ክሳብ መወዳእታ ብትብዓት ዘሰዓቦ
እንሆት ኣዴኻ ኢሉ ንዮውሃንስ ሃቦ

ናትና ፍቕሪ ስሒብዎ ተሰቒሉ ኣብ ቐራንዮ ጎቦ

725. <u>ኣብ ጌተሰማኒ ጻዕሪ ሞት ሓዘኒ</u>

ኣብ ጌተሰማኒ ጻዕሪ ሞት ሓዘኒ
ይሁዳ ይሸይጥ ጴጥሮስ ይኽሕደኒ
ሃዋርያት ይሃድሙ በይነይ ይገድፉኒ
ጸላእተይ መጺኦም ዙርያይ ይኸቡኒ (2)

ጲላጦስ ሄረዶስ ዕርክነት ፈጠሩ
ብኣይ ምኽንያት ገይሮም ብሰላም ክነብሩ
ሓዲኦም የላግጽ ሓዲኦም ይገርፍ
ፍቅርኻ'ዩ ነይሩ ናብ ሞት ዘብጽሕ (2)

መስቀል ተሸኪሙ ክመጽእ ጎልጎልታ
ክወድቅ ክትንስእ ብገመድ ክጓተት
ስጋይ ንስምብራት ደመይ'ውን ንምፍሳስ
ኣሕሊፈ ዝሃብኩ ንምድሓን ናይ ሰባት (2)

ኤሎሄ ኤሎሄ ላማ ሰበቅታኒ
ኢለ እና ጨሪሕኩ መጺጽ ኣስተዩኒ
ናባኻ ክምለስ ወደየ ስምዓኒ
እንታይ በዲለካ ጸላኢ ትኾነኒ (2)

726. <u>ኣብ ጌተ ሰማኒ ኣታኽልቲ ስፍራ</u>

ኣብ ጌተ ሰማኒ ኣታኽልቲ ስፍራ (2)
ንዓና'ሉ ጎይታ <u>ረኸበ መከራ</u> (2)

ኣዳምን ሄዋንን ዝሰረሕዎ ሓጢኣት (2)
ንዓና ኔይሩና <u>ከቢድ ናይ ሞት ቅጽዓት</u> (2)

መስቀሉ ተሰኪሙ ረኸበ መከራ (2)
ኣይሁድ ገረፍዎ <u>ኲሎም በብተራ</u> (2)

ድንግል ኣይከኣለትን ንብዓታ ክትክልክል (2)
እና ረኣየቶ <u>ወዳ ክንከባልል</u> (2)

በኣምላኽነቱ ከይፈረደሎም (2)
ከምዚ ኢሉ ጸለየ <u>ኦ ኣቦይ መሓሮም</u> (2)

ብስፊሕ ስልጣኑ ኲሉ ዝፈጠረ (2)
ብሰብ ተገረፈ <u>ሞተ'ውን ተቀብረ</u> (2)

ኣብ መበል ሳልስቱ በሓይሉ ስንሰአ (2)
እና ረኣይዎ ናብ <u>ሰማይ ዓረገ</u> (2)

ኣጽኒዕና ንሓዛ እምነት ተዋህዶና (2)
ክምለሰና'ዩ <u>መታን ክወስደና</u> (2)

727. <u>ምእንታና ጐይታ ተሰቒሉ</u>

ምእንታና ጐይታ ተሰቒሉ
ኣቦ ምሕረት ኣብ መስቀል ውዒሉ
ርህሩህ ኣብ መስቀል ውዒሉ
ጎይታ ሰንበት ፍርዲ ተቀቢሉ

ካብ ሰማይ ወሪድካ ክትደሊ ንዓና
ጸጋና ክትመልስ ለቢስካ ስጋና
ኣብ መስቀል ዝሞትካ ምእንቲ ሰብ ኢልካ
ኣብምላኽ ከነስኻ ብዙሕ ተገሪፍካ

ሰማይ ዝዝፋኑ ምድሪ መርገጽ እግሩ
ሓቀኛ ኣምላኽ እዩ ናይ ዘለኣለም ክብሩ
ሱራፌል ኪሩቤል ኲሎም ዘይቀርብዎ
ፈሪሳውያን ኣይሁድ ኣሕሊፎም ሃብዎ

ግብሩ ዘደንቕ እዩ ከምቲ ዘፍቀረና
ካብ ዘይውዳእ ፍቕሩ ምሕረቱ ሂቡና
ሕያዋይ ጓሳ እዩ የለን ዝሰኣኖ
ንመድሃኔ ኣለም ምስጋና ይኹኖ

728. ናይ ጸልማት ዘመን ተወዲኡ

ናይ ጸልማት ዘመን ተወዲኡ
ብርሃን ኣብ ዓለም ተወሊዑ
ከም ሓፍቲ ሙሴ ብከበሮ
ንዘምር ንበል ንሴብሆ (2)

ነጸብራቕ ብርሃን ፍሉይ ፋና
ጸደል ኣለዎ ድምቀት ባና
ቀደዱ ጸልማት ጸልማት መስቀል ጎይታ
ብርሃን ወሊዑ ጎልጎታ

የእዳውካ ዘርግሕ ኣመሳቕል
ባርኽ እስራኤል ባርያ ልዑል
ሙሴ በትርኻ ላዕሊ ግበር
ኣማልቃዊ ሞት ክስዕር

የለን ባርነት ተሳዒሩ
ዜና ናይ ሰላም ተበሲሩ
ዘምሩ ህዝቢ ዕልል በሉ
ሓራ ወጺና ብመስቀሉ

ሓይልና እዩ ትምክሕትና
መድሃኒት ህይወት ናይ ነብስና
ጽንዓትና እንድዩ ትውክልትና
መስቀል ናይ ጎይታ በጃ ናትና

ሓጸርቲ ናይ መድሓኔ ዓለም

729. መድሓኔ ዓለም ኣድሒኑና

መድሓኔ ዓለም ኣድሒኑና ብዘይሓልፍ ቃሉ(2)
ደስ ይበለና (2) ዕልል በሉ (2)
ኣድሒኑና ብዘይሓልፍ ቃሉ(2)

730. በደሙ ክቡር

በደሙ ክቡር ክቡር ቤዛወነ (2)
ኣኮ በወርቅ ሓላፊ ዘተሳየጠነ (2)

731. መድሓኔ ዓለም ወሃቢ ሰላም

መድሓኔ ዓለም ወሃቢ ሰላም (2)
ይክበር ይመስገን ለዘለኣለም (2)

732. እሳተ ጽርሑ ማይ ጠፈሩ

እሳተ ጽርሑ ማይ ጠፈሩ
ደመና መንኮራኩሩ ለመድሃኔ ኣለም (2)

733. በበኣልከ ባርከነ

ኣማን በኣማን (2)
በበኣልከ ባርከነ ዮም (2)

734. መድሓኒ ዓለም

መድሓኒ ዓለም (2)
ባርከኒ (2) ደቂቅከ (ኣግብርቲከ) ዮም

735. ንጉስ ብሓቂ ክርስቶስ

ንጉስ ብሓቂ ክርስቶስ ንጉስ ናይ ሰላም (2)
ኣምላኸናዩ (2) መድሃኔ ኣለም

736. እስመ ውእቱ ክብሮሙ

እስመ ውእቱ ክብሮሙ ለቅዱሳን መድሃኔ
ኣለም (2)
ኣሰርገዋ ለምድር ኣሰርገዋ በጽግያት (2)

737. ኩሉ ከንቱ

ኩሉ ከንቱ ከንቱ ንብረቱ
እስመ ኩሉ ሃላፊ ውእቱ (2)
መድሓኔ ዓለም (2) ኣድህነነ (2)
እስመ ኩሉ ከንቱ (2)

738. <u>መድሓኔ ዓለም ክርስቶስ</u>

መድሓኔ ዓለም ክርስቶስ በቀራንዮ ስቁል(2)
በለኒ መሓርኩኒ
በለኒ መሓርኩክ
በእንተ ማርያም እምከ እስመ ሄር ኣልቦ
እንበሌከ ቃል (2)

መድሓኔ ዓለም ክርስቶስ ኣብ ቀራንዮ ስቁል(2)
በለኒ ምሒረኒ
በለኒ ምሒረካ

739. <u>ሰላም ለዝክረ ስምከ</u>

ሰላም (3) ለዝክረ ስምከ (2)
ጥዑመ ዜና (4) መድሓኔ ዓለም ጥዑመ
ዜና (2)

740. <u>ወኣንቲኒ ቀራንዮ</u>

ወኣንቲኒ ቀራንዮ መካነ ጎልጎታ ይቤ (2)
እስመ በሓቤኪ (2) ተሰቅለ መድሓኔ ዓለም

741. <u>ሰራዊተ መላእክቲሁ</u>

ሰራዊተ መላእክቲሁ (2)
ለመድሃኔ ዓለም (2) ይቀዉሙ (2)

742. <u>ንልበይ ኣላዒሉ</u>

ንልበይ ኣላዒሉ የመልከተኒ (2)
ንመድሃኔ ኣለም እመኖ ይብለኒ
እመን (3) ንዋሃቢ ሰላም ንዝእመን
እመን (3) ብብዝሒ ምሕረቱ ንዝእመን

ንልበይ ኣላዒሉ የመልከተኒ (2)
ንድንግል ማርያም እመና ይብለኒ
እመን (3) ንሰኣሊተ ምሕረት ንትእመን

ነዋሕቲ ናይ መስቀል

743. <u>ንተሓጎስ ዕልል ንበል</u>

ንተሓጎስ ዕልል ንበል (2)
ጠፊኡ ኣይተረፈን ተረኺቡ ቅዱስ መስቀል (2)
ብብርሃን ኪመልእ ንኹሉ ዓለም (2)

እዃ ተጻዊሩ ጸላእቲ ሓቢሮም (2)
ነቲ ቅዱስ መስቀል ብምኽሪ ከጥፍኡ
ሓቢሮም (2)
ኣይከኣሉን ክኽዉሉ ንኽንቱ ጽዒሮም (2)

በቲ ጎቦ ተሓቢኡ ንዘመናት (2)
ተደርብዩ ብተንኮል ተሰዊሩ ብኽፍኣት (2)
ተገሊጹ በቲ ዕጣን ስግደት (2)

ኢሌኒ'ያ ነዚ ምስጢር ዝረኸበቶ (2)
ብዳሜራ ብሓጎስ ብኽብሪ ደው ዘበለቶ (2)
ንናይ ተንኮል ጎቦ ክኮዓት ጌራቶ (2)

ታሪኻዊ ናይ ክርስቶስ ህይያው መስቀል(2)
ተገሊጹ ሎሚ ብኽብሪ ብግሩም ሓይሊ(2)
ኩሉሳዕ ከብርሃልና ትምክሕቲ ክኾነና (2)

ሓጸርቲ ናይ መስቀል

744. <u>ጺጋ ነሳእነ</u>

ጺጋ ነሳእነ ወሕይወተ ረከብነ (2)
በሃይለ መስቀሉ ለኢየሱስ ክርስቶስ
በሃይለ መስቀሉ
ኪያከ እግዚኦ ነኣኩተከ ወንሴብሃከ
እግዚኣብሔር (2)

745. <u>ከመ ትባርከነ በመስቀልከ</u>

ከመ ትባርከነ በመስቀልከ ዘወርቅ (2)
ከመ ይኩን ቤዛ (2) ለኩሉ ዓለም (2)
ለብሰ ስጋ ማርያም (2) እህ

746. ወገበረ ሰላም

ወገበረ ሰላም (3)
ብመስቀሉኡ ወገብረ ሰላም

747. ኣይ ይእቲ ደብረ ከርበ

ኣይ ይእቲ ደብረ ከርበ ነብያት
ዝሃሰሱዋ ኣስተርኣያ መስቀሉ (2)
ደብረ ከርበ

748. ክቡር መስቀል

ክቡር መስቀል ሓይሊ ናይ ክርስትያን
ሓይሊ ናይ ክርስትያን (2) ደብረ ከርበ

749. መስቀል ሃይልነ

መስቀል ሃይልነ መስቀል ጽንዕነ መስቀል
ቤዛነ (2)
መድሃኒትነ ለእለ ኣመነ (2)

750. መስቀል ኣብርሃ

መስቀል ኣብርሃ (2) በከዋክብት
ኣሰርገወ ሰማየ
እምኲሉሰ ጸሓየ ኣርኣየ(2) እግዚኣብሔር(2)

751. መስቀል ብርሃን

መስቀል ብርሃን ለኲሉ ዓለም
መሰረት (3) ቤተ ክርስትያን (2)

752. መስቀል ብርሃን

መስቀል ብርሃን ለኲሉ ዓለም
መሰረት ቤተ ክርስትያን (2)
ወሃበ ሰላም መድሃኔ ኣለም
መስቀል መድሕን ልእለ ንኣምን (2)

753. ንዜኑ ለመስቀል እበዩ

ንዜኑ ለመስቀል እበዩ
ደኣ ወማየ (2) ኣውሓዘ ለነ (2)

754. ጽልኢ ብመስቀልከ ዘወርቅ

ጽልኢ ብመስቀልከ ዘወርቅ (2)
ብመስቀሉ ንዓለም ሰላሙ ዓዲሉ (2)

755. ጽልኢ ብመስቀሉ ቀቲሉ

ጽልኢ ብመስቀሉ ቀቲሉ (2)
ብመስቀሉ ንዓለም ሰላሙ ዓዲሉ (2)

756. ሃሌሉያ መርሕ በፍኖት

ሃሌሉያ መርሕ በፍኖት መጐሰሙ
ለጻድቃን መጐስ (2)
ዝንቱ መስቀል ለኣዳም ዘኣግብኦ
ውስተ ገነት (2)

757. በመስቀልከ ርድኣነ

በመስቀልከ ርድኣነ (2)
ወበሃልከ ተማህጸነነ (4)

758. በመስቀልከ ርድኣነ ወበሃይልከ

በመስቀልከ ርድኣነ ወበሃይልከ
ባርከነ እመ ዝርዋን (4) ዝርዋን
ኣግበርቲከ ንህነ

759. መስቀልካ ይኩነነ ቤዛ

መስቀልካ ይኩነነ ቤዛ (2)
ይኩነነ ቤዛ (4) መስቀልካ ይኩነነ ቤዛ (2)

760. መድሃኒት እጸ ህይወት

መድሃኒት እጸ ህይወት (2)
ዝንቱ ውእቱ መስቀል (2)

761. ቃል መስቀል

ቃል መስቀል ንዓና ሓይሊ ኣምላኽ'ዩ (2)
ንዘይኣምኑ ዕሽነት'ዩ ንዓና ድሕነት'ዩ (2)

762. ዝጸልመተት ዓለም ተወሊዓ

ዝጸልመተት ዓለም ተወሊዓ ብኽቡር
መስቀል
ተወሊዓ (5) ብኽቡር መስቀል

763. ወሪዶ እመስቀሉ

ወሪዶ እመ መስቀሉ (2)
እመ መስቀሉ ኣብርሃ ለኩሉ (2)

764. በመስቀሉ ወበቃሉ

በመስቀሉ ወበቃሉ (2)
ኣእበዮም ለኣበዊነ (2)

765. ሓይልነ ወጸወንነ

ሓይልነ ወጸወንነ ወሞገስነ (2)
ዝንቱ ውእቱ መስቀል (2)

766. ይቤሎሙ ኢየሱስ

ይቤሎሙ ኢየሱስ ለኣይሁድ (2)
እመኑ ብየ ወእመኑ በአቡየ
ኣብርህ በመስቀልየ ለዕሊኣየ (2)

767. እሌኒ ንግስት

እሌኒ ንግስት ሃሰሰት መስቀሉ (2)
እንባቆም ነብይ ዘኣንከረ ግብሩ (2)

768. ዮምሰ ለእሊኣየ

ዮምሰ ለእሊኣየ (2)
ኣብርህ በመስቀልየ (2)

769. በደሙ ከቡር

በደሙ ክቡር (2) ቤዘወነ (2)
ኣኮ በወርቅ ሓላፊ ዘተሳየጠነ (2)

770. ከመ ትርኣዩ

ከመ ትርኣዩ ቤተ ክርስትያኑ እንተ ኣጥረያ
በደሙ (2) ወዐተባ በዕጸ መስቀሉ (2)

771. ህየ ህየ

ህየ (3) ንሰግድ ኩልነ
ሃበ ቆመ እግረ እግዚእነ (2) እህ

772. ፍቅር ሰሓቦ

ፍቅር ሰሓቦ ለወልድ ሓያል እም መንበሩ (2)
ወኣብጽሖ (3) እስከ ለሞት (2)

773. እፎ ሰቀሉከ

እፎ ሰቀሉከ ካህናተ ይሁዳ ወሊዊ (2)
መድሃኔ ኣለም ናዝራዊ (4)
መድሃኔ ኣለም ናዝራዊ (2)
መድሃኔ ኣለም ናዝራዊ እህ

774. መድሃኒት ዘኮነ

መድሃኒት ዘኮነ (2)
ለኣህዛብ መድሃኒት ዘኮነ

775. ሓይሊ ናይ እግዚኣብሄር

ሓይሊ ናይ እግዚኣብሄር
ጥበብ ናይ እግዚኣብሄር
ምድሓን ናይ እግዚኣብሄር (2)
ኣይንምካሕን ብሓይሊ ጥበብና
እግዚኣብሄር'ዩ'ቲ መመከሒና (2)

776. ብመስቀሉ ዝኣመንኩም

ብመስቀሉ ዝኣመንኩም (2)
እንቛዕ ንብርሃን መስቀሉ ኣብጽሓኩም (2)

777. ብወንጌሉ ዝኣመንና

ብወንጌሉ ዝኣመንና (2)
እንቋዕ ንብርሃነ መስቀሉ ኣብጽሓና (2)

ሓጸርቲ ናይ ስቕለት

778. ኦ ጎይታ መን ኣሎ ከማኻ

ኦ ጎይታ መን ኣሎ ከማኻ (2)
ንዓና ክትብል ኣብ መስቀል ተሰቒልካ (2)

779. ፍቕር ሰሃቦ ለወልድ

ፍቕር ሰሃቦ ለወልድ ሓያል እምመንበሩ (2)
ወኣብጽሖ (3) እስከ ለሞት (2)

780. እፎ ሰቀሉከ

እፎ ሰቀሉከ ካህናት ይሁዳ ወሌዊ (2)
መድሃኔ ኣለም ናዝራዊ (4)

781. ዮሴፍ ወነቆዲሞስ

ሃሌ ሉያ ዮሴፍ ወነቆዲሞስ (2)
ገነዝዎ (3) ለኢየሱስ
በሰንዱናት ለዘተንስኣ እሙታን (2)
ሙታን በመንክር ኪን

ራይ ትንሳኤ

ነዋሕቲ ናይ ትንሳኤ

782. ጎይታየ ንስኻስ ሓያል ኣምላኽ ኢኻ

ጎይታየ ንስኻስ ሓያል ኣምላኽ ኢኻ ንበይንኻ
ብርሃንካ ጽላልካ የንጸባርቅ ኣሎ ብትንሳኤኻ
ትንሳኤኻ ኣርኣያ ንትንሳኤና
ብትንሳኤኻ ንድሕነት ተጓናጺፍና

ዘመን ዘመናት ሓሊፉ ዘመን ኩኔን ማእሰርቲ
ናይ ድሕነት ዘመን ረጊጽና ሎሚ ወጊሑ መዓልቲ
ናይ ምሕረት ዜና ሰሚዕና ብብርሃንካ ተመሪሕና
ህዝብኻስ ይሳገር ኣሎ ማሕላኺ ሲኦል በቲኹ /2

ሓሚሙ ነቲ ሕማምና ኣልዒልዎ ካብ ማእከልና
ኣብ ዕጸ መስቀል ተሸንኪሩ ኣርሒቅዎ ካብ ማእከልና
ከዘንቱ ነቲ ውዕለት ኣእዳወይ ውን ከልዕለሉ
ክዝምር ክቃንየሉ ኣብ ውሽጠይ ሓጎስ ገንፊሉ /2

ማርያም በዓልቲ መግደላ እታ ሓጥእ ዝነበረት
ዘደንቅ ትንሳኤ ሪኣ ንህዝብኻ ኣበሰረት
ኣነ'ውን ከመስግነካ ንትንሳኤኻ ከውሪ
ተንሲኡ ጎይታ እንዳበልኪ እዝምር ብዓቢ ክብሪ /2

783. ጸጋ ነሳእነ

ጸጋ ነሳእነ ወሕይወተ ረከብነ (2)
በሓይለ መስቀሉ ለኢየሱስ ክርስቶስ
በሓይለ መስቀሉ (2)
ኪያከ እግዚኦ ነኣኩት ወንሴብሓከ
እግዚኣብሄር (2)

ጸጋ ምሓዝና ህይወት ከኣ ረኺብና (2)
ብሓይሊ መስቀሉ ንኢየሱስ ክርስቶስ
ብሓይሊ መስቀሉ (2)
ንዓኻ ንጎይታ ነመስግን
ደጊምና ነመስግን እግዚኣብሄር (2)

784. ሓያል'ዩ ንሱ

ሓያል'ዩ ንሱ ዘለኣለማዊ ናይ ኩሉ ጎይታ
ንሞት ስዒሩ ዓወት ዝኣወጀ ዘይርታዕ ወልታ
እንሆ ተንሲኡ ደስ ይበለና (2) ብርሃኑ ርኢና

እንሆ ተንሲኡ ተንሲኡ ጎይታና ፍርቂ ለይቲ ጸልማት
እንሆ ተንሲኡ ንሞት ስዒርዎ ኣሎ ኣብ ሰማያት
እንሆ ተንሲኡ እቲ ገዛኢ ጸልማት ስልጣኑ ተሳዕረ
እንሆ ተንሲኡ እቲ ሞይቱ ዝነበረ ክርስቶስ ከበረ

እንሆ ተንሲኡ ግብሩ ተገሊጹ ሰራዊት ጸላኢ
እንሆ ተንሲኡ እቲ ጽሕፈት ዕዳና መ'ኺ'ኹ ከም ስምዒ
እንሆ ተንሲኡ ሲኦል ተዘሚታ መንደቓ ፈሪሱ
እንሆ ተንሲኡ ኣምላኽና ተንሲኡ ሓይልና ተሓዲሱ

እንሆ ተንሲኡ ብዓብይ ምስጋና ውዳሴ'ውን ሰናይ
እንሆ ተንሲኡ ንትንሳኤኡ ርእያ ተማሪኻ'ላ ነፍሰይ
እንሆ ተንሲኡ ብርቱዕዩ ተሪር ተነግረሉ ትንቢት
እንሆ ተንሲኡ ድሕሪ ደጊም እንታይ ስልጣን ኣለዎ ሞት

እንሆ ተንሲኡ ንሕና ድማ ምስኡ ካብ ሞት ተንሲእና ኢና
እንሆ ተንሲኡ ኣብ ቤተ መቕደሱ ብርሃን ለቢስና
እንሆ ተንሲኡ ሰንሰለት ደቂ ኣዳም ተፈትሐ ቁጻሩ
እንሆ ተንሲኡ ኣእዳውኩም ኣልዕሉ ዓልሉ ዘምሩ

785. አምላኽና ተንሲኡ

እግዚኣብሄር ተመስገን
አ ሓያል ጎይታ ተመስገን
ኣልፋን ኦሜጋን ተመስገን
ብትንሳኤኻ ተመስገን

ኣዳም ፍረ ኦም ምስ በልዐ
ጥርሑ ከምዘሎ ተረድአ
ሽዑ እግዚኣብሄር ኣዳም ኣዳም ኢሉ ምስ ጸውዐ
ንገጽ እግዚኣብሄር ንክርኢ ፈርሀ /2

ካብ ገነት ክስጎግ ሞት ውን ክመውት
ከመኽኒ ጀመረ ሄዋን ኣስሒታትኒ ኢሉ
ሄዋን ውን ጀመረት ምኽንያት ከተምጽእ
ተመን'ዩ ኣስሒቱኒ ውን በለት /2

ኣዳም ተጣዒሱ ክንብዕ ጀመረ
ሱባኤ ብምእታው ኣምሪሩ ነብዐ
እቲ ለዋህ ኣምላኽና ግን ተስፋ ሃቦ
ካብ ጓል ጓልካ ተወሊደ ከድሕነካ /2

ግዚኡ ምስ በጽሐ ኣምላኽና
ካብ ድንግል ማርያም ተወልደ
ሓጥያት ዘይብሉ ኣብ መስቀል ተሰቅለ
ንኽድሕነና ኣምላኽና ሞተ /2

ሞይቱ ውን ኣይተረፈን ኣምላኽና
ብሞቱ ንሞት ስዒሩ
ኣምላኽና ተንሲኡ ንሞት ስዒሩ
ብ እልልታ ንዘምር ኣምላኽና ተንሲኡ /2

786. ዕልል በሉ

ዕልል (2) በሉ ፈተውቱ ኩሉ
ንሞት ስዒርዎ ብዓወት ብሓይሉ
ካባይ ዘርሓቐ ሸውዓተ ኣጋንንቲ
ጐይታ ተንሲኡ'ዩ ሰንበት ፍርቂ ለይቲ (2)

ንዓይ ዝገበሮ ፍቕሩ ከይረሳዕኩ
ነቲ ጨናይ ሒዘ ኣንጊሄ እንተ ኸድኩ
ብዓቢይ ምሕረቱ ንዓይ ከይነዓቐኒ
ኣብ ልበይ ዘየለ ትንሳኤኡ ኣርእዩኒ

ናይ ኣግራብ ሓላዊ እዩ ዝበልክዎ
ማርያም በለኒ ሽዑ ፈለጥክዎ
'ቲ ናይ ፍቕሪ ድምጹ ኣተወ ኣብ ልበይ
ኣብ እግሩ ወደቕኩ ኢለ መምህረይ

ጴጥሮስ ዮውሃንስ ሃዋርያት ኩላትኩም
ተሓጒሱ ዓልሉ ይደምሰስ ሓዘንኩም
ምጹ እሞ ርኣዩ የለን ኣብ መቓብር
ንዓለም ንገሩ ናይ ብስራት ምስክር

ንሞት ስዒርዎ ብዓወት ስልጣኑ
ኣይትጠራጠሩ ብሓቂ እመኑ
ካብ ድቃስ ከም ዝትንስእ ጐይታ ተንሲኡ'ዩ
ንጸላእቱ ኩሎም ስዒርዎም እዩ

ነዚ ትንሳኤ ዘይጠፍእ ብርሃን
ብጸጋ ሂቡና ንወድስ ነመስግን
ብናቱ ትንሳሴ ትንሳኤ ሂቡና
ንዝገበረልና ነቕርብ ምስጋና (2)

787. ብንጹህ ደሙ

ብንጹ ደሙ ድሒንና
ወዲቕና ኔርና ተንሲእና (2)
ብዙሕ'ዩ ናቱ ውዕለታት
ክንዝምር ኢና ንጎይታ

ትኽ ኢልና ኢና ብኽብሪ
ርእሱ ኣትሒቱ ብፍቕሪ
ስሌና ብዙሕ ኮይኑልና
ናይ ብርሃን ኣኽሊል ሂቡና
ናይ ዓለም ብርሃን ጎይታ እዩ ንጸላኢና
ኣሲሩ (2)

ዕርቃኑ ኮይኑ ከዳኑ

እና ደኸመ ኣቑሙ
ንሱ ኣብ መስቀል ክመውት
ንዓና ሂቡና ህይወት
ናይ ዓለም ብርሃን ጎይታ እዩ ንጸላኢና
ኣሲሩ (2)

ክሳብ ሽሕ ትውልዲ ይምሕር
ለዋህ እዩ እሞ የፍቕር
ኣይስልችዎን'ዩ ንሱ
ንዓና ምድሓን ኣልቢሱ
ናይ ዓለም ብርሃን ጎይታ እዩ ንጸላኢና
ኣሲሩ (2)

ብደም ዘጌጸ'ዩ ልብሱ
ንኣማልኽቲ ሲዒሩ
ትውልዲ ምድሓኑ ይስማዕ
ፍቕሩ ፍጹም እዩ ዘይርሳዕ
ናይ ዓለም ብርሃን ጎይታ እዩ ንጸላኢና
ኣሲሩ (2)

ሓጸርቲ ናይ ትንሳኤ

788. ክርስቶስ ተንስአ እሙታን

ክርስቶስ ተንስአ እሙታን
ሞተ ወኬዶ ለሞት
ለእለ ውስተ መቃብር ወሃበ ህይወት
ዘለዓለም ዕረፍተ (3)

ክርስቶስ ተንስአ እሙታን
ወሃበ ህይወተ (2) ዘለዓለም ዕረፍተ (2)

789. ትንሳኤከ ለእለ ኣመነ

ትንሳኤከ ለእለ ኣመነ (2)
ብርሃንከ ፈኑ ዲቤነ (2)

ትንሳኤኻ ንኣምን ኩልና (2)
ብርሃንካ ፈኑ ናባና (2)

790. ኣማን በኣማን

ኣማን በኣማን (2)
ተንስአ እምነ ሙታን (2)

791. ክርስቶስ ተንስአ እሙታን

ክርስቶስ ተንስአ እሙታን (2)
በዓቢይ ሓይል ወስልጣን (2)

792. ኣንስት ኣንከራ

ኣንስት ኣንከራ (2)
ትንሳኤሁ ነገራ ኣንስት ኣንከራ (2)

793. ክርስቶስ ተንስአ እሙታን

ክርስቶስ ተንስአ እሙታን (2)
ኣማን በኣማን መድሃኔ ኣለም (2)

794. በትፍስሕት ወበሃሴት

በትፍስሕት ወበሃሴት (2)
ወይህበሙ ሃይለ ወስልጣነ (2)

795. ሰበካ ትንሳኤ

ሰበካ ትንሳኤ (2)
ኣዋልዲሃ ለጽዮን (2)

796. እም እቶነ እሳት

እም እቶነ እሳት ዘይነደድ ኣንገፈነ (2)
ብርሃናት ዘይእትዓጽፍ ተንስአ ለነ (2)

797. በደሙ ክቡር

በደሙ ክቡር (2) ቤዘወነ (2)
ኣኮ በወርቅ ሓላፊ ዘተሳየጠነ (2)

798. ወምድርኒ ትገብር ፋሲካ

ወምድርኒ ትገብር ፋሲካ (2)
ተሓጺባ በደመ ክርስቶስ (2)

799. ወእምዝ ዳግም

ወእምዝ ዳግም (2)
ዳግም ኢንመዉት (2)

800. ፋሲካ ፋሲካ

ፋሲካ ፋሲካ (2)
ተዝካረ ትንሳኤሁ ለመድሃኒነ (2)

801. ዮም ፍስሃ ኮነ

ዮም ፍስሃ ኮነ (2) በሰንበተ ክርስትያን
እስመ ተንስአ ክርስቶስ እሙታን (2)

802. ሃሌ ሉያ

ሃሌ ሉያ
ፍጽመ ንጉስ ኮነንዎ ኣይሁድ
ተካፈሉ ኣልባሲሁ ሓራ ስገራት
ወኩርዕዎ ርእሰ በሕለት
ረገዝዎ ገቦሁ በኲናት
ትንሳኤ ገብረ በሰንበት

803. ጺጋ ነሳእነ / ጺጋ ምሓዝና

ጺጋ ነሳእነ ወሕይወተ ረከብነ (2)
በሃይለ መስቀሉ ለኢየሱስ ክርስቶስ በሃይለ መስቀሉ (2)
ኪያከ እግዚኦ ነአኵት ወንሴብሓከ እግዚኣብሔር (2)

ጺጋ ምሓዝና ህይወት ከኣ ረኺብና (2)
ብሓይሊ መስቀሉ ንኢየሱስ ክርስቶስ ብሓይሊ መስቀሉ (2)
ንዓኻ ንጎይታ ነመስግን ደጋጊምና ነመስግን እግዚኣብሄር (2)

ራይ ዕርገት

ሓጸርቲ ናይ ዕርገት

804. ኣማን በኣማን መንክር

ኣማን በኣማን (2)
መንክር ስብሓተ ዕርገቱ (2)

805. ኣማን በኣማን ዘቀደሶ

ኣማን በኣማን (2)
ዘቀደሶ መንፈስ ቅዱስ (2)

806. ዓሪጉ ብምስጋና

ዓሪጉ ብምስጋና ዓሪጉ ብዕልልታ (2)
ብምስጋና ብዕልልታ ዓሪጉ (2) ብዕልልታ
ንሞት ዘሰዓረ ናይ ሰራዊት ጐይታ
ዓሪጉ (2) ብዕልልታ

807. መንፈስ ቅዱስ ወረደ

መንፈስ ቅዱስ ወረደ ላዕለ ሓዋርያት (2)
ተመሲሎ (5) በነደ እሳት (2)

808. ይቤሎሙ ኢየሱስ ለኣርዳኢሁ

ይቤሎሙ ኢየሱስ ለኣርዳኢሁ (2)
ሑሩ ወመሀሩ ለዝዓለም (2)
ወንጌል መንግስተ ሰማያት (2)

ኢየሱስ ንሃዋርያቱ ከምዚ ኢልዎም (2)
ኪዱ ኣስተምህሩ ንዘይኣመኑ (2)
ወንጌል መንግስተ ሰማያት (2)

809. ይቤሎሙ ኢየሱስ

ይቤሎሙ ኢየሱስ ለኣርዳኤሁ (2)
ሁሩ ወመሃሩ ወንጌል መንግስተ (2)
ዘለኩሉ ዓለም በሰላም (2)

810. ዘምሩ ለኣምላክነ

ዘምሩ ለኣምላክነ ዘምሩ (2)
ዘምሩ ለንጉስነ ዘምሩ (2)

811. ወረደ ምህረት

ወረደ ምህረት ወረደ ምህረት ወረደ
ምህረት (2)
በጸሎታ (3) ለማርያም (2)

812. ዓቃቤ ለኩሉ

ዓቃቤ ለኩሉ ቅዱስ ሚካኤል (3)
ከመ ዮም ሃሎነ (2) በሰላም ያስተራክበነ
(2)

ንኹሉ ሓላዊ ቅዱስ ሚካኤል (3)
ከምዚ ሎሚ ዘለና ኩልና ንዓመታ ሰላም
የጽንሓና (2)

813. ባህራንኒ ይቤ ዘነገደ ባሕር

ባህራንኒ ይቤ ዘነገደ ባሕር (2)
ርኢክዎ ለሚካኤል ወስዕንኩ ጠይቆቶ
ዘይቤ (2)

814. ውእቱ ሊቆሙ

ውእቱ ሊቆሙ ለመላእክት (2)
ለመላእክት ሊቆሙ ስሙ ሚካኤል (2)
ልብሱ ዘመብረቅ ዓይኑ ዘርግብ ሊቀ
መላእክት (2)

ራይ ቤተ ክርስትያንን ክብረ ታቦትን

815. ሰለማዊት ቤተይ

ሰለማዊት ቤተይ ደብረ ቤትኤል
ሰላም ክብለኪ ማሕደረ ልዑል
ርእሰ ኣድባር ደብረ ቤትኤል

እግዚኣብሄር ዘስመራ
ግርማ መንፈስ ቅዱስ ዝሓጸራ
በቲ ቅዱስ ደሙ ዝቐደሳ
ንውሉድ ወለዶ ክብርቲ'ያ ንሳ

ካብ ህጻንነተይ ዘዕበኽኒ
ዝማሬን ማህሌትን ዘስነቕክኒ
ህያወይቲ ኣደ ዝኾንክኒ
ክበርለይ ደብረይ ደብረ ወይኒ

ሰይጣን ተበገሰ ንዕንወትኪ
ማንም መሲልክዮ ከጥፍኣኪ
ብደመና ሰማይ ዝተሰወርኪ
ማሕደር ኣማኑኤል ደስ ይበልኪ

ንኹሎም ደቅኺ እትምህሪ
ብፍቕሪ ብሰላም ተዘምሪ
ካብ መዓር ወለላ ዝሕረ ውህበትኪ
መሕደሪት ኢየሱስ ንስኺ ኢኺ

816. ሰላም ኢለኪ ቀ. ቤተ ክርስትያን

ሰላም ኢለኪ ቅድስት ቤተክርስትያን ሰላም
ኣምሳል ሰማያዊት ኢየሩሳሌም ሰላም

ገጸ በረኸተይ ሰማያዊት ቤተይ
ወትሩ ተጽልልኒ ንወድኺ ንዓይ
ናይ ስሙ መንበሪት ናይ ልዑል ኣዶናይ
ኣነስ ተዓዲለ ረኺበየ ሰናይ

ጸጋኺ በዚሑ ዘይውዳእ ፈጺሙ
ህይወት ትዕድሊ ብስጋ ወደሙ
ኩሎም ዝሓመሙ ኣባኺ ይሓውዩ
ብሓቂ ቤት ብርሃን ውዕለትኪ ጥዑም እዩ

መቕምያ ክለዓል ማህሌት ክቕኀወም
ጸናጽል ከድምጽ ከበሮ ክህረም
መንፈስና ይሕደስ ከም ዳዊት ኣቦና
ብዕልልታ ነቕረብ ንኣምላኽ ምስጋና

ካብ ጽድቃ ተልብሳ ተዓረቐት ነብሰይ
እንተ ጠመየት'ውን ትምግባ ሸሻይ
ቤት ኣላትኒ ኣነስ ከውሒ መሰረታ
መሕደሪት ክርስቶስ ናይ'ቲ ለዋህ ጐይታ

ጐደናታት ውጹ ብልቢ ጠምቱ
ጥንታዊት መንገዲ ነቢታት ሕተቱ
ብጥበራ ቃላት ፍጹም ኣይትስሓቱ
ካብኣ ዝረሓቐስ ከንቱ'ያ ህይወቱ

817. ጽላት ዘሙሴ

ጽላት ዘሙሴ ጽላት (2)
ጽላት ዘሙሴ ጽላት (2) ህግ ወስርኣት (2)
ይእቲ ዕጸ መድሃኒት (2)
ይእቲ ዕጸ መድሃኒት (2) ማርያም ቅድስት (2)

818. ታቦት በውስቴታ

ታቦት በውስቴታ አሪት በውስቴታ (2)
ወቱሩ ይከድንዋ በወርቅ (2) በወርቅ ይከድንዋ (2)

819. ውስቴታ ታቦት

ውስቴታ ታቦት በውስቴታ አሪት በውስቴታ (2)
ይከድንዋ በወርቅ ይከድንዋ (2)

820. ታቦተ ህጉ

ታቦተ ህጉ ለእግዚአብሄር
በካህናት ህጽርት (2) ታቦተ ህጉ (2)

821. አፍቀርክዋ ለቤተክርስትያን

አፍቀርክዋ ለቤተክርስትያን (2)
ሃይማኖት ተዋህዶ (2) አፍቀርክዋ (2)

822. ቤተ ክርስትያንና

ቤተ ክርስትያንና ናይ ኣደ ፍቕሪዩ ዘሎኪ ንዓና ሓጥኣን ደቕኺ (2)
ከይንጠምይ ኣብልዕና ከይንጸምእ'ውን ኣስትይና
ህብስተ ወይኒ ኣቦና ሃየ መግብና (2)

823. ሃሌሉያ ወረድየ ብሔር ሮሜ

ሃሌሉያ ወረድየ ብሔር ሮሜ (2)
ለቤተ ክርስትያን ሪኢኩዋ ኣኢመርኩዋ ኣፍቀርኩዋ ለቤተ ክርስትያን (2)

824. ተቀደሲ ውንስኢ

ተቀደሲ ውንስኢ ሓይለ ኦ ቤተ እግዚአብሐር (2)
እስመ ናሁ ንጉስኪ በጽሓ እግዚአብሐር (2)

ናይ ጾምን ንስሓን

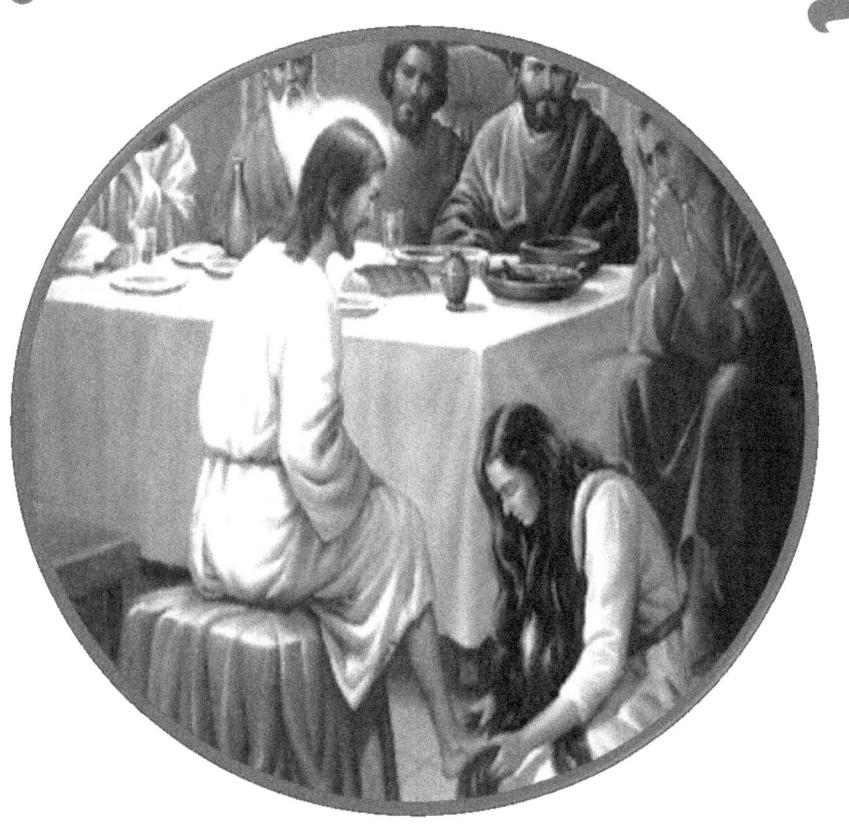

ነዋሕቲ ናይ ጾምን ንስሓን

825. ከም ብዝሒ ሳህልኻ

ከም ብዝሒ ሳህልኻ ኣምላኽ መሓረና (2)
ከምቲ ምሕረትካ'ውን ይቕሬታ ሃበና (2)

ኣንጽሃኒ ጐይታይ ካብ እከይ በደለይ (2)
ናይዛ ጸልማት ዓለም ከይከውን ኣገልጋላይ(2)

ኣነስ ፈለጥክዎ ኣበሳይ በደለይ (2)
ፍጹም ኣንጽሃኒ ምሕረት ግበረለይ (2)

ኣምላኽ ኣሕዘንኩኻ እከይ'ውን ገበርኩ (2)
ይቕረ ኽትብለኒ ቅድሜኻ ወደቕኩ (2)

ቅድሜኻ ወዲቀ ክልምን ንዓኻ (2)
ጐይታይ መሓረኒ ምውዳቀይ ርኢኻ (2)

ሕጂ ባርኽልና ጸሎትናን ስግደትናን (2)
ጐይታይ ለኣኽልና ጸጋ መንፈስ ቅዱስካን
ድንግል ማርያምን

ሕጂ ባርኽልና እምነትናን ሃገርናን (2)
ጐይታይ ለኣኽልና ቅዱስ ሚካኤልን ቅዱስ
ገብርኤልን

826. ኣልቦ ዘከማየ

ኣልቦ ዘከማየ ዘከማየ
ኣበሳ ሓጢኣት ገባሪ (2)

ወኣልቦ ዘከማከ (3)
እግዚኣብሔር መሓሪ (2)

መድሃኔ ኣለም ክርስቶስ
ዓለማተ ኩሉ ፈጣሪ (2)

በደመ ገቦከ (3)
ሓጢኣትየ ኣስተስሪ

ከምዚ ኸማይ የለን ከምዚ ኸማይ
ኣበሳን ሓጢኣትን ገባሪ (2)

ከማኻ'ውን የለን (3)
እግዚኣብሄር መሓሪ

መድሃኔ ዓለም ክርስቶስ
ናይዚ ዓለም ኩሉ ፈጣሪ (2)

ብደም ናይ ጐንኻ (3)
ሓጢኣተይ ኩሉ ኣስተስሪ (2)

827. እግዚአ መሓረና

እግዚአ መሓረና ሓጢኣትና ስረየልና (2)
ናባኻ ንጠርዕ ንስምካ ንጽውዕ
ናባኻ ንጠርዕ ቅድሜኻ ንነብዕ

ጾርና ከቢዱና ኣካልና ደንዚዙ
ብማእሰርቲ ሓጢኣት ፍጹም ተታሒዙ
ሰንከለል ኮይኑና ናብራ ናይዛ ዓለም
ቀልጢፍካ ርድኣና ህያው መድሃኒ ኣለም

ንብዓትና ክሕበስ ንኽንጸናናዕ
ጐይታ መሓረና ንጸሎትና ስማዕ
ዓለባ ምሕረትካ ንሱ'ዩ መንጸፍና
ዘውትር ነጠልቅዮ ፍቕርኻ ኣሚንና

ዉሉድ ምስ ወላዲ እናተኻሰሱ
ጭካነ ሰልጢኑ ኣዕዚዙ ነጊሱ
ሓደ ኣብ ልዕሊ ሓደ ንረብሓ ክሕሱ
ርድኡና ስላሴ ምሕረትኩም ኣፍስሱ

ከም ሰብኣ ነነዌ ንምብርከኽ ኩልና
ሚቅ ዘይኮነ ፍቕሪ ስኒት ተቐኒትና
የእዳውና ምልዓልና ንኽንቱ ከይከውን
ንበኪ ኣሎና ኤልማስ ተለመን

ኣብ ሲና ትማሊ መና ጌሩ ቐለብ
ሕጂ ግን ጐይታና መከራ ክንምገብ
ንረብሓ ተሼጥና ዘለና ኣብ ማሕዩር
ፍትሒ ኣውጽኣልና ብሰላም ክንነብር

ሰደት ጸዕዲዑልና ጊዜኡ ነዊሑ
ውጽኢት ሓጢኣትና መከራ በዚሑ
ንሱ ድዩ ኮይንዎ በዚ ድዩ ከድምደም
ኣይፋልካን ጐይታና ለግሰልና ሰላም

828. እግዚአ ኣምላኽና

እግዚአ ኣምላኽና ስምዓዮ ጸሎትና (2)
ካብ ላዕላዋይ ሃገር ርኣዮ ንብዓትና

ፍቅርኻ ጠፊኡ ምክሳስ ኣብዚሕና
ንፍርዲ ቅልጡፋት በደልና ከዊልና
ምዕናው ምሕጣእ ኮይኑ ምላሽ ውዕላታኻ
እግዚአ ኣምላኽና ይርሓቅ ቁጠዓኻ

ብርሀቲ ነብስና ደልሃመት ኮይንዋ
ዝሰምዓ ስኢና ስጋ በርቲዕዋ
ብዝሒ ርህራሄኻ ተዘይለኣኽካልና
ስቃይ መከራ'ዩ ንነብሮ ዘለና

ዘመንና ከፊኡ ህዝብኻ ሓሲሙ
ዕርቃን ጥሜት ጽምኢ የጽርሮ'ሎ ደሙ
ምሕረትካ ካብ ሰማይ እንተ ዘይቀልጢፉ
ምብልላዕ ድኣ ሞት ነብሲ'ዩ ትርፉ

ናትና እሞ ይጽናሕ በደልና ዝኸፈአ
ናብ ቅዱሳን ኣበው ናብ ኣቦታት ርአ
በጃ ሓጥያት ዓለም እንዳ ተማህለሉ
እንሆ እንዶ የዒንቶም ሰርቢ ደም መሲሉ

829. ናባኻ መጻእኩ ይቕረ ኸትብለለይ

ናባኻ መጻእኩ ይቕረ ክትብለለይ
ስምካ እናጸዋዕኩ በቲ ርኹስ ኣፈይ
እኔኹ ይቀውም ሎሚ ኣብ ቅድሜኻ
ይቕረ ክትብለለይ ብብዝሒ ምሕረትካ

ዘረባ ወለደይ እቲ ጽቡቕ ምኽሮም
ንኹሉ ነጸግኩ ክፍለ ካብኣቶም
ግቡኣይ'ውን ሒዘ ወጸእኹ ካብ ቤቶም
ፈጺመ ኣተኹ ኣብ ሓጢኣት ዓለም

ብዘብለጭልጭ ነገር ፍጹም ተሳሓብኩ
ንኹሉ ገንዘበይ ክዘሩ ጀመርኩ
ኣብ ግብሪ ሓጢኣት ገንዘበይ ወዳእኩ
ዝገብሮ ስኢነ ብዙሕ'ውን ነባዕኩ

ዘዝረኣዩኒ ኩሎም ፈንፈኑኒ
እንተ ቐረብኩዎም ኩሎም ረሓቑኒ
ብምሒር ዓጸቦ ዓቕለይ ጸበበኒ
ኽደሊ ጀመርኩ ዕሱብ ዝቖጽረኒ

ድሕሪ ነዊሕ ድኻም ድሕሪ ነዊሕ ኮለል
ብዓስቢ ተቖጸርኩ ከም ባርያ ክገልግል
ምጥዓም ስኣነ ብግፍዒ ብበደል
ዝበልዖ ስኣንኩ ንኽብደይ ዘዕንግል

ብሓዘንን ጣዕሳን ተመለስኩ ቤተይ
ርእዩ ሰዓመኒ እቲ ርህሩህ ኣቦይ
ኣነ'ውን በልክዎ ወድኻ ኽስመ
ኣይበቕዕን ኣነ እንትርፎ ኣገልጋላይ

ኣቦይ'ውን በለኒ ብጡዑማት ቓላት
ሞይትካ'ውን ነበርካ ሓወኻ'ውን ካብ ሞት
ጠፊእካ ነበርካ ደሓንካ ካብ ጥፍኣት
እቶ ጥራይ ወደይ ብሓጎስ ብትብዓት

ዕልል ዕልል ኢሎም መግለጺ ናይ ሓጎስ
ኣብ ማእከል ኣተኹ ምስ ዕዱማት ናብ ዳስ
ደጊሞም ዓለሉ ከደኑኒ ኣልባስ
ምስኣም ተጸምበርኩ ምስ ስድራ ክርስቶስ

830. ኮብሊለ ነበርኩ

ኮብሊለ ነበርኩ ብጽሒተይ ሒዘ
ናብራይ ከመሓይሽ ኣብ ዘይዓደይ ክይደ
ኣዝማደይ ገዲፈ ካብ ዘፍቅሮ ኣቦይ
ዘለኒ ኣጥፊአ ንኽምለስ ቤተይ
መጺአ ኣቦይ ተቐበለኒ (2) ኣነ ጥፉእ ወድኻ

ዝበልዖ ስኢነ ኣካለይ ጎዳእኩ
ኣብ ዘይፈልጦ ዓና ክሰርሕ ጀመርኩ
ብጭንቂ ክሰርሕ ለይቲ ምስ መዓልቲ
ተስፋ ስኣንኩሉ ከም ጸልማት በዓቲ
መጺአ ኣቦይ ተቐበለኒ (2) ኣነ ጥፉእ ወድኻ

ዝበልዖ ዘይብለይ ወይ ድማ ዝስትዮ
ሽው ተረዳእኩ ናይ ቤት ኣቦይ ዕዮ
መንፈሰይ ክጭነቕ ሰላም ውን ስኢነ
ዓሪቀ ነበርኩ ዘርሞ ዘርሞ ኮይነ
መጺአ ኣቦይ ተቐበለኒ (2) ኣነ ጥፉእ ወድኻ

ብገዛእ ድሌተይ ሓጥያት ለሚደ
መኻሪ ዘይብለይ እኳ ዋላ ሓደ
ብናይ ዓለም ፍቕሪ ኣዝየ ተታሊለ
ሂወተይ ወፊኹ ኣብ ዓለም ኮብሊለ
መጺአ ኣቦይ ተቐበለኒ (2) ኣነ ጥፉእ ወድኻ

ገጸይ'ውን መለስኩ ናብቲ ፍቑር ቤተይ
ክዕረቕ ወሰንኩ ምስ ብሩኻት ስድራይ
ኣቦይ መጺኤ ኣለኩ ብጣዕሚ በዲለ
ይቕሬታ ክሓትት ኣብ ኣፍደገ ኮይነ
መጺአ ኣቦይ ተቐበለኒ (2) ኣነ ጥፉእ ወድኻ

ብታሕጓስ ሓኒቁ ገጸይ ሰዓመኒ
ይቕሬታ ብምግባር ናብ ቤቱ ኣእተወኒ
መይቱ ዝነበረ ረኺበዮ ሞጎስ
ስብሕቲ ኣምጺኡ ንብላዕ ንተሓጎስ
መጺአ ኣቦይ ተቐበለኒ (2) ኣነ ጥፉእ ወድኻ

831. ከኽፈል ዘይክእል

ከኽፈል ዘይክእል ኣሎኒ ውዕለትካ (2)
ከንገር ዘይክእል ኣሎኒ ውዕለትካ (2)
ኣምላኽ ተመስገን ናተይ ጐይታ
እዚ እዩ ዓቕመይ ንህያብካ

ኣብ ዘመነይ ኩሉ ደጊፍካኒ በእዳውካ
ዘርዚረ ኣይውድኦን ጐይታይ ንውዕለትካ
መስኪናይ ባርያኻ የብለይን ዝኸፍለካ
ዝህቦ የብለይን በቲ ዓቕመይ የመስግን ንዓኻ

ንዑቕ ዝነበርኩ ኣነ ብሰብ ተፈንፊነ
ኣብ ውድቀተይ ኩሉ ኣልዒልካኒ ኣመስጊነ
ነብሰይ ንውዕለትካ ብምስጋና ትኽፍለካ
ንግሆ ምሸት ስምካ እናልዓለት ተመስግን ንዓኻ

መሕብኢ ስኢና ነብሰይ ጐይታይ ርኢኻያ
ካብ ብዙሕ ነገራትካ ወሲድካ ኣዕሪፍካያ
ዝኸበዳ ሰኸም ተሰኪምካ ኣውሪድካላ
እንሆ ኣብ ቅድሚ ሰም ንውዕለትካ ተመስግን
ንዓኻ

ኣይድንጉን'ዩ ኣምላኽና ንኹሉ ጊዜ ኣለዎ
ኣብ ጊዜ ሽግርና ንመልኣኹ ይፍንዎ
ናይ ጽድቂ መ'ንገዱ እናርኣየ ይመርሓና
ናይ ህይወት መንገዲ እና መርሐ ዕረፍቲ ሂቡና

832. እግዚኣብሄር ጥዑም'ዩ

እግዚኣብሄር ጥዑም'ዩ
ኣብ ግዜ መከራ መጸገዊ'ዩ (2)

ካብ ገነት ተሰጎ ኣዳም ኣቦና
ሞት ነጊሱ መጸ ኣብ ርእሲ ኩላትና
ቃል ኪዳን ነገሮ ጎይታ ንኽድሕኖ
ኣብ ግዜ መከራ መጸገዊ ኮኖ (2)

ኣብርሃም ካብ ካራን ካብ ናይ ኣቡኡ ቤት
ከንኣን ከኣቱ ክስደድ ብእምነት
ንዝሃቦ ተስፋ ገለ ከየጉደለ
ኣብ ግዜ መከራ ንዘርኡ ኣብዝሐ
ከም ሑጻ ናይ ባሕሪ ንዘርኡ ኣብዝሐ

ኣብ ሓዘን ኣብ ሽግር ኣብ መከራ ግዜ
ንጭንቀይ ዘርሕቕ'ዩ ናይ ልበይ ትካዜ
ብሓጎስ ብሰላም ንልበይ መሊኣ
እግዚኣብሄር ይመስገን ሓዘነይ ረሲዐ (2)

833. ኣነ መንየ ኢልና

ኣነ መንየ ኢልና ርእስና ንመርምር
ኣብ ቅድሚ ኣምላኽና ሓጢኣትና ንዘክር

በደልና ኣሚንና ርእስና ኣትሒትና
በደልና ኣሚንና ንለምን ንኣምላኽና
ናይ ኣምላኽ ትእዛዛት ብኣና ተጣሒሱ
ብዝሙት ብሓሜት ኣካልና ረኺሱ

ናይ ስጋ ጥቕሚ ርእዩ ልብና ጸኒዑ
ሞት ክሳብ ዝወስደና ንምንታይ ዘንጊዑ

ንንስሓ ዝኸውን ካብ ሃበና ዕድመ
ንመለስ ናብ ኣምላኽና ብርሃንና ከይጸልመተ

ኣሞጽ ኣብ ትንቢቱ ከም እተነበዮ
ነብስና ከይትጠሚ ቃሉ ነጽንዓዮ

ናይ ጻድቃን ሳማእታት ናይ ድንግል ጸሎታ
ኣይፈለየና ኣብ ቅድሚ ልዑል ጎይታ

834. ጻድቕ እንከሎ

ጻድቕ እንከሎ ሓጥእ ዘይንዕቕ
ሓያል እንከሎ ድኹም ዘይንዕቕ
ኣቤት እግዚኣብሄር ምሕረቱ ዘደንቕ (2)

ከም ዝዋውዕ ከሎ ሓጥያተይ ምቅይሑ
ከም ናይ ሑጻ ባሕሪ በደለይ ምብዝሑ
ደኒነ ዝነብዕ ምግደር ሓጥያተኛ
ናይ ደም ሰብ ክነሰይ በደለኛ
ብምሕረት የዒንቱ ናባይ ዝራኣየ
ይፈልጣ እንድየ ነብሰይ ኣነ መንየ
ካብ ዝወደቅክዎ ዘላዕለኒ
ምሕረቱ ዝበዝሐ ኣቦ ኣለኒ

የፍቅሮ እንዳ በልኩ ኣብ ፍቅሩ ዘይነብር
ምስቶም ዘይእዘዙ ኣብ ሰልፎም ዝሓብር
ከምቲ ዝሓልየለይ ክንዲ ዘመስግኖ
እና ፈለጠኒ ጸላኢ ከምዝኾኖ
እንከይ ረብረበ ስመይ ዝጽውዖ
ወትሩ ጽብጽባሕ ፍቕረይ ዝብርትዖ
ኣብ ሓጥእ ባሪኡ ካብ በዝሐ ምሕረቱ
መልሰይ ምስጋና'ዩ ንኽብሪ ዕበየቱ

ካብ ቤት ኣቦይ እቲ ዝነኣስኩ
ካብ ነገደይ ድማ እቲ ዝደኸምኩ
እንታይ ሪኡለይ እዩ በርትዕ ዝበለኒ
ናይ ኣምላኸይ ምሕረት ገሪመኒ
ንብዓት ራሄል ይኹን ዝነጽጎ ንብዓተይ
ኣብ ራማ ዝስማዕ ምህለላይ
ነቲ ወግሐ ጸብሐ ወርትግ ዝልምኖ
ውዳሴ ምስጋና ይኹኖ

ዕለት ዕለት ወትሩ ስሙ ዝጽውዖ
ልዕሊ ገዚፍ እምባ ጌረ ዝጽግዖ
ልዕሊ ኩሉ ነገር ኣዝየ ዝኣምኖ
ጎይታ ክኾነኒ ባሪኡ ዝኾኖ
ነገር ኣለኒ ምስኡ ዓለም ዘይትፈልጦ
ምምላስ ኣብዩኒ ንልበይ ዘሕበጦ
ኣብ ቅድሚ ኣምላኸይ ሎሚ'የ ከቢረ
ይፈልጣ እንድየ ነብሰይ ትማሊ መን ነይረ

835. የፍቕረካ'የ

ክስዕበካ'የ ምሉእ ፍቕሪ ዓድለኒ
ጉድለት እምነተይ ኣርሒቕካስ ተቐበለኒ
የፍቕረካ'የ ንስኻ ትፈልጥ እምበር
የኣምነካ'የ ስንከልከል በዚሑ'ኒ'ምበር
ክስዕበካ'የ ምሉእ ፍቕሪ ዓድለኒ
ጉድለት እምነተይ ኣርሒቕካስ ተቐበለኒ

ኣሚነን ወሲነን ወገን ናትካ ኮይነ
ተሰሊፈ'ንድየ ጎይታ
እንታይ ደኣ ኮይኑ ጸጋይ ተገፊፉ
ካልእ ኮይኑ ዕላማይ
የፍቕረካ ክብል ፍረ ይስእኑ
ተግባረይ ይጎድለኒ
ዉሑድ'ዩ እምነተይ በርቲዐ ክትንስእ
ባዕልኻ ወስኸኒ

ዓስቢ ዓለም ደልየ ፍቓዳ መሊአ
ዓጊበ'ኳ ኣይፈልጥን
መሊአ ጎዲለ ተፈራሪቐ'ምበር
ሓሳበይ ኣየዕርፍን
ምሳኻ ግን ኣሎ ፍጹም ጣዕሚ ሂወት
ጀሚሩ ዘየቛርጽ
ፍቓድካ ክመልእ ፍቓድካ ይኹነለይ
ተለዊጠ ክሕደስ

ክድምድም'የ ገና ፍጻመ ኣይረኸብኩን፡
ክሳብ ቦታ ዕረፍተይ
ክትንስእ'የ ገና ክጋደል ድማ'የ
ክቕጽሎ መንገደይ
ሳሕልኻን ምሕረትካን ደገፍ ክኾናኒ
ክስዕባኒ'የን ጎይታይ
ብተስፋ ክነጽህ ጽውኢይ ክንጀርብብ
ኣብ ሰመያዊ ቤተይ

836. ኣምላኽ ፍቀደለይ

ኣምላኽ ፍቀደለይ ክነብር ኣብ ቤትካ
ከም ዝፈቀድካሎም ንጻድቃን ባሮትካ
ብፍጹም ክመስሎም ነቶም ቅዱሳንካ (2)

ከመስግነካ ኣብ መላእ ሂወተይ
ክውድሰካ ብኹሉ ዘመነይ
ፍጹም እንክምለስ ጎይታ ሃሉ ኣብ ጎድነይ
ብዓይኒ ምሕረትካ ደምስሶ ኣበሳይ (2)

ነቶም ዘፍቅሩኻ ኣብሊጽካ ተፍቅሮም
ትእዛዝካ ዘኽብሩ ደቂ ኣዳም ኩሎም
ተበጊስለኹ ኣንውን ክስዕቦም
ጸጋኻ ሃበኒ ክስዕብ ኣሰሮም (2)

ብሂገ ኣለኹ ብምሕረትካ ሰናይ
ፍጹም ክይጸባጸብካ ንእከይ በደለይ
ጎይታ ሓብረኒ ናይ ሂወት መንገደይ
ኣነ ክይጠፍኣካ በለኒ ውሉደይ (2)

837. ኣማን ብኣማን

ኣማን ብኣማን (4) እህ
ኣማኑኤል ተመስገን (2)

ስጋዊ ትምኒት እንዳ ፈጸምኩ
ካብ ሕጊ ኣምላኽ ፍጹም ረሓቅኩ
ሓጥያተይ ርእዩ ከይቀጽዓኒ
ንኽንሳሕ'ውን ዕድመ ሂቡኒ

ግደፈ ዓለም ኣይተታልልኒ
ድሕሪ ደጊምስ ቻው ድሓን ኩኒ
ብንእስነተይ ናብ እግዚኣብሄር
ምቅራብ መረጽኩ ካብ ናይ ዓለም ነገር

ኣብ ሓጥያት ዓለም ዝተጸመድኩም
ብርሃን ዕድሜኹም ከይጽልምተኩም
ናይ ሓጥያት ዓለም ኣብኡ ደርቢኹም
ንዑ ኣገልግሉ ንሃይማነትኩም

838. ኣጆኻ ኢልካኒ

ኣጆኻ ኢልካኒ ምርኩሰይ ኮይንካ
ኦ'ርህሩህ ኣምላኸይ ጸልማተይ ቀንጢጥካ
ብርሃን ለጊስካለይ ደንጊጽካላ ኢኻ'ሞ
ተዕብየካ ነፍሰይ

ሓጢኣተይ በዚሑ ከም ግንቢ ሰናኦር ኣዝዩ
በሪኹ
ብሰንኪ ዕሽነተይ ኣብ ስቃይ ወደቅኩ
ቃላትካ ሂብካኒ ተስፋ ድሕነት ዘጸናንዓኒ
ሓጢኣተይ ኣርሒቕካ ውሽጠይ ኣሐዲስካኒ
ጥፍኣተይ ዘይደሊ ርህሩህ'ዩ ልብኻ
ኣምላኸይ ተመስገን ብዙሕ'ዩ ውዕለትካ(2)

ብሕሰም ናብራ ዓለም ኣእሙረይ ብሒቱ
ካባኻ ክፍለ
ረሲዐ ንዓኻ ኣብ ሓጢኣት ጥሒለ
ምረት ውሽጢ ልበይ ፈውሲ ሂብካ ንዓይ
ዝረዳእካ
ኣምላኽ ኩሉ ምሕረት ምስጋናኻ ይኹንካ
ዋልታ ናይ ምድሓነይ መቀረት ህይወተይ
ክበረለይ ጐይታ መጸናንዕየይ (2)

ኣጆካ ንዓለም ስዒረያ እየ ጐይታየይ ኢልካኒ
ጐደለይ መሊእካ ኣበርቲዕካኒ
ነፍሰይ ኣምሊጣ'ያ ምስ ተበትከ መፈንጠራ
ስሕተት
ብፍቕርኻ ኣምላኸይ በቲ ናትካ ምሕረት
ከም ጥዑም መኣዛ ናብ ኩሉ ዝበጽሕ
እግዚኣብሄር ፍቕርኻ ናብ ህይወት ይመርሕ(2)

ዋላ እጥመ እጽማእ ዝከደኖ እስኣን
ይዕረቅ'ውን ዝባነይ
ካልእ ኣይደልን'የ እንተለኻ ምሳይ
መሊኡ ዝተርፍ ዘንጀርብብ ጽዋእ ናይ ፍቅርኻ
ሓልዮት ኩሉ ፍጡር ትፍጽም ምኳንካ
ኣብ ምድሪ ዝደልዮ የለን ብዘይካኻ
ኣብ ሰማይ ምርካበይ ጐይታይ ንዓኻ (2)

839. ሕጂ'ዶ ተመሊስ

ሕጂ'ዶ ተመሊስ ንድሕሪት ጠሚተ
ኣእምሮይ ክዝመት ዓይነይ ተዓሚተ

ጀሚረዮ እንድየ ኣብቲ ናይ ፈለማ
ቅዱስ ቅንኢ ኣሕዲረ ፍታው ብዕላማ
መንፈስ እግዚኣብሄር ብኸመይ ክምኖ
ድኹም ኮይነ እምበር ልሳኑ ዘይኮኖ

ትምክሕቲ ሓሲበ ንቤቱ ከይጥሕስ
ልቦና ከጥሪ ሪመይ ንኸወርስ
ሰማያዊ ጸጋ ዝባነይ ክፈሶ
ሕጂ'ዶ ተሰምየ ርስቱ ዝኸሓዶ

ንሕልናይ ኣብየ ናይ ነባሪ ሩፍታ
ንስጋይ ገሊጸ ከሊኤያ በፍታ
ኣምሪጸያ ነብሰይ ካብ ኩሉ ኣብሊጸ
ኣይፋለይን ኢላ ሓዘን ምስ ትካዘ

ብመንፈስ ጀሚረ ከይውድእ ብስጋ
ክብሪ ውሉድነት ከይወርዶ ሓደጋ
ዕርፊ ሒዘ ኣይጥምትን'የ ንድሕረይ
ብሓይሊ ኣምላኸይ ከሳጉም ንቅድመይ

ብደም ኣማኑኤል እያ ተዓዲጋ
ክምሕል ከይጠልማ ብናይ ዓለም ዋጋ
ኣነስ ተኣዚዘ ክሕሉ ክብረታ
ጽብእቲ ክከላኸል ሓጢኣት'ውን ከይብህጋ

መሪጸ'ለኹ ኣነ ዘይድሓረ ሕጂ
ከመርሓ ህይወተይ መንፈሳዊ ዓውዲ
መዓስ ብቅልጽመይ ነኣፈይ ዝግስግስ
ጾም ጸሎት ሓዊስ ንስሙ ክቕድስ

840. ብመንግስትኻ ዘክረኒ ጐይታ

ካብ ሑጻ ባሕሪ ይበዝሕ ሓጥያተይ
ቋሕ ኢለ ክጥምት ኣይክእልን ሰማይ
ኣይዝርዘርን'ዩ ብዙሕ'ዩ በደለይ
ምክኣሉ ስኢነ ከቢዱኒ ጾረይ
ንስሓ ዝሰራዕካ ኣይኮነን ንጻድቅ
ንዘይበደሉካ ነ'ብርሃም ንይስሃቅ
ንያዕቆብ ንሙሴ ኣይኮነን ንእዩብ
ንዓይ ንሓጥእዩ ንዓይ ንድኹም ሰብ

ብመንግስትካ ዘክረኒ ጐይታ ክትመጽእ ኮለኻ
ብዘፍርሕ ግርማ ክትመጽእ ኮለኻ ዘክረኒ ኢኻ

ዕርቃነይ ተሪፈ ተገፊፉ ጸጋይ
ቅድሜካ ደው ክብል ኣይከኣለን ብርከይ
እኖይ ብሓጥያት ጠኒሳ ወሊዳትኒ
ጐይታይ ንሓጥያተይ ኣሕሊፍካ ኣይትሃበኒ
ቅኑዕ ኣለካ ኣምላክ ክትቀጽዓኒ
ቅኑዕ ኣለካ ክትግስጸኒ

ብመንግስትካ ዘክረኒ ጐይታ ክትመጽእ ኮለኻ
ብዘፍርሕ ግርማ ክትመጽእ ኮለኻ ዘክረኒ ኢኻ

ግብሪ ዘይብለይ ቃልካ ተዛራቢ
ኣብ መድረክ ደው ኢለ ወንጌልካ መሃሪ
ዘማሪ ወዳሲ መቁረቢ ቀዳሳይ
ኣብቲ ቅዱስ ቤትካ ማህሌትካ ቀዋማይ
ግብሪ ዘይብለይ ደንዳኒዩ ልበይ
ገብርሄር ክከውን ጐይታይ ፍቀደለይ

ብመንግስትካ ዘክረኒ ጐይታ ክትመጽእ ኮለኻ
ብዘፍርሕ ግርማ ክትመጽእ ኮለኻ ዘክረኒ ኢኻ

ቃልካ ዘክር ጎይታ ናይ ቀራንዮ
ኣብ ቤቴልሄም ምውላድካ ዘክሮ
እቲ ኩሉ ስቃይ ምእንታይ'ዶ ኣይኮነን
ቃልካ እዩ ጎይታ ሓኪም ንሕሙማት

ብመንግስትካ ዘክረኒ ጐይታ ክትመጽእ ኮለኻ
ብዘፍርሕ ግርማ ክትመጽእ ኮለኻ ዘክረኒ ኢኻ

ፍያታዊ ዘየማን ምስ ለመነካ
ቃሉ ሰሚዕካ ሓጥያቱ ገዲፍካ

ኣምስለኒ ከምኡ ንዓይ ንባርያኻ
ጐይታ ዘክረኒ ኣብ ዳግማይ ምጽኣትካ

ብመንግስትካ ዘክረኒ ጐይታ ክትመጽእ ኮለኻ
ብዘፍርሕ ግርማ ክትመጽእ ኮለኻ ዘክረኒ ኢኻ

841. ዘልኣለማዊት ነፍሰይ

ዘልኣለማዊት ነፍሰይ መታን ከይትኹነን
ስለ ዘድሓንካኒ መድሃኔ ኣለም
ዝገበርካለይ ኣይርስዖን
ካብ ቅድሚ ዓይነይ ኣይፈልየካን (2)

ብመቑሕ ሰንሰለት ተኣሲረ ክሕሎ
ኣብ መቓብር ኮይነ ንህዝቢ ክሕልሎ
ወዲ ልዑል ኣምላኽ ገሲጽካ ንለጊዖን
ምሉእ ሰብ ጌርካኒ ምስክር ክኸውን (2)

ፈትየ ንኽውስን ምርጫ ምስ ሃብካኒ
ናይ ዘልኣለም ሂወት ቲ'ቃልካ መቂሩኒ
ብመርበብ ፍቕርኻ ተኣሲሩ'ዩ ልበይ
መሪጸ ከንሳፍፍ ኣብ መርከብካ ጎይታይ (2)

ንሞትን ሂወትን ብደስታ ይቕበሎ
ወሓዚ ፍቕርኻ ኣብ ውሽጠይ ስለዘሎ
መከራ ጸበባ ስደት'ዶ ወይስ ዕርቃን
ሓይሊ ኮነ ስልጣን ዝፈልየኒ የለን (2)

መንገደይ ዘይፈልጥ ኣብ ጸልማት ዝነበርኩ
ህላዌኻ ምርኣይ ሲኢነ ዘዕነኹ
ናብ ቤትካ ኣምጺኻኒ ብዘደንቅ ጥበብካ
እንሆ በቒዐ ክዝምር ንስምካ (2)

842. ምሳኻ ምንባር

ምሳኻ ምንባር ከመይ ኢሉ ይሓስመኒ
ካባኻ ምፍላይ ከ ከመይ ኢሉ ይጥዕመኒ
ግና ፈተና ዓለም የሰናኽለኒ
ክፋእ ውዲት ናይ ሰይጣን እና ኣሳቐየኒ

ሰንከልከል ይበዝሓኒ ኣብ ምሉእ ሕይወተይ
ዓይነይ ናብዛ ዓለም ናብ መስቀልካ ልበይ
ውሽጠይ ኩሉ 'ንትናይ ብፍቕርኻ ይነድድ
እግረይ ግና እንድዒ ናብ ዘይ ደልዮ
ይኸይድ (2)

ንሓንሳብ ይወድቕ ብናይ ሰይጣን ቅልስ
እንደገና ይትንስእ ኣብ ስምካ ይምርኮስ
ሕይወተይ ንስኻ ኢየሱስ ክርስቶስ
ባህገይ ድሌተይ'ውን ኣብ ልበይ ክትነግስ
(2)

እንሆ ሕይወተይ ስጋይ እንተ ኣበየ
ሕልናይ ውሰዶ እቲ ዝዓበየ
ነገር ስጋ ከቢድ ከየታርፈኒ
ኣምላኸይ ኣምላኸይ ኣይትፈለየኒ (2)

ስዩም ኢለ ኣለኹ ኣብ ልበይ ተሸመ
ሂወተይ ከጣዕሪ ስምካ ኣቕዲመ
መንፈሰይ ክፍውስ እቲ ዝሓመመ
ምሳኻ ክነብር ከይበልኩ ደኺመ (2)

843. ጐይታየ ዘከረኒ

ጐይታየ ዘከረኒ (2)
ኣብታ ትመጽእ መንግስትኻ ኣይትረስዓኒ(2)

ገበነይ ብዙሕ እዩ ጽቡቕ ምግባር የብለይን
ዓማጺ እየ ሽፍታ ሕግታትካ ኣይሓለኹን
ምሕረትካ ብዙሕዩ ንዘለመነካ
ኣይትጭከንን ከፉት እዩ ኣፍደጌኻ

ሰዓበኒ ኢልካ ካብ ምግፋፍ ዓሳ ጸዊዕካኒ
ነፍሳት ንኽእከብ ጐይታይ መሪጽካኒ
ሕማመይ ከትጸውር ኣብ ዝተሳቀኻ
ኣይፈልጠንየ ኢለ ከሓድኩኻ

መን ኣሎ ከማኻ ርህሩህ ልቡ ዘይጭከን
ኪሒዱኒዩ ኢልካ ከመውት ኣይሓደግካንን
ድሕሪ ደርሆ ነቆ ንስሓ ምስ ኣተኹ
በደለይ ኣይዘከርካን ከምዝተጋገኹ

ጐይታየ ዘከረኒ ኣብ ትመጽእ መንግስትኻ
ኢለ ምስ ለመንኩ ኣርሒኻለይ ኣፍደጌኻ
ካብቲ ሰናይ ግብረይ ገበነይ ይበዝሕ ነይሩ
ብናትካ ምሕረት ግን ሰይጣን ተሳዒሩ

844. ጸጋኻ ሃበኒ

ጸጋኻ ሃበኒ ሕደን በደለይ
ከም ብዝሒ ምሕረትካ
ቀድሳ ንነፍሰይ

ክርስቶስ ኣምላኸይ ናይ ሕይወተይ ቤዛ
ክርዳእ ፍቕርኻ ናይ ስቅለትካ ቓንዛ
ኣብ ጽላት ናይ ልበይ ፍቅርኻ ክሕተም
ዳህስሶ ንልበይ ብመንፈስ ክልብም (2)

ካባኻ ሪሕቐ ኮብሊለ ብበደል
ፍጹም ኣይፈተኻን ኣብ ሰልሚ ክትከል
ንኽብሪ ምስጋና ኮይኑ ዝተፈጥረ
ከም ፍቃድ ልብኻ ሕጂ'ውን ከበረ (2)

ካብ እከይ በደለይ ካብ ሕሱም ባርነት
ደጊም ሓራ እየ ረኺበ ናጽነት
ክብሪ ምስ ውዳሴ ከምኡ'ውን ምስጋና
ተቐበል ንስምካ ሰማያዊ ዳኛ (2)

845. ሃበኒ ኣምላኸይ

ሃበኒ ኣምላኸይ ሃበኒ ጐይታየ
ምሕረትካ (2) ክነብረሉ

ሃበኒ ኣምላኸይ ሃበኒ መድሕነይ
ጸጋኻ (2) ክነብረሉ

ሃበኒ ኣምላኸይ ሃበኒ ጐይታየ
ፍቕርኻ (2) ክነብረሉ

ሃበኒ ኣምላኸይ ሃበኒ ኢየሱሰይ
ሰላምካ (2) ክነብረሉ

ሃበኒ ኣምላኸይ ሃበኒ ጐይታየ
ሰናይካ (2) ክነብረሉ

ሃበኒ ኣምላኸይ ሃበኒ ጐይታየ
ብርሃንካ (2) ክነብረሉ

ሃበኒ ኣምላኸይ ሃበኒ ጐይታየ
ጽድቅኻ (2) ክነብረሉ

846. ኦ ጎይታ ውዕለትካ

ኦ ጎይታ ውዕለትካ ተኣምርካ ድንቂ'ዩ
ኣምላኻዊ ቃልካ ስምካ ህይወተይ'ዩ (2)

ኣብ መስቀል ውዒልካ ጎይታ ኣድሒንካኒ
ስለ ስመይ ሞትካ ሂወት ውን ሂብካኒ (2)

መጺኻ ኣብ ሓዘነይ ኣጸናኒዕካኒ
ኣጆኻ ዝወደይ ኢልካ ዘልዓልካኒ (2)

ኣነ መን ኣሎኒ ጎይታ ብዘይካኻ
ካብ ኣቦይ ካብ ኣደይ ትበልጽ ንስኻ (2)

847. ኦ ጎይታ ውዕለትካ

ኦ ጎይታ ውዕለትካ ተኣምርካ ድንቂ'ዩ
ኣምላኻዊ ቃልካ ስምካ ህይወተይ'ዩ (3)

ብሃዋርያት ጌርካ ብዙሕ መኺርካኒ
ስለ ሓጢኣተይ ሜትካ ህይወት ሂብካኒ
ኦ ጎይታ ውዕለትካ ተኣምርካ ድንቂ'ዩ
ኣምላኻዊ ቃልካ ስምካ ህይወተይ'ዩ

መጺኻ ኣብ ሓዘነይ ኣጸናኒዕካኒ
ኣጆኻ ዝወደይ ኢልካ ዘልዓልካኒ
ካብ ዘይጠፍእ ሓዊ ካብ ሞት ኣውጺእካኒ
ንዓኻ ዝኸፍሎ ጎይታይ እንታይ ኣሎኒ

ሓቀኛ ረዳኢ ወገነይ ንስኻ ኢኻ
ጎይታ ካብ ወዲ ኣደ ትበልጽ ንስኻ
ምእማን'ውን ምምካሕ ጎይታ ብኣኻ'ዩ
ዘይቅየር ኣምላኽ ስምካ ክቡር'ዩ

ስምካ መግበይ ኮይኑ ይጸግብ ጸዊዐ
ፍጹም'ውን ይሕጎስ ፍቕርኻ ጥዒመ
ብሰማይ ብምድሪ ብነፍሲ ብስጋ
በኣኻ ይምካሕ ኣልፋ ወኦሜጋ

848. ራህርሃለይ

ራህርሃለይ ለዋህ ኢኻ
ደንግጸለይ ሓደራኻ
ከይትምህምን እዛ ነፍሰይ
ቀድሰኒ ብህይወተይ

ተግባረይ ከፊኡ ጸላም ደፊኑኒ
ሕልናይ ደንዚዙ ኩሉ ሓርቢቱኒ
ፍጹም'የ በዲለ እከይ ዝገበርኩ
ብገዛይ ፍቃደይ ድነ ሞት በጺሕኩ (2)

ዓይነይ እንዳርኣኹ ኣብ ሓዊ ከይኣቱ
ጸውዓኒ ኣምላኽ ብጥዑም ቃላቱ
ኣይፋል በልኩ ኣነ ከየስተዋዓልክዎ
ሰላም ምስ ሰኣንኩ ሎሚ ፈለጥክዎ (2)

ጊዜ ናይ ድሕነተይ ህይወት ዝረከበሉ
ብዕብዳን ዕንደራ ከይተጠቀምኩሉ
ሽግር ምስ መድሓኒ ክሓስብ ሸመርኩ
ብፍረ ተግባረይ ካብ ኣምላኽ ረሓቕኩ (2)

ትእዛዝካ ንዒቐ ንዓለም ከፊቱ
ንበራሲ ነገር ናይ ከንቱነት ከንቱ
ተመንየዮ ሎሚ'ቲ ጥዑም ቃላትካ
ጊዜ ከይወሰድኩ ክምለስ ናባኻ (2)

ኣሕዋት ኣስተውዕሉ ዘረባይ ስምዕዎ
ዕጫይ ከይበጽሓኩም'ቲ ዝነበርክዎ
ካብቲ ቅዱስ ኣምላኽ ፍጹም ከይትርሕቑ
ንሱ እዩ ጥዑም መሓሪ ንደቁ (2)

849. ንብሰይ ንእግዚኣብሄር ኣመስግኒ

ንብሰይ ንእግዚኣብሄር ኣመስግኒ (2)
ንብሰይ ንእግዚኣብሄር ባርኺ (2)

የዕጽምተይ ኩሉ ንቅዱስ ስሙ
ንብሰይ ተመገቢ ንቅዱስ ቃሉ
ንዝተገበረልኪ ንሰናይ ግብሩ
ኣይትረስዒ ኣዘንትዊ

ንብሰይ ንእግዚኣብሄር ኣመስግኒ
ምስጋናኡ ኣይትረስዒ
ሓጢኣትኪ ኩሉ ይቕረ ዝብለልኪ
ካብ ደውየኺ ዝፍውሰኪ

ካብ ጥፍኣት ዘድሓነኪ
ምሕረት ረኺብኪ ምሕረት ለጊሱልኪ
ንትምኒትኪ ብበረኸቱ ኣጽጊብዋ ብሃብቱ

ካብ ድቕድቕ ጸልማት ዘውጸኣኪ
ብርሃን ርኢኺ ብርሃን ለቢስኪ
ናይ እግዚኣብሄር ስሙ ዝተባረኸ ይኹን
ካብ ኣጽናፍ ኣጽናፍ ዝተመስገነ ይኹን

ነቲ ሽግረኛ ካብ መሬት ዘልዕል
ነቲ ምስኪን ክብሪ ዝዕድል
ኣህዛብ ኩልኹም ተገዝእዎ
ንሰናይ ስሙ ኣመስግንዎ

850. ቐራንዮ ምድረ ጎልጎታ

ቐራንዮ ምድረ ጎልጎታ
ዝተሰቀለልኪ ክርስቶስ ጎይታ
ወዕለት ግርፋቱ እስከ ንገርኒ
መከራ ስቃዩ ኣዘኻኽርኒ

ሃናን ቀያፋን ሊቃነ ካህናት
ናይ ጥንቲ ኣምላኾም ኣበለዎ ከርተት
ንብዙሕ ዘመናት መና ዝመገቦም
ኩሎም ገረፍዎ ነቲ ጎይታ ሰላም

ተነበ እንዳበሉ ኣላገጽሉ
ነቲ ብርሃን ገጹ ጥፍጣፍ ገበሩሉ
ንብዙሕ ዓመታት ጽልእ ዝነበሮም
ሄርዶስ ምስ ጴላጦስ ሽዑ ተፋቀሩ

ድንግል ኣይከኣለትን ንበዓታ ኽትክልክል
ቐቂድሚኣ ኮይኑ ወዳ ኽከባልል
ኣብ ሓቁፋ ኣቄፋ ሓዚላ ዘዕበየት
ወደይ(2) ኢላ ኣምሪራ በኸየት

ኣምላኽ ተሰቂሉ ኣብ ማእከል ሽፋቱ
በጃ ኣዳም ክብል ርእሱ ኣድኒኑ ሞይቱ
ዓለማት ብምልኦም ዝተፈጥሩ ብኡ
ኣብ መበል ሳልስቱ ብሓይሉ ተንሲኡ

851. ተግባረይ ከፊኡ

ተግባረይ ከፊኡ ጸላም ደፊኑኒ
ሕልናይ ደንዚዙ ኩሉ ሓርቢቱኒ
ፍጹም እየ በዲለ እኪይ ዝገበርኩ
ብገዛእ ፍቓደይ ድነ ሞት በጻሕኩ (2)

ራህርሃለይ ለዋህ ኢኻ
ደንግጸለይ ሓደራኻ
ከይትምህን እዛ ነፍሰይ
ቀድሰኒ ብሂወተይ

ዓይነይ እንዳ ረአኹ ኣብ ሓዊ ከይኣቱ
ጸውዓኒ ኣምላኽ ብጥዑም ቃላቱ
ኣይፋል በልኩ ኣነ ከይስተውዓልኩዎ
ሰላም ምስ ሰኣንኩ ሎሚ ፈለጥኩዎ (2)

ናይ ድሕነተይ ሕይወት ዝረኸበሉ
ብዕብዳን ዕንደራ ከይተጠቀምኩሉ
ሽግር ምስ በጽሓኒ ከሓስብ ጀመርኩ
ብፍረ ተግባረይ ካብ ኣምላኽ ረሓቕኩ (2)

ትእዛዙ ንዒቀ ንዓለም ከፊቱ
ንበራሲ ነገር ናይ ከንቱነት ከንቱ
ተመንየዮ ሎሚ እቲ ጥዑም ቃላትካ
ጊዜ ከይወሰድኩ ክምለስ ናባኻ (2)

ኣሕዋት ኣስተብህሉ ዘረባይ ስምዕዎ
ዕጫይ ከይበጽሓኩም እቲ ዝነበርክዎ
ካብቲ ቅዱስ ኣምላኽ ፍጹም ከይትርሕቑ
ንሱ እዩ ጥዑም መሓሪ ንደቁ (2)

852. መኑ ይቀውም

መኑ ኣ ይቀውም ቅድመ መንበሩ ለልኡል
ኣመ ምጽኣቱ ዳግም ይኮናን ለምድር

ጐይታ ክመጽእ'ዩ እቲ መዓልቲ ፍርዲ
ግርማኡ ለቢሱ እቲ እሙን ዘውዲ
ብድምጺ መለኽት ብዘፍርህ ነውጺ
ንፍጥረት ናይ ኣዳም ዓስቦም ንኽፈዲ

ኩሎም ክቶሙ እዮም ዘርኢ ደቂ ኣዳም
ኣብ ቅድሚ ጐይታኦም ኣብ መድሓኔ ዓለም
ዘዘፍረይዎ እቲ መኽሊቶም ሒዞም
ጐይታ ክብበም'ዩ እቲ ግቡእ ዓስቦም

ንጻድቃን'ውን ይብሎም ብቃል ናይ ምስጋና
ሕገይ ዝሓለኹም ፍቃድ ቅድስና
መንግስተይ ውረሱ ዕጡቓት ንጽህና
ንዑ ናባይ ደቀይ ምሉኣት ትሕትና

ንሓጥኣን'ውን ይብሎም ብቓል ናይ ወቐሳ
ሕገይ ዘይሓለኹም ምሉኣት ኣበሳ
ዘይፍረኹም መኽሊት ናይ ስሳ ሳላሳ
ካብ ቅድመይ ረሓቑ ውሉዳት ዲያብሎስ

ሽዑ ክኸውን'ዩ ብኽያትን ሓዘንን
ኣዴታት ኣይሰምዓን ኣውያት ናይ ውሉደን
ንብዓት ክውሕዝ'ዩ ከም ፈለግ ግዮን
እዚ ክኸውን እዩ ብጽሒት ሓጥኣን

ንምሕጸን ኣለና ብስጋኻ ደምካ
ንምሕጸን ኦ ጐይታ ብማርያም ኣዴኻ
ንምሕጸን ኣለና በቶም ቅዱሳንካ
ኩላትና ክንኣቱ ኣብ ሰማያዊ ቤትካ

853. ንሞተይ ሞይትካለይ

ንሞተይ ሞይትካለይ
ክብሪ ስልጣን ሓዲግካለይ
ቀራንዮ ጸዊርካ መስቀለይ

ማእከል ሸፋቱ ክትስቀል
ህዝቢ ክእከብ ክጅምር
ኩርማጅ መግረፊ ክዳሎ
ገራፋይ ቁጽሪ ክድምር
ኣቤት ትሕትና ኣቤት ፍቕሪ
ሰለይ ሰብ ኮይንካ ፈጣሪ
ዕራቕካ ኮይንካ ኣልቢስካኒ
ብፍቕርኻ ሓዲብካኒ

ናይ ስቕለት ጊዜ በጺሑ
ኣብ መስቀል ኮይንካ ክትፍዕር
ምስማር ኣይኮነን ሒዙካ
ፍቕሪ'ዩ ነይሩ እቲ ምስጢር
መለኮት ብተዋህዶ
መጺጽ ሓሞት ኣስተዩኻ
ናይ ነፍሰይ ናፍቆት
እምበር ማይ መዓስ ኮይንካ ጸሚእካ

ተፈጸመ ኢልካ ሰሚዐ
ንስደተይ ፈጺምካዮ
ደኺምካ ሓይልካኒ
ንታሪኸይ ቀይርካዮ
ናይ ሞተይ ምዕራፍ ዓጺኻ
ኣተንሲእካኒ ብፍቕሪ
ዓዲምካኒ'ኻ ንሂወት
ክወርሳ 'ታ ቦታ ክብሪ

854. ከም ብዝሒ በደለይ

ከም ብዝሒ በደለይ እንተ ኮይኑ ቕጽዓተይ
ኣይውዳእን እዩ ተዘርዚሩ ሓጢኣተይ (2)
ኣይውዳእን እዩ ተነጊሩ ሓጢኣተይ

ክምለስ እንዳበልኩ እብል ሎሚ ጽባሕ (2)
ዘመነይ ወዲኤ ብዘይ ገለ ስራሕ

እንታይ ክምልስ እየ ዝጽውዓሉ ዕለት (2)
ኣይሰርሕን እዩ ሽዑ ኣውያት ንብዓት

መሓሪ ኢኻ'ሞ ንዝበደሉኻ
ይቕረ በሃሊ ኢኻ እንተ ለሙኑኻ
ይቕረ በለኒ'ሞ ክረክብ ጸጋኻ

ዓመጸኛ ልበይ ድሕሪት ከይመልሰኒ
ብመላእኽትኻ ጎይታይ ሓልወኒ
ኣብ ዳግማይ ምጽኣትካ ጎይታይ ዘክረኒ

855. ኃይታየ ምጽኣትካ ግዲ ቐሪቡ

ኃይታየ ምጽኣትካ ግዲ ቐሪቡ በዚሒ ሓጢኣትና
ኣብ ክንዲ ሰሓቕ ብእህህታ መሊኡ ልባትና
ዝዘራእናዮ ዘርኢ ሃጉጉ ማእኮት ስኢኑ
ደንግጸልና ኃይታ ሕዝብኻ ኣድሕን ከይተርፍ ማሲኑ

ናበይ'ዩ እዚ ኹሉ ሸበድበድ ናበይ ኣበይ'ዩ መዕረፊና
ርግኣት ውሽጥና ተዘሪጉ ሃዲሙ መንፈስና
ሰንፈላል ኮይኑ ኩሉ ተረቢሹ ጉዕዞ ሕይወትና
ተመስገን ተመስገን'ዩ ዝገዝሞ ነቲ ዘይውዳእ ድሌት ልብና
ኣሎኮ ፍጹም ኣይተቐየረን እቲ ኩሉ ነገር ዝከኣሎ ኣምላኽ ቀደምና

ነበረ እምበር ኮይኑ 'ቲ ርጉእ ዘመን ዘመነ ፍቕሪ ሕውነት
ይድብዝዝ ኣሎ ምስሊ ቐደም ርህራሄ ምስ ሓልዮት
ይሃስስ ኣሎ ሎምስ እቲ እዋን እዋን ሓድሕድ ክብረት
ዘመን ይቕሬታ ዘመን ጭውነት ኣብቂዑ ድዩ ዘመነ ሕድገት
ብርግጽ ሎሚ በጺሕናዮ ኢና ኃይታ ዝበሎ ንሓዋርያት ምልክት ናይ ምጽኣት

ሓው ምስ ሓው ወላዲ ምስ ውሉዱ እምብዛ ተጨኻኺኑ
ኣብ ክንዲ ሰላም ጽልእን ባእስን ሕነ ምፍዳይ ኮይኑ
ርኽሰት ጭካኔ ውግእ ወረ ውግእ ኣብ ኩሉ ገኒኑ
ፍረ ናይታ ምውቕቲ ስድራ ቤት ከም እኽሊ ዓውዲ ተበታቲኑ
ዘለዎን ዘይብሉን ኩሉ የጉረምርም ንኣምላኽ ኤልሳዕ ዘመስግኖ ፍጹም ተሳኢኑ

ነባቤ መለኮት ኣቡቀለምሲስ ራእዩ እንሆ ጀሚሩ
ይጓዝም ኣሎ'ቲ ጨካን ኣርዌ ኣርማኡ ገቲሩ
ይውቀር ኣሎ እቲ ማሕተም ትንቢት ኣብ ግብሪ ውዒሉ
ህያብ ናይ ሰዶም ዓለም ብግዲ ተቐበልዮ'ውን ተባሂሉ
ኣሕዋት ነስተውዕል ኩሉ ንመርምር ይፍጸም ኣሎ እንታይ ተሪፉ ምጽኣት ኣኺሉ

856. ‘ቲ ምሕረቱ ዘይነጽፍ ዒላ’ዩ

‘ቲ ምሕረቱ ዘይነጽፍ ዒላ’ዩ ዘይጐድል ዘይውዳእ
ርህራሄኡ ኣይውዳእን’ዩ ይቕረ ኢሉኒ ኣምላኸይ ጸዊዑ (2)

ሓጢኣት እንክሰርሕ ብገዛእ ፍቃደይ
ኣብ ዓለም ኮብለልኩ መኻሪ ዘይብለይ
ብብዝሒ ምሕረቱ ንዓይ ጠሚቱኒ
ጐይታ ብጸውዒት ፍቕሩ ኣጥዒሙኒ

ኣምላኸይ ብምሕረት ጠሚቱኒ
ጐታይ’ሲ ጸግኡ ሂቡኒ (2)

ብዝናብ ኣብቀሎ ብጸሓይ ኣብሲሉ
መጊቡኒ ንዓይ ዓለይ ኢኺ ኢሉ
ጐይታ ቀረበኒ ከይተጸየፈኒ
ታሪኸይ ቀይሩ ጸግኡ ሂቡኒ

ኣምላኸይ ብምሕረት ጠሚቱኒ
ጐታይ’ሲ ጸግኡ ሂቡኒ (2)

ተሰኪሙ ሓጢኣተይ ሕማመይ ጾረለይ
ኣነ ንኸዕርፍ ጐይታ ተቐጽዓለይ
መሪር ሓሞት ሰትዩ ናተይ ሞት ሞተለይ
ኣምላኽ መድሃኔ ኣለም ፍቕሩ ገሊጹለይ

ኣምላኸይ ብምሕረት ጠሚቱኒ
ጐታይ’ሲ ጸግኡ ሂቡኒ (2)

ብፍርሃት ክኸይድ ናብ ቅዱስ ከረኑ
ከምቶም ኣቦታተይ ቅዱሳን ዝኾኑ
ከመስግኖ ኣነ ኣብ ቤተ መቕደሱ
ውዕለቱ ክነግር ታሪኹ ከዘንቱ

ኣምላኸይ ብምሕረት ጠሚቱኒ
ጐታይ’ሲ ጸግኡ ሂቡኒ (2)

857. ከም ምሕረትካ

ከም ምሕረትካ ድኣ'ምበር ከም በደለይ ኣይኹን
ከም ሳህልኻ ጐይታ'የ ከም ኣበሳይ ኣይኹን
በከመ ምሕረትከ ኣምላክ
ወኣኮ በከመ ኣበሳነ

ፍትወት ዓለም ተድላ ልበይ'ዩ
ድሌት ስጋይ ገዛእየይ'ዩ
ዕሽነት ከብቅዕ ነፍሰይ ክትድሕን
ፈውስ ጐይታይ ንቑስለይ ጀንን

ሽንኮለል ናብራ ዕረፍቲ ዘይብሉ
እከይ ግብረይ ውሽጠይ የቃጽሎ
ሰንፈላል ኮይኑ ሂወት እዛ ዓለም
ሰላም ሃበኒ ናተይ መስፍን ሰላም

በምሳል ተጋዊ ርእሰይ ከድንን
ትዕቢት ስዒረ ምሕረት ክልምን
ንዓይ ንሓጥእ ኣንጽህ ኣምላኸይ
ቤትካ ክኣቱ ክትፍሳህ ነፍሰይ

ብዓቢ ራዕዲ ኣበሳይ ይናዘዝ
ብምሕረትካ ሂወት ክድበስ
ሞት ጥዒምካ ስለ ገበነይ
ፍቕርኻ እወ ዑቕባ ህላወይ

858. ተማሪኸ'የ

ተማሪኸ'የ ኣሰኒፉኒ'ዩ ፍቅርኻ
ወዲቐ ኣለኹ ተንበርኪኸ እየ ኣብ እግርኻ
ባርኸኒ ባርኸኒ በጃኻ

ሰንሰለተይ ወዲቑ ተፈቲሑ ማእሰርተይ
ሰባረይ ተጸጊኑ ሓውይለይ ስንብራተይ
ደጊም ማእሰርቲ የለን ኣብ ጐድነይ ኣብ ዙርያይ
ናጽነት ኮይንለይ'ዩ ሓሚሙ ንሕማመይ (2)

ቆሲሉ ማሪኹኒ ተንጠልጢሉ ኣብ ዕንጨይቲ
ደጊም ለጌዎን የለን ተሪፎም ኣጋንንቲ
መከራ የለን ሕማም ምስ ጐይታይ ምስ ፍቱወይ
ኣብ መስቀል ተሰቂሉ ደምሲስዎ ንዕዳይ (2)

ንብዓተይ ተሓንሲሱ መጽዩ ኣጸናኒዕኒ
ሓይሊ ጸልማት ተሪፉ ብብርሃን ከዲኑኒ
ኣርዑት የለን ሰንሰለት ፍትወይ ረዲኡኒ
ካብ ዘይምንባር ናብ ምንባር ቆሲሉ ማሪኹኒ (2)

ብዝኸበረ ዋጋ ተንጠንጢሉ ኣብ መስቀል
ናብ ቀራንዮ መጺኡ ዓስቢ ናተይ ክቕበል
እቲ ዝኸበረ ደሙ ኣንጠብጢቡለይ ንዓይ
ሽዑ'የ ተማሪኸ ስግኡ ምስ ቀረሰለይ (2)

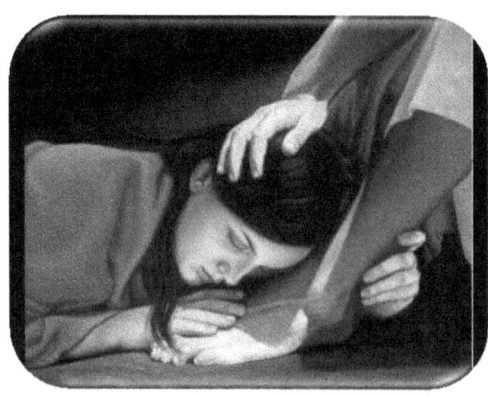

859. ካብ ጌተ ሰማኒ

ካብ ጌተ ሰማኒ ክሳብ ቀራንዮ
መስቀል ሓዚልካ ምድሓነይ'ዩ ኔሩ ስራሕካ
ካብ ሓጥኣን ናይ ድፍረት ቃላት ተጻዊርካ ጐይታይ

ንስኻ'ኮ ንዓይ ተሰኪምካ ኢኻ ካብ ዓለም ኣውጺእካኒ
ክምሕረኒ ዝኽእል ብዘይካኻ መን ኣለኒ ጐይታይ
ክቡር ስጋ ምስኡ ደም ከፊልካ ኢኻ ኮይንካ ናጽነተይ
ከማኻ'ሞ ጐይታየ ይረክብ ድየ ኣነ ኣብ ህይወተይ ጐይታይ

ፍቕሪ ሰብ ስሒቡካ ብፍቓድካ ዓሪቕካ ኣልቢስካኒ
መስቀለይ ተሸኪምካ ካብ ሓጢኣተይ ኩሉ ምሒርካኒ
ኣሎ ኣብ ውሽጠይ ጽሑፍ እዩ ንውዕለትካ ተመስገን'ዩ መልሰይ
ቃላተይ ኣይበቅዕን ብንብዓተይ'የ ዝገልጽ ሓሳበይ ፍቱወይ

ዘይትደክም ደኺምካ ድኻመይ ፈጺምካ ኣርሒቅካዮ
ዘይትሓምም ሓሚምካ ንሕማመይ ጐይታ ፈዊስካዮ
ድኽመተይ ኣይራእኻን ብስቕለትካ ኣነ ተጸጊመ
ካብ ናይ ጥንቲ ጸላኢ ብመስቀልካ ካብ ስቃይ ድሒነ ኢየሱስ

860. ብሰሪ ጉንዲ ዓይነይ

ብሰሪ ጉንዲ ዓይነይ ብብርሃኑ ጸልሚቱኒ
ወዲ ዳዊት መሓረኒ ዶ
ዓይነ ልቦናይ ከፊትካ ኣንጺህካ እባ ተቐበለኒ

ከም ብግዳመይ መዓስ ኮይነ ሃሪ ልብሰይ እንተ ጸዕደወ
መቃብር እንዲዩ ውሽጠይ ብደም ግብረይ ዝጨቀወ
ባርያኻስ ኣይትሕደጎ ጎይታ ብኻዕቦ በደል ከዳነ
ተምሳልካ እቲ ምስልኻ ውሉድ ቤትካ እንዲየ ኣነ
ኣንታ መድሓኒት ፈውሲ ልበይ ንስኻ ኢኻ ፈውሰይ
ባህ ኢልወን ክርእያ ኣዒንተይ ምሕረትካ ፈንወላ ነፍሰይ

መፍቀር ንስሓ ኢኻ ንስኻ ርሕሩሕ ሓዳግ ኣበሳ
ሰኣን ድፍእ ምባለይ ብጀለምታ ንብዓት ጣዕሳ
ዛንታ ነቢይ ዮናስ ክደግም ካብ ገጽካ ክግለል ኢለ
ወላ እንተ ረሓቕኩኻ ብመርከብ ሓጢኣት ኮብሊለ
እንታይ ከ ኣሎ ዝሰኣን ንዓኻ ኣንታ ጎይታ ልግሲ ፍቕሪ
ሰፈር ድሕነተይ ለውጦ እምበር ከርሲ ጨካን ዓሳ ነባሪ

ነፍሰይ ኣብዛ ግዝያዊት ዓለም ንዓኻ ብምርካባ
እንታይ ዩኸ ኣን ቅድሜኣ ትቱዕ እሾኽ ተኾርባ
ክብል በቃ እናተመካሕኩ ብስምካ እና መስከርኩ
ዘይስገር ከሎ ክሰግሮ ብሓይልኻ እና ኣመንኩ
ስለዚ ውሽጣዊ ንጽህናይ ካብ ሰናይካ ከየትርፈኒ
ፈጢርካ እንዶ ኣይትመንነኒ ኣንጺህካ እባ ተቐበለኒ

861. ስራዊት ጸላኢ

ሰራዊት ጸላኢ ኣብ ዙርያይ ይኸቡ
ብሓጢኣት ማዕበል ነፍሰይ የጨንቓ
ኣምላኸይ ክጽውዕ ንሱ ይሰምዓኒ
ዘጨንቀኒ ውን ኣብ እግረይ ይድርቢ

እግዚኣብሔር ይባርኽ ናይ ኣብርሃም ኣምላኽ (4)

ናይ እግዚኣብሔር የዒንቲ ናብ ጻጽቃን ይርእያ
ኣእዛኑ ድማ የድህባ ናብ ጸሎቶም
ንኣምላኽካ ኣድሂ ንሱ ክሰምዓካ
ንስኻ ዘይትፈልጦ ሓይሊ ይህበካ

እግዚኣብሔር ይባረኽ ናይ ዳኒኤል ኣምላኽ (4)

ናይ ጻድቃን መከራ ኣብ ምድሪ ብዙሕ'ዩ
ዝሕግዞም ድማ እግዚኣብሔር እሙን'ዩ
ብሓባር ምስ ቅዱሳን ብሓጎስ ይነብሩ
ዘመን ኣይልውጦን እግዚኣብሔር ህያው'ዩ

እግዚኣብሔር ይባረኽ እጹብ ክቡር ጎይታ (4)

862. ወዲ ዳዊት መሓረኒ

ወዲ ዳዊት መሓረኒ (2)
ካብቲ ዕውር ዓይነይ ዕውር ልቢ ኣሎኒ
ከምቲ ንናይ ልድያ ልበይ ኣንጽሃኒ

እንታይ ተደሊ ኢሉኒ ብርሃን ምስ በልክዎ
ክርኢ ጀሚረ ዓይነይ ኣብሪሀዎ
ዕውር ዝነበርኩ ምሉእ መዋእለይ
ካብ ዝተሸፈኖ ተኸፊቱ ዓይነይ

ካብ ማህጸን ወላዲት ከወጽእ ኣትሒዘ
ብርሃን ብዘይ ምርኣይ እነብዕ ኩሉ ግዜ
ግዜይ ምስ ኣኸለ ጎይታ በጺሑኒ
ልመናይ ሰሚዑ በልርእ ኢሉኒ

ዘይ እዘዝ ልቢ ተሪር ክሳድ ጸይረ
እልምን ንዓኻ ዓይነይ ኣንቃዕሪረ
ንዕውር ኣዒንተይ ከምታ ዘብራህካለይ
ነዚ ዕውር ልበይ ብቃልካ ኣብርሃለይ

863. ወዲ ዳዊት ሰማያዊ ጐይታ

ከመይ እንታይ ኢለ ኣነ ክገልጾ
መዘና ኣልቦ'ዩ የለን ዝበልጾ
ወዲ ዳዊት ሰማያዊ ጐይታ
ናይ ነገስታት ንጉስ ብዘይ ድርዒ ዋልታ (2)

ዓለም ተታሊላ ንሓቂ ስሒታ
ልቦናኣ ተደፊኑ ዓዊሩ ኣዒንታ
ብሓለንጊ ኩርማጅ ዝባኑ ክቅለጥ
ብእሾኽ ኣኽሊል መትልሑ ክጽቀጥ
ደሙ ከም ወሓይዝ ክዛሪ
ሰላም ሂቡኒ ጠሚቱ ብፍቕሪ (2)

ብልበይ ነቢዐ ኣይከኣልኩን ክዓቅሮ
ፍጹም መሪሩኒ ብኽብደይ ክጾሮ
ለጊስካለይ ኢኻ ትዘይመውት ፍቕሪ
ብህይወት ክነብር ኣብ ቤትካ ብኽብሪ
ስለ ውዕለታትካ ክምስክር
ክዝምር'የ ንዓለም ክነግር (2)

ዕድለኛ ኣነ ብሙኺነይ ናትካ
ክቡር ርእሲ መኣዝን ስለይ ዝሞትካ
መዘና የብሉን ናይ ስቅለትካ ቃንዛ
ክበር ተመስገን ናይ ህይወተይ ቤዛ
ንመከራ መስቀል ኣፍቂርካ
ብዝርጉሕ ቅልጽም ሂብካኒ ሰላምካ (2)

864. ደንግጸለይ

ደንግጸለይ ርኢኻ ድኻመይ
ራህርሃለይ ሽፈንካ ንጉደይ

እወ በዲለካ ድኻመይ ኣሚነ
ጎይታይ ኣሕዚነካ ከም ፍቓደይ ኮይነ
ፈቴ ኣይኮንኩን ጎይታይ ዘሕዘንኩኻ
ፍትወት ናይ ዓለም እዩ ፈሊኒ ካባኻ

እምነት ጎዲሉኒ ንዓለም ከፍቅር
ክዓብድ ክጽለል ብፍትወት ክነብር
ዓለም ጸሊኤያ ምስ ሰማዕኩ ቃልካ
ደንጊጽካለይ ጐይታ ብፍቅሪ ጠሚትካ

ዘደንግጽ ሰብ ኮይነ ተደርቤ ኣብ መከራ
ብጥሜት ብዕርቃን ምስ ከፍኣኒ ናብራ
ጐይታይ ኣልዒልካኒ ብፍቅሪ ጠሚትካ
ሕያዋይ ሳምራዊ ንቁስለይ ሰፊፍካ

ደጊም ከቶ የለን ጭንቀተይ ሓዘነይ
ቀሊል'ዩ ኣብ ቅድሜኻ ደጋፊ ኣምላኸይ
ጾርካ ልዙብ እዩ ኣርዑትካ'ውን ፎኪስ
ንዝጾሮ ኩሉ ከም ንስሪ ዝሕድስ

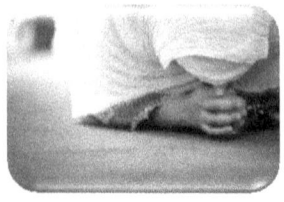

865. ግብርታቱ

ግብርታቱ ዘይምርመር መንገዱ'ውን ዘይእሰር
ድንቂ እዩ እግዚኣብሄር ዝልውጥ ንነገር

ብቅንኢ ኣሕዋት ተሸይጡ ዮሴፍ ምኽዱ
ኣብ ግዜ ጥሜት ኮነ ዋሕስ ዘመዱ
ምውት ከንኣን ሕያው ኮነ ኣብ ግብጺ
ንብዝሒ ጥበብ ኣዶናይ የለን መግለጺ

ምሉእ ህይወተኡ ዝመልአ ስርቂ ሽፍትነት
ጥጦስ ለመነ ክረክብ ካብ ጎይታ ምሕረት
ጐይታ መሓሮ ጸደቀ ኣተወ ገነት
ንፍቕሪ ጐይታ ብሓቂ የብሉን ደረት

ምስ ተነስሑ ብጣዕሳ ምስ መልኡ መንፈስ
መፍትሕ ናይ ሰማይ ተዋህበ ከሓዲ ጴጥሮስ
መምህረ ወንጌል'ውን ኮነ ዘሳድድ ጳውሎስ
ፍጹም ዝሰኣኖ የለን ንኣምላኽና ቅዱስ

ነውረይ ኣርሒቑ ኣበሳይ ዝሸፈነለይ
ዝጽውዓኒ ካብ ዓለም ናብ ቤቱ ሰናይ
ኣነ ኣብዚ ቤቱ ክህሉ መንሓሲብዎ
ኩሉ ብእኡ እዩ'ሞ ውዳሴ ሃብዎ

ንኸገልግሎ ሓይሊ ጸጋ ሂቡኒ
ከም እሙን ቈጺሩ ከኣ ዝመደበኒ
ሽሕ እኳ ሓጥእ ርኹስ እንተ ነበርኩ
ብምዕዛዝ ጸጋ ክርስቶስ ምሕረት ረኺብኩ

866. ተመለስ ኢልካኒ

እፈልጥየ ኣምላኸይ ብዙሕ'የ ኣቢሰ
ንጊዜያዊ ሓጎስ ንስጋይ ኣርኪሰ
ኣብ ሓጢኣት ጥሒለ ግዙኡ ከይከውን
ተመለስ ኢልካኒ ከቶ ኣይፈንፈንካንን (2)

ርኹስ ከናፍረይ ክነግር ውዕለትካ
መልኣኽካ ሰደዶ ረዳኢ ባርያኻ
በቲ ብልዒ ህይወት መታን ንኽቅደስ
ኣዕጽምተይ ክድልድል ሓይለይ'ውን ክሕደስ (2)

ሕልናይ ረጊጸ ንስጋይ ክጥዕማ
ስቅያት ስቕለትካ ጌረ ኣልቦ ጸማ
ንሓወይ ክቐትል ኣድብየ ክጸናቶ
ማዕጾ እናኳሕኳሕካ ኢለካ ኣይትእቶ (2)

ንጊዜያዊ ተድላ ጣዕሚ ናይዛ ዓለም
ክሰርቕ ክሕሱ ብጸየይ ክጠልም
መርገም ናይ ዓበይቲ ኣብ ዝባነይ ጾይረ
ፍጹም ዘይስቆሮ እምነ ተቓይረ (2)

ኣርዌ ተቓይረ ረሲዐ ወለደይ
ስስዐን ትምክሕትን ጌረዮም ኣዝማደይ
ጻውዒትካ መጺኡ ሕልናይ ደወለ
ተመለስ ኢሉኒ ካብ ክፋኣት ተኣለ (2)

ኦ እግዚኣብሄር ህይወተይ ለውጦ
ታሪኽ ናይ ውድቀተይ ፈጺምካ ቀንጥጦ
ክልወጥ ህይወተይ ብፍጹም ምሕረትካ
ብቃላት ምስጋና መታን ከስምረካ (2)

ሓጸርቲ ናይ ጾምን ንስሓን

867. ንኽንሳሕ መንፈስ ቅዱስ ኣይትፈለየና

ንኽንሳሕ መንፈስ ቅዱስ ኣይትፈለየና (2)
ኣይትፈለየና (2) ሓይልኻ ሃበና (2)

868. ኣነ መን'የ ኢልና

ኣነ መን'የ ኢልና ርእስና ንመርምር (2)
ርእስና መርሚርና
በደልና ኣሚናን ንለምን ኣምላኽና (2)

869. ብበደልና ብብዝሒ ሓጢኣትና

ብበደልና ብብዝሒ ሓጢኣትና (2)
ኣይትቀየመና (2)
ጎይታ ብምሕረትካ ሎሚ ይቕሬታ ሃበና
ጎይታ ብምሕረትካ ሎሚ ሎሚ ይቕሬታ
ሃበና

870. በጾም ወበጸሎት

በጾም ወበጸሎት ውረሱ ተስፉ ሕይወት (2)
ጻድቃን ጻድቃን ውሉደ ብርሃን (2)

871. ጾምናን ጸሎትናን ተቐበለልና

ጾምናን ጸሎትናን ተቐበለልና (2)
ሓፊሩ ይመለስ ይውደቕ ጸላኢና (2)

872. ጾም ጸሎትና ተቐበለልና

ጾም ጸሎትና ተቐበለልና (2)
ዘሐጉሰካ ይኹነልና (2)
ንኸይንሰዓር ሓይልኻ ሃበና (2)
ሓፊሩ ኽምለስ ሰይጣን ጸላኢና (2)

873. ኢትግድፈነ

ኢትግድፈነ (2) ወኢትመንነነ (2)
ኣምላክ ሰላም ተራድኣነ (2)

እግዝእተነ (2) ንጽሪ ሃቤነ (2)
ሰላመ ወልድኪ ይሃሉ ምስሌነ (2)

874. እስመ ለነ

እስመ ለነ ለሓጥኣን ለእመ መሓርከነ
ወእተ ኣሚረ ትሰመይ መሓሪ (2)
ወለጻድቃንሰ እምግባሮም ትምሕሮሙ
ወትዔስዮሙ በከመ ጽድቆሙ (2)

875. ሃድፈኒ / ኣድሕነኒ

ሃድፈኒ እም ተሳጥሞ ጌጋየ ከቡድ (2)
ናሁ በላእለየ ተንስኣ መጎድ (2)
መጎድ ናሁ በላእለየ ተንስኣ መጎድ

ኣድሕነኒ ንኸይጠፍእ ወዲቀ ብሓጢኣት(2)
ኣበይ ወሪዱ'ሎ ናይ ቁጥዐ መዓት (2)
መዓት ኣባይ ወሪዱ'ሎ ናይ ቁጥዐ መዓት

876. ኣይትግደፈና ኣይትመንነና

ኣይትግደፈና ኣይትመንነና (2)
ኣምላኽና ይቕረ በለልና
ድንግል ማርያም ለምንልና (2)
ሰላም ክትረክብ'ዛ ማሕበርና ወድኺ
ይቕረ ክብለና
ነብያት ሃዋርያት ጸልዩልና (2)
ሰላም ክነግስ ኣብ ማእከልና ኣምላኽና
ይቕረ ክብለልና
ጻድቃን ሰማእታት ጸልዩልና (2)
ፍቕሪ ክትሰፍን ምስ ኩልና ኣምላኽና
ይቕረ ክብለና

877. ኩላትና ንጸሊ

ኩላትና ንጸሊ ናይ ሃይማኖት ጸሎት (2)
ተዋህዶ (2) ቅድስት ሃይማኖትና (2)

ክርስቶስ ብደሙ ዝመስረታ ነቦታት
ሃዋርያት ሕድሪ ዝገደፈላ

ኣቦታት ሃዋርያት ከምኡ'ውን ሰማእታት
ህይወቶም ወፍዮም ነዛ ቅድስቲ እምነት

ሃይማኖት ኣበው ተዋህዶ ቅድስት
ሃይማኖት ኣበው ተዋህዶ ንጽህት ጻድቃን
ሰማእታት
ኣኽበሩኺ (2) ጻድቃን ሰማእታት

878. ኦ እግዚኣብሔር ኣብ ኣሃዜ ኩሉ

ኦ እግዚኣብሔር ኣብ ኣሃዜ ኩሉ (2)
መሃረነ (3) እምኩሉ ዝንቱ (2)
ኦ ወልድ ዋህድ ኢየሱስ ክርስቶስ (2)
ተሰሃለነ (3) እምኩሉ ዝንቱ (2)
ኦ ጺራቂላጦስ መንፈስ ቅዱስ (2)
ስረይለነ (3) ኣበሳነ (2)

879. ዛቲ ጾም

ዛቲ ጾም ሃዘን ለኣብዳን (2)
ወፍስሃ ለጠቢባን (2) ዛቲ ጾም (2)

880. ቀድሱ ጾመ

ቀድሱ ጾመ ስብኩ ምህላ (2)
እስመ ይቤ ኢዩኤል ነቢይ (2)

881. ተመጠወ ሙሴ

ሃሌ ሃሌ ሉያ በጾም ወበጸሎት (2)
ተመጠወ ሙሴ ኦሪት ዓስርተ ቃላት (2)

882. ጽንዑ በተዋህዶ

ጽንዑ በተዋህዶ እምነት (2)
መሰረት (2) ናትና ህይወት (2)

883. ተወከፍ ጸሎቶሙ

ተወከፍ ጸሎቶሙ ለኣግብርቲከ
ወለኣእማቲከ (2)
እለ ጻመዉ ወመጽኡ ጽርሐ መቅደስከ
ጊዮርጊስ ሰማዕት (2)

ጸሎቶም ተቐበል ንኣገልገልትኻ ነኣሽቱን
ዓበይትን (2)
ብብዙሕ ድኻም ዝመጹ ናብዚ ቤት
መቕደስካ ጊዮርጊስ ሰማእት (2)

884. እግዚኣብሔር ሃበነ

እግዚኣብሔር ሃበነ ልሳነ ጥበብ (2)
ከመ ኣእምር ሕጋ (2) ለቤተ ክርስትያን (2)

885. ኢየሱስ ቅዱስ ፍጹም

ኢየሱስ ቅዱስ ፍጹም መድሓኔ ዓለም (2)
ናይ ዓለም መድሕን (2) ዘሰጋገረና ካብ
ክብሪ ናብ ክብሪ
ካብ ሰማይ ወሪዱ (4)
ኣፍቂሩና ከሳብ መቃብር (2)

886. ንጹም ጾመ

ንጹም ጾመ ወናፍቅር ቢጸነ (2)
ወንትፋቀር (4) ንትፋቀር በበይናቲነ (2)

887. ናሁ ሰናይ

ናሁ ሰናይ ወናሁ ኣዳም (2)
ሶበ ይሄልው ኣሃው ሕቡረ (2)

ቍዛይኒ (ሕውስዋስ)

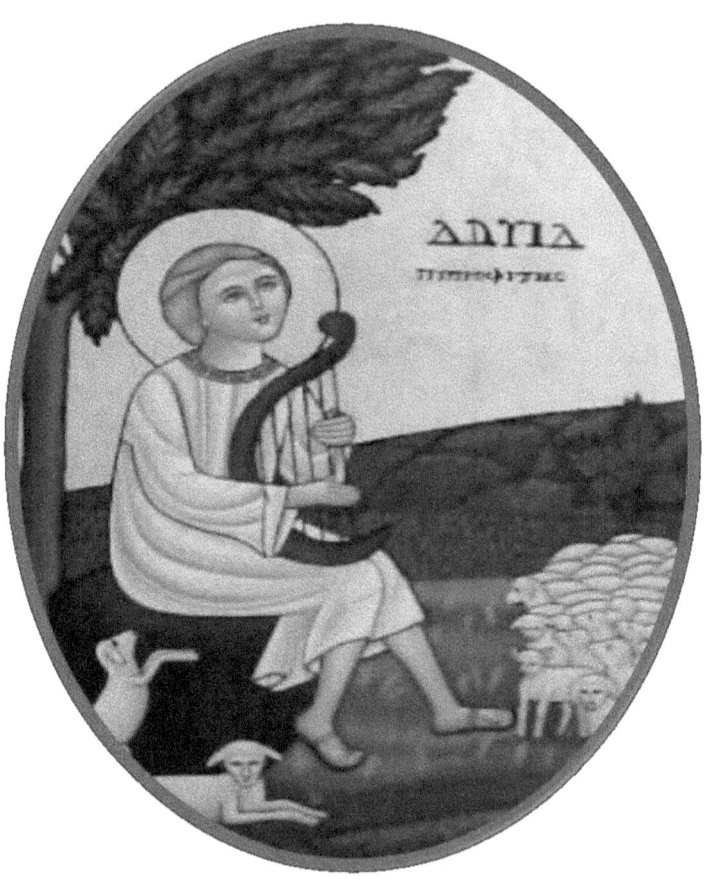

ነዋሕቲ ሞዛይክ (ሕውስዋስ)

888. ኣሰይ ጸሎተይ ሰመረ

ኣሰይ ጸሎተይ ሰመረ (2)

ንመድሃኔ ኣለም ነገረዮ ኔረ
ኣሰይ ጸሎተይ ሰመረ (2)

ማጾኻ ክኺህኹሕ ንጉሆ ኾነ ምሸት
ጸገመይ ሰሚዕኻዮ መሊስካለይ ንዕለት
መጠን ዝጎደለ ቤተይ መሊእካዮ
ትማሊ ሓሊፉስ ነዚ እኳ ርእየዮ
ኣሰይ ጸሎተይ ሰመረ

ንድንግል ማርያም ነገረያ ኔረ
ኣሰይ ጸሎተይ ሰመረ (2)

ኣፍ ደገኺ ቆይመ ሕሹኽ ክብል ልበይ
እንሆ ተፈጺሙ 'ቲ ሕሉፍ ትምኒተይ
ወላዲተ ኣምላኽ እንከለኺ ኣብ ጎድነይ
መዓስ'የ ሓፊረ ፍጹም ብጎደሎይ
ኣሰይ ጸሎተይ ሰመረ

ንቅዱስ ሚካኤል ነገረዮ ኔረ
ኣሰይ ጸሎተይ ሰመረ

ናይ ሞተይ ደብዳቤ ንዕለት ተቐየረ
ኣብ ጉድጓድ ኣናብስ ብሰላም ሓዲረ
ሎሚ'ውን ከም ቀደም ህይወተይ ዘክራ
ኣብ ኣሰር ክርስቶስ ክትጸንዕ ሓደራ
ኣሰይ ጸሎተይ ሰመረ

ንቅዱስ ገብርኤል ነገረዮ ኔረ
ኣሰይ ጸሎተይ ሰመረ

እቲ ናይ ውሽጠይ ጸሎት ናይ ልበይ ልማኖ
ዘመን ከም ዘቑጸረ መን ኮን'ዩ ዝኣምኖ
ብሰራት ልማድካ ደስታ ናይ ወዲ ሰብ
ጸሎትካ ሰሚዑ በቒዐ ንኸብካብ
ኣሰይ ጸሎተይ ሰመረ

ንቅዱስ ሩፋኤል ነገረዮ ኔረ
ኣሰይ ጸሎተይ ሰመረ

ከም ሳራን ጦቢት ደጋፊት ክረክብ
ላዕልን ታሕትን ኢለ ኣመና ክጥዕብ
ከም ጥዑም መኣዛ ኣዕሪግካ ጸሎተይ
ረኺበያ ሳራ ፍንጫሕ መሰንገለይ
ኣሰይ ጸሎተይ ሰመረ

ንሰማዕተ ልድኣ ነገረዮ ኔረ
ኣሰይ ጸሎተይ ሰመረ

ሓዘነይ ሓሊፉ ንብዓተይ ተደርዘ
ዝቖነነ ቖይሙ ንጸሎትካ ሒዘ
ሊቀ ሰማዕት ቤትካ ናይ ህይወተይ ሰረት
ለምሊመ ኣጉላዕሊዐ ፈርየ'የ ብህይወት
ኣሰይ ጸሎተይ ሰመረ

ንመድሃኔ ኣለም ነገረዮ ኔረ
ኣሰይ ጸሎተይ ሰመረ (2)
ንድንግል ማርያም ነገረያ ኔረ
ኣሰይ ጸሎተይ ሰመረ (2)
ንቅዱስ ሚካኤል ነገረዮ ኔረ
ኣሰይ ጸሎተይ ሰመረ
ንቅዱስ ገብርኤል ነገረዮ ኔረ
ኣሰይ ጸሎተይ ሰመረ
ንቅዱስ ሩፋኤል ነገረዮ ኔረ
ኣሰይ ጸሎተይ ሰመረ
ንሰማዕተ ልድኣ ነገረዮ ኔረ
ኣሰይ ጸሎተይ ሰመረ

889. ኩሉ ዝኾነ ንጽቡቅ'ዩ

ኩሉ ዝኾነ ንጽቡቅ'ዩ
ኩሉ ዝኾነ ንሰናይ'ዩ
ኣብ ሰማይ ምድሪ ዝበልካዮ
ናትካ ስራሕሲ ትኽክል'ዩ

ሓጎስ ሓዘነይ ብኽያት ስሓቅ
ንግሆ ምሸት ትፈራርቅ
እቲ ናትካ ስራሕ ድስ ኢሉና
ኣሜን ደስ ይበልኩም ይበለና

ማይ እንተ መልአት እታ መርከብና
እንተተዓጽወ ጎደናና
ሓያል ጸላኢ እንተ መጸና
ጎይታ ብኣኻስ ከንድሕን ኢና

መግዛእቲ ሰይጣን በርቲዑና
ኣጨኒቁና ደርቢዩና
ፍጹም ንመውት መሲሉና
ጎይታ ብኣኻስ ከንድሕን ኢና

ምስ ተሰደድና ብጉልበትና
ካብቲ ሃገርና ምስ ወጻእና
ኣብ ማእከል ስደት ኣለና ምስ የሕዋትና

890. እመኑ ብኡ

እመኑ ብኡ በቲ ሓያል ጐይታ
ንዕኡ ዝመስል ማንም ኮታ
ውቅያኖስ ባሕሪ ዋላ እንተሓንሓነ
ከዝሕል እዩ ዝኾነ እንተ ኾነ

እመኑ ብኡ ሲና ተናወጸ
እመኑ ብኡ ትኪ ተጎልበበ
እመኑ ብኡ እንባ ኣንቀጥቀጠ
እመኑ ብኡ ጐይታ'ውን ተገልጸ
እመኑ ብኡ ናይ ኣህዛብ ጣኣታት
እመኑ ብኡ ዋላ እንተ ገነኑ

እመኑ ብኡ ብሓይሊ ግርምኡ
እመኑ ብኡ ይረግፉ ቅድሚኡ

እመኑ ብኡ ዘይሓልፍ መከራ
እመኑ ብኡ ዘይከኣል የለን
እመኑ ብኡ ከኣሊ ኩሉ'ዩ
እመኑ ብኡ ጐይታ መድሃኔ ኣለም
እመኑ ብኡ ፍቕሩ ዘይውዳእ እዩ
እመኑ ብኡ ፍሉይ ርህራሄኡ
እመኑ ብኡ ዘለኣለም ይነብር
እመኑ ብኡ ኣእዳዉ ዘርጊሑ

እመኑ ብኡ ማዕበል ዘይህውጾ
እመኑ ብኡ ጽኑዕ መርከበኛ
እመኑ ብኡ ፍርሒ የለን ራዕዲ
እመኑ ብኡ ኣብ ጎኑ ከለና
እመኑ ብኡ ኣብቲ ከውታ ለይቲ
እመኑ ብኡ ተስፉ ዘይነበሮ
እመኑ ብኡ ናይ መዝሙር ምስጋና
እመኑ ብኡ ቲ'መቑሕ ሰበሮ

እመኑ ብኡ ጽኑዕ'ዩ ደጀንና
እመኑ ብኡ ብማንም ዘይድፈር
እመኑ ብኡ ቅኑዕ'ዩ እምነትና
እመኑ ብኡ ዘይርከቦ ኣበር
እመኑ ብኡ ደረት ኣልቦ ምሕረት
እመኑ ብኡ ምሉእ'ዩ ቲ'ፍቕሩ
እመኑ ብኡ ውዕለቱ ዘኪርኩም
እመኑ ብኡ ንዑ ዘምርሉ

891. በገናይ የልዕል ኣለኹ

በገናይ የልዕል ኣለኹ ኣሰንዩ ዝተረፈ
ከበሮ ጸናጽል እምብልትታ
ብቕኔ ማህሌት ውዳሴ
ከዝምረሉ ነእግዚኣብሄር
ብሓድሽ መዝሙር ምስጋና
ከናድዮ ኸጽውዕ ስሙ
ኣይርብርብን እየ ጌና

ተላዒለ ከውርውር ድምጺ ምስጋና
ከናፍረይ ኣፈልፈለ
ተላዒለ ልሳነይ ትምስክር ኣላ
ምድሓኑ ርእየ ዓጊበ
ተላዒለ እግረይ ናብ ቕዱስ ምቕደስካ
እነኹ ኣንጊህ እግስግስ
ተላዒለ ከም ብርቱዕ ጋላቢ ፈረስ
ብምስጋና ይመላለስ

ንዑ ንሕበር ንምስጋና፡
ንዑ ንሕበር ንውዳሴ
ንዑ ንሕበር ንኣምልኾ፡
ንዑ ንሕበር ኣብ ጉባኤ

ከዝምር'የ ሕይወተይ ኣብ ፍቕሩ የንሳፍፍ
ልበይ ፍጹም ተመሲጡ
ከዝምር'የ ትእዛዙ ሓጎስ ሂቡኒ
ምንባረይ ምስኡ ጥዒሙ
ከዝምር'የ ውሽጠይ ሰላም መሊእዎ
ብጸጋ ዓቢ ህይወተይ
ከዝምር'የ ዘለዓለም ከኸውን ናቱ
ፍቕሩ ፍቕሪ ኣሕዲሩለይ

ከመስግን'የ ከስለፍ ቖይመ ንኽብሩ
ምስኡ ኽነብር ጸኒዐ
ከመስግን'የ ብሳህሉ ኣሳልዩኒ
ብእኡ ደው ከብል በቒዐ
ከመስግን'የ በገናይ ከልዕል ከቓኒ
ከዝክር ዓቢ ውዕለቱ
ከመስግን'የ ካብ ውሽጢ ልበይ ዝወጸ
ምስጋናይ ከበዝሕ እዩ

892. ሰፈረ መንፈስ ቅዱስ

ሰፈረ መንፈስ ቅዱስ ማህደረ መለኮት
መዕረፊት ናይ ጸሎት ምዕራፈ ጸባኦት
ሃመረ ሰላም ኢዮሩሳሌም (2)

ብኣኺ ኣምሊጠ ካብ ናይ ኣይሂ መዓት
መድሕን ናይ ህይወተይ ናይ ክርስቶስ ቤት
ንመንግስቲ ኣምላኽ ድልድል መሳገሪት
ወሃቢት መጋቢት መኣዲ ናይ ህይወት (2)

መሳልል መላእክት ያዕቆብ ዝረኣያ
ፈልፋሊት ናይ ፍቕሪ ኣምላኽ ዝሓረያ
ኣብሳሪት ናይ ድሕነት ኣምሳል ናይ ኖህ
መርከብ
ቃሉ ዝዘንበላ ሰማያዊት ጥበብ (2)

ከም ከውሒ ሃኒጹ ኣምላኽ ኣጽኒዑኪ
ኣማናዊት ታቦት ጽላቱ ዘለኪ
ደጌታት ናይ ሲኦል ኣይክሕይሉኽን
ንዘለኣለም'ውን ፍጹም ዘይትናወጽ (2)

ንዑ ንተኣከብ ኣብ ቤታ ነጽልል
ካብ ውቅያኖስ ሓጢኣት ብኣጋ ነግልል
ኣብ ኢዮሩሳሌም ንጽናሕ ኣብ ደገ ሰላሙ
ንድሕነት ከንበቅዕ ንስጋ ወደሙ (2)

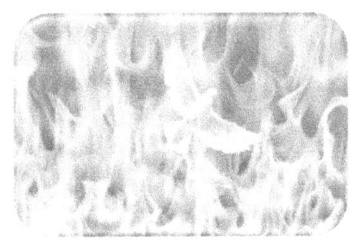

893. አንታ ብንያማዊ ማርዶካይ

አንታ ብንያማዊ ማርዶካይ
ማቕ ዝለበስካ ናይ ሓዘን ልብሲ
ሰላም'ዶ ኣይኮነን ወገን ዘመደይ
ንገረኒ'ንዶ ኣይከኣለን ውሽጠይ

ሰላም ኣቤሎ ወላ ዕረፍቲ
ኣብ ባዕዲ ሃገር ኣብ ባርነት
ኣብ ልዕሊ ህዝብኺ መዝገብ ክግንጸል
ሞት ተኣዊጁ እንታይ'ሞ ክብል

ኣስቴር ናትና ወገን ለምንልና ኢኺ
ነዚ መዓልቲ'ዩ ኣምላኽ መሪጹኪ (2)

ከም ኣደን ኣቦን ኣዕቢኻኒ ኢኻ
ኣይትሃበኒ ንሞት ኣሕሊፍካ
ከመይለ ክሕዞ ናይ ወርቂ ዘንጊ
ንጉስ ዓቢ'ዩ በዓል መዓርግ

ንግስቲ ኮንኪ ንክትምረጺ
ጽቡቕ ለቢስኪ ጥዑም ክትስትዪ
ምድሓን ብካልእ ምስ ዝኸውን
ኣይትጠዓሲ ኣዘክርልና

ሕራይ ኢለ ኣለኹ ጹሙ ጸልዩ
ኣብ ቅድሚ ኣምላኽ ኣትሰልክዩ
ብእምነት ክኣቱየ ዋላ እንተጠፊአ ይጥፋእ
ካብ ተዓደልኩም ናይ ምንባር ተስፋ
ክንጽሊ ኢና ክንጸውም ኢና
ንሳልስቲ'ውን ክንበኪ ኢና
ባሕሪ ከፊሉ ዘሳገረ እዩ
ኣምላኽ እስራኤል ምሳና እዩ

ኣስቴር ናትና ወገን ለምንልና ኢኺ
ነዚ መዓልቲ'ዩ ኣምላኽ መሪጹኪ (2)

ኣኽሊልካ ድፋእ ጻዕዳ ልበስ
ኣምላኽ ፈሪዱ መልሲ'ውን ሂቡ
ኣብ ናትካ መስቀል ሃማን ክስቀል
ናይ ሞትኩም ኣዋጅ ብህይወት ክሰዓር

ሕጂ ንቓኒ ሓድሽ ምስጋና
ንዝቀየረ ኩሉ ታሪኽና
ሃማን ረኺቡ እዩ ፍረ ናይ ኢዱ
ኣርያም ይብጻሕ ዝዓለልናዮ
ሃማን ተሰቂሉ ኣዋጅ ተቐይሩ
ዲያብሎስ ተሳዒሩ ክርስቶስ ከቢሩ
ኣዳም ናጻ ወጺኡ ባርነት ተሪፉ
ምድሓን ናይ ኣምላኽና ንዓለም ተበሲሩ

894. እግዚኣብሔር ይሓልወና

እግዚኣብሔር ይሓልወና
ከምቶም ቅዱሳን የጽንዓና
ንዕለት ከይከውን ግብርና
ክንፍጽም ይግባእ ከምቶም ኣቦታትና

ቅድስቲ ማርያም ትብጽሓና
ድንግል ማርያም ንዒ ናባና
ንዓና ደቕኺ ሓጢኣት ዘጥቕዓና
ካብ ፍቑር ወድኺ ምሕረት ለምንልና

ብሕይወት ክንነብር ንዓኻ መሲልና (2)
እግዚኣብሔር ኣምላኽና ኣጽንዓና

895. እምነት ምስ ግብሪ

እምነት ምስ ግብሪ ጽድቂ ነጣምር ብውህደት
ንቃለስ ሓቦ ንበል ንጉየ ምሓድነት
ቦታ ዘይውሰኖ እዩ ጉዕዞ ክርስትና
ምስጢሩ ንፍለጦ መሰል ውልድነትና

ኣዳም ምስ ተፈጥረ ብኽብሪ ኣብ ገነት
ምስ ህያው ኣምላኹ ክነብር ብህይወት
ዘለኣለም ክቀውም ክውድስ ንኽብሩ
ኣእጋር ተዓደሉ ዘውትር ዝቆመሉ

ሕጉ ተኸቲሉ ህይወቱ ክኣሊ
ከይርስዕ ከይዝንግዕ ህላዌ ፈጣሪ
ቃሉ ተመጊቡ ህይወቱ ክዕንግል
ኣእዛን ተወሃብኦ ጽምኡ ንኸጥልል

ኣብ ማእከል ቅዱሳን ምሕብረት ክዝምር
ከመስግን ኣምላኹ ብሓጐስ ክዘልል
ሰማያዊ ዜማ ክኸውን ዕላሉ
ቃላቱ ንኽሰርዕ ልሳን ፈጠረሉ

896. ሕያወይቲ ኣደ

ሕያወይቲ ኣደ ዝኾንኪ (2)
ክበርለይ ደብረይ ደብረ ወይነ (2)

ሰለማዊት ቤተይ ደብረ ቤትኤል
ሰላም ክብለኪ ማሕደር ልኡል
ርእሰ ኣድባር ደብረ ቤትኤል (2)

እግዚኣብሄር ዝሰመራ
ግርማ መንፈስ ቅዱስ ዝሓጸራ
በቲ ቅዱስ ደሙ ዝቐደሳ
ንውሉድ ወለዶ ክብርቲ እያ ንሳ

ካብ ህጻንነተይ ዘዕበኽኒ
ዝማሬን ማህሌትን ዘስነቐክኒ
ሕያወይቲ ኣደ ዝኾንክኒ
ክበረለይ ደብረይ ደብረ ወይኒ
ሰጣን ተበገሰ ንዕንወትኪ
ማንም መሲልክዮ ከጥፍኣኪ
ብደመና ሰማይ ዝተሰወርኪ
ማሕደር ኣማኑኤል ደስ ይበልኪ

ንኹሉም ደቅኺ እትምህሪ
ብፍቕሪ ሰላም ትዝምሪ
ካብ መዓር ወለላ ዝሐረ ውህበትኪ
ኣደራሽ ኢየሱስ ንስኺ ኢኺ
ሕያወይቲ ኣደ ዝኾንክኒ
ክበረለይ ደብረይ ደብረ ወይኒ (2)

ኣሕዋት ንቑም ንጽናዕ ኣብ ቅዱስ ዕላማ
ቃሉ ነጽንዓዮ ነሐድስ መንፈስና
ብምስጋና ህይወት ንቁም ዘንትእለት
እሙን ባርያ ኣምላኽ ዳኒኤል ንመልከት

897. ነዛ ሎም መዓልቲ

ነዛ ሎም መዓልቲ ዘብቅዓና ጐይታ
እስከ ዓልላለይ ክዝምር ብዓውታ

እስከ ዓልላለይ ተመስገን እንዳበልኩ
እስከ ዓልላለይ ንስሙ ክውድስ
እስከ ዓልላለይ ነቲ ሓላውየይ
እስከ ዓልላለይ ወትሩ ዘይታኽስ

እስከ ዓልላለይ ኣዒንተይ ክልዕሎ
እስከ ዓልላለይ ናብ ኣኽራን እግዚኣብሄር
እስከ ዓልላለይ ክሰግድ ቅድሚኡ
እስከ ዓልላለይ ንኽብሩ ክዝምር

እስከ ዓልላለይ ኣብ ቤቱ ኣኪቡ
እስከ ዓልላለይ ዓመት ኣቕኒጺሩና
እስከ ዓልላለይ ነቲ ቅዱስ ቃሉ
እስከ ዓልላለይ እና መገበና

898. ዘኬዎስ

ዘኬዎስ (2) ንዓ ውረድ ካብ ሳግላ ንቤትካ ክውዕላ (2)
ብበረኸት ብዓል ምሉእ ጸጋ ንኽትከውን ምስ ኣልፋ ኦሜጋ (2)

ነዚ ቃል ምስ ሰምዐ ብፍጥነት ወረደ
ጐይታ ንኽርኢ ድሌቱ ዛየደ
ኣብ ቤቱ ክምሳሕ ጐይታ ምስ ፈቐደ

ነንዘዓመጾም ዓጸፋ ኽመልስ
እናልዓለ ሳጹን ኣብ ቅድሚ ክርስቶስ
ብትብዓት'ውን ቆመ ዘጉሃዮም ክኽሕስ

ብሓጐስ ብደስታ ኔው ነጀው እናበለ
ከም ተፈትሐት ብተይ ኮይኑ እናዘለለ
ናይ ህይወት ራእይ ስለ ዘስተብሃለ

ንሕና'ውን ንደይብ ናብ ሳግላ ናይ ህይወት
ቤት መቕደስ ኣምላኽ'ያ ናይ እምነት መሰረት
ከም ዘኬዎስ ንኹን ንኽንረክብ ድሕነት

899. ናይ ዓለም ማዕበል ፈተና

ናይ ዓለም ማዕበል ፈተና ዘይስዕራ
ደጌታት ናይ ሲኦል ከቶ ዘይሕይላ
ቤት እግዚኣብሄር ቤተ ክርስትያን'ያ (2)

ዓንዲ ናይ ሓቂ'ያ ናይ ህይወት መሰረት
ብናይ ክርስቶስ ደም ኣዝያ ዝኸበረት
ናብኣ ንዝመጹ ንዝቐረብዋ
ካብ ሓጢኣት ተብጽሕ ድሕነት ትዕድል'ያ (2)

ናይ ኣጋንንቲ ጾር ዋላ ተሓየለ
ክሕደት ናይ መናፍቓን ዋላ እንተቐጸለ
ኣብ ጽኑዕ መሰረት ስለ ዝተነድቐት
ወትሩ ክትነብር'ያ ኣይረኽባን'ዩ ጥፍኣት (2)

ኣምላኽ ንሰሎሙን ዝተዛረበላ
እግዚኣብሄር ኣዒንቲ ልቡ ዘንበረላ
ዓውዲ ናይ ምሕረት'ያ እዛ ቅድስቲ ስፍራ (2)

ካብ ሓጢኣት ፈተና ጽላል ትኾነና
ዕረፍቲ ናይ ነፍሲ ሰላም ትህበና
መስገሪት ናብ ገነት ናይ ህይወት መሳልል
ቤት ክርስትያን'ያ ናይ ኖህ መርከብ ኣምሳል (2)

ምእመናን ነስተውዕል ኣርሒቕና ንጠምት
ግዲ ነፍሲ ንግበር ከንቱ ከይንመውት
ህይወትና ዓቂብና ካብ ናይ ዓለም ትምኒት
ምንባር ይሕሸና ኣብዛ ቅድስቲ ቤት (2)

900. ንፍቅሪ ንምለሳ

ንፍቕሪ ንምለሳ ሕጂ ኩላትና (2)
ኩሉ'ቲ ሽግር ኢየሱስ ክፈትሓልና
ኩሉ'ቲ ድኻምና እግዚኣብሄር ክርኤልና

ውዕለት ትንቢት ካብ ላዕሊ እንተ ዘወሃበና
ኩሉ ምስጢር ስቕለት'ውን እንተ ዝግለጸልና
እምባታት ጸግዒ እምነት እንተ ዝህልወና
ፍቕሪ ካብ ዘይብልና ግን ሓደ እኮ ኣይጠቕመናን

ጐይታይ'ሲ ክቡር'ዩ ስለ እቲ ቅዱስ ግብሩ
ኣብ ቀራንዮ እንባ ስሌና ተሰቒሉ
ሰለስተ ነገር ሰርዐ እምነትን ተስፋን ፍቕርን
ካብዚኤን ትዓቢ ግን ፍቕሪ ጥራይ እያ ኢሉ

ነቲ ምሳና ዘሎ ሓውና ምስ ኣፍቀርና
ወገን ዘመድ ጎሮቤት ብልቢ ምስ ፈተና
ናብቲ ፍቕሪ ዝስሙ ኣምላኽና ምስ መጸና
ሽው ጥራይ እኮ'ዩ ኣምላኽና ዝሰምዓና

901. ንዘመን ኣሕሊፍካ

ንዘመን ኣሕሊፍካ ኣብዚ ዘብጸሕካና
ስለ'ቲ ምሕረትካ ተመስገን ኣምላኽና

ብርኹን ቅዱስን ዓመት ክገብረልና
ኣብ ቅድሚ መንበርካ ንልምን ኣሎና (2)

በረኸተን ጠልን ናይ ሰማያት መና
ሰላምን ህድኣትን ምልኣዮ ዓለምና (2)

ብሓቕን ብፍቕርን ምስ ብዙሕ ትሕትና
ምሉኣት ክንከውን ሕዝብኻ ኩልና (2)

ሕግኻን ትእዛዝካን ኣሕድሮ ኣብ ልብና
ኣምላኽ ኩሉ ዓለም ጸሎትና ስምዓና (2)

ዓመተ ምሕረት ዓመተ ጥዕና
ይኹንልኩም ህዝበይ በለና ኣምላኽና (2)

902. ወሓዚ ጸጋ

መሓዚ ጸጋ ኣሎኒ (3) ኣብ ልበይ (2)
ዘለኣለም ህይወት ኣሎኒ (3) ኣብ ሰማይ(2)
ወሓዚ ሰላም ኣሎኒ (3) ኣብ ልበይ (2)
ወሓዚ ፍቅሪ ኣሎኒ (3) ኣብ ልበይ (2)
ዘለኣለም ርስቲ ኣሎኒ (3) ኣብ ሰማይ (2)
ዝባርኽ ጎይታ ኣሎኒ (3) ኣብ ሰማይ (2)
ዝፍውስ ኣማልኽ ኣሎኒ (3) ኣብ ሰማይ(2)
ዘስተምህር ኣምላኽ ኣሎኒ(3)ኣብ ሰማይ(2)

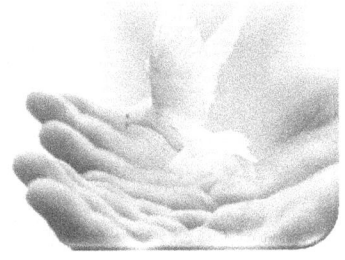

903. ኣለና ኣይጠፋእናን

ኣለና ኣይጠፋእናን ስሙ ተደጊፍና
ስደትና ነዊሑ ደሃይ እንተኣጥፋእና
ንሱ ምሳናዩ ገለ ኣይጎደለናን
ኣለና ብሂወት ንሕናስ ኣይጠፋእናን

ኣብ ምድረበዳ ስደት ነዊሑና
ሓውኮነ ቤተሰብ ረዳኢ ዘይብልና (2)
ኣምላኽ ኣቦታኣትና ኮይኑ ኣብ ማእከልና
ብሓያል ቅልጽሙ መና መጊቡና

ሰባት ብወገኖም እንተረስዑና
የለዉን ጠፊኦም ሞይቶም እንተ በሉና (2)
ብመድሃኔ ኣለም ሩህሩህ ጓሳይና
ርስቲ ኣቦታትና ክንምለሳ ኢና

ክዳና ኣይኣረገን ጫማና ኣይሓቐቐን
ስሙ ምስ ጸዋዕናስ ገለ ኣይጎደለናን (2)
ስንጭሮ ሩባታት እንተ ኣጋጠሙና
ኣይተፈለየናን ይኞም ቀቅድሜና

ጸበባን ስቓይን ትዕድልትና ኣይኮነን
ንኣራዊት መሮር ኣሕሊፉ ኣይሃበናን (2)
ሽግርን መከራን ኩሉ ሓላፋዩ
ንብዓትና ሓንሲሱ ከሳግረና'ዩ

ካብ ጸልማት ናብ ብርሃን ቲ ዝገላብጦ
ዓመታት ዘመናት ከቶ ዘይልውጦ (2)
ንባሕሪ ከፊሉ ደው ኢሉ ዘሳግር
በዓል ውዕለትና'ዩ ንኽብሩ ንዘምር

904. ዓለም ጠላም

ዓለም ጠላም መንደቅ ዃና
ካብ ቅዱሳን ኣበው የለን ዝኣመና
ኣነ ግን ብማዕዶ ኣዝየ ብሂገያ
ክትኮነኒ ጸግዒ ዘንጊዐ ጠባያ
ንኀይታ ዝገፍዐ'ቲ ክቱር እኪያ እህ

ተዋጋኢ ጥልመት፡ ፍረ ሕማቅ ዘመን
ንመሬት ከዲኑ፡ መርገጺ ክስእን
ቀባሕባሕ ተበልኩ፡ ናብ ኩሉ መኣዝን
ኣምላኽ ብዘይካኻ፡ ዝረድኣኒ የለን (2) እህ

ኣብዛ ባሕሪ ዓለም፡ ኣንፈት ጠፊኡኒ
ንየማን ንጸጋም፡ ማዕበል ክደፍኣኒ
ብሳላ ኣቦታተይ፡ ማርያም ምርሕኒ
ዝድሕነሉ መስመር፡ ባዕልኺ ኣትሕዝኒ (2) እህ

ካብ መዓሙቅ ሓጢኣት፡ ግዝኣት ፈርዖን ከንቱ
ናብ ሃገረ ተስፋ፡ ብሰላም ክኣቱ
ብዓምዲ ደመና፡ ዘይጠፍእ መብራህቱ
ምርሓኒ ሚካኤል፡ ናብ ከንኣን ክኣቱ (2) እህ

ወገናተይ ዝብሎም፡ ግፍዒ ዝለመዱ
ኣሕዋተይ ናብ ግብጺ፡ ንዓይ ዘሳደዱ
ኣርኢኻኒ ኢኻ'ሞ፡ ኣባይ ክእንገዱ
ተመስገን ኣምላኸይ፡ ዘየቅንን ፍርዱ (2) እህ

905. እቲ ንምኪሓ

እቲ ንምኪሓ ብእግዚአብሄር ይኹን ብሓይሉ ንመካሕ
ንኽንድሕን'ውን ኣብ ኢዮርሳሌም ኣብ መቅደሱ ንጽናሕ
ናብ ቤትና ክኣቱ ይኹሕኹሕ'ዩ ዘሎ ንስምዕ እንተለና
ናይ ልብና ማዕጾ ሕጂ ንኽፈተሉ ክነብር ምሳና

ፍጻሜ ሓሳብና ምስጢር ናይ ዓወትና
ስራሕ ኣምላኽና'ዩ ኣይኮነን ካባና
እሞ ኣይንመካሕ ኣብ ሓይልና ኣይንእመን
ስለ ሰናይ ግብሩ ንዕኡ ነመስግን (2)

ሓላፊት ሂወትና ናትና ትመስለና
ዋንኣ ይደልያ ኣሎ ነረክቦ ኢና
እፎይታ ክትረክብ ናብኡ ነማዕቑባ
ሓደ ኢልና ንህነጻ ብቓሉ ንንደቃ (2)

ልዕሊ'ቲ ንሓስቦ ዘፍቀረና ጎይታ
ንጽርና ዝጾረ ክሳብ ጎልጎታ
ሕጂ'ውን እንተኾነ ከራግፍ ሸኽምና
ድልው እዩ ዘሎ ክሓድግ ሓጢኣትና (2)

ንክርስቶስ ዝገብሮ ምንጪ ናይ ትምክሕቱ
ብትሕትና ይስዕሮ ንውዲት ጸላእቱ
ብሰላም ይንደቕ መንፈሱ ይረግእ
ንጭንቀት እዛ ዓለም ሓግሒጉ የውጽእ (2)

906. ዘመን ዘይቁጸረሉ

ዘመን ዘይቁጸረሉ ዘመን ዘይብሉ ሃገር
ነዚ ዘመን ንፍለጦ ኣብ ዘመንና ዝነብር(2)
ዝመን ሰዶም ጎሞራን ብሓዊ ክሳቀዩ
ዳታን ወኣቤሮንን ኣብ ምድሪ ክወሓጡ
ሓዊ መግቦም ክዳኖም ሓመድ ሲኦል መንጸፎም
እግዛብሄር ንፍትወቶም መኣዲ ቀረበሎም

ብደም ቁዱሳን ጽዋእ ዝሰኸረት ባቢሎን
ርኽሰት ጥልመት ሞት ሓዘን ሰላምታኣ ዘፈንፍን
ኣራዊት ገበል ተመን ዕንቅርቢት ኣብ ቤታ
ንእግዛብሄር እተጽርፍ ሸውዓተ ኣፍ ከፊታ

ተስፋ ናይ ምቁራጽ ምንባር ናይ ኮንትነት ሂወት እዩ
ጥልመት ኣብ ልዕሊ ብጻይ ዘመን ብዘይ ምፍላጥ እዩ
ድያብሎስ ከም ዝሰዓር ዓለም'ውን ከምትሓልፍ
ኣብ ቀራንዮ መስቀል ተጻሒፉ'ሎ ኣብመጽሓፍ

ጸባ መዓር እተውሕዝ እዮርሳሌም ቤትና
ኢዮር ኤሮር ኣርያም ውሉድ ሰማያት ራማ
ሃገረ መላእክቲ ዘመን ሰለ ዘይቆጽሩ
ወዲ ሰብ ምስ መላእክቲ ሓደ ኮይኑ ሃገሩ

907. ካብ ዳግማይ ሞት

ካብ ዳግማይ ሞት ዳግማይ ሓጢኣት
ይበልጽ ምትንሳእ ንምንባር ብህይወት
ንኽንረክብ ሰላም ከም ማርያም መግደላዊት
ክድምሰሰልና ኩሉ ዝገበርናዮ ሓጢኣት

ሓጥእ እየ ኔረ ኩሉ ፈንፊኑኒ
መፈንጠራ ዝሙት ኣጽኒዑ ሒዙኒ
መገዶም ይልውጡ ንዓይ እንክርእዩኒ
ብእምኒ ክቅተል ቀያፋ ፈሪዱኒ

ኣብ ጐይታ ቀሪበ ወሬኡ ሰሚዐ
ኣብ እግሩ ወዲቀ ሽቶይ ተማሊአ
ብልበይ ተጣዒሰ ኣውሒዘ ንብዓተይ
ጐይታ ሰርዩለይ ተሓድገ ሓጢኣተይ

ንዑ ኣሕዋት ሎሚ ንኽንረክብ ህይወት
ጽባሕ ኣይኮነትን እታ መዓልቲ ድሕነት
ካብ ገፊሕ መንገዲ ዝመርሕ ናብ ጥፍኣት
ይበልጽ ምትንሳእ ምንባር ብህይወት

ገበንና ሽፊነ ዝቅበል ኣምላኽና
ንቅረብ እስከ ናብኡ ጽውዒቱ ሰሚዕና
ዳግማይ ንተንስእ ካብ ናይ ሓጢኣት ውድቀት
ዕረፍቲ ክንረክብ ናይ ዘለኣለም ህይወት

908. ምረጹ

ምረጹ ንመን ከም ተገልግሉ
ወስኑ ምስ መን ከም እትነብሩ
ኣነን ቤተይን ንእግዚኣብሔር ክነገልግል
መሪጸ ኣለኹ ኣብ ቤትኤል ክነብር

ጨካን ንጉሥ ፈርዖን ልቡ ምስ ኣትረረ
ኣብ ልዕሌና ውን ግፍዒ ምስ መረረ
ሓይልና ደኺሙ ከለና ኣብ ባርነት
ታሪኽና ለዊጡ ሂቡና ናጽነት
ብካህናተ ሰማይ ወትሩ ንዝምስገን
ሰባት ካብ መከራ ካብ ሞት ንዘድሕን
ነግዝእ ነፍስና ነገልግል ኣብ ቤቱ
ጸጋኡ ክህበና በቲ ረድኤቱ ጐይታ ብምሕረቱ

ኣብቲ ምድረ በዳ ገለ ውን ዘይብሉ
ንበልዖ ስኢንና ጭንቂ ከንጸላሉ
ግን ኣይሓደገናን ምስ ኩሉ ሽግርና
ሕይወት ዘሪኡልና እናመገበ መና
ከመይ ኢልካ ይርሳዕ ናይ ኣምላኽና ግብሪ
ምሕረቱን ለውሃቱን እቲ ናቱ ፍቕሪ
ንውዕለታት ጐይታ ዝዳረግ ውሬታ
እኳ እንተዘይብልና ነቕርብ ምስጋና ንዘምር ብዓውታ

ክብደት ናይቲ ሽግር ሕጂ እንክዝከር
ብዓቕሚ ወዲ ሰብ ፍጹም ዘይጽወር
ግን ኩሉ ሓሊፉ ኣምላኽና ረድኣና
ከነኣን ኣእተወና ርስቲ ኣቦታትና
ድንቂ ኢዩ መስደምም ሥራሕ እግዚኣብሔር
ንትብዓት ኣስኒቑ ዘራግፍ ከቢድ ጾር
ሰላም ዝመልአ ክኸውን ሕይወትና
ንደይብ ናብ ቤትኤል ናብ ቤት እግዚኣብሔር ክሃድእ መንፈስና

909. <u>የማን ጾጋም ኣይነብሎ</u>

የማን ጾጋም ኣይነብሎ ኪደት ስጉሚ እምነትና
ካልእ ጐይታ የለን'ኮ ቀርኒ ምድሓን ህይወትና
ወልደ ኣብ ብመለኮቱ ወልደ ማርያም ብትስብእቱ
ወልድ ዋህድ ንበል ንመስክር ህያው ኣምላኽነቱ

ጐደና ነቢይ ኤርምያስ ጥንታውነቱ ኣስፊሉ
መን ኮን'ዩ 'ቲ ዚምካሕ ምሒር ክፈላሰፍ ኢሉ
ብጨለ ቃል መልሓሱ ግርህቲ ልቢ ክጥብር
ብልሕ እንተወዓለስ ካብዛ ሞቱ'ኳ ነይሰግር
ፍጡር ም'ኧኑ'ዶ ዘንጊዑ ምስ ፈጣሪኡ ክመዓራረ
ኣቤት የቐልሎ'ኮ'ዩ ዘብል ክብሪ ኣምላኽ ፍጹም ምስ ደፈረ

መቕደንዮስ ንስጥሮስ ዉሉደ ኣርዮስ ተበራርዮም
ቅኑዕ ልባ እንተጕሃዩ በቲ ዝንጉዕ እምነቶም
ተፍጻሜ ሰማእት ጴጥሮስ ቅዱስ ኣትናቴዎስ ብቕንዱ
ፍረ'ቲ ብሩኽ ከርሳ ሓበን ልባ ምስ ተወልዱ
ሰሪዖምዎ'ለዉ ሕጋ ኣምልኮተ ጸሎት ሃይማኖት
ሕድሮም ነጽንዓዮን'ዶ ሎሚ ሕድሪ'ወ ናይዚ ሓቀኛ ፍኖት

ማዕተብ ጽኑዕ እምነትና ጭራሽ በቲ'ኹ ክስውራ
መን'ዩ ሙሴ ዚብለና ንሱስ ኤልያስ'ባ ኣውራ
ኣምላኽ ኤልያስ ከነሱ ኣኽሊል ሊቀ ነቢያት ሙሴ
የማልድ'ዩ እንተበሉ በቲ ክፉእ ውዳሴ
ንሱ ጐይታና ንሱ ኣምላኽና እምነት ናይ ቶማስ ምስክር ጴጥሮስ
ዘይሃስስ ጽሑፍ'ዩ ኣብ ልብና ኣምላኽነት ኢየሱስ ክርስቶስ

ብሰሪ'ዚ እምባጋሮ ናይዚ ዘለናዮ ዘመን
ካብ ዘርምማ ኣዕይንትና ካብ ዝጸማ'ውን 'ዘን ኣእዛን
ኣብ ዘይቅሱን ልብና ሕሰም ወዲ ኣዳም ምብዝሑ
ኣብዚ'ሎ 'ቲ መድሕንኩም ዝብሉ'ውን እንተ ጫጭሑ
ጊዜ ምልክቱ'ዶ ኣይኮነን ጽሑፍ ትንቢቱ ዚገሃዶ
ከቶ ኣይንደነቅ ብ'ኽስተቱ ንጽናዕ ጥራይ ብጐይታ ተዋህዶ

ኦ! .... ክርስትያን ወገነይ
ደረት ኣቦታትና ጥንቱ ኮቶ ኣይነዝብሎ
እምነት ኣቦታት ሓቁ ኮቶ ኣይነስፍሎ

910. እነሆት እታ እምባ

እነሆት እታ እምባ ጐልጐል ዓለም ምስ ወዳእካ
ብርሃን ብሪህም'ሎ ናይ ህይወትና ተስፋ
ብቕኑዕ መንፈስ ንጉየ ብሕብረት
ግልጽ ንድሕሪት ኣይህብን ህይወት

ሓሳብ ናይ ስጋና ሞት'ዩ ፍሪኡ
ሓዳስ ናይ'ዛ ዓለም ንፋስ'ዩ ዕድሚኡ
ንጠምት ቅድሜና ንርአ ናብ'ቲ ጐቦ
ኣፍደገ ምሕረት'ዩ ንው ንደይቦ

ኣብ ብዘሎ ጐልጐል ደው ኣይንበል
ኣብ ትምኒት ጣዕሚ ስጋና
ኣብ ብዘሎ ጐልጐል ደው ኣይንበል
ኣብ መጻወድያ ጸላኢና
ኣብ ብዘሎ ጐልጐል ደው ኣይንበል
ንጥፍኣት ኣሕሊፉ ከይህበና

ስሌዳ ልብና ጻዕዳ'ዩ ፍጥረቱ
ኣይንልከየ ጸሊም ከይድውን ትርኢቱ
ንቀበሎ ንፍለጥ ንምረጸሉ ሕብሪ
ቅብኣታት ሰዶም ኣይርከቦን ክብሪ

ንድሕሪት ገጽና ግልጽ ኣይንበል
ንሰበይቲ ሎጥ ከይንመስል
ንድሕሪት ገጽና ግልጽ ኣይንበል
ንሓጢኣትና ኣይንናፍቅ
ንድሕሪት ገጽና ግልጽ ኣይንበል
ዓንዲ ጨው ብሙኺን ከይንጠፍእ

ረኺብና ኣሎና ሞጐስ ናይቲ ልዑል
ፈትዩ'ሎ ብምሕረት ኣእጋርና ከሰጉም
ንጉየ ደው ኣይንበል ንእቶ ናብ መቕደሱ
ብሕብረት ነምልኮ ክንከብር ብኽብሩ

ናብታ ቅድስቲ እምባኡ ንህደም
ኣብ ድቕድቕ ጸልማት እዛ ዓለም
ናብታ ቅድስቲ እምባኡ ንህደም
ኣብኡ'ሎ ዘይቕርጽ ብርሃን
ናብታ ቅድስቲ እምባኡ ንህደም
ኣብኣ እያ ዘላ ጸሓይ ዞዓር

911.ናይ ምድሓንካ ጥበብ

ናይ ምድሓንካ ጥበብ ርእያ እያ'ሞ ዓይነይ (2)
ከመስግን እየ ጌና (2) ምሉእ ዘመነይ

ጥበብ ናይ ዓለም ናይ ምድሓንካ ጥበብ
ኩሉ ስሓበኒ ናይ ምድሓንካ ጥበብ
ሰይጣን ልበይ ኣትዩ ናይ ምድሓንካ ጥበብ
ምስ ኣሰነፈኒ ናይ ምድሓንካ ጥበብ
ቤትካ'ውን ገዲፈ ከም ናይ ዴማስ ከድኩ
ናብ ባሕሪ እዛ ዓለም ድሕሪት ተመለስኩ

ኣብኣ ምስ ኣተኹ ናይ ምድሓንካ ጥበብ
ኣብ ባሕሪ እዛ ዓለም ናይ ምድሓንካ ጥበብ
ንኹላ ዘርኩዋ ናይ ምድሓንካ ጥበብ
ብድሕሪት ንቕድም ናይ ምድሓንካ ጥበብ
ሽዑ ተታሓዝኩ ብታኼላ ሓጢኣት
ምውጽኡ ስኢነ ጀመርኩ'ውን ንብዓት

ፈተውተይ ኩላቶም ናይ ምድሓንካ ጥበብ
ኣብ ቅመይ ደው በሉ ናይ ምድሓንካ ጥበብ
ኣብ ክንዲ ሓገዞም ናይ ምድሓንካ ጥበብ
ብኣይ ከሽካዕልሉ ናይ ምድሓንካ ጥበብ
መኣዲ ተኸሉ ሕሜት'ውን ኣብ ልዕለይ
ብዓለባ ሕሜት ገነዙኒ ነብሰይ

ካብ ዓዘቕቲ ሓጢኣት ናይ ምድሓንካ ጥበብ
ወዲ ሰብ መሲልካ ናይ ምድሓንካ ጥበብ
ጐይታይ ኣውጻእካኒ ናይ ምድሓንካ ጥበብ
ብናይ ምሕረት ኢድካ ናይ ምድሓንካ ጥበብ

ካባይ ካብ ርሓቕ ናይ ምድሓንካ ጥበብ
ምሉእ ግብሪ ጸልማት ናይ ምድሓንካ ጥበብ
ብርሃን ኩሉ ለበስኩ ናይ ምድሓንካ ጥበብ
ነጺሀ ካብ ሓጢኣት ናይ ምድሓንካ ጥበብ
ዓለም ምስ ፍትወታ ደጊም ኣይምነይን እየ
ካብኣ እኳ ዝበልጽ ንዓኻ ሒዘ እየ

912. ኣብ ሰማይ ይሃሉ ልብና

ኣብ ሰማይ ይሃሉ ልብና
ምስቲ ፈቃር ለዋህ ኣቦና
ምሕረቱን ሰላሙን ከውርደልና (2)

ወልደ ነጎድጓድ ዮሃንስ
ክብሪ ዝሃቦ መንፈስ ቅዱስ
መስኮት ናይ ሰማይ ተኸፊቱ
ምስጢር እግዚኣብሔር ተመልኪቱ

ናብ ሳልሳይ ሰማይ ተመሲጡ
ናይ ሰማይ ምስጢር'ውን ፈሊጡ
ቅዱስ ጳውሎስ ብርሃን ዓለም
ክብሩ ዝነብር ንዘልኣለም

ዜማ መላእኽቲ ተመሊኡ
ያሬድ ክዝምር ተቐቢሉ
እግሩ ብኹናት ምስ ተረግዘ
ደሙ ፈሲሱ ውሓዘ

መናኔ ዓለም ተኽለሃይማኖት
ምሕረት ለማኒ በዓል ጸሎት
ሽዱሽተ ኣኽናፍ ተዓዲሉ
ክብሪ ሱራፌል ተቐቢሉ

913. ተዋህዶ ንጽህት እምነት

ተዋህዶ ንጽህት እምነት
ጐይታ ዝመስረታ ንዓና ድሕነት
ኲልና ኣብኣ ዘለና ደስ ይበለና

ናይ ጐይታ ሕድሪ ንኽንፍጽም
ቅዱሳት ኣቦታት ከይጠፍእ ደሞም
መስዋእቲ ኮይኖም ኣጽኒሖምልና
ሕድሪ ኣሎና ንኹልና ንኽንከባኸባ ቅድስት እምነትና

ቅዱስ እስቲፋኖእስ ሰማእት
ካብቶም ውዱሳን ኣቦታት
ንተዋህዶ ክእክብ ርኣየ እሞ
ሕድሪ ኣሎና ንኹልና ንኽንከባኸባ ቅድስት እምነትና

ድሕነት ለሚኑ ንዝቀተልዎ
ኣይፈልጡን እዮም ኢሉ ንዝገብርዎ
ብሰማእትነት ኣሕሊፍዎ
ናይ ጐይታ ትእዛዝ ፈጺምዎ ናይ ኣይሁድ ሓሳብ በቲንዎ

ቅዱስ ጊዮርጊስ ሰማእት
ዓለም መኒኑ ብእምነት
ዝፋን ኣብኡ ንኽህብዎ
ናይ ዓለም ስልጣን ንዒቅዎ ንንጉስ ዲድያኖስ ኣሕፊርዎ

ሽውዓተ ጊዜ ቀቲሎሞ
ከም ሓመድ ስግኡ ኣዝርዮም
ንተዋህዶ ክከዖ ደሙ ክዕዩ
ሽውዓተ ኣኽሊል ተሸሊሙ ንነገስታት ዓለም ኣገሪሙ

914. ተዋህዶ'ኺ ትምክሕተይ

ተዋህዶ'ኺ ትምክሕተይ ናይ ዘልኣለም ቤተይ (2)
ብኣ'ኺ ተቀዲሱ ሕይወተይ ንሞተይ (2)

ሕይወትኪ ጥዑም'ዩ ሰፊሕ'ዩ ታሪኽኪ
ሓዋርያ ብደም ገይሮም ዘጽንሑኺ
ይምካሕ ኣለኹ ዘለኒ የብለይን
ባዕሉ መድሓኔ ዓለም ኣየሕፈረንን (2)

ነቢይ ኤርሚያስ ከም ዝበሎ ቀደም
ኣብ መገዲ ኩኑ ኣስተውዕሉ ኣብ ዓለም
ነታ ዝቀደመት መገዲ ሕተቱ
ጽብቅቲ ጎደና ንሳ'ያ ፍለጡ (2)

ቅዱስ ኣትናትዮስ ዝተሰደደልኪ
ኣለው ኣብ ጎደና ዝተሰየፈልኪ
ከሳቴ ብርሃን ውን ዝኣወጇልኪ
ደጌታት ገሃነም ዘየናውጸኪ

ንስምኪ ክዝምር እና ዘከርኩ ኣብ ዓለም
ሓቂ'ዩ ዓንድኺ ዝተጻሕፈ ብደም
ሰፊሕ'ዩ መኣድ'ኺ ከደ ጸዊዕትኪ
ሓቀኛ መርከብ ኩሉ ይእቶ ኣባኺ

915. <u>ተዋህዶ ሃይማኖተይ</u>

ተዋህዶ ሃይማኖተይ
ናይ ጥንቲ'ያ ናይ ኣቦይ ናይ ኣደይ
ማዕተበይ ኣይብተኽን
ክትነብር'ያ ንዘለኣለም

ናይ ግብጺ ከተማ ብደምና ነዲቅና
ብምቅታል ጽድቂ የለን ሞይትና ግን ተንሲእና
ማዕተብካ'ውን ፍታሕ ብተኽ ተበሉኒ
ኣነስ ምስ ክሳደይ ውሰዱዎ ኢለዮም

ጴጥሮስ ተሰቂሉ ጳውሎስ ተሰይፉ
ተዋህዶ እንዳበሉ ክንደይ ዘይሓለፉ
ሰማእታት ብሓዊ ብሰይፍ ሓለፉ
ዘመን ዘይቅይሮ ታሪኽ'ውን ገደፉ

ቀዳሞት ኢና'ሞ ከይንኸውን ዳሕሮት
ኣሕዋት ንነቃቃሕ ንተንስእ ካብ ድቃስ
ማይ ምስ ተኻዕወ ክሕፈስ ኣይከኣልን
ኦ ደቂ ተዋህዶ ሕጂ እዩ ሰዓቱ

እናተዓዘብና ክንደይ ሓሊፍና ኢና
ናቱ ፍቃድ ይኹን ኢልና'ውን ሃዳእና
ሕጂ ግን ይኣክል እቲ ስቓታ የብቅዕ
ይገለጽ ይነገር ናይ ተዋህዶ ምስጢር

916. ተዋህዶ መሰረት ጽድቂ

ተዋህዶ ተዋህዶ ተዋህዶ
መሰረት ጽድቂ (2)
ተዋህዶ መሰረት ጽድቂ

ማርያም ማርያም ማርያም
ርህርህተ ህልና (2)
ማርያም ርህርህተ ህልና

ሚካኤል ሚካኤል ሚካኤል
ሊቀ መላእክት (2)
ሚካኤል ሊቀ መላእክት

ገብርኤል ገብርኤል ገብርኤል
ኣበሳሪ ትጽቢት (2)
ገብርኤል ኣበሳሪ ትጽቢት

ሩፋኤል ሩፋኤል ሩፋኤል
ከፋቲ ማህጸን (2)
ሩፋኤል ከፋቲ ማህጸን

ኡራኤል ኡራኤል ኡራኤል
መልኣከ ሰላም (2)
ኡራኤል መልኣከ ሰላም

ጅወርግስ ጅወርግስ ጅወርግስ
ሊቀ ሰማእታት (2)
ጅወርጅስ ሊቀ ሰማእታት

ጳውሎስ ጳውሎስ ጳውሎስ
ሰባኺ ወንጌል (2)
ጳውሎስ ሰባኺ ወንጌል

ተኽለሃይማኖት (3)
ጺጋ ናይ ኩላትና (2)
ተኽለሃይማኖት ጺጋ ናይ ኩላትና

917. ኣይትናወጽን'ያ ተዋህዶ

ኣይትናወጽን'ያ ተዋህዶ ኣይትናወጽን'ያ
ኣይትቕየርን'ያ ተዋህዶ ኣይትቕየርን
መሰረታ ጽኑዕ'ዩ እሞ ኣይትናወጽን

ኣርዮስ ይኽሓድ ክሕደቱ ይፈለጥ
ንስጥሮስ ይስዓብ ድፍረቱ ይፈለጥ
ኔሮን የሳድድ ብሓይሊ ስጋ
ከሓዲ ይኽሓድ ንገንዘብ ዋጋ
ኣይትናወጽን'ያ ተዋህዶ ኣይትናወጽን'ያ

ዘመን ይቀየር እዋኑ ይትረር
መቕጻዕቶም ይምረር ናብ ሞት ይቀየር
ተንኮሎም ይኽፋእ ኣይንናወጽን
ብሰይፎም ንጥፋእ ኣይንፈርሕን
ኣይትናወጽን'ያ ተዋህዶ ኣይትናወጽን'ያ

ዋጋ ትሓትት ይኽፈለላ
ህይወት ትሓትት ንስደደላ
ልቢ ትሓትት ንዝኽፍተላ
ጥበብ ትዕድል ንንኣምነላ
ኣይትናወጽን'ያ ተዋህዶ ኣይትናወጽን'ያ

ሕጋ ፍሉጥ'ዩ ስርዓት ኣለዋ
ዘይትቕየር እምነት ለበዋ
ክፈትዎ ንመዛግብታ
ታሪኽ ደም እዩ'ኮ ኩሉ ህይወታ
ኣይትናወጽን'ያ ተዋህዶ ኣይትናወጽን'ያ

918. ጸዳል ምድረ ሎዛ

ጸዳል ምድረ ሎዛ ሰመያዊት ብርሃን
ቤተኤል መጸግዒት እምባ ናይ ክርስቲያን
ዘልኣለም ንበሪ ንውሉድ ወለዶ
መርዓት ናይ ክርስቶስ ኣኽሊል ተዋህዶ

ኣጥባትኪ ዝጥዕም መዓር ወለላ
ሰትየ ዓጊበ ካብ ቃልኪ ዘለላ
ኣድነትኪ ፍጹም ዘዕበየኒ ፍቕሪ
ከመይ ኢልካ ይርሳዕ ናይ ትማሊ ዝኽሪ

ማሚቛ ህይወተይ ሕቝፎኺ ለሚዳ
ከንገር ዘይክእል ፍቕርኺ ወሲዳ
የለን እቲ ዝኾኖ ብጀይካኺ ንዓይ
ኤትኤል ሰማያዊ ወትሩ ክበርለይ

ጾረይ ከቢዱኒ ሸኸመይ በዚሑ
መጽሓፍ ዕዳ ሞተይ ቅድመይ ተዘርጊሑ
የእዳውኪ ጨቢጠ ሰጊረዮ ማዕበል
ኣራራት በጺሐ ብሓጎስ ክዘልል

ተቐቢለ ፍቕሪ ዘይመውት ሰላም
ኣብ ዓውደ ምሕረታ ወዲቐ ክሳለም
ደብረ ጽዮን ቅድስት ኢዮሩሳሌም
ልዕል ልዕል በሊ ንዘለኣለም

919. መቅደስ ንስርሓሉ

ብሕብረት ንጸውዓዮ ክምለሰለና
ዘይንፈልጦ ስውር ነገር ክርእየና
ኣባና ከዕርፍ ክባርኸና
መቕደስ ንስርሓሉ ክነብር ምሳና

ጽንዕቲ ወደብ ናይ እምነት መርከብ
ሰሪሕና ንስሙ ንጽድቂ ንተኣከብ
ናይ ጽድቁ ማእከል ናይ ሰማይ መሳልል
ንስጋኡን ደሙን ንኹሉ ተዐንግል

እዛ ነብስና ከም ንጹህ መስዋኣቲ
ገርና ነቕርበሉ ንኣምላኽ ኣማልኽቲ
ኣሰሩ ንስዓብ ደው ኣይንበል ኣብ ዓለም
ኣፍ ደገ ሰማይ ንኹን ኣብ ኢየሩሳሌም

ብፍቕሪ ንንበር ሓብርና ብስምረት
ሓደ ልቢ ንኹን ልብና ኣይከፈል
ብሓደ ልሳን ኣምላኽና ነመስግን
ኣብቲ ደብረ ጽዮን ዕዱማት ክንከውን

ኣምላኽና እዩ ጽዋእ ሂወትና
ዋልታ መንነትና መድሓኒ ናይ ነብስና
ሓንሳብ ንቕድሚት ካብ ኮነ ጉዕዞና
ንድሕሪት ኣይንበል ሂወት'ዩ ቅድሜና

ሓጸርቲ ሞዛይክ (ሕውስዋስ)

920. ሰላም ሰላም

ሰላም ሰላም (2)
እምእዜስ ይኩን ሰላም (2)

921. ሰላም ይጸጉ ለነገስት

ሰላም ይጸጉ ለነገስት (2)
ለአህዛብ ወለበርውርት (2)

922. ንዑ ህጻናት ንጎይታ ንዘምር

ንዑ ህጻናት ንጎይታ ንዘምር
ነቲ ዝፈጠረና እግዚአብሄር ነኽብር
ኣዴና ማርያም ናይ ኩላትና ኣደ

923. ኢዮሩሳሌም

ኢዮሩሳሌም (2)
ዘሃረየኪ ኢዮሩሳሌም (2) እህ

924. ይከብርዋ ለሰንበት

ይከብርዋ ለሰንበት መላእክት በሰማያት
ጻድቃን በውስተ ገነት (2)
ወኩሉ ፍጥረት ኣሳት ወኣናብርት
እለ ውስተ ደይን ያዕርፉ ባቲ
እስመ ባቲ ኣእረፈ እምኩሉ ግብሩ (2)

925. ናሁ ሰናይ

ናሁ ሰናይ ወናሁ ኣዳም (2)
ሶበ ይሄልዉ(2) ኣሃዉ ህቡር (2)

926. ወተመሰሉ ሰባእል

ወተመሰሉ ሰባእል ኣባግአ ባባ ሰባእል (2)
በጥምቀት ኣባይ (2) ኣባይ (2)

927. በከመ ይቤ ዳዊት በመዝሙር

በከመ ይቤ ዳዊት በመዝሙር
እንተ ካህኑ ለኣዳም (2)

928. ኣርዌ ገዳምኑ

ኣርዌ ገዳምኑ ኣንበሳ ወሚመ ከራዲዮን (2)
ከራዲዮን (4) መሚመ ከራዲዮን (2)

929. የዕብዮ ለዝንቱ ህጻን

የዕብዮ ለዝንቱ ህጻን(2)
ይኩን ከመ እሳቅ ብሩክ(2)

930. ኣዉዳኣመት ለባርኮ

ኣዉዳኣመት ለባርኮ (2) ኣዉዳኣመት(2)
ንዒ ማርያም በምሕረት በሳህል (2)

931. ልዑል ሰምራ

ልዑል ሰምራ ዳዊት ዘመራ (2)
በቤተ መቅደስ ተወከፍዋ (2)

932. አ አንትሙ

አ አንትሙ ህዝበ ክርስትያን
በከመ ተጋባእክሙ በዛቲ ዕለት (2)
ከማሁ ያስተጋብእክሙ በደብረ ጽዮን ቅድስት
ወበኢየሩሳሌም ኢየሩሳሌም አግአዚት (2)

933. ደቂቀ ሰላም

ደቂቀ ሰላም ወፍቕር ወአርድእተ ክርስቶስ እንትሙ (2)
ትግሁ እስከ ይትፈጸም ተስፋሁ (2) እህ
ሃሌ ሃሌ ሉያ ይስረቅ ኮከበ እምያዕቆብ ወአነሂ በኩርየ እረስዮ ወአነሂ
ልኡል ውእቱ ነገስተ ምድር ወአነሂ ወአነሂ በኩርየ እረስዮ ወአሃኒ (2)

ረይ መርዓ

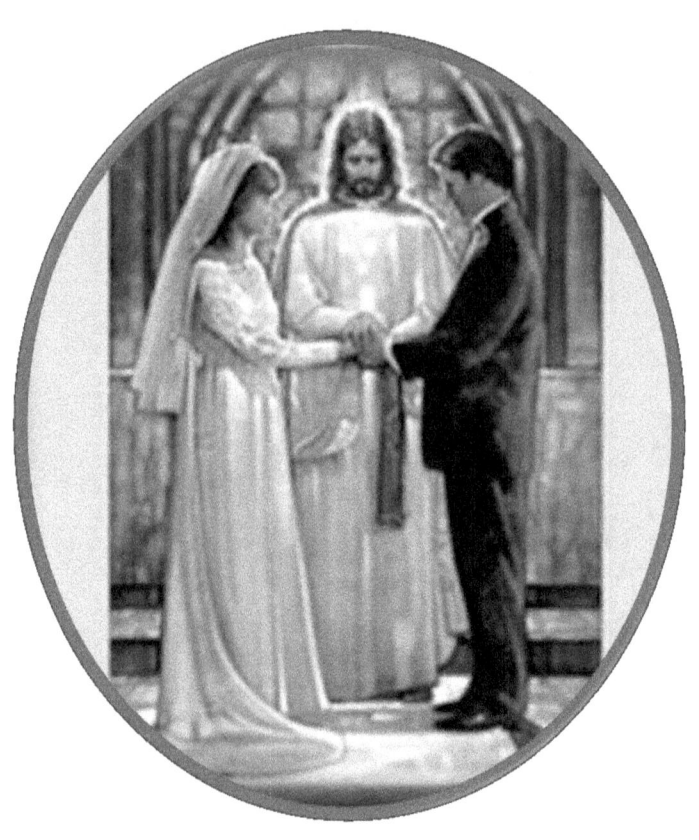

ነዋሕቲ ናይ መርዓ

934. ርሑስ ጋማ ይግበረልኩም

ርሑስ ጋማ ይግበረልኩም ጐይታና
ኣዕዚዙ ይባርኽኩም ኣምላኽና
መርዓውን መርዓትን እንቋዕ ሓጐሰና
ሎሚ ነመስግን ዕልል እንዳ በልና

ክልተ ዝነበሩ ሓደ ኣካል ኮይኖም
ብስግኡን ደሙን ሎሚ ተሓቲሞም
ኣቦታት መርቑ ኣዴታት ዓልላ
ብመዝሙር ምስጋና ዳስና ነማእክላ

ቅዱስ ተኽሊል ጌሮም ብርሃን ኮይኑ ገጾም
ብኪዳን ክነብሩ ንዘለኣለም ኣለም
ሽግና ነብርሃዮ ናይ ደስታ መብራህቲ
ጐይታ ክባርኾ ይዳሎ ሕብስቲ

ስኒት ምርድዳእ ዝመልኦ ሓዳር
ክገብረሎም ጐይታ ንጸሊ ብሓባር
ሰማዕ እዩ ኣምላኽና ፍጹም ተለማኒ
ብመዝሙር ምስጋና ጣቕዒት ነሰኒ

ኣቦታት ኣዴታት ዝነኣስኩም ኣሕዋት
ንው ንተሓጐስ በዚ ሎሚ ዕለት
ኣብ ቅዱስ ከረኑ ጋማ ዝኣሰርኩም
ፈረይትን ጸገይትን ጌሩ ይባርኽኩም

935. ክልቲኦም ሓደ ኮይኖም ሎሚ

ክልቲኦም ሓደ ኮይኖም ሎሚ
ክልቲኦም ሓደ ኮይኖም እህ (2)
ብእግዚኣብሄር ብህያው ቃሉ
ክልቲኦም ሓደ ኮይኖም ሎሚ

ወድን ጓልን ጌሩ ንዝፈጠሮም
ደሓር'ውን ብቃሉ ሓደ ጌርዎም
ኣዲኡን ኣቡኡን ወዲ ኣዳም ይገድፍ
ምስ ሰበይቱ ብሓባር ብሓደ ይተርፍ

ክልቲኦም ሓደ ስጋ ኮይኖም እዮም ዝነብሩ
ኢሉ ኣምሂሩ እዩ ጎይታና ብቃሉ
ሓደ ስጋ ኢዮም ኣይኮኑን ክልተ
ናይ ሰብኣይ ሰበይቲ ናይ ሓባር ህይወት

እንግዚኣብሄር ኣምላኽ ከም ዘጣመረኩም
ብዘይረብሕ ነገር ሰብ ኣይፍለየኩም
ኣርኣያ ክትኮኑ ንኻልኦት ኣሕዋትኩም
ብክርስትና ፍቅሪ ኣምላኽ የጽንዓኩም

ምንጽፍኩም ውን ብሩኽ መደቀሲኹም ጽሩይ
ስለ ዝኾነልኩም እንቋዕ ደስ በለኩም
ዓለም እንክትድነቅ ጸላኢ ክሓፍር
ብሓዘን ብሓጎስ ይሃልኹም ፍቅሪ

936. ብማእሰር ፍቕሪ ተጠሚርኩም

ብማእሰር ፍቕሪ ተጠሚርኩም
ሰላም ሰማያት ተኻፊልኩም
ንዘለኣለም ብስኒት የንብርኩም
ንዘለኣለም ኣብሪሁ ሓዳርኩም
ርሑስ ጋማ እንቋዕ ሓጐስኩም
ርሑስ ጋማ ኣምላኽ ይባርኽኩም

ይቆረስ ሕብስቲ መግለጺ ሓጐስና
ጽዋእኩም ኣልዕሉ መስተ ሓድነትን
ዮሃና (2) ርሑስ ጋማ በሉ
ስድራቤት በዓውታ ንጐይታ ዘምሩ

ድምጺ ፈታዊኺ መዝገብ ብዙሕ ደስታ
ከም ደሃይ መሰንቆ ማራኺ ትርግታ
መርዓዊ ፍስሃ ኣምሳል ልዑል ጐይታ
ተቃነዩ ብቃሉ ናይ ፍቕሪ እምብልታ

ብርሃን ወዲ ኣምላኽ ንጸላም ስዒሩ
ጽኑዕ ሓለዋ ይግለጸልኩም ከቢሩ
ስግኣት የለን ፍርሒ ኢዱ ተተራኢስካ
ንሽግር ትጥሕስ ስሙ እንዳ ኣመንካ

ናይ መዝሙር ምስጋና ልብና ጕሲዑ
ብተኽሊል የሕዋትና ሓጐስ ተመሊሱ
ኣምላኽና ይሃብኩም ሓይሊ መመሊሱ
ተጓዓዙ ብተስፋ መንግስቱ ክትወርሱ

937. ‘ቲ ናይ ቃና ሓጎስ

‘ቲ ናይ ቃና ሓጎስ ሎሚ ተደጊሙ
ጎይታ ምስ ኣዲኡ እንሆ ተዓዲሙ
ናይ ዘለዓለም ኣምላኽ ስለዘሎ ኣብዚ ቤት
መርዓውን መርዓትን ረኽቡ በረኸት

መርዓት ተሰኪማ ኣኽሊል ድንግልና
ትርጉም ዘለዎ'ዩ ናይ ተኽሊል መርዓና
ሓደ ኣካል መርዑት ገጾም ክበርህ'ዩ
ብወንጌሉ ብተኽሊሉ ከዱ እናተመርሑ

ኣጋይሾም ብዙሕ ሽሻዮም'ውን ምሉእ
ጎይታ ምስ ኣዲኡ ኣሎ ኣብ ማእከሉ
እተን ኣጋንእ ማይ ሎሚ ምሉኣት'የን
ኣማኑኤል ምስ ኣዴኡ ስለዘሎ ኣብ'ዚ ቤት

ብኽብሪ ብዕልልታ ክመጽእ መርዓዊ
ፍጹም ደስ ዘብል'ዩ ኣይኮነን ምድራዊ
ሎሚ ኣብ'ዚ ዳስና ፍጹም ሓጎስ ኮነ
ብኣማኑኤል ብኣምላኾም ስለዝተባረኸ

ብተኽሊል ብቁርባን ዝኾነ ሓድነት
ሎሚ ተፈጺሙ በዚ ቅዱስ ስርዓት
መርዓዊን መርዓትን ሎሚ ደስ ይበልኩም
ኣብ መርዓኹም ተገሊጹ ፍረ ናይ
እምነትኩም

938. ደሚቑ ኣብሪሁልና

ደሚቑ ኣብሪሁልና ስራሕ ናይ ጐይታና
ኮይኖምልና መርዑት ኣብርሃም ወሳራ (2)

በቤተ ክርስትያን ጽላል ተኸሎሎም
መርዓትን መርዓውን ቅዱስ ተኽሊል ጌሮም
ጸጋ መንፈስ ቅዱስ ስለ ዝተዋህቦም
መርዓትን መርዓውን ብርሃን ኮይኑ ገጾም

ክልተ ዝነበሩ ሓደ ኮይኖም ብተኽሊል
እግዚኣብሄር ይመስገን ዕልል (2) ንበል
ናይ ህያዋን ኣደ ሄዋን ዝተበሃልኪ
ናይ ኣዳም ስብከቱ ሎሚ ተረኺብኪ

ብቤተ ክርስትያን ኣብ ቅድሚ ኣምላኾም
ብስጋ ወደሙ ከም ሓደ ሰብ ኮይኖም
ነዚ ንክንርኢ ኣምላኽ ዘብቅዓና
ምስጢር ንዘብርህ ንስውእ ምስጋና

939. መርዑት ብጎይታ

መርዑት ብጎይታ እንቋዕ ደስ በለኩም
ደጊመ ክብል እንቋዕ ደስ በለኩም/2/
ናይ በረኸት ኣምላኽ ይእቶ ናብ'ዚ ቤትኩም
እግዚኣብሔር ፍቕሪ'ዩ ፍቕሪ ይዓድሉም/2/

ሰብ ኩሉ ይፍለጦ ይገለጽ ስራሕኩም
ክብሪ ንኣምላኽ ይኹን ይባረኽ መርዓኹም
ብጸሎት ውዳሴ ከምኡ'ውን ምስጋና
ንእግዚኣብሔር ንንገሮ ሰናይ ክኾነልና

ሰላመ እግዚኣብሔር መታን ክበዝሓልኩም
ብሓቂ ህነጹ ናይ ሓዳር ፍቕርኹም
ጽድቂ ክመልእ'ዩ ፍጹም ንጽህና
ናይ ፍቕሪ ሓለቓ ንሱ'ዩ ኣምላኽና

ሰናይ ፍሬ ኮይኑ ንዓለም ይዝራእ
ብደስታ ብሓሴት ብመንፈስ ይምላእ
ሃሌሉያ ንበል ዘለዓለም ምስጋና
ናይ ኣርያም ዝማሬ ይግባእ ንኣምላኽና

እምነት ተስፋ ፍቕሪ ብሓደ ይጥመሩ
ካብ ኩሉ ዝበልጽ ብፍቕሪ ይነብሩ
ሓድነት ዝሃበ ሓደ ኣምላኽና'ዩ
ንጎይታ ንልበሶ ፍቕርና ንሱ'ዩ

940. እልል እልል ንበል

እልል (2) ንበል ንዘምር ብደስታ
ነዚ ዝገበረ ናይ ሰራዊት ጎይታ
ኩሉ ጽቡቕ ጌሩ ንዘፈጸመና
ሎሚ ነቕርበሉ ንኣምላኽ ምስጋና

ተሓጒሱ እዩ ጎይታ ሎሚ መዓልቲ
ብስጋ ወደሙ ኮኖም መጻምድቲ
ኣቡኣን ኣዲኣን ሎሚ ደስ ይበልኩም
ናይ ሓፍትና መርዓ ኣምላኽ ኣርእይኩም

መርቕዋ ኢኹም ኩልኹም ስድርኣ
ምኻዳ ኢያ'ሞ ናብ ሓድሽ ገዝኣ
ኣመስግኑ ኢኹም ብጣቕዒት ብዕልልታ
ነዚ ዝገበረ ናይ ሰራዊት ጎይታ

941. መርዓውትና

መርዓውትና (4) ብእግዚኣብሔር ፍቓድ
ሓደ ኮይኖም ሎሚ
ብእመ ብርሃን ጸሎት ሓደ ኮይኖም ሎሚ

'ቲ ዝተዋህበም ምኽሊቶም ሰፊሩ
ብበረኸት ፍሬ በቚያም ክነብሩ
ብቃሉ ተቀንያ ተዋሂባ ነፍሶም
ወቂቦም መርዓውቲ ተኽሊሎም ለቢሶም

ኣብ ሃገረ ሰላም ከይዶም ኣብ መቅደሱ
ብዘገርም ክብሪ በረኸት ሓፊሱ
ብዘይ ሓልፍ ቃሉ ብቅዱስ ወንጌሉ
ኮይኖም መርዓውትና ናይ እግዚኣብሔር ኣካሉ

ንዘይሓልፍ ቃሉ ለቢሶም ከም ኪዳን
ፍጹም ተሓጺሮም ብዘይ ፈርስ ኪዳን
ናብ ናይ ቤቶም ድንኳን ኣምሪሖ'ቲ ንጉስ
ዓዲሞም ኣለዉ ኣብ ልቦም ክነግስ

942. ናይ ቃና ደስታ

ናይ ቃና ደስታ ተደጊሙ
ብእግዚኣብሔር ፍቓድ ኩሉ ኮይኑ
እጹብ ድንቂ'ዩ ስራሕ ጎይታ
መርዓውትና ኮይኖም ኣብርሃም ወሳራ

ሎሚ ተወሊዶም መርዓዊ መርዓት
ሓጎሶም ኣዊጀም በዚ ሎሚ ዕለት
ክልተ ዝነበሩ ሎሚ ሓደ ኮይኖም
ብቃለ ወንጌሉ ተኸሊሉ ደፊኦም

ናይ ተኽሊሉ ምስጢር ሎሚ ግሁድ ኮይኑ
ብፍቓድ ስላሴ ኩሉ ተፈጺሙ
ከም ናይ ዶኪማስ ቤት ድንግል ተረኺባ
መርዓ ባረኸቶ በረኸት መሊኣ

ብፍጹም ንጽህና ህይወቶም ከሊሎም
ብቅዱስ ቁርባኑ ጸጋ ተመሊኦም
ናይ ቤተክርስቲያን ፍሬኣ በሊያም
ንኣምላኾም ሒዞም ክሳዕ ዘለዓለም

ናይ ሂወቶም ጸዕሪ ፍረ ዝረኣይሉ
መላእክት ብሕብረት እንሆ ዘመሩ
ስራሕኩም ዘገርም ንዓለም ብኹላ
ምስክር ኮይኑ'ሎ ናይ ሂወትኩም ተድላ

943. ኣብ ቃና ገሊላ

ኣብ ቃና ገሊላ ከብካብ ዝኾነሉ (2)
ተኣምራት ጎይታ ኣብዚ ቤት ዓሲሉ

ሸሻይ ሃልቑ ውራዩ ከይነውሕ
ወይኒ ነጺፍዎ ቅድሚ ሰብ ከይሓፍር
ስለ ድንግል ማርያም ኣብኡ ምስ ተሰምዐ
ዕምቆት ናይ ዶኪማስ ንዕለት ተረትዐ

ሃለዋት እምባ ጽዮን ኣብቲ ዕርቃን ጭንቂ
ብህሞት ምንዳቤ ኮይኑና'ዩ ስንቂ

ውህበት ጸጋ ትማል ረኺብናሉ ፍረ
ጸላኢ ሰናያት ብፍጹም ተሳዕረ

ከምቲ ማእከል ግርሁ ዝተሓፍሶ እቶት
መርሃ ቅድስና ንልቦና ፍኖት
ደብተራን ፍጽምትን ርህርህተ ሕልና
ትውክልቲ ፍጡራት ኣርያም ኀይታና

ኣደ ነብሲ ስጋይ እያ ማርያም ድንግል
ንናብራ ረሲኣን ብሓልዮት ትቕልቅል
ኣውጊሓቶ ጽላል ንዘመን ኩነኔ
ትም ከይትብልዋ ኣውርዩላ ቅነ

ሎሚ ከትባርኾ ነዚ ቅዱስ ዕለት
በትሪ ኣሮን ትምጻእ ከትህበና ህይወት
ጽላል ተውድቕሉ ነዚ ቅዱስ መርዓ
ብጽድቂ ኽነብሩ ሓዲሶም መብጽዓ

944. በከመ ባሪከዮ

በከመ ባሪከዮ ለቤተ ዶኪማስ
ባሪከዮ ድንግል ለከብካበ ዝንቱ ቤት
ምስለ ወልድኪ መድሓኔ ዓለም

ቃና ዘገሊላ ኣብ ቦታ ዶኪማስ
ከብካብ ተፈጸመ ብክብሪ ቃል ኪዳን
ድንግል'ውን ነበረት ኣብቲ ቦታ ሓጎስ
ምስ ቅዱስ ውላዳ ቤቶም ንምቕዳስ

ክቕጽል እንከሎ በሓጎስ ከብካቦም
ወይኖም ተወዲኡ ተዘርገ ሰላሞም
ነዚ ዝረኣየት ርህርህቲ ማርያም
ማለደት ናብ ወዳ ከመልእ ንወይኖም

በለቶም ኣዴና ነቶም ተዓጠቕቲ
ዝብለኩም ግበሩ ኩሉ በብሓንቲ
ምኽኑ ፈሊጣ መላኺ ናይ ኩሉ
ሰማያት ዘቕመ ብትእዛዝ ናይ ቃሉ

እቲ ርህሩህ ኀይታ ወልደ ማርያም ፍቑር
ንማርያም ኣዲኡ ትእዛዛ ከኽብር
ናብ ወይኒ ቀየሮ ኣምሳል ደሙ ክቡር
ብትእዛዝ ናይ ቃሉ እቲ ዘደንቕ ምስጢር

ሎሚ ተረኺቢ ኣብ ማእከል እዚ ዳስና
ንኽትባርኽዮ ነዚ ቃል ኪዳንና
ዓንቢቦም ክፈርዩ እዞም ተጸመድቲ
ድንግል ባርኽዮም ምስ ቅዱስ ወድኺ

እቲ ጥርሑ ኣጋንእ ዝኾነ ልብና
ብእምነት ከመልእ ከጸንዕ እምነትና
ጻድቃን ሰማእታት ሎሚ እንተ ዓዲምና
ከመልእ'ዩ ኩሉ ጉድለት ናይ ህይወትና

945. ደሚቑ ኣብሪሁልና

ደሚቑ ኣብሪሁልና ስራሕ ናይ ኀይታና (2)
ኮይኖምልና መርዑት ኣብርሃም ወሳራ

ብቤተ ክርስቲያን ጽላል ተኸሊሎም
መርዓውን መርዓትን ቅዱስ ተኽሊል ገይሮም
ጸጋ መንፈስ ቅዱስ ስለ ዝተዋህቦም
መርዓውን መርዓትን ብርሃን ኮይኑ ገጾም

ክልተ ዝነበሩ ሓደ ኮይኖም ብተኽሊል
እግዚኣብሔር ይመስገን እልል (2) ንበል
ናይ ህያዋን ኣደ ሄዋን ዝተብሃልኪ
ናይ ኣዳም ስብከቱ ሎሚ ተረኺብኪ

ብቤተ ክርስቲያን ኣብ ቅድሚ ኣምላኾም
ብሥጋ ወደሙ ከም ሓደ ሰብ ኮይኖም
ነዚ ንኽንርኢ ኣምላኽ ዘብቅዓና
ምስጢር ንዘብርህ ንሰውእ ምስጋና

946. ይሃብኩም ዮም

ይሃብኩም ዮም ይሃበኩም መድሃኔ ኣለም
ዕድመ ማቱሳላ ወኣብርሃም (2)
ይሃብኩም ሎሚ ይሃብኩም መድሃኔ ኣለም (2)
ዕድመ ማቱሳላ ወኣብርሃም (2)
ብቅዱስ መርዓ ዝተወሰንኩም(2)
ኣምላክ ተረኪቡ ኣብ ማእከልኩም (2)
ነዘን ኣጋንእ ማይ ወይኒ (2) ክመልኣሉ (2)
ምስ ድንግል ማርያም ሎሚ ተረኺቡ(2)

ሓጎስኩም ሪኡ ኣምላኽ'ወን ፍጹም ተሓጊሱ (2)
ንክባርኽኩም የእዳው ዘርጊሑ (2)
ኣብ ህይወትኩም ፍቕሪ (2) መማቅርቲ ኮይኑ (2)
ትሕትና ይሃብኩም እግዚኣብሔር ባዕሉ (2)

መራዓኹም ከኸውን ሓጎስ (2) ዝመልኣሉ (2)
ኣብ ውሽጢ ህይወትኩም ክርስቶስ ይሃሉ
ኣብ ውሽጢ ህይወትኩም እግዚኣብሔር ይሃሉ
ናይ በረኸት ፍረ ብጸግኡ ንከብዛሓልኩም(2)

ሎሚ ተሓጎሱ ንኣምላኽኩም ሒዝኩም (2)
ነብስኹም ንምግታእ ፍልጠት (2) ዝሃበኩም (2)
ንስጋ ወደሙ እግዚኣብሔር ሓርዩኩም(2)
ናይ መንፈስ ቅዱስ ወሉዳት ኢኹም (2)

947. ንዘምር ከም ዳዊት

ኣሕዋት ዘምሩ መሰንቆኹም ቃንዩ ሃቡ በገና
ነዚ ዘርኣየና ኣምላኽ ውሬታ ንምለሰሉ ቅኔ ምስጋና
ኣህዛብ ኩላ ምድሪ ንው ርኣዩ መስተንክር ግብሪ ልዑል ኣምላኽና

ዓለም ብጭራሕ-ምራሕ እንከትናወጽ
መንፈስ እግዚኣብሄር ግን ኣብ ፍቁራት ደቁ ወትሩ ይሰርጽ
ኣብ ሓጢኣት ከይንወድቕ ሓይሊ መንፈስ ቅዱስ ጽንዓት ሃበና
ከም ሰዶም ገሞራ ከይንኸውን ከም ሎጥ መንጢሉ ቤት-ኤል መርሓና

እህ ንዘምር ከም ዳዊት ንዘምር
ንዘምር ከም ዳዊት ንዘምር ብበገና

ኣብዚ ናይ ርኽሰት ዘመን ዕሽነት ሰዶም
ጥበብ መድሓኒ ክርስቶስ ስንፍና ከቝጸር ብጥበብ ዓለም
ልብሲ ኣብርሃም ሳራ ልብሲ ቅድስና መርዑት ልበሱ
ቃል ኪዳኖም የጽንዕ ይልኣኸሎም እግዚኣብሄር ቅዱስ መንፈሱ

እህ ንዘምር ከም ዳዊት ንዘምር
ንዘምር ከም ዳዊት ንዘምር ብበገና

ኣኽሊል የውሓንስ ድንግል ኣኽሊል ንጽህና
ዓስቢ ዓወት ተሰለሙ እንቋዕ ደስ በለኪ ቤተ ክርስትያንና
ናይ ሓድነቶም ምስጢር ድምር ክልተ ኣካል ስርዓት ናይ ተኽሊል
ተፈጸመ ሎሚ ኣብ ደብረ ሰላም በዞም ኣሕዋትና ሰብ ቅዱስ ወንጌል

እህ ንዘምር ከም ዳዊት ንዘምር
ንዘምር ከም ዳዊት ንዘምር ብበገና

ኣዴታት ዓልላሎም ድሙቕ ዕልልታ
ብዝማሬ ነሳንዮም ኣሕዋት ደቂ ወንጌል ሃቡ ሰላምታ
ከም ማህሌታዊ ያሬድ ንመስጥ ንኽብሪ እግዚኣብሄር
ብዓሰርተ ኣውታር ብበገና ከም ቅዱስ ዳዊት ሃየ ንዘምር

እህ ንዘምር ከም ዳዊት ንዘምር
ንዘምር ከም ዳዊት ንዘምር ብበገና

948. ነዚ ዝገበረ ሃሌሉያ በሉ

ነዚ ዝገበረ ሃሌሉያ በሉ
እግዚኣብሔር እሙን'ዩ ኩሉ ግዜ ኣብ ቃሉ
መርዓዊን መርዓትን እንቋዕ ደስ በለኩም
ናይ ያዕቆብ ኣምላኽ ሞጎስ ዝኾነልኩም

ክንደይ መከራ ተሳጊርና ኣብ ዕጸ ገነቱ ኣቐሚሙና
እስኪ ንዘምር ብደስታ እሙን ጓሳ'ዩ ናትና ጎይታ
ካባና ዝኾነ'ውን የለን ተመስገን ጎይታ ንዘልዓለም
ስራሕካ ኣብሪሁ ብምስጋና ኣብ መርዓውትና እንደገና

ፍጹም ዘይከኣል ዝበልናዮ ብእግዚኣብሔር ኮይኑ ርኢናዮ
ከም ደቂ ኣሳፍ ተኣኪብና ስሙ ብቕኔ ኣመስጊንና
ዝተባረኸ በኣእዳዉ ዘውትር የፍስስ ቅኔ ኣፉ
ምስ መላእኽቲ ሓደ ኮይንና ስራሕ እግዚኣብሔር መሲጡና

ገንእና ወይኒ ጎዲሉና ኣምላኽና ባዕሉ መሊኡልና
ኣረጊት ይውጻእ ካብ ገዛና ሓድሽ'ውን ይእቶ ናብዚ ቤትና
ኤሸን ኤዘር'ዩ ምስጋናና ይረድኣና'ሎ ፈጣሪና
ገጽና በሪሁ ብደስታ ግርማ ኮይኑና ናትና ጎይታ

---

949. ዮም ፍስሃ ኮነ

ዮም ፍስሃ ኮነ ፍስሃ ኮነ
በእንተ መርዓቱ ወመርዓዊሃ

ቆይሙ መስረቶም ፍስሃ ኮነ
እምነት ሃኒጽዎም ፍስሃ ኮነ
ሪኢና ብርሃኖም ፍስሃ ኮነ
መሊኡ ኣብ ቤቶም ፍስሃ ኮነ

ብሩኽ'ዩ መኣዶም ፍስሃ ኮነ
ጽዋዖም መሊኡ ፍስሃ ኮነ
ብድኻም ዘሪኦም ፍስሃ ኮነ
ሎሚ ዓጺዱ ፍስሃ ኮነ

ቁጽሪ ናይ ወንጌሎም ፍስሃ ኮነ
ዙሪኦም ተኺሎም ፍስሃ ኮነ
ዋልትኦም ኣምላኽ'ዩ ፍስሃ ኮነ
ጸላኢ ከይቀርቦም ፍስሃ ኮነ

እምነት ሰረገላ ፍስሃ ኮነ
ደይቦም ገስገሱ ፍስሃ ኮነ
ብቅድስና ልብሱ ፍስሃ ኮነ
ቆይሞም ንኽነግሱ ፍስሃ ኮነ

ብስጋ ወደሙ ፍስሃ ኮነ
ንነፍሶም ጠሚሮም ፍስሃ ኮነ
ሚሕሎም ብቓሎም ፍስሃ ኮነ
ማንም ከም ዘይፈልዮም ፍስሃ ኮነ

950. ሎሚ ኣብ ሓጎስና

ሎሚ ኣብ ሓጎስና ንክትባርኸልና
ጎይታ ዓዲምናካ ብእምነት ኩልና

ኣብ ቤተ ዶኪማስ ከም ዝተረኸብካ
ናብ ዳስና'ውን ምጸእ ጎይታ ምስ ኣዴኻ
ጸውዒት ወረቐት ሰዲድና ብኽብሪ
ጎይታ'ውን መጺእካ ናይ ገዛና ፍቕሪ

ንዒ ምስ ወድኺ ማርያም ኣዴና
ነቲ ዝጎደለ መታን ክትመልእልና
ድንግል ንገርዮ ዝጎደለ እንተሎ
በረኸት ናቱ'ዩ ቤትና ይምልኣዮ

ነቲ ዝጎደለ እናተዓዘብኪ
ንቤትና ምልእዮ ድንግል ሓደራኺ
ነተን ኣጋንእ ማይ መታን ክመልእወን
ነቶም ኣገልገልቲ ድንግል ንገርዮም

951. ናይ ተኽሊል ቅዱስ መርዓና

ናይ ተኽሊል ቅዱስ መርዓና
ባርኮ ጎይታና

ከመይ ፈቲኻኒ	ቅዱስ መርዓና
ነዚ ዝሃብካኒ	ቅዱስ መርዓና
ነዚ ቅዱስ መርዓ	ቅዱስ መርዓና
ባሪኽካ ሂብካኒ	ቅዱስ መርዓና
ብቤተ ክርስቲያን	ቅዱስ መርዓና
ኣብ ቅድሚ ኣምላኾም	ቅዱስ መርዓና
በዚ ቅዱስ ዕለት	ቅዱስ መርዓና
ከም ሓደ ሰብ ኮይኖም	ቅዱስ መርዓና
ኣምላኽ ብምሕረቱ	ቅዱስ መርዓና
ብሓቂ ኣስሚርሎም	ቅዱስ መርዓና
ብቅዱስ ቁርባኑ	ቅዱስ መርዓና
ሎሚ ተዋሂዶም	ቅዱስ መርዓና
ብስርዓተ ተኽሊል	ቅዱስ መርዓና
ብመድሓኔ ዓለም	ቅዱስ መርዓና
ብስጋ ወደሙ	ቅዱስ መርዓና
ሓዳሮም መስረቶም	ቅዱስ መርዓና
ከም ኣብርሃም ሳራ	ቅዱስ መርዓና
ይኹን 'ቲ ሓዳሮም	ቅዱስ መርዓና
ብሓደ ክጸንዑ	ቅዱስ መርዓና
ኣምላኽ ይባርኾም	ቅዱስ መርዓና

952. መርዓውን መርዓትን

ሰብኣይን ሰበይትን ጌሩ ከምዝፈጠሮም
ሎሚ ንናብርኦም ቅዱስ ሓዳር ሃቦም
ድሕሪ ሕጂ ግና ሓደ ኣካል እዮም
ንዝመጽእ ዘመን ይጸንዕ'ዩ ፍቕሮም
ደስ ይበለና በዚ ቅዱስ መርዓ (4)

ሓደ ኣካል ኮይኖም ኣምላኽ ፈቒድሎም
ብማንም ምኽንያት ማንም ኣይፍለዮም
ጎይታ ብወንጌሉ ከም ዝመሃረና
ፍጹም ቅኑዕ'ዩ ናይ ተኽሊል መርዓና

ንኣብርሃም ሳራን ከም ዝሃበ ሓዳር
ንዓኻትኩም ይሃብ ናይ ዘለዓለም ፍቕሪ
ንስኺ ከም ሳራ ንሱ ከም ኣብርሃም
ንበሩ ብፍቕሪ ክሳዕ ዘልኣለም

ነዚ ዘብጽሓኩም ንርሕሩሕ ኣምላኽና
ምስጋና ይብጽሓዮ ሎሚ ብኹልና (2)

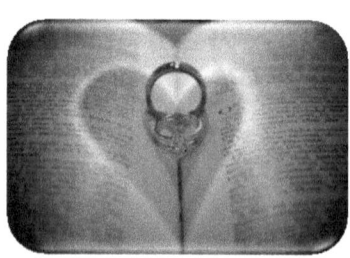

953. ድንግለይ ባርኸልና

ድንግለይ ባርኸልና ንመርዓውትና

ባርኸልና እህ (2)
ናይ መርዓውቲ እህ
ሰናይ ፍሬ እህ
ደሚቑ 'ሎ እህ
ብዝማሬ እህ

ንመርዓና እህ
ክትባርኺ እህ
ንዒ ድንግል እህ
ምስ ወድኺ እህ

ቤተ ሰባ እህ
ዓልሉላ እህ
ምኻዳ 'ያ እህ
ናብ ሓዳራ እህ

ደስ ይበልኩም እህ
ደስ ኢሉና እህ

ቤተሰቡ እህ
ደስ ይበልኩም እህ
ደሚቑ 'ሎ እህ
እዚ መርዓኹም እህ

954. ይትባረክ ከም ኣብርሃም

ይትባረክ ከም ኣብርሃም (2)
እህ ዘለኣለም (4) ይትባረክ ከም ኣብርሃም

መርዓውን መርዓትን ከም ኣብርሃም
እንቋዕ ደስ በለኩም ከም ኣብርሃም
ተፈጺሙ ሎሚ ከም ኣብርሃም
ቅዱስ ቃል ኪዳንኩም ከም ኣብርሃም

ኣብ ቤተ ክርስትያን ከም ኣብርሃም
ስለ ተመርዓኹም ከም ኣብርሃም
ብዙሕ ደስ ኢልዎ ከም ኣብርሃም
ተዋህዶ እምነትኩም ከም ኣብርሃም

ኣብ ቅድሚ ኣምላኽኩምከም ኣብርሃም
ስለ ዝተጻመድኩም ከም ኣብርሃም
ተድላ ደስታ ይምላእ ከም ኣብርሃም
ይጠጥሕ ሓዳርኩም ከም ኣብርሃም

ናይ ኣካል ሓድነት ከም ኣብርሃም
ብቑርባን ተዋህዶ ከም ኣብርሃም
ካብ ሎሚ ጀሚርኩም ከም ኣብርሃም
ሓደ ኣካል ኮይኖም ከም ኣብርሃም

ምስ ነብሱ ጠቢቓ ከም ኣብርሃም
ዘመናት ነበረት ከም ኣብርሃም
ዘመረት ብሓጎስ ከም ኣብርሃም
ኣካላ ረኸበት ከም ኣብርሃም

ክርሁ'ዩ ምንጻፍ ከም ኣብርሃም
ጸጋ ዝኸበቦ ከም ኣብርሃም
ናይ መርዓውቲ ዱንኳን ከም ኣብርሃም
ኣምላኽ ዘይተፈልዮ ከም ኣብርሃም

ዕልል ዕልል በሉ ከም ኣብርሃም
ሎሚ'ዩ መርዕኦም ከም ኣብርሃም
ገዙተመረጸሉ ከም ኣብርሃም
ሰናይ ቃል ኪዳኖም ከም ኣብርሃም

955. እንቋዕ ደስ በለኩም

እንቋዕ ደስ በለኩም (2)
ፍሉይ ጸጋ'ዩ ኣምላኽ ሂብኩም

ኣምላኽ እንከፈጥር እንቋዕ ደስ በለኩም
ኣእዳዉ ዘርጊሑ እንቋዕ ደስ በለኩም
ንኣዳም ፈጢሮ እንቋዕ ደስ በለኩም
ጽቡቕ ፍጥረት ገይሩ እንቋዕ ደስ በለኩም
ካብ መሰንገሊኡ እንቋዕ ደስ በለኩም
ሔዋን'ውን ተፈጥረት እንቋዕ ደስ በለኩም
ደጋፊት ክትኮኖ ንኣዳም ተዋህበት
እግዚኣብሔር ይመስገን ኣሜን

ብልማድ ኣይኮነን እንቋዕ ደስ በለኩም
ብኃይላ ደንኬራ እንቋዕ ደስ በለኩም
ትርጉም ዘለዎ'ዩ እንቋዕ ደስ በለኩም
መርዓ ናይ ገሊላ እንቋዕ ደስ በለኩም
ዘቅንእ ብሓቂ እንቋዕ ደስ በለኩም
ከምዚ ንዘመነ እንቋዕ ደስ በለኩም
ብመዝሙር ናይ ያሬድ መንፈሳዊ ቅኔ
እግዚኣብሔር ይመስገን ኣሜን

ንዓና'ውን ከምኡ እንቋዕ ደስ በለኩም
ከም ኣዳም ከም ሔዋን እንቋዕ ደስ በለኩም
ጸጋ ሂቡና'ዩ እንቋዕ ደስ በለኩም
ብሓደ ክንጥመር እንቋዕ ደስ በለኩም
ብቅዱስ ቁርባኑ እንቋዕ ደስ በለኩም
ብስርዓተ ተክሊል እንቋዕ ደስ በለኩም
ብስጋ ወደሙ ብቁርባን ብተኽሊል
እግዚኣብሔር ይመስገን ኣሜን

ኣብርሃምን ሳራን እንቋዕ ደስ በለኩም
እንቋዕ ደስ በለኩም እንቋዕ ደስ በለኩም
እንሆ የንጸባርቕ እንቋዕ ደስ በለኩም
መንፈሳውነትኩም እንቋዕ ደስ በለኩም
ጎይታ ምስ ኣዴኡ እንቋዕ ደስ በለኩም
እንሆ ኣብ ማእከልኩም እንቋዕ ደስ በለኩም
ዶኪማስ ዘኪሩ ውዒሉ ምሳኹም
እግዚኣብሔር ይመስገን ኣሜን

ስድራቤት ኩላትኩም እንቋዕ ደስ በለኩም
እንቋዕ ደስ በለኩም እንቋዕ ደስ በለኩም

956. እስመ ለዓለም

እስመ ለዓለም እህ (4) ለዓለም (2)
እስመ ለዓለም ለዓለም ንበለሎም
ኩልና ንዘምር እህ ብፍቕሪ ብሓባር እህ
ጎይታ ክባርኾ እህ ነዚ ቅዱስ ሓዳር እህ
ቃና ዘገሊላ እህ ምስ ቅድስት ኣዲኡ እህ
ከም ዝተረኸበ እህ መርዓ ኣኽቢሩ እህ
መርዓዊ ሰናይ እህ መርዓቱ ሰናይት እህ

957. እንዘ ሰውረ እምኒነ

እንዘ ሰውረ እምኒነ ይእዚስ ክሡተ ኮነ (2)
ታኣምረ ወመንክረ ገብረ መድሃኒነ
በቃና እህ (2) ዘገሊላ ከባካቢ ኮነ (2)
ማየ ማየ ረሰየ ወይኒ እህ
ታኣምረ ወመንክረ ገብረ መድሃኒነ
በቃና ዘገሊላ (2) ኩብካቢ ኮነ

ሓጸርቲ ናይ መርዓ

958. ቃል ኪዳን ክቡር'ዩ

ቃል ኪዳን ክቡር'ዩ
መሳልል ናይ ሰማይ (2)

ዕዱማት ይበልኩም
ኣብቲ ላዕላይ ሰማይ
ኣብ ቅድሚ ኣዶናይ (2)

959. ሃሌ ሉያ ለክርስቶስ

ሃሌ ሉያ ለክርስቶስ ይደሉ ስብሓት (2)
ለዘኣብጽሓነ እስከ ዛቲ ዕለት (2)

960. ወትቤሎ ይኩነኒ

ወትቤሎ ይኩነኒ (2)
ይኩነኒ በከመ ቴቤለኒ (4) እህ

961. እንስይ ተዓሲልኩም

እንስይ ተዓሲልኩም ኣብ ሰብረ
ምሕረት ጋማ ዝኣሰርኩም(2)
እግዚኣብሔር ይመስገን (2)
ካህናት ክብር ከበብዎ

962. ከም ዘርእየ

(ከም) ዘርእየ (2) በክቡር ምሕረት (2)
ሓመልማላዊት (4) (ስም መርዓት)
ንጽህይት(2)
መርዓዊሃ ለቤተ ክርስትያን(2)
መልኣከ ስረዊሆም ለዲያቆናት(2)

963. ትዌድሶ መርዓት

ትዌድሶ መርዓት ዌትብሎ (2)
ወልድ እሁየ ቃልከ ኣዳም (2)

964. ኣማእኩኪ

ኣማእኩኪ ቅድስት ቤተ ክርስትያን
ከብካበ ኮነ በቃና ዘገሊላ (2)
ድምጻ እንዚራ ውስተ ቤት እግዚኣብሄር(2)

965. ቃላኒ መሰንቆ

ቃላኒ መሰንቆ ከሳዳኒ ኣርማስንቆ (2)
ለሓዘነ ልብየ ዘታርሕቆ (2)

966. መርዓዊ ሰናይ

መርዓዊ ሰናይ (2)
ወመርዓቱ (3) ትመስል ጸሓይ (2)

967. በቃና ዘገሊላ

በቃና ዘገሊላ (2)
ዘገሊላ ከብካብ ኮነ (2)

968. ይትባረክ

ይትባረክ (3) ቃና ዘገሊላ
እግዚኣብሔር ይትባርከ

969. ከብካብ ኮነ ወኮነ እሙነ

ከብካብ ኮነ ወኮነ እሙነ (2)
ማየ (2) ርሰየ ወይነ (2)

970. ኣኽሊለ ኣኽሊላት

ኣኽሊለ ኣኽሊላት (2)
ዲበ ርእሶሙ ለዲያቆናት(2)

971. ለባርኮ ቃለ ኪዳን

ለባርኮ ቃለ ኪዳን ምስለ ወልድኪ ፍቁር(2)
ንዒ ማርያም (2) እመ ኣምላክ (2)

972. ማህፋደ ለነበልባል

ማህፋደ ለነበልባል (2)
መርኣተ ዘወነጌል (2)

973. ኣምሃልኩክን በሓይሉ

ኣምሃልኩክን በሓይሉ ወበጽንዑ ለገዳም(2)
ኣዋልድ ኣዋልድ ኢየርሳሌም(2)

974. በመከመ ይቤ ዳዊት

በመከመ ይቤ ዳዊት በመዝሙር (2)
እንተ ካህኑ ለኣለም(2)

975. መልእክተ ዮሓንስ ሃዋርያ

መልእክተ ዮሓንስ ሃዋርያ ዘብድዮስ (2)
ቀዳማዊ (3) መርዓዊ ሓዲስ (2)

976. ለባርኮ ንዒ

ለባርኮ ንዒ ለባርኮት ለባርኮ ከብካበ ዚእነ
ለባርኮት (2)
ንዒ ማርያም ድንግል (2) ከብካበ ዚእነ
ለባርኮት (2)

977. መጽኣ መርዓዊ

መጽኣ መርዓዊ ፍስሃ ለኩሉ (2)
በሰላም ጻኣ ወተቀበሉ(2)

978. ኣሃዱ ኣካል መርዓቱ

ኣሃዱ ኣካል መርዓቱ (2)
ዘኣስተጻመረ (2) እግዚኣብሄር (2)

979. መርዓት ኣንቲ

መርዓት ኣንቲ ወኣክሊሉ ለሰሎሙን(2)
መሰንቆሁ ለዳዊት ንጉስ ዘበኣማን (2)

980. ኣፈ ንህብ ማቱሳላ

ኣፈ ንህብ ማቱሳላ ወልደ ሄኖክ እምኣፈ
ልምላሜ መርዓዊ
ብሩክ (2) ቀስመ ጽጌ (3) ውዳሴኪ
መርዓት (2)

981. ዘኣስተጻመረ / ሓደ ዝገበረ

ዘኣስተጻመረ ዘኣስተጻመረ እግዚኣብሄር (2)
ክልኤሆሙ ዘኣስተጻመረ ይትባረክ
እዚኣብሄር (2)

ሓደ ዝገበረ (2) እግዚኣብሄር (2)
ንኽልቲኦም ሓደ ዝገበረ ይትባረክ
እግዚኣብሄር (2)

982. ዘኣስተጻመረ ክልኤሆሙ

ዘኣስተጻመረ (3)
ክልኤሆሙ ዘኣስተጻመረ(2)

983. ድንቂ'ዩ ዕጹብ

ድንቂ'ዩ ዕጹብ ድንቂ'ዩ ድንቂ'ዩ ብጣዕሚ
/እህ (2)
ሎሚ ኣብ መርዓኹም ውዒሉ መድኃኔ
ዓለም
ድንቂ'ዩ ዕጹብ ድንቂ'ዩ ድንቂ'ዩ ብጣዕሚ
/እህ (2)
ሎሚ ኣብ መርዓኹም ውዒላ ድንግል
ማርያም

984. ወኣንተኒ መርዓት

ወኣንተኒ መርዓት እምሃበኒ መጻኢ
ወሃብኒ ተሃውሪ መድሃኒተ ኩኒ (2) እህ
መርዓተ ህጉ ለመርዓዊ ሃበየ (2)

985. ናሁ ሰናየ ወናሁ

ናሁ ሰናየ ወናሁ ኣዳም (2)
ሶበ ይሀልው ኣሃው ሕቡረ (2)

ኣሕዋት ብሓደ ሓቢሮም ክነብሩ (2)
ሰናይን ጥዑምን እዩ (2)

986. እርህዉ ፎሃተ ለመርዓዌ

እርህዉ ፎሃተ ለመርዓዌ ስብሓት ዘይቤ(2)
ተሰምዓ ቃለ ቀርን ወድምጸ ይባቤ(2)

987. ትበርሂ

ትበርሂ (2) እምኮኮበ ሰማይ ትበርሂ (2)
እምኮኮበ ሰማይ (3) ትበርሂ (2)

988. አክሊለ ተቀጺላ

አክሊለ ተቀጺላ (2)
አክሊለ ተቀጺላ ታአንሰሱ (2) እህ

989. ዘድንግል መናስግተ ኢያሪኦ

ዘድንግል መናስግተ ኢያሪኦ (2)
ኢያሪኦ ዘኪሩቤል ኤርዮ
ኢያሪኦ ኤሪዮ ዘኩሩ (2)

990. ጼነወነ ጼና ፍቅርኪ

ጼነወነ ጼና ፍቅርኪ ከመ ጼና ምኡዝ እጣን
ወልብየ'ስከረ ጽዮን እምኣፍኪ ወይን (2)

991. ክንደይ ተዓዲልኩም

ክንደይ ተዓዲልኩም ኣብ ደብረ
ምሕረት ጋማ ዝኣሰርኩም
እግዚኣብሔር ይመስገን (2)
ናብዚ ዘብጸሓኩም (2)

992. ኣርህዉ ሆሃተ ለመርዓዊ

ኣርህዉ ሆሃተ ለመርዓዊ ስብሓት ዘይቤ(2)
ተሰምዓ ቃለቀርን ወድምጸ ይባቤ(2)

993. ይሃበነ ሰላም

ይሃበነ ሰላም (2)
ዕድመ ማቱሳላ ወኣብርሃም (2)

994. ኣንስስዎ ከመ ሰብእ

ኣንስስዎ ከመ ሰብእ እሙ ለኮነ (2)
ተቀበሉ መርኣዊ መድሃኒነ ወረደ (2)

995. ሰላምከ ሃበነ

ሰላምከ ሃበነ (2) ኣምላክነ (3) ሰላመ ሃበ

996. በከመ ይቤ

በከመ ይቤ (3) ሰሎሙን በከመ ይቤ (2)
ንዑ እይሕለፈነ ከብካብ ዝንቱ (2)

997. ኣርኣዮ ለመርኣዊ

ኣርኣዮ ለመርኣዊ ግብራ ለመርዓት (2)
ወተናገሮ እግዚኣብሄር በቅድስት
ቤተክርስትያን (2)

998. ቃለ ወንጌል ፈጸምከ

ቃለ ወንጌል ፈጸምከ (2)
ኢታስትት ጸጋሁ ዘላእሌከ(2)
ዘወሃበከ ምስለ ተነብዮ (2)

999. ከበብዋ

ከበብዋ(2) ካህናት ክብር ከበብዋ (2)
ካህናት ክብር(2) ካህናት ክብር ከበብዋ(2)

1000. ውርዲየ ብሔረ ሮሜ

ውርዲየ ብሔረ (ሮሜ) ለዉስተ እገሊት
ርኤይክዎ (2)
ከመ እህትየ ሰናየ ሃለይኩ
እእመርክዋ ከመ እህትየ ኣፍቀርክዋ(2)

1001. በትስፍህት ወበሓሴት

በትስፍህት ወበሓሴት
ኣብእዋ ቤታ ለመርዓት(2)

1002. ጸጋ ጉይታና

ጸጋ ጉይታና ኢየሱስ ክርስቶስ (2)
ፍቕሪ ኣምላኸና ሕብረት መንፈስ ቅዱስ
ሕብረት መንፈስ ቅዱስ ምስ ኩላትኩም
ይኹን (2)

ናይ ሓደ ነገር መወዳእታ ኻብ መጀመርታኡ ይበልጽ (መክ. 7፥8) ከም
ዝበሎ፡ ብመፈጸምታ እዛ መጽሓፍ መዛሙር ባህ እናበለና፡
ኣጀሚሩ ንዘፈጸመና ንጐይታና ኢየሱስ ክርስቶስ
ወዲ ሕያው ኣምላኽ ክብርን ምስጋናን ይኹኖ።
ኣሜን

www.ingramcontent.com/pod-product-compliance
Lightning Source LLC
Chambersburg PA
CBHW051207290426
44109CB00021B/2374
9780648364351